合同管理及审查全流程手册

李鸣鸿　廖江艳　吴维维　著

中国法制出版社
CHINA LEGAL PUBLISHING HOUSE

图书在版编目（CIP）数据

合同管理及审查全流程手册 / 李鸣鸿，廖江艳，吴维维著 .—北京：中国法制出版社，2023.1

ISBN 978-7-5216-3080-0

Ⅰ.①合… Ⅱ.①李… ②廖… ③吴… Ⅲ.①合同法-研究-中国 Ⅳ.①D923.64

中国版本图书馆 CIP 数据核字（2022）第 206319 号

策划编辑 赵 宏
责任编辑 陈晓冉　　封面设计 杨泽江

合同管理及审查全流程手册

HETONG GUANLI JI SHENCHA QUANLIUCHENG SHOUCE

著者/李鸣鸿 廖江艳 吴维维
经销/新华书店
印刷/三河市国英印务有限公司
开本/730 毫米×1030 毫米 16 开　　印张/22.5 字数/353 千
版次/2023 年 1 月第 1 版　　2023 年 1 月第 1 次印刷

中国法制出版社出版
书号 ISBN 978-7-5216-3080-0　　定价：79.00 元

北京市西城区西便门西里甲 16 号西便门办公区
邮政编码：100053　　传真：010-63141600
网址：http：//www.zgfzs.com　　**编辑部电话：010-63141835**
市场营销部电话：010-63141612　　**印务部电话：010-63141606**

（如有印装质量问题，请与本社印务部联系。）

前 言

合同法律风险管控是企业风险管理的重要内容，对于企业的正常运营起着至关重要的作用。但是，长期以来，合同法律风险管控的作用与价值尚未引起企业自身的足够重视，合同法律风险管控所涉及的具体风险面、点、源及有效的防范实务操作尚未得到理论界的系统精深研究。

本书在梳理合同管理和合同法律风险控制基本理论的基础上，以合同的订立、履行、终止及纠纷处理过程为主线，围绕合同形式、合同主体、合同条款内容三个方面，结合大量具体案例，就企业合同管理各个环节所涉及的具体法律风险节点问题进行了深入探讨，力求在对具体问题进行法律分析的基础上，提出合同管理的注意事项及合同法律风险管控的具体措施，以作为实务操作指南。

全书正文分为八章：第一章围绕合同管理与法律风险控制这一中心，基于合同管理流程，重在从整体上把握合同管理各个环节中的法律风险及合同法律风险管控方法和应对策略等基本问题。第二章探讨了在合同订立过程中如何应对要约和承诺、合同成立与合同生效、如何签订合同等基本问题。第三章探讨了合同形式选择的法律风险及具体操作要点。第四章分析了合同主体的法律风险及合同主体的合格性调查与审查重点。第五章系统阐述了合同条款的法律风险表现形式及具体防范措施，并介绍了合同条款法律审查的角度、幅度和维度。第六章探讨了合同履行和合同救济的风险控制方法，并分析了验收、接收和出具票据等合同履行过程中的几个相关问题及注意事项。第七章分析了合同撤销、变更、解除法律风险控制的主要内容和方法。第八章介绍了合同纠纷及其处理原则、处理方案、处理途径，并深入探讨了合同纠纷的相关管理工作和注意事项。

总之，本书从合同管理实务操作和具体法律风险节点问题解析两个角度研究合同法律风险控制，站在合同管理的高度开展研究，并结合具体案例针对企业合同管理中存在的若干具体问题提出了有针对性的法律分析意见和实务操作建议，有很强的实践指导意义。

目录

Contents

第一章　合同管理及法律风险控制

第二章 合同订立过程中的法律风险控制

第三章 合同形式选择的法律风险控制

第四章 合同主体的风险控制与法律审查

第五章 合同条款的风险控制与法律审查

第六章 合同履行中的法律风险控制

第七章 合同撤销、变更、解除的法律风险控制

第八章 合同纠纷处理的法律风险控制

第一章
合同管理及法律风险控制

本章提示

合同是民法调整经济行为最常见的表现形式。对于企业而言，合同具有保护财富和创造财富的作用。现今经济活动的纷繁复杂决定了合同内容的多样性、复杂性。商务合同的顺利签订和履行，是企业得以发展的前提和基础，是企业生产经营目标得以实现的重要保证。

合同管理是企业管理的重要内容，是一个动态和静态相结合的过程，渗透到企业运营的各个环节，是一个从合同签订到合同得到全面履行完毕的整个过程的跟踪管理，其主要目标是优化合同管理流程、降低合同法律风险、提高合同交易效率。

加强合同管理，及时发现竞争、合作中存在的违规问题，提出规避的方案和策略，使企业能够在权利受到侵害时拿起法律武器进行维护。这需要对合同管理流程和合同法律风险进行分析。其中，对合同法律风险分析，可以从合同管理流程入手，也可以从导致合同法律风险的主要因素入手。建立与实施合同内部控制需要建立在合同管理流程和合同法律风险分析的基础之上。

工欲善其事，必先利其器。本章作为全书的开篇部分，围绕合同管理的一般流程，即合同准备、签署、履行和履行后管理四个阶段，在介绍我国现代合同的发展与渊源的基础上，从合同管理的理念出发，从合同管理流程视角和导致风险的主要因素视角分析合同法律风险，并提出相应控制措施和应对策略，使读者对合同法律风险的管控这一领域能有初步了解，为后续章节内容的深入展开做好必要的铺垫。

第一节　我国现代合同的发展与法律渊源概述

一、我国现代合同的发展

合同是随着社会关系的日益复杂化和经济交往的扩大化而产生和发展的，尤其是当商品交换活动从依靠习惯调整上升到依靠法律调整时，才真正形成了现代意义上的合同。自 1949 年新中国成立以来，由于经济及意识形态的变化，我国现代合同的立法经历了从分散到统一、从计划导向到市场经济确立的发展过程。

（一）《中华人民共和国经济合同法》

《中华人民共和国经济合同法》（以下简称《经济合同法》）是我国自新中国成立以来颁布的第一部合同法，其虽然以计划为根本价值取向，堪称计划性的合同价值——规范体系的典范，但是其结束了行政法规一统天下的局面，使合同领域第一次实现了真正意义上的有法可依，为此后的合同立法奠定了良好的基础。

（二）《中华人民共和国涉外经济合同法》

1985 年 3 月 21 日，第六届全国人民代表大会常务委员会第十次会议审议通过了《中华人民共和国涉外经济合同法》（以下简称《涉外经济合同法》），自 1985 年 7 月 1 日起施行。《涉外经济合同法》与其相关规定及司法解释形成了我国自新中国成立以来第一套调整涉外合同关系的法律，其颁布执行标志着我国形成了内外有别的合同法律制度。

（三）《中华人民共和国民法通则》的相关规定

1986 年 4 月 12 日，第六届全国人民代表大会第四次会议通过了《中华人民共和国民法通则》（以下简称《民法通则》），自 1987 年 1 月 1 日起施行。《民法通则》的许多规定最后都成了合同法的主要渊源和基本规则，如第四章关于民事法律行为的规定，第五章第二节关于债权的规定，第六章关于民事责任的规定。1988 年 4 月 2 日，最高人民法院印发了《关于贯彻执行〈民法通则〉若干问题的意见（试行）》（以下简称《民通意见》），对《民法通则》的某些条款作出解释，并对《民法通则》贯彻执行中遇到的问题提出了意见。

《民法通则》树立了商品经济的合同观念，是我国合同立法价值取向转变的重要界碑。但《民法通则》毕竟诞生在计划经济时期，仍不可避免地带有较为浓厚的计划经济体制的色彩。

（四）《中华人民共和国技术合同法》

《中华人民共和国技术合同法》（以下简称《技术合同法》）及其配套规定承接了《民法通则》树立的合同观念，主要反映了商品经济的本质特征和要求，其颁布意味着我国由计划商品经济时期并存的三个民事特别法分别适用于不同的合同领域，形成了所谓“三足鼎立”的历史格局。

（五）《中华人民共和国合同法》

随着现代化市场经济的快速发展，合同纠纷激增，社会发展急需统一的合同法规范。1993 年 10 月，全国人大将统一合同法的制定提上立法日程，委托专家学者设计统一合同法。最终，在 1999 年 3 月 15 日第九届全国人民代表大会第二次会议上通过了《中华人民共和国合同法》（以下简称《合同法》）。此后，最高人民法院又陆续发布了《最高人民法院关于适用〈中华人民共和国合同法〉若干问题的解释（一）》（以下简称《合同法司法解释（一）》）和《最高人民法院关于适用〈中华人民共和国合同法〉若干问题的解释（二）》（以下简称《合同法司法解释（二）》）。

与以往所有的合同法不同：第一，《合同法》第一次确认了合同自由原则，并以此为基点构建起整个合同法律制度。第二，《合同法》对有名合同作出了较为具体的规定。第三，《合同法》充分地反应了社会主义市场经济体制的要求，它不仅体现了商品经济的合同观念，而且以合同自由为根本取向构成整个合同法律制度。《合同法》的颁行，标志着我国合同立法实现了从计划型的合同价值—规范体系到建立市场经济体制的自由型的合同价值—规范体系的转变。

（六）《中华人民共和国民法总则》

2017 年 3 月 15 日，第十二届全国人民代表大会第五次会议表决通过了《中华人民共和国民法总则》（以下简称《民法总则》），自 2017 年 10 月 1 日起施行。《民法总则》作为我国社会经济新发展、民法学学术研究与民事司法实务新进步的产物与成果，不仅相较于 31 年前颁布的《民法通则》，具有脱胎换骨般的发展与进步，其确立的核心制度之一——“民事法律行为”，主要以“合同”为蓝本进行构建，同时在制度设计上对《合同法》作了调整、补充和完善，实现了对《合同法》的超越，体现了巨大的进步性。

（七）《中华人民共和国民法典》

2020 年 5 月 28 日，第十三届全国人民代表大会第三次会议表决通过了《中华人民共和国民法典》（以下简称《民法典》），自 2021 年 1 月 1 日起施行。《民法典》全面继受了《民法总则》的规定，并在删除与《民法总则》有重复或者有冲突的规定的基础上，将《合同法》纳入《民法典》作为合同编。在合同效力问题上，《民法典》合同编还总结了司法实践积累的经验，将司法解释的有关规定吸收到其中。

《民法典》合同编适应了高质量市场经济发展和改善营商环境的需要，大量借鉴了有关国际公约和示范法以及两大法系关于合同立法的先进经验，从而使得合同编规则与世界立法趋势保持一致，接轨国际商事交易习惯。

二、合同的法律渊源

我国合同的法律渊源主要分为以下几类：

（一）全国人大及其常委会制定的法律

全国人大及其常委会是我国的最高立法机关，有权制定在全国范围内有效的法律。《合同法》颁布以前，全国人大及其常委会制定的有关合同的法律规范主要有《民法通则》和《经济合同法》《涉外经济合同法》《技术合同法》。《合同法》开始施行以后，《经济合同法》《涉外经济合同法》《技术合同法》同时废止，《合同法》就是合同的最重要的渊源。

2021 年 1 月 1 日，《民法典》开始正式实施，《民法总则》《合同法》同时废止。《民法典》成为合同最重要的渊源和调整合同关系的基本法。

（二）国务院及其所属部门制定的法规和规章

国务院是最高国家行政机关，全国人大授权国务院可以制定与全国人大及其常委会制定的法律基本原则不相抵触的暂行条例和暂行规章。

根据《中华人民共和国立法法》（以下简称《立法法》）的规定，行政法规专指国务院根据宪法和法律制定的强制性规范，而国务院各部门所制定的强制性规范严格意义上只能称之为规章。商务合同往往会涉及不同行业的行政法规，特别是那些跨行业的无名合同更是如此，如果不加注意，则可能导致合同约定不明甚至影响合同的效力。

《民法总则》中规定“违反法律、行政法规的强制性规定的民事法律行为无效，但是该强制性规定不导致该民事法律行为无效的除外”，《民法典》则延续了《民法总则》中该条规定的内容。因此，应当特别关注国务院出台的行政法规关于合同效力的规定。此外，规章中对于合同的规定大多比较笼统，如规定必须签订书面合同及合同中必须具备的内容，一般对合同管理工作没有太大的影响。

（三）地方性法规与地方政府规章

根据《立法法》的规定，地方性法规是由省、自治区、直辖市和设区的市、自治州的人民代表大会及其常务委员会，根据本行政区域的具体情况和实际需要，在不与宪法、法律、行政法规相抵触的前提下制定，由大会主席团或者常务委员会用公告公布施行的文件。地方性法规在本行政区域内有效，其效力低于宪法、法律和行政法规。省、自治区、直辖市和设区的市、自治州的人民政府则有权制定地方政府规章。

有的地方性法规涉及对某些合同行为的规制，以规范某些合同的签订及履行行为。例如，浙江省人大制定的《浙江省合同行为管理监督规定》中，主要篇幅是针对格式条款的行为规范及处罚规定。这些地方性法规也是合同管理工作的应知内容。

（四）立法解释和司法解释

立法解释和司法解释对我国法律和法规的具体运用有极为重要的作用。《合同法》实施以后，与合同管理工作关系最密切的，当属最高人民法院关于适用《合同法》的两个司法解释，这两个司法解释对《合同法》进行了必要的补充和完善。《民法典》正式施行后，《合同法》及《合同法》的两个司法解释同时废止。与此同时，最高人民法院全面开展相关司法解释及规范性文件清理工作，并及时出台多部与《民法典》配套施行的司法解释，涉及合同的主要包括《最高人民法院关于审理建设工程施工合同纠纷案件适用法律问题的解释（一）》和《最高人民法院关于适用〈中华人民共和国民法典〉时间效力的若干规定》，此后亦陆续出台《最高人民法院关于审理技术合同纠纷案件适用法律若干问题的解释》《最高人民法院关于审理民事案件适用诉讼时效制度若干问题的规定》《最高人民法院关于审理买卖合同纠纷案件适用法律问题的解释》《最高人民法院关于审理商品房买卖合同纠纷案件适用法律若干问题的解释》等司法解释，此类司法解释也是合同管理工作中所涉及的重要法律渊源。

（五）国际公约

我国已于1986年12月11日正式加入了《联合国国际货物销售合同公约》。因此，按照该公约的规定，我国企业与参加公约的国家的企业签订的合同，如果不在合同中约定选择适用其他的法律，则合同自动适用公约的有关规定。发生纠纷时，按照该公约处理。但该公约仅适用于国际货物买卖合同，因此，它只是国际货物买卖合同的法律渊源。

第二节 合同管理的基本理念和内容

一、合同管理及其基本理念

（一）合同管理及其作用

合同管理是合同当事人为实现合同目的，根据自身具体情况，依据《民法典》等有关法律法规，在合同准备、谈判、签署、生效、变更、解除直至解决纠纷、救济权利的整个过程中所进行的一系列民商事法律行为及管理行为。①

合同是调节合同当事人之间经济活动关系的依据，加强合同管理，是企业适应市场经济发展和完善的必然要求，对于作为市场主体的企业来说，合同管理的好坏直接关系到市场交易及交易效率和交易安全。因此，合同管理对现代企业和市场经济的作用及意义是巨大的，从微观层面来看，主要体现在企业的内部管理和外部交往两个方面。②

1. 合同管理在现代企业内部管理中的作用

一是加强企业经营的规范化和效率性。合同管理的过程实际上也是企业自身充分利用各种优势和资源的过程，在这一过程中，企业自身的合同行为不断在实践中得到校正和完善，从而使得企业的经营行为更加规范化。并且，合同管理的模式对于企业内部财务管理、资产管理、生产管理、供销管理和运营管理都具有很好的示范管理效应，加强合同管理有利于提高企业运营的效率。

二是明确企业投资者之间的权利与义务关系。对于企业内部各投资者来说，其权利与义务关系往往是通过投资协议或者增资协议等合作投资协议来明确各方对于企业的出资、经营管理、盈亏负担、财产归属等重大事项。

2. 合同管理在企业外部交往中的作用

可以说，合同的核心内容就是对合同当事人之间的权利义务的分配，也是合同当事人为了实现合同交易而达成并共同受之约束的权利义务关系。这些权利义务的约束包括违约责任、抗辩权与保全措施等，对于合同当事人规范各自的经营行为具有法律约束作用。此外，合同还是合同当事人之间梳理交易关系、交易秩序、预测行为后果的依据，对合同各方当事人具有协调、规范和威慑作用。简言之，合同在企业外部交往中既作为证据起到证明双方权利义务关系存在的作用，又起到了约束双方的作用。

（二）合同管理的理念

随着企业合同管理有序化的进程，我国的企业合同管理逐渐形成了一些基本的理念，综合来看，我国现阶段的合同管理理念主要表现在以下两个方面：③

1. 合同管理实际上是企业权利管理、风险管理和效益管理，是企业生存发展的根基

首先，企业的合同管理是对企业权利的管理。企业最主要的权利就是所有权、经营权和收益权。这些权利必须依靠法律制度来保障，并且多数时候通过合同的缔结加以体现。因此，对于企业而言，应当明确法律法规赋予的权利，

---

① 包庆华编著：《企业合同管理工具箱》，机械工业出版社 2009 年版，第 6 页。

② 余先玲：《现代公司合同管理之初探》，载《管理科学》2009 年第 2 期。

③ 参见陈丽洁主编：《企业合同管理操作实务：来自中国百家大型企业合同管理实践的启示》，法律出版社 2010 年 11 月第 1 版，第 8—14 页。

包括企业依法享有的经营管理权、资产所有权、收益权、民事诉讼权等，这些权利不应由于合同关系而随意受到损害，并在合同谈判、签订、履行和纠纷处理中注重依法保护自己的权利。

其次，法律风险管理是合同管理的动力根源，加强合同管理可以有效地预防和降低法律风险。随着合同管理理念的发展，合同管理对于企业风险的防范逐渐渗入采购供应、销售、研发、投资、财务、审计、人力资源等领域。一般来说，合同管理需要注重防范以下五个层面的法律风险：一是合同签订过程中的法律风险，避免不当要约、承诺，防止缔约过失和合同无效。二是合同形式的法律风险，避免合同形式选择不当，防止合同的形式缺陷所带来的不利影响。三是合同主体的法律风险，避免主体虚无、意思表示不真实、主体资信不佳，防止合同欺诈。四是合同内容特别是合同条款的法律风险，避免重大误解、显失公平或者遗漏主要条款，防止权利缺失及承担额外义务。五是合同履行过程中的法律风险，避免不当履约、忽视法律赋予的权利救济手段，防止不当合同变更、解除给企业造成损失。

最后，合同管理实质上也是效益管理。合同的签订和履行使企业取得资金原材料和完成产品的销售，联动企业内部生产、交换、分配和消费各个环节，从而使企业获得生产经营的效益。因此，科学、规范、严格的合同管理是企业实现自身效益的必要手段。

2. 合同管理渗透到企业运营的各个环节，是全过程、全方位、多层次的流程管理

合同管理是一个多环节的过程，一个从合同签订到合同得到全面履行完毕的整个过程的跟踪管理，包括合同立项、谈判、起草、审查、签订，直至合同履行、变更、终止、纠纷处理等。

合同管理的内容涉及多个方面，包括技术/质量依据、标准、参数等技术/质量内容，市场预算、价格确定、资金结算等经济内容和合同形式、合同主体、合同条款等法律内容。

此外，合同管理必须根据企业组织结构和机构设置的特点实行多层次管理：一是根据企业内部各部门的职责分工，划分合同的归口管理和合同综合管理的不同层次。二是按照总公司对分公司的授权以及总公司合同管理制度等，实现总公司对分公司合同的间接管理。三是按照出资协议和子公司章程，通过资产纽带关系或者经济责任制，实现母公司对子公司合同的间接管理。合同的多层次管理是企业进行部门管理、分公司和子公司管理的重要手段。

二、合同管理的一般流程与管理内容

（一）合同管理的一般流程

合同管理一般经过合同策划、调查、初步确定准合同对象、谈判、拟定合同文本、审核、正式签署、分送相关部门、履行、变更或转让、终止、纠纷处理、归档保管、执行情况评价等环节构成。可以将合同管理划分为四个阶段（如图 1 所示[①]）：一是合同准备阶段，包括合同策划、调查、初步确定准合同对象、谈判、拟订合同文本、审核等程序。二是合同签署阶段，包括正式签署合同、将合同分送相关部门等程序。三是合同履行阶段，包括合同履行、变更或转让、终止、纠纷处理等程序。四是合同履行后管理阶段，包括合同执行情况评估、合同归档保管等程序。

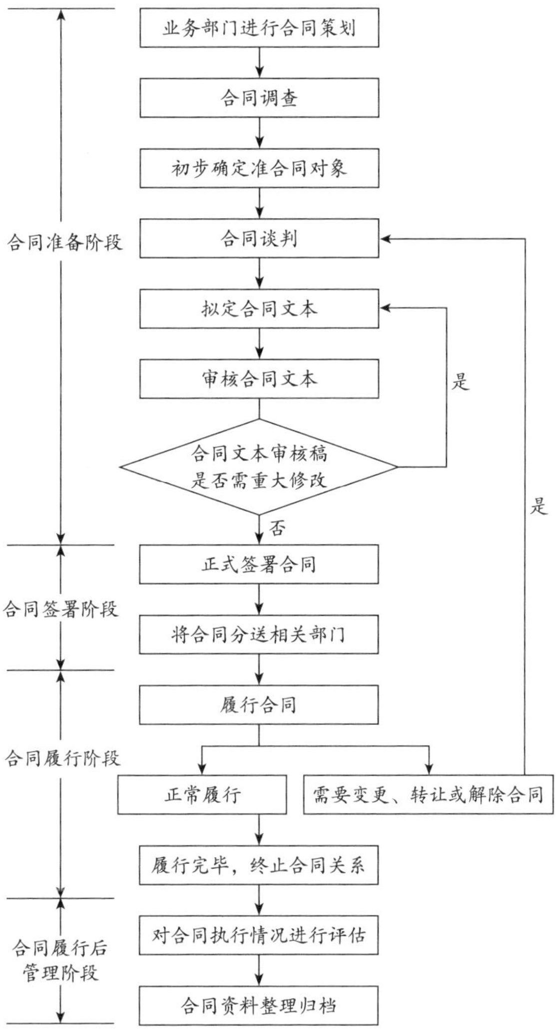

图 1　合同管理流程

① 朱锦余：《合同管理流程及其主要风险分析与控制研究》，载《会计之友（中旬刊）》2009 年第 5 期。

（二）合同管理的内容

1. 合同管理规章

要想将合同法律风险管理机制打造成为一种长效机制，就必须把合同风险防范纳入企业各项管理制度、工作流程之中，要通过规章制度来规范各部门、各岗位在合同风险防范中的职责，建立和完善合同风险管理制度体系，如《合同管理制度》《合同资质管理规定》《重要客户/供应商资信调查评定实施细则》《合同示范文本管理规定》《合同分类编码管理规定》《合同审查、会签、审批管理规定》《合同专用章管理规定》《授权委托书证管理规定》《合同执行管理规定》《合同纠纷调处管理规定》《合同台账及档案管理规定》等，使企业合同管理的各项活动全部纳入法治化、规范化运作的轨道。

2. 合同管理指南

将国家法律、法规、部门规章和企业政策、标准、规范、规章、制度等细化为合同管理部门、管理员、业务员的行为指南，对其职权职责、管理流程等明晰分解，各司其职、各尽其责。

3. 上岗培训和业务培训

合同管理是一项专业性很强的工作，要求业务人员、管理人员除具备业务知识外，还必须熟练掌握《民法典》及相关司法解释中合同相关法律知识。因此，上岗资格考试中必须设置《民法典》等课程，同时对在岗人员要有计划、有步骤、有重点地持续培训，打造一支业务能力过硬的合同管理队伍。

4. 授权委托书证管理

企业对外洽谈、签订合同，应由其法定代表人或授权代理人进行。未经授权，任何人不得以企业名义对外签约，包括除法定代表人外的其他领导层人员。而法定代表人直接签约不多，主要是委托代理人办理，这就有必要建立一整套合同授权委托制度。根据实际情况，供销业务人员宜发放授权委托证，可在一定时间内多次使用，其他人员发放授权委托书，一事一用。授权委托书证的授权范围、代理权限、有效期限、办理条件、程序等都必须明确，并且要特别对授权委托证的年审、使用、遗失补办和交还程序及对方授权委托书证的出具存底等作出规定，并严格管理。

5. 合同专用章管理

合同专用章使用管理主要包括：签订合同必须使用合同专用章；合同专用章由专人使用、保管；合同专用章应由合同归口管理部门刻制、编号、发放、备案；合同专用章刻制的申请、审批手续；遗失补刻和交还程序；对滥用合同专用章或合同专用章管理不善的责任者的处理等。

6. 合同文本管理

企业常用的合同文本，建议制定相应的合同示范文本，事先起草印制好，并依法适时修改，如产品或服务销售常用的销售合同、服务合同，物资采购常用的原辅料采购合同、设备采购合同，外包业务常用的承揽合同、劳务合同、项目工程合同等。其他合同文本也有必要准备好规范文本，如保密协议、廉洁协议、履约保证函。一事一用的重要合同，要争取起草权，以便更充分地考虑和保护自己一方的权益。使用对方出具或起草的合同文本时，必须交公司法律顾问认真审查。

7. 合同评审

合同草案须经评审，企业应成立合同评审委员会，由供销、技术、生产、财务、法律、审计、质量等部门的专业人员组成，就合同草案的商务要件、技术要件、法律条文、文字表述等进行可行性、合法性、真实性、严密性评判和审查，决定是否修改。合同评审应置于签约之前，而且是必经程序。

8. 招投标管理

为降低成本，体现公开、公正、公平原则，抑制腐败等，目前大型工程、中型项目甚至小额采购，往往采取招标方式进行，企业也需通过投标来订货、通过招标来采购。有鉴于此，企业必须完善招标、投标管理，成立相应领导小组，制定管理规章，对标书的制作、标底的保密、评标、答辩、开标、中标等依法作出具体规定，同时将合同管理延伸到签约之前。

9. 合同履行管理

主要是管理合同按时按质按量履行，并履行附随义务（通知、协助、保密）；若遇合同内容不明确从而影响到履行时，应及时协商补充；审查合同主体、内容的变更；依法行使不安抗辩权、代位权、撤销权等权利；办理债务转移、委托收款等事宜。

10. 合同纠纷处理

企业强化合同管理可避免许多合同纠纷，但并不能完全排除合同纠纷的产生。建立企业合同纠纷调处制度，需要明确纠纷处理的原则、纠纷具体负责机构和基本程序等。首先由经办部门与对方协商解决，企业法律事务机构积极配合，给予帮助和指导；其次协商不成需申请仲裁或提起诉讼的，一律移交企业法律事务机构，由其决定自行办理还是外聘律师办理，经办部门负责提供证据材料。企业法律事务机构应注意诉讼时效和对外委托案件的考核。

11. 客户信用管理

企业要做大做强，肯定要依托忠诚的客户群和可靠的供应商。客户和供应商的价值高低，最重要的判别标准之一就是其信用程度如何，而信用程度的高低，直接关系到合同法律风险的大小和有无。因此，企业有必要建立包括签约前资信调查和签约后资信跟踪的客户/供应商信用管理和评价制度，确定交易对象，分类、分级拟定交易条件，控制赊购幅度和应收账款、质量保证金余额等，规避不必要的风险。

12. 合同档案管理

必须制定严格的归档制度，妥善保管合同档案。合同依法签订后，承办人员要将合同正本上交本单位合同管理人员保管，自留副本备用，必要时抄送、抄报有关部门；合同管理人员对生效合同要编号登记，逐个建立档案，与合同有关的文书也要附在合同卷内归档，包括合同附件，往来信件、电报、电传、传真、电子数据交换、电子邮件以及送货、提货、托运、验收等有关凭证，货物销售发票，货款托收、承付凭证，有关财务单据，产品的质量标准、封样、样品或鉴定报告等；履行完毕的合同，按会计档案保管期限予以保管。

第三节　合同法律风险及其管控

一、合同法律风险

合同风险管理是企业风险防范的重要形式，其目标就是确保将风险控制在可以承受的范围内，确保遵守有关法律法规并建立针对各项重大风险发生后的危机处理计划，保护企业不因灾害性风险或人为失误而遭受重大损失。

合同法律风险是指企业在订立、履行合同过程中，未来实际结果与预期目标发生差异而导致企业必须承担法律责任，并因此而给企业造成损害的可能性。它往往是由于企业外部的法律环境发生变化，或者由于企业主体及其员工未按照法律规定或者未按照合同约定行使权利、履行义务而造成的。

合同法律风险主要包括以下几类（如图 2 所示）：因合同主体不符合法律规定导致的合同无效；因合同签订不符合法定程序而导致的合同无效；在合同履行中因相对方履约能力降低而带来的法律风险；合同履行中合同主体和内容的变更带来的法律风险；因诚信缺失导致的合同欺诈；国家政策变动或金融危机带来的合同法律风险。[①] 从法律责任类型上讲，合同法律风险包括刑事法律风险、行政法律风险、民事法律风险。从法律风险产生的原因上讲，合同法律风险主要包括合同形式、合同主体资格能力、合同条款中的权利义务等静态法律风险和合同签订、履行、变更、解除及纠纷处理管理过程中所涉及的动态法律风险。

---

① 黄志勇、钟南恩：《国有企业合同管理中的法律风险及其防范》，载《企业家天地》（理论版）2009 年第 7 期。

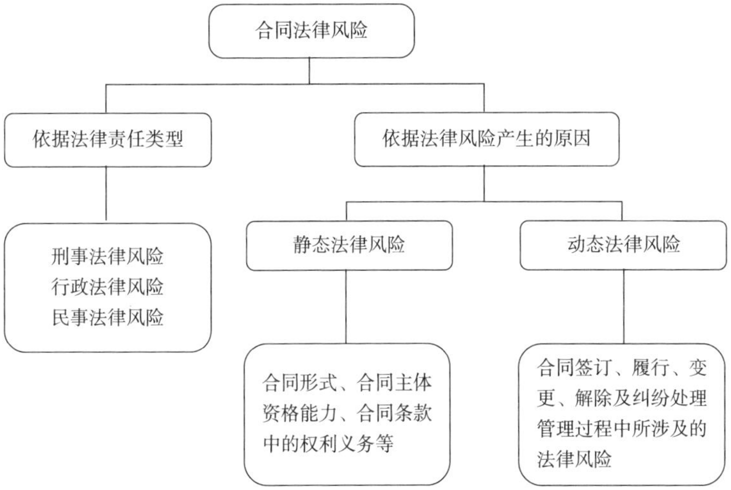

图 2　合同法律风险分类

合同法律风险是合同风险最重要的一类，关系到企业的有效运行和良性发展。企业设立的目的是开展各种生产经营活动，企业各种生产经营活动所形成的产品或服务是用来交易的，而交易是通过合同来实现的。所以说，合同风险管理就是管理和控制交易风险，这是企业风险管控的第一步，全面风险管理中的其他风险管理，如战略风险管理、财务风险管理、市场风险管理、运营风险管理等，都是在此基础上进行的。事实证明，企业所面临的风险大多与合同有关，其发生的后果也影响巨大。

二、合同法律风险的可管控性与控制模式

合同法律风险具有可控性。与一般风险不同的是，由于合同法律风险发生原因、产生结果具有法定性（约定性），并且有法律条文的指导，因而具有很强的预见性和可控性，这就可以通过构建全方位的合同法律风险防范体系，把合同法律风险控制在最小的范围内，或从源头上消除隐患。

因此，要对企业的合同法律风险进行防范和规避，最有效的手段就是正确认识和了解企业合同法律风险的形成原因和发展特点，在此基础上根据企业所处的行业情况和自身特征，有针对性地构建企业事前预控、事中监控、事后补救的全方位的合同法律风险控制模式。

（一）事前预控型

这种模式主要是指企业做好各项合同法律风险预控工作，包括建立合理的合同管理组织机构、颁布完善的合同管理制度、法务与相关业务部门合作

并提前介入合同管理以实现风险预控。这种模式通常要求在签约前全面调查对方的签约动机、履约能力和商业信誉等，并作出恰当的风险评估；尽可能与具有良好履约能力和商业信誉的单位签订合同；要求对方提供履行合同的担保；根据对方的履约能力以及实际交易情况拟定权利义务明确、完备的合同条文等。

（二）事中监控型

这种模式主要是指企业在日常管理过程中及时跟踪、监控各项法律风险的状况并适时纠偏，具体表现为对合同签订、审查、审批、履约及纠纷处理的跟踪、监控，一旦发现对方有违约的可能，或者己方有违约行为，立即采取相应的对策，防止风险扩大和发展。事中监控是风险预控的延伸追踪。

（三）事后救济型

这种模式主要指问题发生后进行的补救管控，通常表现为主动或被动地进行诉讼、仲裁，通过司法途径解决问题。

以上三种模式并非孤立的，在实践中往往是几种并用，只是侧重点不同，前两种模式属于主动管理型的合同风险控制模式，往往能以很小的代价换取较大的收益（通常是避免更大的损失），起到"四两拨千斤"的效果。最后一种是属于事务性合同风险控制模式，如不结合前两种管控模式，往往使企业陷入"四面楚歌"的境地，各类问题应接不暇、管理人员疲于奔命，其效果自然事倍功半。①

第四节　合同法律风险识别与影响因素

一、合同法律风险识别的模型

合同法律风险识别是合同风险管理的第一个步骤和环节，它是整个合同管理的基础，要识别合同管理过程中现实的和潜在的对合同造成损失的影响因素。为保证合同法律风险识别的全面性、准确性和系统性，我们通常会通过如下模型进行识别：

第一，根据企业主要的经营管理活动识别，即通过对企业主要的经营管理活动（如行政管理、安全环保、产品质量管理、生产安全管理、市场营销、物资采购、人事管理、知识产权管理、财务管理等）的梳理，发现每一项经营管理活动可能存在的合同法律风险。

---

① 陈丽洁主编：《企业合同管理操作实务：来自中国百家大型企业合同管理实践的启示》，法律出版社 2010 年版，第 131 页。

第二，根据企业合同管理的流程识别，即根据合同业务流程，依次在合同文本形成、合同审查、合同审批签订、合同履行、合同归档、合同纠纷等环节中辨别合同风险。在各个环节中，存在诸多风险因子，且这些风险因子之间存在直接或者间接的影响关系。按照合同管理流程来识别风险时，不容易遗漏风险点，但要注意风险之间的关系和风险与各流程之间的关系，这样才能将更多的风险包括进来，从而找出造成合同损失的主要风险。

在合同流程风险识别问题上，许多企业进行了非常有借鉴意义的探索，并根据企业的业务模式和实际情况总结出了合同管理流程，再根据合同管理流程环节梳理出风险要点，以及管理改进建议匹配表。①

第三，根据法律法规识别，即通过对与企业所涉合同相关的法律法规的梳理，发现不同法律法规中存在的合同法律风险。

第四，根据以往发生的案例识别，即通过对企业及企业所在行业发生的案例进行梳理，发现企业存在的合同法律风险。

二、合同法律风险识别的方法

根据构建的合同法律风险识别模型，合同法律风险识别主要可采用的方法有：

（一）资料搜集法

对企业基础经营资料和行业相关法律法规进行收集、整理与分析。例如，对企业适用的法律法规、规章制度、合同、表单、记录、档案和证书等相关基础资料进行收集、汇总和整理，作为合同法律风险识别的初步材料，了解企业生产经营基本情况，为后续采用其他风险识别方法，如为现场观察法或者访谈法提供基础和法律依据。

（二）问卷调查法

根据企业实际情况，有针对性地编制书面的调查问卷交由企业相关人员进行填写，回收进行整理分析，进一步了解企业合同法律风险的同时确定下一步工作和调查的范围。

（三）实地观察法

对企业生产经营活动及相关工作流程进行实地观察，确切地了解其中相关合同法律风险。

---

① 陈丽洁主编：《企业合同管理操作实务：来自中国百家大型企业合同管理实践的启示》，法律出版社 2010 年版，第 143 页。

（四）个人访谈法

与企业相关职能部门人员进行面对面的访谈，具体了解企业各部门操作流程及相关合同法律风险。例如，通过访谈了解销售流程中的客户授信额度管理、应收账款管理流程、产品质量管理流程、供应商资质审查管理、重大设备采购验收流程、原材料及产品检验流程等情况。

（五）经验反馈法

针对特定的问题，由相关部门或人员对其职能范围内合同法律风险的经验进行总结和反馈。

（六）案例分析法

对企业以往发生的诉讼、仲裁案件进行分析，发现其中可能隐含的合同法律风险。

三、合同流程中的法律风险表现形式

合同法律风险主要集中在合同的履行过程（履行阶段）和合同的订立过程（包括准备阶段和签订阶段），但也隐含在整个合同管理流程中，且是各种因素综合影响的结果。因此，从合同管理流程来看，企业在合同管理的每一个流程中均存在风险。

按照合同管理流程进行风险分析，可将合同风险分为合同准备阶段的风险、合同签署阶段的风险、合同履行阶段的风险和合同履行后管理阶段的风险。

（一）合同准备阶段的风险

合同准备阶段的风险是指在合同准备过程中存在不当行为的风险，主要包括：

- 合同策划中存在的不能满足企业战略和业务目标的风险。
- 在调查中存在的对被调查对象的履约能力和商业信誉给予过高评价的风险。
- 在初步确定准合同对象中存在的将不具备履约能力的对象确定为准合同对象或者将具有履约能力的对象排除在准合同对象之外的风险。
- 在谈判中存在的对涉及合同内容和条款的核心部分乃至关键细节等的忽略或作出了不当的让步及对可能存在的不符合国家产业政策和法律法规要求之事项的忽略等可能导致企业权益受损的风险。
- 合同文本内容和条款可能存在的不合理、不严密、不完整、不明确或表述不当，可能导致重大误解或者合同内容违反国家法律法规或国家产业政策等风险。

•合同审核过程中没有发现或纠正合同不当内容和条款的风险等。

（二）合同签署阶段的风险

合同签署阶段的风险是指在合同签署阶段存在不当行为的风险，主要包括：

•合同正式签署时的风险主要表现为：超越权限签订合同；合同印章管理不当，为不符合管理程序的合同加盖了合同印章；签署后的合同被篡改等。

•合同分送相关部门的风险主要表现为：合同被送到了不相关的部门；收到合同的相关部门没有采取妥善措施处理合同；因保管不当导致合同泄密等。

（三）合同履行阶段的风险

合同履行阶段的风险是指在合同履行阶段中存在不当行为的风险，主要包括：

•合同履行过程中本企业或对方没有恰当地履行合同中约定的义务的风险。

•在合同变更或转让过程中存在的应当变更合同内容或条款但未采取相应的变更行为。

•合同变更未经相应的管理程序，导致合同变更行为不当或无效。

•合同转让行为未经原合同当事人和合同受让人达成一致意见使合同转让行为无效。

•在办理合同终止手续过程中存在未达到终止条件的合同终止。

•合同终止未办理相关的手续等风险；合同纠纷处理不当的风险等。

（四）合同履行后管理阶段的风险

合同履行后管理阶段的风险即在合同履行完毕或终止后管理过程中存在的风险，主要包括：

•在合同归档保管过程中存在的风险，如合同丢失或泄密、合同被滥用等。

•在合同执行情况评价中存在的风险，如未对合同执行情况进行评价、在合同评价过程中未按照规定兼顾全面和突出重点等。

四、影响合同法律风险的主要因素及其控制方法

按照合同当事人是否可控分析，导致合同风险的主要因素可分成外部环境因素、合同对方的因素、企业自身的因素。

（一）外部环境因素

导致合同风险的外部环境因素包括宏观经济环境、政治、政策、法律、社会、科技进步以及地理环境、气候变化、交通事故、自然灾害等其他不可控因素。企业在签订合同过程中，应当充分考虑这些因素对合同履行的影响，特别

是政治、政策和法律方面的影响。

控制方法：外部环境因素所导致的合同风险，合同当事人均无法控制，只能合理预测，并采取恰当的风险应对措施，如风险规避或风险承受。当然，在情况允许时，也可采取风险分担措施，如购买保险等。

（二）合同对方的因素

由合同对方的原因导致合同风险的因素主要包括合同对方的蓄意欺诈或违约、财务状况不佳、生产能力与技术水平低下等。比如，对方一开始就根本没有履行合同的意愿，签订合同的目的就是欺诈他人；或者在合同履行过程中借故小题大做，蓄意不履行合同义务；或者陷入财务困境，无力履行合同义务；或者因生产能力或技术水平低下等，无力履行合同规定的数量或质量标准等。

控制方法：控制这类风险，可采取“事前防控、事中监控、事后救济”的方法。

（三）企业自身的因素

企业合同法律风险成因复杂，但企业自身原因引起的风险占较大比例。企业自身原因导致合同风险的主要因素有合同决策、管理水平、操作人员素质、财务状况、生产能力和技术水平等。其中，合同决策因素主要包括合同策划、初步确定的准合同对象、合同关键内容的确定等存在不当行为或结论；管理水平因素主要包括企业战略目标和经营目标设定不当、与合同管理相关的职责分工不当、合同管理制度的制定和执行存在重大缺陷等；操作人员素质因素包括与合同相关的管理人员缺乏必要的专业胜任能力和经验、对待工作不严谨、没有认真执行合同管理制度、蓄意规避合同管理制度、与外部人员合谋欺诈本企业等；财务状况因素主要是指本企业因财务状况不佳而无力偿还到期债务，导致违约；生产能力和技术水平因素主要是指企业目前生产能力或技术水平不能满足履行合同义务的要求等。

控制方法：控制此类风险的主要策略是降低风险，即建立合同内部控制制度并严格执行。

第五节　合同法律风险的评估与管控

一、合同法律风险的评估

合同法律风险识别是将企业面临的合同法律风险点以清单的方式呈现出来，然而这并不意味着企业需要对所有合同法律风险都在第一时间采取措施加以应对，在效益、管理、效率等因素的制约下，面对成百上千的法律风险点，如果采取“胡子眉毛一把抓”的方式加以应对，既不经济也不现实，甚至还可能产生副作用。在诸多因素的制约下，企业只能以“效益优先、有的放矢”的方式控制法律风险。而合同法律风险评估所要解决的问题，正是通过一系列复杂的工作，对已经识别出来的合同法律风险点进行分析和评价，列出合同法律风险点的轻重缓急，使企业可以对症下药、集中精力和资源更有效率地解决主要矛盾。

常见的风险评估维度包括风险影响程度、风险发生可能性、风险管理水平、风险管理改进迫切性、现有控制措施和关键绩效指标等，比较核心的合同法律风险评估维度如下：

- 严重度：是指任意一个合同法律风险一旦发生后，企业将会面对的法律责任，是企业决定是否采取应对措施的重要依据之一。
- 承受度：是指企业自身对于合同法律风险发生后可能造成损失的承受能力的大小，这与风险类型、企业的资产规模、运营状况等有着密切的关系，该维度与合同法律风险后果的严重程度共同反应了合同法律风险发生后可能给企业造成的影响程度。
- 可能性：是指合同法律风险发生成为法律风险事件的可能性，主要是用于体现企业目前管理水平下所面临的法律风险中，风险事件发生概率的大小或者发生的频繁程度。

通过合同法律风险评估可以得知哪些合同法律风险点非常重要、必须加以应对，而哪些风险点由于出现概率低或影响程度甚微可以采取一般应对措施，使企业合同法律风险管理更加经济有效、系统有序。

二、合同法律风险控制的难点

合同管理存在的问题主要来源于三个方面：意识、制度、人员，① 合同法律风险控制的难点也在于这三个方面。

一是合同法律风险防范意识提升难。由于一些企业的经营运作不规范，企业法律意识薄弱，往往导致订立合同流于形式，对合同条款内容不进行仔细审查和明确约定，致使合同难以履行或引起争议，留下合同纠纷、合同失效的隐患。因此，强化企业员工尤其是领导层的合同风险意识，是识别合同风险、防范合同风险的前提，也是建立健全合同法律风险防范机制的思想基础。而目前企业普遍存在领导层对合同法律风险管理工作支持力度不够，重商机、轻风险，员工法律意识薄弱的现状很难得到改变的现象。

二是合同管理制度不健全，再造管理流程难，特别是将法律风险控制手段内置于合同管理环节难。合同法律风险管理是企业内控机制之一，由于企业领

---

① 张志伟、王洪元：《加强合同管理促进企业更好发展》，载《中国科技信息》2009 年第 6 期。

导层、管理部门和员工的风险意识不强、管理惰性、经验主义甚至抗拒心理等，加上法律事务机构没有着力构造合适的交流与沟通平台、寓管理于服务之中等原因，致使新的管理流程运行艰难。

三是提升合同管理人员素质难，约束员工的道德操守难。合同管理的专业性强、知识面宽，法律法规意识要求高，需要丰富的管理实践经验。合同管理人员应当是具备一定的专业技术知识、法律知识、经济管理知识的复合型人才，但目前合同管理专业人才缺乏，无法对合同进行有效的管理。此外，实践证明，不少合同风险的产生，是由于企业员工自身的道德操守有问题造成的。由于这些员工的行为具有隐蔽性，加上取证、定性困难，大多数企业对员工转签合同谋取私利等行为的制约办法并不多。

三、合同法律风险管理应注意的问题

一是避免合同修改带来新的法律风险。合同签订时，评审其商务和技术要件、文本条款等，不存在法律风险或法律风险可控。但在合同履行过程中，双方协商变更合同主体和修改合同内容，却可能产生新的法律风险，所以企业必须有效控制和规范合同修改程序，将合同修改与合同签订同样对待，避免合同修改带来新的法律风险。

二是强化合同附件的法律风险管理。为细化或进一步明确合同条款，不少合同在签订之时或之后再签附件。而合同附件作为合同的有效组成部分，往往与合同主文具有同等法律效力，企业合同管理部门普遍存在主文认真、附件随意的现象，造成了法律风险隐患，因此要对其强化管理。

三是量化考核法律事务部门的合同法律风险管理工作。在定岗、定员、定职责的基础上，必须强化考核法律事务部门的合同法律风险管理，合理设置量化考核指标，确保和督促法律事务部门认真、扎实地进入合同管理环节。比如，设置“合同管理体系合法率”这一考核指标，旨在考核合同的签订、履行、纠纷处理的合法性，考核方法是统计期间经审查的合同在签订、履行、纠纷处理过程中出现不合法内容的次数；再如，设置“合同漏审率”，旨在考核合同审查状况，计算公式为（期间漏审合同数量/期间提交审查的合同总数量）×100%；又如，设置“合同审批效率”，旨在考核合同审查状况，考核方法是单项合同的法律环节审核时间不超过×个工作日等。

四是建立合同法律风险动态管理机制。企业所面临的合同法律风险不可能一成不变。随着企业外部法律环境、企业战略策略、业务范围的不断变化，企业合同法律风险的种类、性质、影响范围和表现形式也在不断变化；随着时间的推移，合同法律风险发生的可能性也会出现波动。合同法律风险的变化决定了其风险防范机制也应该是动态高速的。要根据企业以往实践中已经发生的合同法律风险进行归纳整理，确定风险偏好、风险点，并适时预测可能发生的风险点，不断进行高速完善，使企业合同法律风险的防范和管理切合企业自身实际，符合企业不同时期的发展需要。

五是培养企业法律事务机构合同管理的工作技巧。再好的制度设计、流程设置，如果公司律师或法律顾问仅仅精研法律，而没有熟练掌握合同管理的工作技巧，也难以发挥其应有的作用。要做到与业务部门人员关系融洽并被认可，从而发挥潜移默化的作用，必须营造与公司其他管理人员的相同语境和沟通平台，深入了解业务，培养商务头脑和全局观，从业务人员的角度看问题，切忌长篇大论来解释为什么不能做之类的法律问题，而是及时回应，清晰简明地交换意见，积极寻求合法可行的解决方案，在合法合规性与商业目标之间寻求平衡，切忌单纯规避风险而错失商业机遇。

六是建立专门的合同法律风险提示预警制度。企业法律事务机构通过专业眼光发现合同管理中存在的问题，可能导致潜在的法律风险，可通过《公司管理法律建议书》提出完善管理、化解风险的措施；在参与具体合同的审查时，应尽到审慎审查之义务，充分预见法律风险，及时起草《法律意见书》予以提示；遇国家法律法规调整、新法实施、新政出台等，可能给企业带来新的合同法律风险时，应及时提交《公司运营法律风险提示书》，做到有备无患。如此一整套专门的法律风险提示预警制度，可将预见到的风险及时提示出来，通过风险转嫁等方式来化解。

四、合同法律风险的应对策略

风险应对策略就是对已经识别的风险进行定性分析、定量分析和进行风险排序即进行风险评估后，制定相应的应对策略和整体策略。企业应当综合运用风险规避、风险降低、风险转移和风险承受等风险应对策略，实现对合同风险的有效控制。

1. 风险规避

风险规避是风险应对的一种方法，是指通过计划的变更来消除风险或者风险发生的条件，保护目标免受风险的影响。风险规避是企业对超出风险承受度的合同风险，通过放弃或者终止与该风险相关的合同以避免和减轻损失的策略。根据规避的程度和方式，可将合同风险规避策略进一步划分为完全拒绝承担、逐步试探承担和中途放弃承担三种策略。

完全拒绝承担合同风险策略是指通过合同风险评估后，企业直接拒绝承担某类或某个合同风险。如通过对某企业进行合同调查和合同风险评估后，认为该企业长期经营管理混乱、财务状况不佳、产品或服务质量不高、商业信誉不好等，合同风险很高，就不能与该企业签订合同。

逐步试探承担合同风险策略是指通过合同风险评估后，虽然认为某种或某个合同风险很大，但又不宜采取完全拒绝的方式，则宜采取分步实施策略，规避部分风险。如通过合同风险评估后，认为与某公司开展业务往来风险很高，但该公司提供的产品又是本企业急需的，则可采取此种合同风险规避策略，先与其签订标的金额较小的合同，通过逐步接触和合同履行进展情况，再逐步增大标的金额。

中途放弃承担合同风险策略是指因外部环境发生变化或对方发生违约行为等，企业中途终止合同的履行，控制合同风险的扩大和发展。比如，在合同履行过程中，因外部环境发生重大变化，或者对方存在违约行为，本企业继续履行合同义务，将造成更大的损失和风险的，则宜采取此种策略。

2. **风险降低**

风险降低是企业在权衡成本效益之后，准备采取适当的合同控制措施降低合同风险或者减少合同损失，将合同风险控制在风险承受度之内的策略。通常在项目的早期合同准备、签订阶段采取风险降低策略可以收到更好的效果，建立和实施合同内部控制，是合同风险降低的主要方法。

3. **风险转移**

风险转移是企业将风险的后果转给第三方，借助他人力量转移风险。例如，采取合同业务分包、请专门担保公司担保、供应商提供银行履约保函等方式和适当的控制措施，将合同风险控制在风险承受度之内的策略。根据分担方式不同，可将合同风险分担策略分为合同风险分散、第三方担保等方式。

合同风险分散就是指将一个标的金额大的合同拆分成标的金额较小的合同，与不同单位签订合同，将风险分散在不同的空间，以减少企业遭受合同风险损失的程度。如与不同的供货商签订同一种原材料的采购合同、与不同的客户签订同一种产品的销售合同等。

第三方担保就是指对风险较大、企业难以控制的合同，请专门的担保公司进行担保，或者由供应商提供银行保函等第三方担保，或者就合同标的购买保险，一旦发生合同风险，则可从担保公司或者其他担保人或者保险公司获得一定的补偿，以弥补合同损失的方式。一般来说，对于涉外、外贸合同，可请实力强、经验丰富的涉外担保公司进行担保。

4. **风险承受**

风险承受是企业对风险承受度之内的合同风险，在权衡成本效益之后，不准备采取控制措施降低合同风险或者减轻合同损失的策略。一般地，对于标的金额小，或者能够即时结清的合同，可以采用合同风险承受策略。

此外，对于不可预见或者不能避免的风险，如不可抗力或者在风险规避、风险降低、风险转移均不可行时，或者采取上述策略的执行成本超过风险后果时，通常也可以采用风险承受策略。

五、合同法律风险应对的措施

合同法律风险应对的措施是指针对某一具体合同法律风险行为，结合已确立的控制策略及拟产生的控制效果而制定的具体的控制办法。合同法律风险控制所采取的控制措施是否得当将直接决定合同法律风险的控制效果。合同法律风险控制措施设计应坚持如下原则：多措并举、多管齐下、控制措施种类多元化；具体控制措施内容与风险行为一一对应，控制措施具有针对性；控制措施尽量是具体的、合理的、有效的，具有可操作性的。

（一）企业制定合同法律风险应对措施可考虑的手段

1. 建立、完善、落实相关制度及流程

通过制定、完善及落实与相应合同法律风险相关的制度、实施细则、操作指引等方式进行合同法律风险控制。对于已有相关制度的，将控制相关法律风险的应对措施嵌入相应的管理制度中，或者将比较笼统的制度进行细化制定实施细则，或者对于某项事务制定操作化较强的操作指引，完善相关流程，加强过程控制，以达到控制相应合同法律风险的目的。

2. 调整资源配置

通过设立或调整与某一合同法律风险行为相关的岗位、人员和投入等方式进行合同法律风险控制。比如，针对客户应收款风险，通过设置专职或兼职应收款跟踪管理员，定期跟踪并及时预警供应商资信状况和应收款回收情况，以控制相应合同执行法律风险。

3. 利用技术手段

通过一定的技术手段的运用防控相关风险。比如，对于公司机密等电子文件资料采用一定的技术手段进行加密和权限设置处理等方式控制泄密风险，以保证相关保密义务的执行。

4. 定期检查监督

方案的生命在于实施，再完善的合同法律风险控制措施如果得不到有效的实施，也无法达到控制合同法律风险的目的。企业内部定期检查和监督相关人员是否按照制度、实施细则、操作指引、工作流程等进行执行和操作，及时发现并改正相应合同法律风险行为，达到合同法律风险控制的目的。

5. 加强宣传培训

通过对具体接触相应合同法律风险的工作人员的教育和培训，加强相关工作人员对于相关制度、实施细则、操作指引、工作流程的掌握和应用，培养和提升一线工作人员的合同法律风险防控意识，防范相应合同法律风险的发生，或者在风险发生后将损失控制在尽可能小的范围内。

（二）企业制定合同法律风险应对措施可考虑的具体方面

为了应对合同管理中的难点及常见问题，有的合同管理专家从纵向角度，以合同运行的时间为序，将合同管理分为合同准备、合同谈判、合同文本起草和审查、合同的签署和保管、合同的履行、合同的补充和变更、合同的结算与支付、合同关系结束八个环节，对合同管理的不同环节提出了具体的应对策略。①

1. 合同准备

要充分考察合同主体的资格和履约能力。要注意“与谁签合同”，“签约对方是否具备合法的身份资格、是否具备履行合同的相应能力和条件”等问题，这是选择合同对方的基本要求。例如，以分包工程为条件合作投标的，在协商投标合作事宜时，必须首先考察其施工能力及施工队伍的来源问题，必须具备合法分包资格，否则必须改变合作方式或条件。中标后的工程分包必须坚持合格分包商评价制度，未经评审认定合格，不得与其进行实质性谈判。签约准备环节是合同管理的源头。选择一个怎样的合同对方，对合同的签订到履行终结的作用和影响至关重要，一旦违规降低标准或对细节考虑不周，将会埋下许多隐患，给合同的执行带来一些麻烦甚至严重的后果。

2. 合同谈判

要认真严谨地因事、因人、灵活应用恰当的谈判策略和方法。例如，分包合同谈判，无论标的额多大，都必须报请企业成本管理部门安排人员参与研究合同条款，要结合对方的资信、人员状况、谈判的难易程度等具体情况和工程具体特点，因事、因人，灵活应用恰当的策略措施；合同谈判地点必须选择在项目部办公地，不得在宾馆、酒店等场所进行，以最大限度地减少不透明因素，消除可能出现的猫腻，从源头上防范不必要的合同纠纷。

3. 合同文本起草和审查

要优先使用国家或行业发布的标准合同文本或者企业自行制定的合同示范文本。在文本起草工作中，工作人员应就双方商定的全部条款、签订合同的各个环节，包括整个履约过程可能出现的种种情况，都要进行充分的估计，并预先采取对策，确保每一个履约行为都于己有利、占到先机。既要避免因采用一些自制的、笼统的、不规范的文本进行签约，回避义务，避重就轻，向对方转嫁风险，更要防止因为自家考虑不周，使合同文本出现漏洞和随意性，而在履约过程中出现处处受制于对方的被动不利局面。

4. 合同的签署和保管

要及时将签署的合同文本报企业对口业务部门备案，并交由项目部业务对口部门负责人集中保管留存，同时向项目部财务部门提交一份原件作为付款依据。

---

① 参见王建林：《“八步走”，帮你做好项目合同管理》，载《中国招标》2009 年第 35 期。

5. **合同的履行**

要教育项目全员明确项目管理的根本任务是全面、严谨、高效地履行该工程项目的所有合同、协议，而不是施工生产；要让大家明白施工生产是基于合同协议、围绕实现合同协议约定、最后又终结于合同协议的一个工作过程，以最大限度地减少因履约意识不强而造成的施工生产轰轰烈烈、经济效益却捉襟见肘的偏差；要定期组织召开会议，综合评价分析各项合同的履行情况，围绕高效履行合同义务、行使合同权利来组织施工生产，不断改善和提高履约水平；要牢固树立有利于企业的证据意识，认真清除一怕麻烦、图省事、想轻松，二怕写不好、留隐患、担责任，三怕堵死个人某种特殊操作的后路等不正确、不合适甚至不道德的思想意识；要坚持所有履约行为的集体决策、集体监督。

6. **合同的补充与变更**

要及时对遇到的一些新情况、新问题，或者起初被遗漏事项，或者与原来约定发生变化的事项通过协商达成补充协议或者变更协议，必要时也可以以会谈纪要的方式经双方共同签认；这些补充协议、会谈纪要及处理意见等，都应被视为合同文本的补充，必须与正式合同文本一样管理、一样履行。

7. **合同的结算与支付**

企业对此要有具体、明确、严格的规定，财务部门必须按照企业有关规定办理，审核及签批手续不完备者不得付款；对明知手续不完备且面临违规支付而不报告的，企业要视情节对主管会计进行处罚。

8. **合同关系确立**

合同没有正式签订生效，就意味着双方的权利义务关系尚未确立，不得准许对方在施工现场进行合同范围内的任何工作。

第二章
合同订立过程中的法律风险控制

本章提示

从合同订立的一般步骤来看，合同需要当事人之间进行不断地磋商，最终达成一致。特别是内容重大、结构复杂的合同，双方在讨价还价中会不断调整各自的最大利益和退让底线。随着谈判的深入，当事人之间不停地就合同的条款进行要约和反要约，并通过承诺来锁定结果。可以说，如果将合同的订立看作一个过程，则包含合同订立的各个步骤，是一个从协商至一致的过程。这个过程就是一个相互协商、讨价还价、相互妥协的过程，用合同成立的专用术语讲，就是一个要约、承诺，甚至包括反要约在内的较为复杂的过程。

实践中，合同的法律风险管控不仅要控制从文本中产生的法律风险，而且要对文本以外的合同事务同样实施有效的管理。从合同管理的角度来讲，除了如何完善合同文本之外，如何订立合同、签订合同、履行合同对于合同当事人的风险防范具有极为重要的意义。因此，合同法律风险管控其实就是充分利用法律手段应对文本之中以及文本之外的各种法律风险。本章首先讨论如何应对合同订立过程中的法律风险问题。

第一节　如何应对要约与承诺

一、要约的法律风险

根据《民法典》的规定，要约是一方当事人希望与他人订立合同的意思表示。这种意思表示应当符合两个条件：一是内容具体确定；二是表明经受要约人承诺，要约人即受该意思表示约束。在商业活动中，要约常被称为发价、发盘、出盘、报价等。

以上要约的定义实际上已经限定了要约人的意思表示方式，订立合同意思人有时虽自己尚没有完全订立合同的意思，但其行为已被法律定义为要约，则相对人可以依据法律规定主张要约成立，进而以承诺已经发生为由认为合同成立。也就是说，要约虽然不是合同，但是作为合同订立的一个阶段，法律同样赋予其一定的法律效力。一旦要约生效，要约人和受约人的法律地位会发生一定的变化。要约对要约人的拘束力，表现在要约人不得随意撤销或对要约加以限制、变更或扩张。如果要约人想对要约作出某些改变，必须按照法律规定的方式进行，否则将因不能发生法律意义的改变而承担相应的风险。

在实践中，如何进行要约，对要约风险的防范是需要特别注意的问题。不恰当的要约将会使自己落入合同义务中，可能蒙受经济利益损失，常见的要约的法律风险有以下几种：

（一）将要约误认为要约邀请

要约邀请，是希望他人向自己发出要约的意思表示，其对象可以是特定的主体，也可以是不特定的主体。拍卖公告、招标公告、招股说明书、债券募集办法、基金招募说明书、商业广告和宣传（符合要约条件的，构成要约）、寄送的价目表等为要约邀请。它的发出目的是引诱他人向自己要约，从而达到订立合同的效果。但在民事法律实务中，不能简单地适用法律的规定，要考虑不同案件的实际情况，仔细析别要约与要约邀请。实践中，形式上看似要约邀请但实则为要约，而要约人却误认为是要约邀请的情形时有发生。

案例：将要约误认为要约邀请

【基本案情】

某果品公司因市场上西瓜脱销，便向新疆某农场发出一份传真：“因我市市场西瓜脱销，不知贵方能否供应。如有充足货源，我公司欲购十个冷冻火车皮。

望能及时回电与我公司联系协商相关事宜。”农场因西瓜丰收，正愁没有销路，接到传真后，喜出望外，立即组织十个车皮货物给果品公司发去，并随即回电：“十个车皮的货已发出，请注意查收。”在果品公司发出传真后，农场回电前，外地西瓜大量涌入，价格骤然下跌。接到农场回电后，果品公司立即复电：“因市场发生变化，贵方发来的货，我公司不能接收，望能通知承运方立即停发。”但因货物已经起运，农场不能改卖他人。为此，果品公司拒收，农场指责果品公司违约，并向法院起诉。

【法律分析】

此案双方发生纠纷的原因是农场没有理解要约和要约邀请的区别。果品公司给农场的传真是询问农场是否有货源，虽然该公司在给农场的传真中提出了具体数量和品种，但同时希望农场回电通报情况。因此，果品公司的传真具有要约邀请的特点。农场没有按果品公司的传真要求通报情况，在直接向果品公司发货后，才向果品公司回电的行为，因没有要约而不具有承诺的性质，相反倒具有要约的性质。在此情况下，如果果品公司接收这批货，这一行为就具有承诺性质，合同就成立。但由于果品公司拒绝接收货物，故此买卖没有承诺，合同不成立。基于上述原因，农场向果品公司主张违约责任的诉讼请求无法得到法院的支持，果品公司不负赔偿责任。

【实务指南】

一般而言，企业签订合同时，要约或要约邀请活动具有临时性，但一些企业在业务拓展或企业宣传活动中，长期反复使用的报价单、宣传资料或其他类似的书面材料就具有要约的性质。这些资料表述是否符合企业的初衷，就需要纳入法律风险的考虑范畴。

《民法典》第四百七十三条第二款规定：“商业广告和宣传的内容符合要约条件的，构成要约。”要约一旦发出，企业就已经将签订合同的主动权交给对方，只要对方接受要约所提出的条件，则合同即告成立。另外，《最高人民法院关于审理商品房买卖合同纠纷案件适用法律若干问题的解释》第三条规定：“商品房的销售广告和宣传资料为要约邀请，但是出卖人就商品房开发规划范围内的房屋及相关设施所作的说明和允诺具体确定，并对商品房买卖合同的订立以及房屋价格的确定有重大影响的，构成要约。该说明和允诺即使未载入商品房买卖合同，亦应当为合同内容，当事人违反的，应当承担违约责任。”

因此，企业在发出要约或者要约邀请时，对于内容的把握是控制合同订立法律风险的一个重要环节。应当注意企业有关材料的使用频率、数量、范围等，以防止法律风险结果的发生。

（二）要约内容不当

《民法典》第四百七十二条第（一）项规定，要约的内容必须具体确定。

要约必须具有合同的条件，至少是主要条件，能够让受要约人了解要约人所拟订合同的真实情况。因此，要约的内容很可能成为将来双方当事人合同的内容，如果该内容表述上存在歧义或者错误表达，让受要约人有空可钻，那么受要约人一旦承诺，合同即告成立。如果发生纠纷，受要约人对要约肯定会作出对自己有利的解释，将直接影响要约人的权益。这部分法律风险体现在合同内容的约定不当之中，现实中企业往往在制作合同条款时较为慎重，而在制作要约时则缺乏关注。

（三）要约撤回和撤销不当

要约作出后，按照法律规定，可以进行撤回或撤销。要约撤回是指在要约到达相对人前或与要约同时到达相对人，要约人使要约不发生法律效力的行为。要约撤销是指要约生效后，受要约人作出承诺前，要约人取消要约，使要约法律效力归于消灭。《民法典》第四百七十七条规定："撤销要约的意思表示以对话方式作出的，该意思表示的内容应当在受要约人作出承诺之前为受要约人所知道；撤销要约的意思表示以非对话方式作出的，应当在受要约人作出承诺之前到达受要约人。"要约存在不能撤销的例外情况，《民法典》第四百七十六条规定："要约可以撤销，但是有下列情形之一的除外：（一）要约人以确定承诺期限或者其他形式明示要约不可撤销；（二）受要约人有理由认为要约是不可撤销的，并已经为履行合同做了合理准备工作。"

案例：要约撤回或撤销不当

【基本案情】

某人含有重要证件的包丢失后，为了尽快找到包，刊登了一则悬赏广告，明确说明谁捡到包后重赏多少元。后拾到该包的人向其主张赏金，悬赏人后悔，双方诉诸法院。

【法律分析】

根据《民法典》第四百九十九条的规定："悬赏人以公开方式声明对完成特定行为的人支付报酬的，完成该行为的人可以请求其支付。"悬赏广告是指广告人以广告的形式声明对完成悬赏广告中规定的特定行为的任何人，给付广告中约定报酬的意思表示。发布悬赏广告是一种民事法律行为，悬赏人应当受其要约约束，并承担相应的法律责任。因此，本案中的悬赏人应当向拾到包的人支付相应的金钱。

【实务指南】

本案涉及要约撤回行为或撤销行为不当的问题，事实上，本案中的悬赏人在广告指定的内容完成之前是可以依据法律规定撤销广告的。因此，要约撤回或者撤销不当必然给当事人造成损害。但这种法律风险并不会持续存在，属于阶段性法律风险，而且由于其存续期间极短，在产生损害之前，很少引起当事人的重视。

对于企业而言，上述类似情形通常在国际货物买卖中尤为需要注意，如果没有在发盘中予以密切注意，极有可能受制于发盘。要做到好的发盘，又要防止一下落入合同成立的境地，则需要认真分析合同的主要内容是什么。一个典型的买卖合同包括货物的数量和货物的价格，以及货物可以交付的时间，以上三者双方达成一致合同就能成立，其他的条款可以通过商业习惯及法律规定予以补充。

当然，若当事人希望通过多次发盘接盘订立合同，从而留有余地的，则在发盘时不应将全部的内容表明在内，那么在收到接盘人的接盘后，还可以根据接盘人的条件作相应的补充和调整。当然，如果市场行情十分乐观，当事人想抓住一切可以订立合同的机会，当事人应当将全部的发盘内容予以明确，这样在收到符合承诺意思的接盘时，双方合同即告订立。

（四）交叉要约的法律风险

交叉要约，是指当事人一方向对方作出要约时，恰好对方也作出了一个同样的要约，双方当事人在不知情的情况下达成了一致的现象。

关于交叉要约的效力，存在着两种不同的观点：一种观点认为交叉要约不能成立合同，另一种观点则认为交叉要约可以成立合同，在我国法律没有明文规定交叉要约的效力问题。有些人认为交叉要约是不能使合同成立的，因为这里没有一个承诺。但有些人认为，既然他们发出了相同的要约，我们就可以推定他们有承诺的意思表示，所以是可以成立合同的。《民法典》第四百七十一条规定：“当事人订立合同，可以采取要约、承诺方式或者其他方式。”虽然该规定为要约、承诺以外的其他合同订立方式留下空间，有理论将强制缔约和竞争缔约归结于其他方式，但理论界就交错要约是否属于订立合同的方式尚未有一致结论。

因此，在发生交叉要约的情况下，存在法律效力不确定性的法律风险。为避免因法院认知上的差异导致认定双方之间合同不成立，最理想的方法是，企业在遇到这种情况时，还是应该按照正常的合同订立程序，向对方发出承诺。

二、承诺的法律风险防范

承诺是受约人作出的同意要约以成立合同的意思表示。在商业交易中，承诺又被称为接盘。承诺的内容应当与要约的内容一致。随着交易的发展，承诺只要没有对要约作出实质性改变，除非要约人明确表示拒绝的，否则构成有效的承诺。承诺生效时，也就是合同成立的时间。因此，一旦作出承诺，企业就应当按照已在要约承诺中确定的合同内容做好履行合同的准备。

要约一经承诺，合同即告成立，对要约人和承诺人都有约束力，任何一方都不得擅自撤回和修改。但在贸易实践中，受要约人往往不能做到完全同意，由于承诺时对原要约作了某些添加、更改或限制，如果按照上述规则，该项承诺就不能视为有效承诺，合同则不能成立，这将给贸易带来不便，因此《联合国国际货物买卖合同公约》（以下简称《公约》）一方面采纳了上述原则，另一方面又作了一些补充和修改。该公约第十九条第一款规定，对要约表示承诺时，如需要添加、限制或其他更改，应视为对要约的拒绝，并构成反要约。为了适应现代商业发展的需要，《公约》第十九条第二款又规定，对要约表示承诺但载有添加或不同条件的答复，如所载的添加或不同条件在实质上并不变更该项要约的条件，则除要约人在不过分延迟的期限内以口头或书面方式提出异议外，仍可作为承诺，合同仍可成立。

什么叫实质上的变更？《公约》第十九条第三款对何为实质上的变更作了说明，即货物的价格、付款、货物的质量与数量、交货的地点与时间、当事人的赔偿责任范围、解决争议的方法等。只要对上述内容作了变更，就不能认为是承诺。《民法典》第四百八十八条与此作出了基本一致的规定。

案例：承诺的法律风险及防范措施

【基本案情】

中国A公司向美国旧金山B公司电报发价出售一批产品，A公司于1997年5月18日发盘如下："报C413300公吨，即期装船，不可撤销即期信用证付款，每公吨CIF旧金山U.S.$ 2100，1997年5月25日前电复有效。"

B公司于1997年5月22日复电："你1997年5月18日发盘，我接受300吨，即期装船，不可撤销即期信用证付款，每公吨CIF旧金山U.S.$ 2100，除通常单证外，需要提供产地证、植物检疫证明书，适合海洋运输的良好包装。"此时，该货国际市场价格上涨20%，原发价的价格明显对A公司不利，因此，A公司与日本一公司签订产品买卖合同，按国际市场价售出该产品。1997年5月25日A公司去电："你22日电，非常抱歉，由于世界市场价格变动，在收到你接受电报前，我货已经售出。"双方因此为合同是否成立发生纠纷。

【法律分析】

承诺只要不在实质上变更要约的条件，而且要约人在合理的时间内未发出表示异议的通知，则仍可构成有效的承诺，其合同条件以通知内更改的为准。所以，对于非实质变更条件的承诺，要约人可以在合理的时间内发出表示异议的通知，使承诺归于无效。在本案中，B公司除了对A公司的发盘作出承诺以外，还附加了条件"除通常单证外，需要提供产地证、植物检疫证明书，适合海洋运输的良好包装”。B 公司的承诺是一项附条件的承诺，所附条件不属于实质变更范畴，是非实质性的变更，所以 A 公司仍有权利和机会在不过分延迟的期限内反对这种变更，使 B 公司的承诺无效，合同也就不能成立，从而避免因价格上涨还得按原发价出售带给自己损失。但遗憾的是，A 公司不是反对承诺中附加的条件，却以市场变化，在收到接受电报以前，货物已售为由，拒绝达成交易，而这个理由是无法推卸其对要约应当承担的责任的。随着时间的拖延，A 公司也就丧失了反对承诺中附加条件的机会，合同也就成立了。

合同一旦成立，要约人和受要约人就必须按照合同规定履行自己的义务以维护交易安全，否则就会被视为违约。根据《联合国国际货物买卖合同公约》的规定，卖方有按照合同和公约的规定提交货物与单据以转移货物所有权的义务，在 CIF 装运合同条件下，卖方在指定港口完成装运就完成交货。装运时间也就是交货时间。但是 A 公司已将该产品出售给日本一公司，再让其按期交货显然存在一定困难。

最后，A 公司不得不承认合同已经成立，B 公司作出了让步，同意装船期适当延迟，但其他各项条件均按原盘履行，即在国际市场价格上涨 20%的前提下，A 公司还得按照原发价再准备同样的产品出售给 B 公司，白白损失了 126000 美元。如果 A 公司熟知相关方面的法律，这种损失完全是可以避免的。

【实务指南】

1. 承诺的风险表现形式

本案反映了承诺存在的法律风险的一种情形，实际上，承诺常见的法律风险有以下几个方面：

（1）承诺方式不当

承诺方式，是指承诺人采用何种方式将承诺通知送达要约人。一般认为承诺方式不得比要约送达方式更缺乏效率，通常只要承诺采用比要约更快捷或更方便的方式就是有效的方式。若要约中已经明确要求承诺作出的方式，则应当按照要约中指明的方式进行。《民法典》第四百八十条规定：“承诺应当以通知的方式作出；但是，根据交易习惯或者要约表明可以通过行为作出承诺的除外。”虽然法律规定某种情况下，受约方可以采用实施行为的方式作出承诺，但是以行为方式进行承诺，证明难度较大，一旦发生争议，审判认定的不确定性往往使企业难以选择解决方式。

（2）将新要约当作承诺

《民法典》第四百八十八条规定：“承诺的内容应当与要约的内容一致。受要约人对要约的内容作出实质性变更的，为新要约。有关合同标的、数量、质量、价款或者报酬、履行期限、履行地点和方式、违约责任和解决争议方法等的变更，是对要约内容的实质性变更。”

在合同签订过程中，双方常常为争取最有利的合同条款而不断发出新要约，要约某些细微的改变会被当事人所忽略，但此时仍然是新要约，而不是承诺。一旦当事人认为属于承诺，认定合同已经谈妥，进行交易准备，则可能会给自己带来不必要的损失。

2. 承诺的风险应对

（1）希望承诺立即生效

机会的把握对当事人来说十分重要，稍纵即逝的商业机会意味着金钱利益的损失或得利，如果当事人希望承诺立即生效，则应当符合承诺的法定条件。

第一，时间条件。根据要约的内容，如果要约明确了承诺的时间条件，则承诺人应当在约定的时间内作出明确的意思表示，否则就丧失了订立合同的机会。

如果要约没有明确承诺的具体时间，要约以对话方式作出的，应当即时作出承诺；要约以非对话方式作出的，承诺人应当在合理的期限内作出回应，当然，这种合理的期限应当结合交易习惯等综合情况加以考虑，法律无法对合理的期限作出一个明确的时间约定，毕竟整个交易是纷繁复杂的。

第二，承诺的方式。承诺的方式存在很多种，特别是当今社会信息传播特别发达的情况下，通信的手段日益快捷化。

承诺到达要约人时方为生效，但是现在电话、传真、微信、QQ、电子邮件等属于几乎零时间的通信方式，那么承诺期限自要约到达受要约人时开始计算。

需要特别说明的是，如果承诺以信函或电报的方式发出，法律明确规定该承诺的时间应当自信件载明的日期或者电报交发之日开始计算。信件未载明日期的，自投寄该信件的邮戳日期开始计算。

（2）不希望承诺立即生效

在商业活动的过程中，仍然有相当部分的当事人不希望自己立即受承诺的限制，而希望自己能够留有充分的回旋余地，为下一步的谈判提供相应的筹码。如果当事人有上述考虑，我们建议当事人可以采用以下方式避免风险的发生。

第一，新要约。所谓新要约是指承诺的内容实质性地改变了原要约的内容，那么这种承诺不应当被理解为愿意接受原要约的约束，而是承诺人向要约人发出了一项新的要约。当然，这种方式又回到了本章曾经论述要约的风险点上。如果承诺人仍然不希望自己被一项完全符合要约定义的新要约所约束，那么在对要约人的要约的回应上，可以对其进行实质性地更改，同时不应使得自己完全符合要约的定义。在商业交易过程中的具体操作，需要根据实际的情况去把握，这里不再赘述。

第二，撤回承诺。根据法律规定，承诺可以撤回。撤回承诺的通知应当在承诺通知到达要约人之前或与承诺通知同时到达要约人。

第三，注意不要以事实或行为成为承诺的意思表示。《民法典》规定合同订立的方式可以是书面的或者口头的，当然也可以是以自己的行为作出某项意思表示。举一个简单的例子，如某人需要某项物品或货物，向另外一方发出要约，另外一方虽然没有明确表示同意，但是立即将该项物品或货物必不可少的说明文件寄给了对方，或者派人将货物直接运抵要约人。这种以行为所作的意思表示在法律上完全构成承诺的意思，当事人应当受其约束。

第二节　如何控制合同的效力

一、合同成立与合同生效

（一）合同成立的含义

合同成立，是指订约合同当事人就合同的主要条款协商一致。所谓协商一致，即指当事人之间的意思表示一致，也称合意。从成立的含义可以看出，成立是当事人意思表示一致的一种事实状态。根据《民法典》第四百九十条第一款规定："当事人采用合同书形式订立合同的，自当事人均签名、盖章或者按指印时合同成立。在签名、盖章或者按指印之前，当事人一方已经履行主要义务，对方接受时，该合同成立。"当事人采用信件、数据电文等形式订立合同的，可以在合同成立之前要求签订确认书。签订确认书时合同成立。但有例外：法律、行政法规规定或者当事人约定采用书面形式订立合同，当事人未采用书面形式但一方已经履行主要义务，对方接受的，该合同成立，当事人一方通过互联网等信息网络发布的商品或者服务信息符合要约条件的，对方选择该商品或者服务并提交订单成功时合同成立，但是当事人另有约定的除外。

（二）合同生效的含义

合同的生效，也称合同的有效，是指已成立的合同发生了拘束当事人的法律效力，是法律对当事人的意思表示行为所作的肯定性评价及其产生的后果。根据《民法典》第五百零二条第一款规定可知，通常来说除法律另有规定或者当事人另有约定的除外，依法成立的合同，自成立时即生效。根据《民法典》第一百三十五条和第一百四十三条的规定可知，合同生效一般应符合以下要件：一是合同当事人具备相应的缔约能力。二是意思表示真实。三是不违反法律和公序良俗。四是符合特定形式的要求。

（三）合同成立与合同生效的关系

一般来说，合同成立是合同生效的基础，是确立合同是否有效的前提和起点，合同生效是合同依法成立的结果。在合同订立的过程中，当合同各方当事人就合同的主要条款达成合意时，合同就成立了。若合同依法成立，则会产生约束各方的法律效力，即合同生效了。具体来说，合同成立与合同生效之间存在如下联系：

合同有效是当事人订立合同的本意，但合同有效的前提是合同成立。如果合同压根就不成立，也即当事人之间实际上并未形成合同关系，那么也就无从判断合同是否有效，不存在判断合同是否有效的基础。也就是说，合同成立后，只有符合生效要件的合同，才能受到法律的保护。

合同生效则是合同依法成立的结果。合法的合同自成立之时即具有法律效力，而违法的合同虽然已经成立，也不会发生法律效力。合同成立以后，既可能因其符合法律的规定而生效，又可能因其违反法律的规定或者意思表示而无效、可变更或者撤销。不符合生效条件的合同，尽管其已经成立，并且也可能反映着当事人之间事实上发生了一定的经济往来关系，但这种合同及其反映的经济往来往往得不到法律的保护。

（四）关于合同成立与生效的几个相关问题

1. 交叉要约是否成立合同

对于交叉要约是否成立合同，一般认为，交叉要约本身并不能成立合同，以有利于保护订约双方的利益，使双方都可以享有撤回要约和撤销要约或者拒绝承诺的权利，但如果在两个要约的有效期内，双方都不作拒绝的明确表示，为了促进交易，可推定为互有承诺，使内容一致的要约达成合意，合同得以成立。

之所以如此认为，是因为在交叉要约的情况下，虽然双方的要约意思表示一致，可以据此预测相互可能达成订约协议，但不能推断双方必然订约。交叉要约毕竟只是订立合同过程中的要约阶段，不能得出必须相互承诺的结果，因而不能直接成立合同。因为双方的要约同时发出以后，不能忽视要约可以撤回或撤销、受要约人享有对要约的拒绝承诺权等因素。

案例：交叉要约能否直接成立合同

【基本案情】

刘某系个体户，经营日用百货。1999 年 11 月，刘某决定改行，想要处理库存存货。商某得知后，前去看货，但当时未与刘某达成协议，而是告诉刘某说其在与妻子商量后再与刘某联系。商某与妻子商议后，在 1999 年 11 月 15 日向刘某发函称：“如果所有货物按批发价出售，我们就买，并要求刘某在 5 日内回话。”恰在此时，刘某也在 11 月 15 日向商某去信称：“所有货物按批发价处理，你是否购买？请于 15 日内答复。”11 月 18 日刘某收到了商某的信后，认为已与商某成交，遂拒绝了其他客户。而商某在 11 月 18 日收到刘某的信后，听说百货生意现在比较难做，心生悔意，不再想购买刘某的货物，于是商某在 11 月 22

日向刘某发出一封电报，表示不买这批货物了。刘某获电，十分气愤，遂诉诸法院，要求维护双方已达成的交易。

【法律分析】

根据《民法典》第四百七十一条的规定，合同的成立通常需要经过要约人的要约与承诺人的承诺。虽然在本案中，刘某与商某就同一宗百货按批发价购销的生意同时相互致函，且函的内容一致，但这只是双方当事人之间同时相互发出内容相同的要约，即交叉要约。对于交叉要约行为，不能以此认为合同当然成立，合同的成立仍然应当经过受要约人的承诺。在这种交叉要约的情形下，发出要约的双方都享有撤回要约、撤销要约或者拒绝承诺的权利。

本案中，商某在收到刘某要约的有效期内明确表示拒绝承诺，同时自己的要约由于承诺期限届满，刘某未作出承诺而失效，因此双方的要约都已失效，不再具有法律约束力，双方的合同没有成立。因此，刘某诉讼的理由不能成立，商某依法不应承担违约责任。

【实务指南】

从实际情况看，交叉要约可能产生以下几种法律后果：

- 在两个要约的有效期内，双方都不作拒绝的明确表示，可推定为互有承诺，使内容一致的要约达成合意，合同得以成立。
- 在两个要约的有效期内，双方均明确表示拒绝承诺，合同当然不能成立。
- 在两个要约的有效期内，一方撤回要约，或向对方明确表示拒绝承诺，都具有双重意义，即既是对对方要约的拒绝，又是对己方要约的撤回，那么对方的要约失效、己方的要约未成立，合同也不能成立。
- 在要约可以撤销的情形下，对己方要约的撤销或对对方要约的拒绝，也具有双重意义，即既是对对方要约的拒绝，又是对己方要约的撤销，那么双方的要约同时失效，合同也不能成立。对己方要约的撤销必须在对方作出承诺之前到达或为对方所知道，否则不产生撤销的法律效力。
- 但是，在要约人以确定承诺期限或其他形式明示要约不可撤销时，或者受要约人有理由认为要约是不可撤销的，并已经为履行合同做了合理准备工作。根据《民法典》第四百七十六条的规定，如无特殊情形，要约不得撤销。因此，有可能产生如下情形：甲方发出的要约由于有承诺期限而不可撤销，乙方发出的要约被甲方拒绝，而乙方又在甲方发出要约的承诺期限内作出承诺，此时，合同是否成立？对于此点，笔者认为，此时应当认为甲方发出的要约仍然具有拘束力，乙方可以在承诺期限内作出承诺，合同成立。如果认为合同不能成立，实际上是否定了要约本身对当事人具有的拘束力，而导致要约人随意撤销要约的结果，这也违背了《民法典》第四百七十六条规定的立法目的。

2. “中标”是否标志合同成立

利用招投标签订合同，是市场主体公开、公平参与竞争的重要方式。我国招投标法鼓励市场主体通过招投标方式订立大宗交易合同，同时明文规定了建设项目必须进行招投标。但是，在实践中，关于“中标”的法律属性存在争议。

案例：“中标”是否标志合同成立

【基本案情】

2001年4月6日，原告亚某公司参与了被告绿某药业公司关于科研质检楼建设工程招投标活动，亚某公司通过现场竞标后，经评标委员会评议被确定为中标单位，并由彭州市公证处进行了公证。4月9日，彭州市建设工程招标投标管理办公室（以下简称招投标办公室）给亚某公司出具了编号为2001-019号的“中标通知书”。绿某药业公司不同意确定亚某公司为中标人，拒绝与亚某公司签订书面合同。双方为此发生纠纷，诉至法院。

亚某公司诉称：原告中标后，被告却拒不与原告签订书面合同，有违诚实信用原则。请求法院判令被告赔偿因缔约过失给原告造成的损失8000元。

绿某药业公司答辩称：原告经评标委员会评议后被确定为中标单位，以及招投标办公室给原告出具的“中标通知书”，均未经作为招标人的被告同意，且原告不具备投标资格条件，故原告实际并未中标，被告在招投标过程中也没有过失或过错，不应承担缔约过失责任。要求驳回原告的诉讼请求。

【法律分析】

本案中，原、被告之间的招投标活动应属合同订立过程，即缔约阶段。招投标办公室给原告核发的“中标通知书”因未经招标人（被告）同意，招标人也未授权评标委员会直接确定中标人，故该“中标通知书”不符合《招标投标法》关于“中标通知书”应由招标人核发的规定，所以原告不是被告确定的中标人。而招标人给中标人核发中标通知书是合同成立与否的标志，原告既然未中标，即表明合同尚未成立。既然合同尚未成立，同时，根据《民法典》第五百条关于对在订立合同过程中的恶意磋商、故意隐瞒与订立合同有关的重要事实或提供虚假情况及其他违背诚信原则的行为适用缔约过失责任的规定，被告在招投标（订立合同）过程中也没有恶意谈判、欺诈和其他违背诚信原则的行为，不应承担缔约过失责任。因此，原告要求被告承担缔约过失责任的理由不充分，该诉讼请求不能得到法律支持。

【实务指南】

在实践中，采用招标投标方式签订合同需要注意以下两点：

第一，招标投标方式属于一种特殊的签订合同方式。招标是指招标人采取招标通知或者招标公告的方式，向不特定的人发出，以吸引投标人投标的意思表示。投标是指投标人按照招标人的要求，在规定的期限内向招标人发出的包括合同全部条款的意思表示。根据《民法典》的相关规定，招标公告或者招标通知应属要约邀请，而投标是要约，招标人选定中标人，应为承诺，承诺通知到达要约人时生效，承诺生效时合同成立。对于中标通知书的法律性质认定学界存在争议，但笔者赞同应将中标通知书的法律性质理解为“能产生合同成立效力的承诺”的观点。至于中标通知书到达中标人以后，双方按照招标文件和中标人的投标文件订立的书面合同，只不过是对双方已成立的合同关系的进一步确认和细节补充，它并不影响当事人之间已形成的合同关系。因此，当中标通知书发出以后，招标人改变中标结果或者中标人放弃中标项目的，应当依法承担违约责任即继续履行，若约定有违约金的，则要支付违约金，并可要求一方赔偿另一方合同在履行时可以获得的利益。[①] 故招投标活动应属合同的订立过程，而招投标合同成立的标志就是“中标通知书”，即只有当招标人给中标人核发中标通知书后合同即告成立。所以说，招投标方式是一种特殊的合同订立方式，本案中原告参与被告关于科研质检楼建设工程的招投标活动即为原、被告之间合同订立的过程。

第二，法律意义上的“中标”标志着合同成立。招标投标方式虽然是一种特殊的签订合同方式，但招标人给中标人核发中标通知书才是合同成立的标志。招标人确定中标人，根据授权情况不同，确定的时间和方式也不同。《招标投标法》规定确定中标人有两种情况：一是招标人授权评标委员会直接确定中标人，二是招标人在评标委员会推荐的中标候选人中确定中标人。

二、法定批准对合同效力的影响

（一）依法办理合同批准的依据

《民法典》第五百零二条第二款、第三款规定：“依照法律、行政法规的规定，合同应当办理批准等手续的，依照其规定。未办理批准等手续影响合同生效的，不影响合同中履行报批等义务条款以及相关条款的效力。应当办理申请批准等手续的当事人未履行义务的，对方可以请求其承担违反该义务的责任。依照法律、行政法规的规定，合同的变更、转让、解除等情形应当办理批准等手续的，适用前款规定。”

（二）办理合同批准的法律分析

对上述规定，我们在实践中，应把握好以下三个方面：

第一，该规定是在区分合同的成立与不成立，生效与不生效，有效与无效三对概念的基础上，表明批准等手续对合同效力的影响（如图 3 所示）。

首先，批准不是合同成立要件。合同成立与否，不应受批准要件的影响。

---

① 参见李丽：《中标通知书的法律性质认定——兼论中标通知书发出后的责任形态》，载《河南司法警官职业学院学报》2010 年第 2 期。

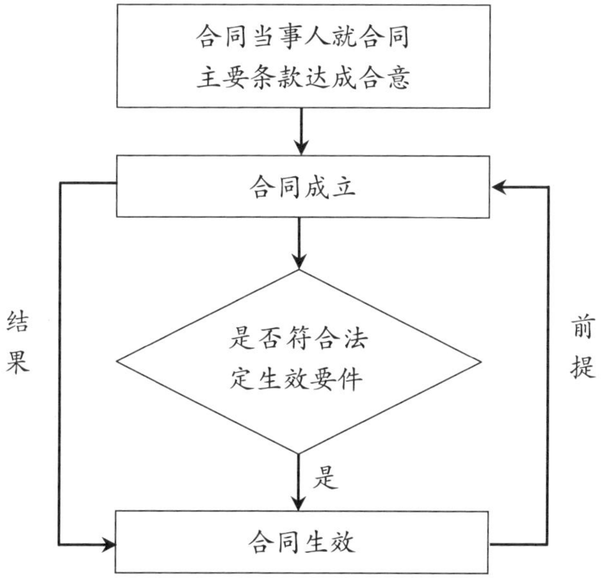

图3　合同成立与合同生效的关系

其次，批准不是合同的有效要件。合同是否有效，判断的标准只有法律、行政法规对合同无效的明确规定。而法律、行政法规对批准要件的规定，并不都属于强行性规范，因此以批准与否来判定合同是否有效不能绝对化。

最后，批准仅仅是合同的生效要件。生效与不生效是相对的，而不是与无效相对应。因此，不生效不等于无效。

第二，上述规定意味着法定需批准生效的合同在未经批准时具有形式拘束力但不具有实质拘束力，任何一方不得擅自撤回、解除、变更，当事人可以通过请求报批义务人履行报批义务，促成合同生效，但在获得相关行政机关批准前任何一方无权请求对方履行合同主要义务。若最终报批义务人拒绝履行报批义务，则另一方有权请求报批义务人承担违约责任，促成合同从未生效状态归于消灭，从而使当事人摆脱合同的形式约束力。

第三，关于合同生效的时间，一般情况下，依法成立的合同，自成立时生效。但有两种情况例外，一是附条件或附期限的合同，则应自条件成就或期限到时生效。二是法律、行政法规规定应当经过批准等手续生效的，则自批准时生效。后一种情况中，虽然因未办理批准手续导致合同未生效，但是合同中的一些条款，如违约责任、解除争议方式等条款应当按《民法典》的相关规定处理，即应当认为这些条款是有效的。

案例：法定登记对合同效力的影响

【基本案情】

甲与乙签订一份房屋买卖合同，约定：甲将自己位于城区的一套单元楼房卖给乙，价值10万元。合同签订后，乙将10万元房款付给了甲，甲将房屋交由乙，并将房产证给了乙。之后，甲反悔，要求乙退还房屋，乙不同意，甲遂以房屋未进行过户登记为由诉至法院，要求确认合同无效。

【法律分析】

对该房屋买卖合同是否有效，主要有两种观点：

一种观点认为，《中华人民共和国城市房地产管理法》（以下简称《房产法》）第三十七条界定的房地产转让是指“房地产权利人通过买卖、赠与或者其他合法方式将其房地产转移给他人的行为”。《房产法》第三十六条规定，房地产转让、抵押，当事人应当办理权属登记。第六十一条第三款规定：“房地产转让或者变更时，应当向县级以上地方人民政府房产管理部门申请房产变更登记……”本案双方虽签订了房屋买卖合同，乙也得到了该房，但双方未进行过户登记，故合同无效。

另一种观点认为，双方所签订的合同，是双方在平等、自愿、公平、诚信的基础上签订的，合同依法成立且生效。

笔者赞同第二种观点，理由是：合同成立是一法律事实判断问题，关系到合同存在与否；合同生效是法律评价问题，关系到合同能否取得法律所认许的效力。合同成立主要体现当事人的意志，体现合同自由原则；合同生效则体现国家的价值判断，反映了国家对合同关系的干预。本案中，商品房买卖合同登记属于权属登记，这种登记不是合同生效要件，而是一种决定物权变动的效力登记。如果没有办理登记手续，并不影响合同生效和有效，只是在法律上不产生物权变动的效力，但我们不能据此否认买卖合同的效力。

【实务指南】

在实践中，对于法律、行政法规规定需批准的合同（如《商业银行法》《证券法》《保险法》等法律规定购买商业银行、证券公司、保险公司5%以上股权需经相关主管部门批准），当事人在签订合同后，应尽快办理相关批准手续，以避免发生合同效力争议。在实务中存在约定义务报批人和实际报批义务人不一致的情形，此时应如何应对呢？在此种情形下，在制作相关合同时即将实际报批义务人作为合同主体之一，并在合同中约定其报批义务；若合同未作特殊处理，那么在诉讼过程中也可以通过将实际报批义务人追加为第三人的方式来解决。

三、对合同效力的控制方法

（一）合理干预合同生效的时间和条件

在合同有效成立的情况下，合同成立与合同生效的起始时间是一致的，即合同成立之日，正是合同生效之时。因此，合同成立的时间可以成为判断合同生效时间的标准。但是也有一些合同的成立时间与生效时间是不同的，如效力待定的合同虽然已经成立，但在真正的权利人追认之前，该合同的效力处于待定状态。当然，此类情况毕竟是例外现象。

在实践中，合同成立并非当事人可以自行约定，但是合同生效当事人可以通过附条件、附期限等手段进行合理干预，这种干预也完全合法。

1. 通过附款方式干预

附条件和附期限都属于法律行为的附款，是指当事人对于法律行为效果的发生或消灭所加的限制。《民法典》第三编合同第一分编通则第五百零八条规定："本编对合同的效力没有规定的，适用本法第一编第六章的有关规定。"

《民法典》第一编总则第六章民事法律行为第一百五十八条规定："民事法律行为可以附条件，但是根据其性质不得附条件的除外。附生效条件的民事法律行为，自条件成就时生效。附解除条件的民事法律行为，自条件成就时失效。"第一百五十九条规定："附条件的民事法律行为，当事人为自己的利益不正当地阻止条件成就的，视为条件已经成就；不正当地促成条件成就的，视为条件不成就。"所谓条件，是指当事人以将来客观上不确定的事实，作为决定法律行为效力的附款。条件是法律行为的附款，条件是决定法律行为效力的附款，条件是以将来客观上不确定事实为内容的附款。这里的所谓附条件法律行为不同于附条件买卖，即买卖标的物所有权转移附条件。

条件，根据其决定法律行为为效力的发生或消灭的作用可分为生效条件和解除条件，以条件事实的发生或不发生为标准可分为积极条件和消极条件。

条件的成就，是指作为条件内容的事实已经实现。条件的成就是决定法律行为是否生效或是否失效的问题，因此事关当事人的利益。条件成就的效力，在于决定法律行为效力的发生或消灭。

《民法典》第一百六十条规定："民事法律行为可以附期限，但是根据其性质不得附期限的除外。附生效期限的民事法律行为，自期限届至时生效。附终止期限的民事法律行为，自期限届满时失效。"所谓期限，是指当事人以将来客观确定到来的事实，作为决定法律行为效力的附款，期限是法律行为的附款，是限制法律行为效力的附款，是以将来确定事实的到来为内容的附款。这里的期限与法律行为的履行期限是有区别的，履行期限是基于已生效法律行为所负义务的履行所加的时间限制。

期限以其作用在决定效力的发生或消灭为标准可分为始期和终期，以作为内容的事实发生之时是否确定为标准，可分为确定期限与不确定期限。

期限的效力为在期限到来时，法律行为的效力发生或消灭。期限到来决定附期限法律行为效力的发生或消灭。

条件与期限尽管都是法律行为的附款，但两者还是有明显的区别，作为条件的附款必须是将来客观上不确定的事实，如果不属于将来或该事实是确定要发生的，则不能成为条件附款；而期限是以将来确定的事实的到来为客观的，如果不属于将来或不是确定的事实，则不能成为期限附款。

附条件合同、附期限合同是锁定风险与权利义务关系的高级合同手段。其中，附条件合同在使用中更为灵活、实用。交易的风险按照交易内容、环境的不同往往可以分为几类，而每类风险又可以识别出产生风险的要素和控制风险的要素，如果这两种要素之间的关系确定，则可以约定当具备了控制风险的要素、控制风险的条件成就时，合同便可开始履行。在实践中，当事人可以通过约定特别生效条件和生效期限的方式，对合同的效力进行合理干预，对合同执行进行有效控制，并以此提高风险控制能力。以房地产开发为例，由于房地产行业是资金密集型行业，众多投资者往往会约定待某一方取得土地使用权后，各方共同组建房地产开发公司或对现有房地产企业进行股权收购等方式共同投资。这样的约定是一种简单的附条件合同，当一方取得了土地使用权后，双方的合作即按合同约定履行，如果另一方未取得，则双方不再履行。如果对方在合同生效后不履行，则可以追究其违约责任。①

2. 通过确认手段干预

在签订合同的过程中，有时需要一方先将合同签署完毕后交另一方签署，这个过程存在对方恶意更改合同条款内容的风险。对于这种情况，先提交签署合同文本的一方，可以在合同中约定，合同只有在双方签署完毕并相互发出确认书后生效。这样处理合同生效问题，增加了一道确认程序，将合同变成了附条件的合同。而且，《民法典》第四百九十一条第一款也规定："当事人采用信件、数据电文等形式订立合同要求签订确认书的，签订确认书时合同成立。"以这种方式签订合同虽增加了双方的确认程序，但却能有效地控制合同的效力风险。

（二）避免签订效力待定合同

所谓效力待定合同，是指合同虽然已经成立，但因其不完全符合有关生效要件的规定，因此其效力能否发生，尚未确定，一般须经有权人表示承认才能生效。

---

① 吴江水著：《完美的合同——合同的基本原理及审查与修改（增订版）》，北京大学出版社2010年版，第271页。

1. 效力待定合同主要类型

根据《民法典》第一百四十五条、第一百七十一条、第五百零八条的规定，效力待定合同主要有两类：一是限制民事行为能力人订立的合同；二是无权代理人以本人名义订立的合同。此两类合同分别是由于有关当事人缺乏缔约能力、缺乏订立合同的资格，如果给有关权利人赋予承认权，使之能够以其利益判断作出承认而使合同有效或者拒绝而使合同无效，往往是有利于权利人的利益，有利于促进交易的。因此，将这类合同规定为效力待定合同，是符合权利人的意志和利益的。

（1）限制行为能力人缔结的合同

合同作为一种民事法律行为也必须要求合同当事人具有相应的民事行为能力。限制民事行为能力人所签订的合同从主体资格上讲，是有瑕疵的，因为当事人缺乏完全的缔约能力、代签合同的资格和处分能力。限制民事行为能力人签订的合同要具有效力，一个最重要的条件就是，要经过其法定代理人的同意或追认。这种合同一旦经过法定代理人的同意或追认，就具有法定效力。在没有经过同意或追认前，该合同虽然成立，但是并没有实际生效。所谓同意或追认，是指法定代理人在合同签订时或合同签订后明确无误的表示，认可限制民事行为能力人与他人签订的合同。这种同意或追认是一种单方意思表示，无须合同的相对人同意即可发生效力。相对人在知道签订合同相对人为限制行为能力人时，也可以催告法定代理人自收到通知之日起三十日内予以追认，法定代理人未作表示的，视为拒绝追认。同时，善意相对人享有在该合同被法定代理人追认前撤销的权利，但撤销应当以通知的方式作出。如果限制民事行为能力人签订的纯获利益的合同或者与其年龄、智力、精神健康状况相适应的合同不属于效力待定合同，具有法律效力。

（2）无代理权人以被代理人名义缔结的合同

所谓无权代理的合同就是无代理权的人代理他人从事民事行为，而与相对人签订的合同。无权代理人以本人名义与他人签订的合同是一种效力待定的合同。无权代理人签订的合同尽管缺乏代理权，存在着主体的瑕疵，但是这种缺陷是可以通过本人的追认加以补正的。《民法典》第一百七十一条规定：“行为人没有代理权、超越代理权或者代理权终止后，仍然实施代理行为，未经被代理人追认的，对被代理人不发生效力。相对人可以催告被代理人自收到通知之日起三十日内予以追认。被代理人未作表示的，视为拒绝追认。行为人实施的行为被追认前，善意相对人有撤销的权利。撤销应当以通知的方式作出。行为人实施的行为未被追认的，善意相对人有权请求行为人履行债务或者就其受到的损害请求行为人赔偿。但是，赔偿的范围不得超过被代理人追认时相对人所能获得的利益。相对人知道或者应当知道行为人无权代理的，相对人和行为人按照各自的过错承担责任。”无权代理人以被代理人名义订立的合同未经被代理人追认，对被代理人不发生效力。也就是说，合同一旦经过被代理人的追认，就具有效力。

无权代理人所订合同，如本人不予追认的，对本人不发生代理人行为带来的后果，但如果该无权代理行为具备一般民事法律行为的有效要件，那么该代理行为仍将产生一般民事法律行为的效力，并由该无权代理人自己作为当事人承担其法律后果。

特别需要说明的是，根据《合同法》第五十一条规定："无处分权的人处分他人财产，经权利人追认或者无处分权的人订立合同后取得处分权的，该合同有效。"（已失效）即只有在经过追认或者事后获得授权的条件下，无权处分合同才为有效合同。《民法典》第五百九十七条规定修改了《合同法》第五十一条，该条规定"因出卖人未取得处分权致使标的物所有权不能转移的，买受人可以解除合同并请求出卖人承担违约责任。法律、行政法规禁止或者限制转让的标的物，依照其规定"，从该条所使用的"解除合同""违约责任"等词语中可知，根据《民法典》规定，除非为法律、行政法规禁止或限制转让的标的物，无权处分人订立的合同有效。

2. 效力待定合同与其他合同的区别（如表 1 所示）

（1）效力待定合同与可撤销合同的区别

可撤销合同，是指因合同订立双方意思表示不真实，通过撤销权人行使撤销权，使已生效的意思表示归于无效的合同。它与效力待定合同的主要区别有：一方面，合同的效力不同。效力待定合同在未被有关权利人追认前，其效力处于待定状态，而可撤销合同在未被撤销前则是有效合同。另一方面，合同瑕疵不同。效力待定合同的瑕疵是行为人缺乏缔约能力或缔约权限，这类瑕疵并非不可补救。而可撤销合同的瑕疵在于当事人意思表示不真实，如因欺诈、胁迫、重大误解、显失公平等违背真实意思的情况下签订的合同。

（2）效力待定合同与无效合同的区别

效力待定合同主要是签订合同的主体资格有瑕疵，当事人缺乏完全缔约能力或者缔约权限，需待追认权人的追认，因而效力待定。当有关条件成就后，效力待定合同即变为有效合同，对权利人产生法律效力。无效合同主要是合同内容不合法，违反法律的强制性规定或者损害社会公共利益，对于无效合同，人民法院或者仲裁机构应当无条件认定其无效，采取的是绝对不保护原则。

表 1　无效合同、可撤销合同、效力待定合同的区别

	无效合同	可撤销合同	效力待定合同
效力	无法转化为有效合同	未被撤销前为有效合同	未被追认前为效力待定

续表

	无效合同	可撤销合同	效力待定合同
瑕疵原因	存在法律明确规定的无效情形，如违反强制性规定、违背公序良俗、恶意串通损害第三人利益等	意思表示不真实	缺乏缔约能力或处分能力
时效	自始无效	被撤销后无效	追认有效

3. 效力待定合同的应对

（1）避免签订效力待定合同

效力待定的合同在效力方面往往处于不确定状态，使得交易的一方或者双方进退两难。并且，效力待定合同的履行后果无法确定，影响交易安全。因此，在订立合同时应当注意加强对交易主体行为能力的审查、签约主体代理权限的审查，以尽可能避免签订效力待定合同。

（2）效力待定合同补救

效力待定合同虽然从实质上讲是一种无效合同，但此种合同存在的瑕疵是可以修正的，许多情况下并不损害权利人和相对人的合法权益，权利人和相对人也追求合同有效的法律效果，基于维护交易秩序和保护相对人利益考虑，《民法典》将此类合同规定只要采取补救措施即对合同瑕疵进行修正合同就发生法律效力。实践中，该类合同可能导致两种结果：一是没有采取补救措施，合同无效。二是进行修正，合同有效。从我国《民法典》的规定来看主要有以下几种补救措施：

第一，限制行为能力人订立的合同，经法定代理人追认后合同有效，对当事人具有法律约束力。

第二，无权代理合同，经被代理人追认，合同有效。

（三）避免不经意成立合同

在实际生活中，当事人双方往来的信函等文件，稍不注意就会被对方有意或无意地视为合同成立而引起不必要的纠纷，徒增不必要的烦恼和成本。所以，在合作开始之初，可以在双方往来的各类信函文件中均明确申明，除经双方签字盖章的合同正式文本外，其他双方在订立合同之前相互传递的文件，均不得构成合同的正式条款，对双方不具有法律效力。双方以这一事先声明的要式行为作为前提，权衡利弊，平等友好协商合作条件及条款，按照既定的方式，在充分研究以往沟通文件的基础上慎重订立合同。此外，对于正式合同中有些事项没有约定或者约定不明的，但以往谈判的会议纪要有此商定的，双方可以在正式合同中进行约定，即任何一方能否援用会议纪要的这些内容来处理争议。

例如，当事人双方在签订正式合同前约定，双方各往来之函件若没有一方的明确书面声明和同意均不得构成今后合同之条款。双方经过友好协商，共同商议，就本次关于××××的合作一事，必须通过书面正式的合同，并且有双方法定代表人或授权的委托人签名同时加盖公司印鉴合同方为成立生效。该合同将取代在此之前关于该类事宜的所有往来函件。合同成立前双方所达成的会议纪要等文件，也不构成对双方的约束。

四、对附条件、附期限合同的理解与运用

（一）附条件合同的运用[①]

附生效条件与附解除条件的合同在现实生活中均不陌生，特别是附解除条件的合同其实在企业章程、合资协议中普遍存在。这些章程、协议中一般均明确规定了某些具体情况出现时，解散公司或解除合资合同并由各方共同组成清算组进行清算。使用起来比较复杂的往往是附生效条件的合同，从其功能上有以下几类：

1. 通过所附条件控制风险

在企业间签订合同过程中往往存在这样的风险，即一方将合同签字盖章后交另一方签字盖章，这就存在另一方对合同的条款进行变更或增加某些不合理条款的风险。此类事件一旦发生，由于双方签字、盖章的合同都在后签一方处，首先签订合同的一方往往没有充分的证据能够保护自己。

对于此类问题，其实完全可以通过附生效条件的方式加以控制。例如，先盖章的一方可以在合同中设定生效条件，约定待双方盖章后由先盖章的一方出具确认函，然后合同生效。通过这种生效条件的设定，先盖章的一方可以充分避免风险。

2. 防止对方反悔造成不利影响

有时附条件的合同所附的生效条件是对合同的一种颠覆性的条件，目的是在另一方违约时对其进行更为严厉的惩罚，以保护先履行一方的权益。

例如，曾有两个自然人之间订立协议，由债务人向债权人提供一定的资金支持，但所附的条件是债权人放弃除了协议列明部分以外的其他权益。这种条件就是颠覆性的，如果债权人一方在接到资金支持后反悔，则首先要考虑的是无条件返还所接受的资金支持。在诉讼案件的调解过程中原、被告之间也经常有这样的交易，即原告放弃部分权益，但被告必须在双方约定的时间内履行，否则原告方有权按全部的诉讼请求及违约金申请法院强制执行。

3. 规避限制从事远期交易

附期限的合同有时被用于进行远期合同交易，即约定远期或到了一定日期

---

① 吴江水著：《完美的合同——合同的基本原理及审查与修改（增订版）》，北京大学出版社2010年版，第278—279页。

后才开始履行特定的义务。在这种操作中，应当避免约定在将来的某个时间合同生效，而是约定合同签订后即开始生效、到了约定的期限时开始履行，因为对于未生效的合同当事人没有履行义务。

附期限的合同用于 20 年以上期限的租赁合同可能更为合适，因为《合同法》第二百一十四条中规定："租赁期限不得超过二十年。超过二十年的，超过部分无效。租赁期间届满，当事人可以续订租赁合同，但约定的租赁期限自续订之日起不得超过二十年。"（此条现规定在《民法典》第七百零五条）事实上，某些当事人确实有长期租用某地段办公楼的需要，也有许多人为此对于租用 50 年的合同采用分三张合同签订的方式解决。其中，第一、第二份合同分别为二十年，第三份合同为十年，房租则一次性付清。这类合同事实上也属于附期限的合同，只是许多合同并没有说透这一点，如果第二、第三份合同中点明是附期限的合同，并约定到了具体的期限后开始履行，则在法律上的地位更为有利。

（二）"附期限"的理解

对于合同所附期限存在不同的理解。一种观点认为合同所附的期限只能是合同签订以后具体的、以时间计量的期限；另一种观点则认为可以从合同生效后某一事件发生开始计算期限，只不过是一个不具体的期限而已。例如，某合同中的一个条款"房屋租赁自出租人将房屋重新装修完毕并交付后开始，为期三年"，如果按前一种观点会认为是没有约定期限、而后一种观点则认为已经约定了期限。

"期限"一词并无法定解释。按现代汉语的标准解释，期限是指限定的一段时间，也指所限时间的最后界限。因此，不能狭隘地将"期限"仅仅理解为有具体的某年某月某日，只要是限定了一段时间就应当理解为"期限"，只要与现行法律规定的各类内容不冲突，就无须考虑其起始时间的计算方法。如果用同样狭隘的思路去理解，具体的某年某月某日恰恰不是"期限"而是"日期"。更何况后一种约定方式也可以理解为"附条件"，同样是有效合同。

附失效期限的合同多用于一些需要持续履行的合同，许多交易本身就是一次性的，合同履行完毕后合同自然失效，无须约定失效期限。即使合同未能得到全面履行而产生争议，对争议的解决有法律意义的应当是诉讼时效而不是合同失效的期限。因此，对于交易次数明确、每次交易日期明确的交易，合同的失效期限事实上完全可以不约定。如果既约定了合同中的交易期限，又约定了合同的失效期限，当履行期间发生失效期限届满的情况，则合同到底是应当履行还是应当解除便会产生冲突。

五、无效合同的认定与处理

我国《民法典》虽然适应市场经济发展和与国际经济接轨的需要，树立全新的立法观念，以鼓励交易、尊重当事人意思自治为目标，立法上大大缩小无效合同的范围，把无效合同限定在违反法律和行政法规的强制性规定、违背公序良俗以及恶意串通损害他人合法权益的范围内，而一部分过去被认为无效的合同归入效力待定合同和可撤销合同范围。但在审判实践中，仍然有相当部分的合同无效的情况，这种情况产生的原因主要有以下几种：

- 当事人在订立合同时，出于对法律的不了解或其他过失原因而违反了法律、行政法规的强制性规定，从而导致合同无效。
- 当事人在订立合同时法制观念淡薄，为了个人或部门集体利益，故意违法，或者企图规避法律，致使合同无效。
- 签订经济合同时，当事人因发挥意志自由的特点，增加交易活动的灵活性，在合同中作任意约定，对于法律、行政法规的强制性规定有所突破和变通，从而导致合同无效。
- 当事人所订立的合同有违公共秩序和善良风俗，主要包括有违基本权利的维护、弱者利益的保护、经济社会管理秩序的维护、婚姻家庭秩序的维护以及伦理道德的维护，从而导致合同无效。
- 当事人订立合同时相互勾结，为谋取私利而损害他人（包括国家、特定集体或特定第三人）合法权益，从而导致合同无效。

案例：无效合同的认定与处理

【基本案情】

2013年3月，港某公司登记成立，其营业执照载明经营范围包含“管道燃气经营，瓶装燃气经营”，同时还载明“依法须经批准的项目，经相关部门批准后方可开展经营活动”。2018年7月，港某公司（卖方）与宏某公司（买方）签订《燃气销售合同》，约定港某公司向宏某公司销售液化天然气，并对天然气价格、结算及付款等进行了约定，并明确港某公司向宏某公司供应LNG气源，并负责组织运输车队将气源及时送到接卸气站，通过资金和技术等保证接气、用气设施（建在宏某公司内部的LNG气化站）通过竣工验收，并取得质监、消防等政府部门的审批手续。后因对天然气价格及LNG气化站建设费用发生争议，双方争执不下，宏某公司将港某公司诉至法院，诉称因为港某公司建设LNG气化站未经政府部门审批，且未取得燃气经营许可证，违反了《城镇燃气管理条例》相关规定，请求确认《燃气销售合同》无效，并由港某公司承担赔偿责任。港某公司辩称：因为案涉LNG气化站实际是合作建设自备站，属于宏某公司为生产而配套的自用设施，包括LNG气化设施在内的供应工业蒸汽设施的建设及运行，属于生产配套，不属于燃气经营活动，港某公司只是提供资金和技术，不需要取得经营许可证，故不适用国务院《城镇燃气管理条例》关于燃气经营许可证管理的规定。庭审中，港某公司提出反诉，诉请宏某公司继续履行合同、支付相关款项。

【法律分析】

最终，法律判决确认双方签订的《燃气销售合同》无效。法院认为，国务院《城镇燃气管理条例》第十五条第一款规定："国家对燃气经营实行许可证制度……"国家住房和城乡建设部《燃气经营许可管理办法》第二条第一款规定："从事燃气经营活动的，应当依法取得燃气经营许可，并在许可事项规定的范围内经营。"根据上述规定可知，从事燃气经营活动的企业依法应当取得有关部门核发的燃气经营许可证。从本案合同约定的内容来看，港某公司不仅协助宏某公司建设气化站，还向宏某公司供应和销售液化天然气，因此本案合同适用上述行政法规的规定。港某公司认为其只提供资金和技术合作，不需要许可证的抗辩，不予采纳。根据《民法典》第一百五十三条规定，并参考《全国法院民商事审判工作会议纪要》第三十条的规定，特许经营规定属效力性强制性规定，违反该规定的合同属无效合同。根据港某公司自认其未取得燃气经营许可证，故其与宏某公司签订的《燃气销售合同》为无效合同。庭审中，宏某公司自愿撤回赔偿损失的诉请，待收集证据后另行主张权利，法院予以确认。因本案《燃气销售合同》无效，故港某公司要求宏某公司继续履行合同、支付相关款项的反诉请求，不予支持。

【实务指南】

1. 关于本案合同的效力问题

《民法典》第一百五十三条规定"违反法律、行政法规的强制性规定"的合同无效。

首先，该无效合同违反了法律、行政法规的规定，即订立合同的目的、合同的形式和内容等违反了有关法律的规定，这里违反的法律法规仅限于全国人民代表大会及其常务委员会制定的法律和由国务院制定的行政法规，而不包括地方性法规、规章和其他规范性文件。因为如果将违反一般行政法规和地方规定的合同都认定为无效的话，不但会使无效合同的数量大增，影响和阻碍社会交易活动，而且会助长行政干预和地方保护主义，不利于保护当事人的合法权益。

其次，此类无效合同必是违反了法律、行政法规中的强制性规定。① 这里的强制性规定是指效力性强制性规定，不包括法律、行政法规有关要求办理批准手续的规定，对于未经批准的合同，根据《民法典》第五百零二条规定可知，其后果是未生效，不涉及是否有效的问题；不包括权限性规定，对于《公司法》

---

① 最高人民法院民法典贯彻实施工作领导小组主编：《中华人民共和国民法典总则编理解与适用》（下），人民法院出版社 2000 年版，第 756—758 页。

第十六条的规范性质，根据《全国法院民商事审判工作会议纪要》的精神，该条既非效力性规定亦非管理性规定，而是有关代表权限制的规定，如果构成越权代表，需根据《民法典》第五百零四条规定来认定合同效力，不属于合同无效情形；也不包括赋权性规定，如《房地产管理法》第三十八条第（四）项规定“共有房地产，未经其他共有人书面同意的”不得转让，如果此时其中一个共有人未经其他共有人书面同意进行了转让，那么该转让合同是根据《民法典》第五百九十七条规定认定合同有效还是以违反《房地产管理法》的强制性规定而根据《民法典》第一百五十三条规定认定无效呢？笔者认为，此时应适用《民法典》第五百九十七条规定。①

再次，认定合同是否无效还要考察规范对象，即强制性规定规制的对象究竟是意思表示本身、主体的准入条件，还是合同的缔约方式、时间、场所等要素，抑或是合同的履行行为，来具体认定合同效力。

• 合同内容违法。合同作为交易的主要形式，本身违法的情形并不多见，内容违法主要体现为标的物违法，包括：①以禁止流通物和限制流通物作为交易的行为，如买卖珍贵文物、珍稀动物、毒品、枪支弹药等行为；②以人身或人格利益作为交易对象的行为，如拐卖妇女、儿童，卖淫嫖娼，器官买卖，雇用童工等行为；③以违法标的物作为交易对象的行为，如销售假币、淫秽书刊、伪劣产品等行为。

• 主体资格违法，如学校、医院等以公益为目的的非营利法人提供保证。

• 合同的其他要素违法，包括：①缔约方式违法，如必须进行招投标的建设工程合同未采取招投标方式；②场所违法，如在批准的交易场所之外进行期货交易；③期限、数量违法，如股份公司的发起人在禁售期内转让版权，租赁合同超过最长的 20 年期限等。

• 履行行为违法，如以走私的方式履行买卖合同。一般来说，合同内容违法，表明该行为是法律、行政法规所要禁止的，原则上应当认定合同无效；主体违法、要素违法，表明法律、行政法规并不禁止该法律行为本身，但在认定合同效力时，不能一概认定合同有效或者无效，仍然应根据案件类型，具体问题具体分析；履行行为违法，不影响合同效力。②

最后，根据《全国法院民商事审判工作会议纪要》第三十条第二款规定：“……下列强制性规定，应当认定为‘效力性强制性规定’：强制性规定涉及金融安全、市场秩序、国家宏观政策等公序良俗的；交易标的禁止买卖的，如禁止人体器官、毒品、枪支等买卖；违反特许经营规定的，如场外配资合同；交易方式严重违法的，如违反招投标等竞争性缔约方式订立的合同；交易场

---

① 最高人民法院民法典贯彻实施工作领导小组主编：《中华人民共和国民法典总则编理解与适用》（下），人民法院出版社 2000 年版，第 756—757 页。

② 同上书，第 758 页。

所违法的，如在批准的交易场所之外进行期货交易。关于经营范围、交易时间、交易数量等行政管理性质的强制性规定，一般应当认定为‘管理性强制性规定’。”

2. **关于无效合同的处理问题**

《民法典》第一百五十七条规定：“民事法律行为无效、被撤销或者确定不发生效力后，行为人因该行为取得的财产，应当予以返还；不能返还或者没有必要返还的，应当折价补偿。有过错的一方应当赔偿对方由此所受到的损失；各方都有过错的，应当各自承担相应的责任。法律另有规定的，依照其规定。”

返还财产，是指合同当事人在合同被主张或确认无效之后，对已交付给对方的财产享有返还请求权，而已经接受财产的当事人则有返还财产的义务。返还原物的性质既可以为物上请求权，也可以为不当得利请求权，二者为竞合关系。由于物上请求权较之不当得利请求权能更好地保护所有权人的利益，因而将返还原物适用物上请求权的规定，对于所有权人更为有利。返还价金则无法适用物上请求权的规定，而只能适用不当得利请求权的规定。无效合同中有过错的一方当事人应当赔偿无过错一方在缔约合同过程中所受到的损失，双方都有过错的，双方当事人应当各自承担相应的责任。

第三节　合同订立过程中的几个相关问题分析

一、缔约过失责任及法律风险

合同关系作为一种当事人之间的特殊结合关系，不是一蹴而就的。合同的订立需要有一个逐渐发展的过程：要约人发出要约，承诺人作出承诺。在要约和承诺的过程中，合同当事人之间必然有一个接触磋商的过程。在这一过程中，随着当事人之间信用关系的增强，先合同义务逐渐产生。这种义务如果在当事人的心中不成为义务，当事人任由自己的意志率性而为，不考虑相对方，则可能有悖公平、诚实信用原则，损害对方当事人的权益，要承担缔约过失责任。反言之，如果在订立合同的过程中，合同的一方当事人不顾诚实信用原则，则可能给作为另一方当事人的企业带来经济损失和风险。

（一）缔约过失责任的内涵

所谓缔约过失责任，是指在合同订立过程中，一方当事人因违背其应依据诚实信用原则所尽的义务，而导致另一方的信赖利益的损失，应承担的民事责任。

依通说，缔约过失责任是指当事人在订立合同过程中，因过错违反依诚实信用原则负有的先合同义务，导致合同不成立，或者合同虽然成立，但不符合法定的生效条件而被确认无效、被变更或被撤销，给对方造成损失时所应承担的民事责任。所谓先合同义务，又称先契约义务或缔约过程中的附随义务，是指自缔约当事人因签订合同而相互接触磋商，至合同有效成立之前，双方当事人依诚实信用原则负有协助、通知、告知、保护、照管、保密、忠实等义务。

我国《民法典》第五百条、第五百零一条、第一百五十七条均属于关于缔约过失责任的规定，其中第五百条规定："当事人在订立合同过程中有下列情形之一，造成对方损失的，应当承担赔偿责任：（一）假借订立合同，恶意进行磋商；（二）故意隐瞒与订立合同有关的重要事实或者提供虚假情况；（三）有其他违背诚信原则的行为。"可见缔约过失责任实质上是诚实信用原则在缔约过程中的体现。

（二）缔约过失责任的行为类型

依照我国《民法典》第五百条、第五百零一条的规定，缔约过失行为主要有以下四种类型：

第一种类型是假借订立合同，恶意进行磋商。所谓"假借"就是根本没有与对方订立合同的意思，与对方进行谈判只是个借口，其目的是损害订约对方当事人的利益。此处所说的"恶意"，是指假借磋商、谈判而故意给对方造成损害的主观心理状态。恶意必须包括两个方面内容：一是行为人主观上并没有谈判意图；二是行为人主观上具有给对方造成损害的目的和动机。恶意是此种缔约过失行为构成的最核心的要件。

第二种类型是故意隐瞒与订立合同有关的重要事实或者提供虚假情况。此种情况属于缔约过程中的欺诈行为，欺诈是指一方当事人故意实施某种欺骗他人的行为，并使他人陷入错误而订立的合同。而且无论何种欺诈行为都具有两个共同的特点：一是欺诈方故意陈述虚假事实或隐瞒真实情况；二是欺诈方客观上实施了欺诈行为。《民法典》第一百四十八条规定："一方以欺诈手段，使对方在违背真实意思的情况下实施的民事法律行为，受欺诈方有权请求人民法院或者仲裁机构予以撤销。"此时，欺诈人应承担缔约过失责任。

第三种类型是泄露或不正当地使用商业秘密或其他应当保密的信息。所谓泄露是指将商业秘密透露给他人，包括在要求对方保密的条件下向特定人、少部分人透露商业秘密，以及以不正当的手段获取的，其披露当然是违背权利人的意思的。所谓不正当使用，是指未经授权而使用该秘密或将该秘密转让给他人。比如，将商业秘密用于自己的生产经营，由自己直接利用商业秘密的使用价值的行为或状态，或非法允许他人使用。无论行为人是否因此而获取一定的利益，都有可能构成缔约过失责任。

第四种类型是有其他违背诚实信用原则的行为。也即包括除了前三种情形以外的违背先契约义务的行为。在缔约过程中常表现为，一方当事人未尽到通知、协助、告知、照顾等义务而造成对方当事人人身或财产的损失的情形。

（三）缔约过失责任与违约责任的区别

缔约过失责任与违约责任具有许多相同之处，如都是民事责任，都适用诉讼时效，都遵循“谁主张，谁举证”的举证责任规则。事实上，两者还存在如下区别：

1. 存在前提不同

违约责任基于有效合同而产生，是违反合同义务的结果，以合同关系的存在为前提。缔约过失责任则基于违反依诚实信用原则所要求的先合同义务而产生，是对法定义务而非合同义务的违反，不以合同关系存在为前提，其适用范围包括合同不成立、合同成立但不生效以及合同有效三种情形。

2. 产生原因不同

一般而言，导致违约责任产生的原因有预期违约和实际违约两大类，后者又包括拒绝履行、迟延履行、瑕疵履行、不完全履行及其他违反合同义务的行为（主要指附随义务）。而导致缔约过失责任产生的原因主要有如下情形：擅自撤销要约；合同形式上已订立，实际上因当事人意思表示不一致而未成立；缔约之际未尽协力、保护、告知、保密义务等致对方造成损失；无权代理；合同无效、被撤销及缔约之际标的自始不能给付等。

3. 责任性质不同

违约责任是由于当事人违反合同约定的义务而产生的，所以违约责任也是一种约定责任，当事人不仅可以约定责任形式，而且可约定违约后的损害赔偿数额及其计算方法，还可以约定免责条件和具体事由。缔约过失责任则是一种法定责任，对于责任承担方式、损害赔偿范围以及免责事由均不能由当事人自行约定。

4. 责任承担方式不同

违约责任的承担方式包括赔偿损失、实际履行、支付违约金等。而缔约过失责任的承担方式为返还财产、折价补偿及赔偿损失。

5. 损害赔偿范围不同

违约责任通常要求赔偿履行利益的损失，即在赔偿履行利益的损害后，受害人就达到了合同犹如如期履行一般的状态。因此，赔偿履行利益可以作为实际履行的替代方法来使用。缔约过失责任赔偿的是信赖利益的损失。对信赖利益的保护，旨在使非过错方因信赖合同成立或履行而支付的各种费用得到赔偿，从而使当事人处于合同从未缔结之前的状态。根据《全国法院民商事审判工作会议纪要》第三十二条第二款规定，合同不成立、无效或被撤销情况下，当事人所承担的缔约过失责任不应超过合同履行利益。

简言之，缔约过失责任和承担违约责任的差别比较大，前者只是赔偿对方因此遭受的损失；后者若约定有违约金的，则要支付违约金，并可要求一方赔偿另一方在履行合同时可以获得的利益。违约责任要比缔约过失责任重得多，关注二者的区别对实践具有重要意义。

（四）缔约过失责任的法律风险及防范措施

具体而言，缔约过失责任的产生，前提是企业在签约过程中有不规范的行为。这些行为发生的机理及存在的风险主要有：

1. 恶意磋商的风险

当今经济社会已是充分竞争的社会，绝大部分企业已经不可避免地进入白热化的竞争中。为了打击对手，有时竞争对手会采用恶意谈判的方式进行合同磋商。竞争对手冒用签订合同的名义与对方进行多轮次的交谈，试图了解对手的各种信息。了解对手项目的大小、资金规模、人员状况、了解对手目前的经营状况、财务状况、后期安排，这些信息通常会在和对手的假冒谈判中采用问题的方式提出来。很显然，这些信息如果被竞争对手恶意获得，将对自己产生不利影响。

对企业自身而言，很多经营者认为，合同没有成立之前自己的行为就不受约束，甚至将利用恶意磋商贻误对方的商业竞争时机视为很好的竞争手段。企业经营者通过与竞争对手进行磋商，贻误对方与他人合作的机会，这种方式的恶意磋商活动将使企业面临被追究缔约过失责任的法律风险。

2. 重要事实信息披露与商业秘密泄露的风险

应当披露的重要信息而不披露，这种情况是较为常见的缔约过失责任发生原因，企业对外签订合同时，经营者认为对方没有询问就不必向对方说明物品瑕疵或权利瑕疵，或者经营者为了促成交易故意隐瞒瑕疵，该法律风险体现在企业已经签订的合同之中。有时甚至企业已经说明的信息但未规范地写入合同或者有其他证明时，同样存在该法律风险。

当然，企业在进行信息披露或者其他经营活动中，有时候企业对外进行商业谈判、签署协议的过程中，为了达成合同条款，双方需要逐步向对方提供一些信息、产品资料、性能数据等。有些场合下，可能最终协议没签成，却反而泄露了商业秘密。从主观上来讲，上文我们已经提及了恶意的谈判磋商，但是许多的业务合作者也不一定在磋商时即存在恶意，一定的过失也有可能导致公司商业秘密的泄露。与合作者进行磋谈时的资料等可能被善意获得，获得者在今后的过程中可能由于工作的不慎等将公司有用的信息传递出去。这些问题的出现，都可能使当事人的利益受损。

案例：如何防止商业秘密被泄露

【基本案情】

某公司是专门从事科技开发的公司，公司的项目开发涉及很多的技术内容，公司的项目开发需要很多人在不同的阶段进行介入，公司的项目开发还需要在一定的平台上进行测试。与此同时，在项目开发的整个过程中，从方案的设计到项目的完成，不断地有许多合作者寻求在项目上跟公司进行合作。

【法律分析】

本案涉及商业秘密泄露风险。针对该公司的情况，可以发现公司存在着三方面的风险：一是公司内部员工的风险。公司内部员工可能由于劳动合同的履行变化，发生人员的流动，将公司的资料泄露出去。二是公司的技术协作方，可能在项目的合作过程中将公司的有关有用的技术信息或公开或占用从而导致公司的损失。三是拟与该公司进行项目合作的谈判方，他们可能会基于该项目的前景全部购买该项目，也可能采用投入资金的方式不介入具体技术的安排等。

基于公司的考虑，可以设计适合公司的保密方案，根据不同的对象草拟相关保密协议，要求当事人在和任一合作伙伴进行磋商之前，即签署保密协议。该保密协议的签署使得与其磋商的任何当事方首先能将商业秘密的保守义务的重要性熟稔于心，既为恶意磋商的人敲响了警钟，又为可能过失泄密的当事方提了醒。我们不能苛求于保密协议的万能，但是保密协议的签署无疑为界定各方的权利义务设定了标准和责任，可谓有百利而无一害。

【实务指南】

为了保护商业秘密，防范法律风险，我们建议企业在对外进行商业谈判之初就签署保密协议，尤其是涉及重大投资、融资、增资扩股、公司并购等项目中，签署一份完善的保密协议是非常必要的。这样即便最终未能成交，也可以在一定程度上防范因为谈判的进展而泄露商业秘密的风险。否则，若没有签署保密合同，就可能导致要么企业不敢给对方提供必要的交易参考信息，造成交易障碍；要么提供这类信息后被泄露出去，影响公司未来经营。一般而言，企业自身对于商业秘密的保护需要建立健全企业内部保密制度。

第一，做好事先的防范工作。

按照《反不正当竞争法》的规定，采取保密措施：

• 在企业内划定保密区域，并在保密区域内加强保卫措施，确定明确的管理办法。

• 对企业的重要文件、资料应及时确定其保密级别、加盖保密章，予以存档或销毁，同时应制定出企业相应的文件管理、借阅、复印、销毁办法，以及外发文件的审阅办法。

• 把商业秘密限定在必须了解该秘密的员工以及第三方、合同方范围之内，对职工应限制掌握的信息，并加强对员工的保密教育，或者将各关键部分进行分解，使每个涉密者不能拥有完全的商业秘密。

第二，与职工签订保密协议。

这是企业自助行为最重要的一点，即与掌握商业秘密的职工签订保密协议。企业同职工签订保密协议，有两种方法：

一是企业直接同接触商业秘密的职工签订《保守商业秘密协议书》。在签订协议书时要注意以下几点：

• 双方当事人的资格要合法。

• 协议书的内容不得违反国家法律、行政法规。

• 双方地位要平等，以自愿为原则，双方表达意思要真实，权利和义务要对等。

• 主要条款内容要清楚。

• 要有违约责任。

二是企业可以在同职工签订的“聘任合同”或“劳动合同”中写明保密条款和违约责任。在《劳动合同》中订立保密条款的主要内容有：

• 职工在受聘期间，不能向外泄露商业秘密，不能允许第三方使用商业秘密。

• 职工在受聘期间，不得私自跳槽到同行业的另一企业。

• 写明合同期满的应承担保密义务并保证在多少年内不使用本商业秘密。

• 写明违约责任。

第三，与商业合作伙伴签订保密协议。

在每当从事商业活动需要披露机密信息时，必须与商业合作伙伴签订保密协议。在签署商业项目专项保密协议时应当注意以下几项内容：

• 保密信息接受方的公司高层管理人员，包括董事、合伙人、高级职员、雇员、法律顾问及代表人或代理人，在保密协议中承诺对有关本项目的资料、信息进行保密。

• 对保密信息进行定义。保密信息，是指所有由披露方向接受方及其代表通过任何形式或媒介提供的所有非公开的信息。保密信息包括但不限于由接受方及其代表整理的所有分析、编辑及其他包含与本项目有关信息的文件（也就是派生文件）。

• 对保密义务进行明确。信息接受方应本着谨慎、诚信、负责的态度，采取一切必要合理的措施对其知悉的秘密信息承担保密义务。未经披露方书面同意，接受方不得将保密信息用于合作项目以外的其他用途，不得泄露、传播、公开、发表、传授、转让、交换或者以其他任何方式使任何第三方知悉、使用披露方的商业秘密信息。

• 泄密赔偿的约定。保密信息的接受方同意，在其违约泄密的情况下，承诺赔偿经济损失，包括全部直接损失和间接损失，包括诉讼发生的全部费用、合理的律师费等。若因违反保密义务而获益的，相关收益归披露方所有。

• 保密信息的销毁。在保密信息披露方的要求下，接受方将销毁或返还披露方所有保密信息（包括电脑硬盘中的电子文档），销毁所有派生文件。

如果在洽商、谈判过程中被对方泄露商业秘密或者不当使用企业的商业秘密，企业可以拿起法律武器保护自身合法权益。《民法典》第五百零一条规定："当事人在订立合同过程中知悉的商业秘密或者其他应当保密的信息，无论合同是否成立，不得泄露或者不正当地使用；泄露、不正当地使用该商业秘密或者信息，造成对方损失的，应当承担赔偿责任。"

3. 不知利用缔约过失责任维护权益

企业经营者在遭受他人恶意磋商导致损害时，认为双方没有签订合同无法追究对方责任，自认倒霉。其结果是企业的正当权益未能得到实现，带来的否定性结果同样是法律风险。该法律风险在评估中处于历史性损害衡量的范畴，企业往往未将这些损失列入法律风险损失。

缔约过失责任的法律风险产生于签约过程，但其往往存续在合同履行活动中，法律危机与法律风险之间时间差比其他合同签订过程的法律风险更长。

二、预约合同及法律风险

（一）预约合同的含义及内容

合同缔结过程中，当事人签订认购书、预订书、订购书等，约定在将来一定期限内签订正式合同，在买卖合同领域，尤其是商品房买卖领域非常普遍。根据《民法典》第四百九十五条第一款的规定："当事人约定在将来一定期限内订立合同的认购书、订购书、预订书等，构成预约合同。"

预约合同是当事人为缔结正式合同（本合同）而达成的合意，只能发生在正式合同的磋商过程中。正式合同已经达成的话，自然没有缔结预约合同的必要和可能。但是预约却不属于正式合同缔结过程的一部分，其本身就是一个独立的合同，与正式合同的成立与否并无必然的联系。

预约合同通常包括已决条款和未决条款，是双方当事人在洽谈合同过程中，将已经确定的合同内容以预约合同形式予以确定，而双方存在争议的内容或某些客观未决事项以未决条款形式约定在预约合同中，待将来进一步磋商或条件成熟后确定正式合同的剩余条款。预约合同的这种特性，使它不同于普通的合同。这种正式合同订立过程特殊的形式，随着经济交往的复杂，特别在当事人之间拟签订的是非常重大的合同时，运用越来越广泛。

（二）预约合同与几个相关概念的区分

由于预约是以将来订立合同为内容的合同，所以常常容易与其他行为产生混淆，在此有必要就预约加以详细说明。

所谓预约，是指当事人之间约定将来订立一定合同的合同。将来应当订立的合同，称为本约，而约定订立本约的合同，称为预约。在预约中，本合同在预约成立时尚未成立，预约合同的成立和生效，仅使当事人负有将来按预约规定的条件订立合同的义务，而不负履行将来要订立的合同中的义务。

1. 预约不同于意向声明

所谓意向声明，是指当事人打算订约的意向性说明或陈述。意向声明中也可能包括了未来合同的主要条款，但由于该声明中并没有包括声明人明确、肯定的预约表示，因此在声明发出以后，除非意向声明确已使他人产生信赖并因声明人撤销声明而给他人造成了信赖利益的损失，则声明人原则上不受声明的拘束，他人对声明作出同意的意思表示也不能成立合同。

2. 预约不同于附期限的民事法律行为

所谓附期限的民事法律行为，是指当事人在法律行为中规定一定的期限，把期限的到来作为法律行为生效和失效的根据。比如，在合同中规定“本合同自签署日一个月后正式生效”。在附期限合同中，合同已经成立，只是因当事人在合同中规定了一定的期限，因此在该期限到来后合同才能正式生效。而预约合同本身已经成立生效，对订立本约的期限约定实际上属于预约合同的履行期限。

预约合同尽管为预约，但也为一种合同。依据此合同，当事人应负有订立本合同的义务。如果预约的一方当事人不履行其订立本约的义务，则另一方有权请求承担违约责任。

案例：预约合同的效力及法律风险防范

【基本案情】

被告（某市一食品公司）欲购买原告（该市某渔业公司）的海产品，2001年5月20日被告通过电话与原告联系，请原告寄一份价目表。同年5月28日，被告收到一份价目表，其中载明带鱼单价每公斤18元，黄鱼单价每公斤22元。被告遂于当日与原告电话联系，称愿购买带鱼和黄鱼各2万公斤，但带鱼价应降至每公斤16元，黄鱼价应降至每公斤20元。原告称，价目表规定的价格一般不能变，但由于被告要的量大，可以考虑降价，但需要研究后答复。次日，被告向原告正式发去函电，称“带鱼每公斤16元，黄鱼每公斤20元，各要2万公斤，可在一周内答复。如无异议，一周后正式订合同，6月份分批交货”。3

天后，有另一家渔业公司向被告推销海产品，被告认为带鱼、黄鱼等价格合理，遂决定向该公司购买，双方订立了正式的合同。同年6月2日，原告给被告打电话，称同意按被告提出的价格出售，并已备齐带鱼、黄鱼各1万公斤，准备交货。被告称已与他处订立合同，故不必发货。双方发生争议，原告认为被告已构成违约，遂向法院提起诉讼，请求被告实际履行合同，接受货物并支付价款，并赔偿损失。

【法律分析】

本案涉及预约合同的效力和责任问题。在本案中，原告于2001年5月28日向被告寄送了关于海产品的价目表，虽然价目表中的确包含了商品名称及价格，寄送价目表的行为也含有原告希望将来能够与被告订立合同的意思，但由于从该行为中，并不能确定原告具有一经对方承诺即接受承诺后果的意图，而只是向对方提供信息，希望对方向自己提出订约条件，如购买何种货物和购买的数量，因此根据《民法典》第四百七十三条的规定可知，原告寄送价目表的行为只是要约邀请。当然，如果原告在价目表中明确声称，只要被告按价目表规定的价格购买海产品，原告都愿受该承诺的约束，则原告寄送价目表的行为属于要约。

被告在收到价目表以后，发现价目表中规定的带鱼和黄鱼的价格过高，遂向原告提出降价要求。显然，被告向原告发出的意思表示中，不仅具有正式合同的主要条款（标的价格、数量），而且被告具有明确的订约意图，原告一旦同意被告的提议便可使合同成立，可见被告的函电意思表示构成要约。

原告在收到被告发出的要约以后，鉴于被告发出的要约已变更了价目表规定的价格，且因为被告的购买量大，原告不愿拒绝被告的要约，遂提出需要研究后答复。这就是说，原告不愿立即作出承诺或者拒绝的表示，而希望待研究后作出承诺。因为被告发出的要约中并没有明确规定承诺期限，也没有提出原告必须立即承诺，那么，原告（受要约人）在提出需要研究后答复时，被告（要约人）未表示反对，则原告可在合理期限内作出承诺。

被告在向原告发出要约的第二天（2001年5月29日）正式向原告发出函电，称"带鱼每公斤16元，黄鱼每公斤20元，各要2万公斤，可在一周内答复。如无异议，一周后正式订合同，6月份分批交货"。该函电实际上是以书面形式确认了口头要约，同时补充了交货期限和交货方式的内容，即交货期限为6月份，交货方式为分批交货而不是一次性交货。而函电中的"可在一周内答复"，实际上是对承诺期限所作的规定。原告只要在此承诺期限内对此作出承诺，则合同成立。但是，由于原告在要约中说明"一周后正式订合同"，可见被告旨在向原告发出订立一份预约的要约，而不是向原告发出订立正式买卖合同的要约。

在本案中，由于原告在承诺期限内（2001年6月6日前）作出了承诺（应视为是对一周后订立合同的承诺），因此当事人之间已形成了预约。在预约中，正式合同在预约成立时尚未成立，预约合同的成立和生效，使当事人负有将来按预约规定的条件订立正式合同的义务，但不负履行将来要订立的正式合同中的义务。根据《民法典》第四百九十五条第二款规定："当事人一方不履行预约合同约定的订立合同义务的，对方可以请求其承担预约合同的违约责任。"预约合同独立于正式合同，对双方当事人同样具有法律拘束力，即使正式合同未成立，合同当事人也有权依据预约合同追究违约方的违约责任。

因此，本案原告可以请求被告履行预约合同的义务，与自己按预约合同规定的条件订立买卖合同，被告应当按照双方成立的预约合同履行义务。被告拒绝与原告订立买卖合同，其行为属于违约行为，应当承担违约责任。

【实务指南】

1. 预约合同责任形态缺失的实践矫正

结合本案上述分析来看，本案原告可以请求被告履行预约合同的义务，与自己按预约合同规定的条件订立买卖合同，但不能以预约合同为由要求被告实际履行买卖合同，立即接受货物并支付价款。被告应当按照双方成立的预约合同履行义务，被告拒绝与原告订立买卖合同，其行为属于违约行为，应当承担违约责任。

关于预约合同的责任形态问题，鉴于预约合同的标的是缔结正式合同，我们理解，其违约责任的形式包括赔偿损失、支付违约金、适用定金罚则等方式。但是，对于预约合同违约责任形式是否包括继续履行，即强制缔结本合同，理论和实践中均存在较大争议，司法实践中通常会区分事实，探究当事人真意，既不能任由当事人违反当初完成交易之承诺，也不能施加给当事人从未允诺的强制缔约责任。因此，在实践中，为避免争议，当事人在签订预约合同时，也应当约定明确的违约责任条款，以加强预约合同的执行力。

2. 预约合同的法律风险防范

由于预约合同的特殊性，其存在一定的法律风险。从预约合同条款的法律性质来看，其法律风险主要体现在两个方面：

（1）未决条款的法律风险

未决条款是预约合同的特点之一，不少企业在处理复杂的合同时，将双方反复磋商不能确定的条款作为未决条款，避免难以达成一致。然而，双方反复磋商仍无法达成一致的条款，在双方实际履行过程中只能让磋商更难实现。除非企业认为这些条款不是特别重要，否则未决条款带来的不确定性法律风险应当予以避免。衡量未决条款的法律风险是较为复杂的工作，当未决条款是由于客观条件尚未确定而不宜明确约定时，法律风险较低；由于双方为快速达成意向而未涉及协商的未决条款需要具体看待条款内容衡量法律风险；属前述双方多次磋商仍无法达成一致的条款，则法律风险较高。

（2）已决条款的法律风险

一些企业认为预约合同条款较少，内容概括，因此存在轻率对待的问题，这种方式可能给企业带来巨大的法律风险。多数需要签订预约合同的事项都是比较复杂的交易活动，有时涉及多个专业领域，而企业管理者往往认为粗线条的大方向由领导直接负责，各专业部门负责合同的细则，结果是预约合同直接由领导签订，而具体事项只能在既定的框架下组织谈判。一旦将磋商讨论的内容写入预约合同，企业则不能再行反口，若在洽谈未决条款时，发现需要修改已决条款，按照《民法典》规定，必须征得对方同意，那么难度就非常大了。尤其遇到对方是一些有经验的企业，将重要事项以概括方式模糊约定在预约合同里，正式协商本合同时明确了预约合同已决条款的详细内涵，才让企业了解到约定对自己不利。

三、立约定金及法律风险

定金是担保的一种表现形式，是指当事人为了确保债权的履行，由一方预先按照标的额的一定比例预先给付对方的金钱或其他替代物。根据给付目的和效力的不同，定金分为证约定金、立约定金、成约定金、违约定金和解约定金。关于定金，《民法典》第五百八十六条、第五百八十七条作出了规定："当事人可以约定一方向对方给付定金作为债权的担保。定金合同自实际交付定金时成立。定金的数额由当事人约定；但是，不得超过主合同标的额的百分之二十，超过部分不产生定金的效力。实际交付的定金数额多于或者少于约定数额的，视为变更约定的定金数额。""债务人履行债务的，定金应当抵作价款或者收回。给付定金的一方不履行债务或者履行债务不符合约定，致使不能实现合同目的的，无权请求返还定金；收受定金的一方不履行债务或者履行债务不符合约定，致使不能实现合同目的的，应当双倍返还定金。"从《民法典》规定来看，在当事人没有特别约定的情况下，定金通常为违约定金，且对于定金罚则的适用增加了需构成根本性违约的条件。

在一般情况下，定金合同是从合同，具有从属性。但立约定金则不然，立约定金是一种特殊定金，是指合同一方当事人为保证自己在约定的时间、地点与对方当事人签订合同，而交给对方一定金钱的担保方式。立约定金具有独立性，其法律效力的发生并不受制于主合同。

案例：如何防范立约定金的法律风险

【基本案情】

张某与某房地产开发公司口头达成了房屋买卖协议，约定某房地产开发公司将其一套房屋以30万元的价格出售给张某。为了确保房屋买卖合同的订立与履行，张某当即给付某房地产开发公司5万元定金，并约定10日内双方签订书面购房合同。然而，某房地产开发公司收受定金后拒绝与张某签订书面合同。张某要求某房地产开发公司履约遭到拒绝，遂向法院起诉，要求某房地产开发公司双倍返还定金10万元。

【法律分析】

目前，由认购书而引发的购房定金纠纷较为常见。认购书的内容一般包括房屋的具体位置、面积、价格、签署正式合同的期限、定金的数据等。认购书引起的多是定金纠纷，预购方与开发商未达成购房契约，是否适用定金罚则？一般情况下应当适用定金罚则，例外情形下应当适用公平原则，这里所指的例外情形是：如果认购书对双方正式购房合同中将涉及重要条款约定不明，且在约定期限内双方多次对具体条款进行协商洽谈，但分歧过大，则此定金应认定为预付款，未达成契约，依公平原则应予退还。

本案的5万元定金明显属于立约定金的范畴，原告已实际交付，且未超过主合同标的额的20%，故定金合同成立并生效，原告的诉讼请求应该得到支持。

【实务指南】

立约定金的特殊性质，使其成为合同签订过程中出现的一种定金合同，正确利用立约定金可以促进双方签订合同。但立约定金利用不当，同样会给企业带来法律风险。

1. 立约定金的常见法律风险

实践中，立约定金的常见法律风险有以下几种情形：

（1）立约定金合同约定不当的法律风险

立约定金合同性质上也属于预约合同的一种，但立约定金协议的未决条款更多，有时甚至几乎没有已决条款，因此立约定金条款只确定了合同当事人进行磋商的义务，双方协商不成的风险较大。若合同未约定双方协商不成的处理办法，因定金处理发生纠纷概率非常高。一些时候，立约定金合同约定的其他内容不当同样会发生各种不同的法律风险，如将对自己不利的约定纳入定金合同。

（2）误认立约定金效力的法律风险

立约定金从性质上是为了保障双方磋商并订立合同，一旦双方实际签订合同后，立约定金合同就履行完毕。然而，不少企业经营者误认为立约定金在主合同成立后同样起着保障合同履行的违约定金效力，实际法律效果与企业预期的差异同样属于法律风险。

（3）法律严格限定交易的无效法律风险

法律设定了某些交易进行的特定条件，在条件满足前当事人不得进行交易，如期房销售必须具有预售许可证。在条件不符合法定条件时，当事人通过立约定金合同确定在将来签订正式合同，显然该行为存在规避禁止性法律规定的嫌疑，立约定金合同被确认无效的法律风险是在签约过程的法律风险中损害程度较高的一种。

（4）误认立约定金特别要件的法律风险

这里要特别提出的是，立约定金有一个特别要件，即当事人对主合同的主要内容已有预设，也就是说，对合同的主要条款已经达成潜在的合意，只需将来予以确认，如达成意向书、对需书面订立的合同已经达成口头合意等。因为立约定金不是担保主合同讨价还价之过程行为，而是担保双方根据预设内容正式签约之结果行为。例如，双方仅约定立约定金担保将来签订某合同，但该合同之性质、种类、具体条款无从考证，故定金合同不能成立（除非依交易习惯可确定）。

2. 如何规避签订立约定金合同的风险

签订立约定金合同，可以促进双方签订合同。但是，如果约定不当或者一方未能依诚信原则履行合同义务，可能会给双方带来法律风险。因此，在签订主合同之前订立立约定金合同时，应当慎之又慎。若要规避签订立约定金合同的风险，一般应当把握如下事项：

（1）立约定金应以书面形式约定

可以单独订立合同，亦可体现于合同的相关条款。立约定金合同单独订立时，应与主合同双方当事人名称保持一致。立约定金的数额不得超过主合同标的额的20%，超过部分不具有定金的效力。

（2）合同中应当约定明确交付定金的期限和方式

立约定金合同从实际交付定金之日起生效。款项的性质应当予以明确表述，最好写明“定金”字样。如果写成订金、诚意金、预付款、认购金等字样，若合同条文又无明显约定表明其具有定金性质，则不具定金效力。

（3）立约定金合同的未决事项不得过多

尤其是主合同的主要事项不要过多，签订主合同后，立约定金合同自然失效。立约定金不能延续成违约定金。

第四节 如何签订合同

合同签订是合同各方当事人为缔结合同而进行协商、达成协议的过程。

一、合同签订时的应知内容

（一）注重提高交易安全

在合同签订时，应当将交易安全作为一项重要风险因素加以考虑。交易安全是指从协商一致的交易条件出发，实际的交易结果与预期的交易对价之间的符合程度，符合程度越高，则交易越安全。影响预期交易对价实现的任何违法、违约行为以及意外事件等，都是影响交易安全的因素。

在交易安全方面，除了考虑通过合同文本锁定交易平台、交易内容、交易方式、问题处理以外，还要考虑合同文本以外的其他活动对交易安全的影响，主要方法有三种：

1. 由对方自己或者第三方为对方的交易行为提供担保，直到合同履行完毕

这一手段能够有效保证交易安全，但是应当注意担保方式选择得当。在实践中，当事人采用提供“保证金”担保方式的，应当特别注意，只有“保证金”已经成为特定物并且已经移交债权人占有，才成立有效的担保。如果“保证金”没有实际交付给债权人或者在交付后又归还了，则起不到担保的作用。《最高人民法院关于适用〈中华人民共和国民法典〉有关担保制度的解释》（法释〔2020〕28号）第七十条规定：“债务人或者第三人为担保债务的履行，设立专门的保证金账户并由债权人实际控制，或者将其资金存入债权人设立的保证金账户，债权人主张就账户内的款项优先受偿的，人民法院应予支持。当事人以保证金账户内的款项浮动为由，主张实际控制该账户的债权人对账户内的款项不享有优先受偿权的，人民法院不予支持。在银行账户下设立的保证金分户，参照前款规定处理。当事人约定的保证金并非为担保债务的履行设立，或者不符合前两款规定的情形，债权人主张就保证金优先受偿的，人民法院不予支持，但是不影响当事人依照法律的规定或者按照当事人的约定主张权利。”同时，保证金不等同于定金，除非在交付保证金时特别约定该保证金属于定金性质，否则就无法按照定金处理。此外，“保函”的概念近几年经常出现在国内交易中，《最高人民法院关于适用〈中华人民共和国民法典〉有关担保制度的解释》第二条第二款规定：“因金融机构开立的独立保函发生的纠纷，适用《最高人民法院关于审理独立保函纠纷案件若干问题的规定》。”根据2020年12月23日最高人民法院审判委员会第1823次会议通过的《最高人民法院关于审理独立保函纠纷案件若干问题的规定》第一条第一款可知：“本规定所称的独立保函，是指银行或非银行金融机构作为开立人，以书面形式向受益人出具的，同意在受益人请求付款并提交符合保函要求的单据时，向其支付特定款项或在保函最高金额内付款的承诺。”

2. 约定后履行义务

例如，卖方款到发货、买方货到付款等，确保不受损失。从总体上看，后履行义务的一方会比先履行义务的一方更为安全。但以后履行来保证交易安全的方式，主要适用于一次性的、标的简单的交易，如果交易存在双方的后续履行，则这种方式一般很难起到确保交易安全的目的，除非一方在交易中占据了绝对的优势地位，而且可以为对方提供足够的交易安全。

3. 通过尽职调查、分析等系列手段

通过这些手段，从而选择信誉及实力良好的交易对象签订合同。

资信调查是在交易之前了解交易对方底细的一种有效手段，是在实践中很容易实现的一种单方行为。

（二）注意掌握合同主动权

当事人在签订合同时如果不能完全掌握主动，至少也要相互制约，避免全部受制于人。掌握了合同主动权，进则可以在客观环境发生对自己不利的变化时解除合同，退则在可承受的范围内全面履行合同。

1. 在充分协商的基础上争取合同文本的起草权

当谈判双方就交易的主要条款达成一致以后，就进入合同签约阶段。一般来讲，文本由谁起草，谁就掌握主动权。因为口头上商议的东西要形成文字，还需要一个过程。有时候，仅仅是一字之差，意思就有很大区别。起草一方的主动性在于可以根据双方协商的内容，认真考虑写入合同中的每一项条款，斟酌选用对己方有利的措词并安排条款的程序或解释有关条款。所以，在谈判中，应重视合同文本的起草，并尽量争取起草合同文本。

2. 在便于操作的基础上落实约定单方解除权

对于权利和义务的约定都存在操作性问题。是否易于操作与企业的管理水平、员工素质、工作能力有关。操作的复杂程度应尽量与员工素质相适应，防止因当事人员工素质跟不上而造成违约或者利益丧失。例如，甲方与乙方的服务类合同中约定“甲方负责对乙方的操作质量、管理进行指导”，但甲方的用意只是保留一种制约的权利，而且这种权利无法普遍性行使。由于“负责”已经使指导的权利变成了指导的义务，非常容易造成甲方违约并且也使乙方有理由以甲方指导不当为由抗辩。因此，不如约定“甲方有权对乙方的操作质量、管理进行指导”，既保留了甲方的指导权，又避免了甲方责任的加重。

在那些履行期限比较长、履行内容比较多、质量基本没有标准的合同中，如房地产广告全案策划合同，开发商何时付钱、付多少钱往往非常清楚，而广告设计质量如何等却很难确定标准。因此，广告商希望合同期越长越好，而开发商则希望对合同解除具有灵活性，以便在广告商的服务不令人满意时予以调换。为了掌握这类合同中的主动权，可以将完整、长期的履行内容，根据房地产开发的不同阶段，划分成一个个短期的、具体的履行内容，再设定不同阶段、不同服务的基本价格。经过这样分解后，开发商便有了合同的主动权，即使中途被迫解除合同，其损失也可以避免或者控制在可以承受的范围内。在实践中，还可以在前一种方法的基础上，将合同义务分成若干部分，并约定有权决定是否实施、有权部分解除。这样操作起来更加灵活，一方甚至双方都有权单方解除合同而仅支付约定的对价。

（三）注重控制合同质量

如果从实用角度去考虑问题，让合同经历诉讼和仲裁的检验远比主观评价更能说明合同质量。虽然不可能每个合同都去经历这样的检验，但根据法律规定、执业经验以及典型的案例、司法解释，有时足以判定合同缺陷的性质。

1. 存在致命缺陷的合同

完全受制于人或者完全授人以柄的合同属于存在严重缺陷的合同。这类合同一经签订，除非出现意外或者对方“开恩”，否则当事人根本没有什么机会摆脱被动局面或修补合同缺陷。这种合同对当事人非常不利，不仅风险极大，而且难以通过正常的司法手段得到救济。

（1）必然受损的合同

某些先天不足的合同，一旦签订则损失在所难免。主要问题是己方权利过少而对方义务过少，或者对方权利过多而己方义务过多，其结果是整个利益向对方倾斜。这类合同如果没有制定退出机制，则己方履行下去会受到重大损失或更大风险，解除合同则面临高额违约金或定金损失，因而进退两难、损失难免。因此，当事人应当根据自身在交易中的地位，特别是在弱势地位下，应当尽可能争取在合同中确立对自己有利的条款，以避免陷入被动挨打且进退两难的境地。

（2）必然败诉的合同

合同主体是否合法、交易是否合法属于交易安全方面最为基本的保障，而且无可回避。如果主体资格方面或交易内容、交易方式违反国家法律法规的强制性规定，一旦相关争议诉至法院，必然因此而导致合同无效。一旦后果出现，轻则保本但无法得到预期利益，重则既要赔偿对方经济损失又要被行政主管部门罚款。

2. 存在严重缺陷的合同

这类合同起因是关键性条款无论是依据法律规定还是依据合同约定都无法得出唯一的结论，从而使合同各方无法就责任归属、法律后果达成共识，只有通过复杂的诉讼或者仲裁才能得到有利结果。因此，签订合同有时要考虑交易行为在法律上能否准确定位。如果不能准确定位，无论是由于约定不明还是由于自相矛盾，当合同条款同时具有不同类型的法律属性或处于法律上的灰色地带，往往就会导致胜诉的艰难。如果在签订合同时不解决这些问题，无法通过“合法化”等方式弥补合同缺陷，就会存在极大隐患。

3. 存在一般缺陷的合同

如果合同不存在前两种情况，其缺陷往往并不严重。例如，在表述上存在容易误解之处、在条款间存在一定冲突等。这些缺陷虽然给正常的合同工作带来了额外的麻烦，但认真通读合同或依据法律规定还是能够确定其真实的意思表示，存在的缺陷能够通过合同的解释或法律的规定得出权威的结论。这类缺陷一般不会构成对当事人权利的重大影响，只是会给对方以扯皮、推卸责任的借口，对合同的顺利履行带来一定的干扰。尽管如此，当事人在签订合同时，还是应当认真审核修改合同文本，使对方当事人没有任何借口可以不按合同履行，也没有任何借口减轻或免除自己的责任。[①]

（四）注意及时补正合同签订瑕疵

在实际商业贸易环境中，交易双方常常会出现不签合同就让你履行而事后又不承认，或者达成合同意向以后由于某种原因没有签字盖章，或者在已签订的合同中约定，如须经过公证合同才生效的条款。这些情形对于稳定当事人的法律关系，明确双方的权利和义务都甚为不利。对于急于签订合同或者希望合同能够得到实际执行的一方当事人来讲，上述情形无疑增加了合同生效的难度，限制了交易的便捷，不利于《民法典》所倡导的鼓励交易的原则。因此，在立法和实务中，有必要偏重对合同生效积极作为的一方的保护，这对于建立财产的动态流转、交易的安全稳定、衡平当事人之间的权义关系都不可或缺。

根据《民法典》第四百九十条规定，当事人采用合同书形式订立合同的，自当事人均签名、盖章或者按指印时合同成立。若在签名、盖章或者按指印之前，当事人一方已经履行主要义务，对方接受时，合同也成立。对于法律、行政法规规定或者当事人约定应当采用书面形式订立而当事人没有采用书面形式的，只要一方履行了主要义务，另一方接受的，法律将认可该合同的效力，不管是否采用书面形式。换言之，法律认同事实合同关系，虽然合同的签订有些许瑕疵，只要符合一方履行了主给付义务，对方又予以接受这两个构成要件，该合同就成立生效，双方当事人就会受到合同的约束。但是，在实践中，要使已经履行的合同具有法律上的效力，就必须要解决一个关键问题，即收集保存好对方接受主要义务的证明，如收货单、验收证明和承诺付款书等。

在实践中，为了改变自己在举证方面的困境，愿意合同得到实际执行的一方在对待合同签订的瑕疵，或者处于合同弱势一方因情况紧急或工作被动来不及签订书面合同，或者签订了书面合同但对方当事人尚未签字盖章但又要求立即履行的时候，不妨起草好合同项下标的物或者主要义务的书面签收文件，请对方当事人在自己履行完毕合同主要义务以后予以确认验收，从而对合同签订时的瑕疵进行补正，以使合同得以成立生效受法律的保护。

---

① 吴江水著：《完美的合同——合同的基本原理及审查与修改（增订版）》，北京大学出版社 2010 年版，第 168—170 页。

二、合同签订具体操作

（一）关于合同主体信息及身份证明

合同相对方为单位的，应当要求对方出示《法定代表人身份证明书》《授权委托书》、企业法人营业执照、受托人身份证明以及特殊行业从业资格要求的相关证书等资料，并作为合同附件。资料为复印件的，应当加盖单位公章。

合同相对方是个人，应保留其身份证复印件、现在居住的住址、联系电话。了解这些信息，有助于在签订合同的时候，在供货及付款条件上采取相应的对策，避免风险的发生，也有利于我方更好地履行合同；同时，出现纠纷时，有利于我方诉讼和法院执行。

在签订合同时，应当重点审查对方主体资格是否真实、合法，看清对方是以单位的名义签订合同还是以单位下属单位的名义签订合同，杜绝凭关系或熟人的介绍草率签订合同。

实践中，应当重视当事人的基本情况信息填写，包括当事人的姓名（自然人）或名称（经济组织）、法定代表人（负责人）、委托代理人、住所（自然人的户口所在地或经常住所地、经济组织的主要办事机构或主要经营场地）、电话、传真、邮箱、银行账号等。这些信息应当尽量注明，主要是为了经济交易的一般需要（如发货地、收货地、通信地址、联系地）和经济管理的特殊需要（如发生纠纷时司法文书送达地、强制措施的执行地）。

（二）关于签字人及授权文件

规范公司对员工的授权代理行为，授权一定要明确，杜绝无权代理和表见代理的发生。规范的授权代理做法是不要预先发出盖章的空白介绍信和空白合同书，若必须如此，企业必须严格控制，应在空白介绍信中明确规定该员工可以签订合同的具体项目、金额上限，以及该员工有权独立签订合同的时间期限。

在该员工的职务停止或者调整岗位后，一定要确保将预先给他的空白介绍信、授权委托书和空白的盖有企业公章的格式合同及时清理、上缴，同时务必以最快的速度书面通知和他有业务往来的关系客户。

签订合同应当由法定代表人或由公司授权委托的代理人进行。委托代理人签订合同的，应由法定代表人签发“法定代表人授权委托书”或公司盖章的授权委托书。委托书中应当明确委托代理的事项、权限和期限，以及是否有权转委托。委托代理人代表单位签订合同，必须在授权范围及期限内行使代理权。

签订合同时，首先要审查是否有委托人（盖章单位或签字个人）签发的授权委托书，其次审查其代理行为是否超越了授权的范围，最后还要审查是否超过代理期限。同时，还应当注意：其一，对方的授权委托书应该由我方保存，以便在发生纠纷时作为证据。其二，若对方是加盖部门的印章，或者对方人员是部门经理、业务人员等，都需要明确的授权委托书。其三，授权委托书上加盖的公章应清晰可辨。

（三）关于签约时间

合同签订日期是最直接的判断合同成立的依据，除非法律法规或合同另有约定，通常情况下合同签订日期即为生效日期。即便依照有关规定，合同签订时尚未生效，只要合同成立，双方就本着诚实信用的原则，有义务促使合同生效。因此，合同签订的日期是确认双方责任起始时间的重要因素。对于合同中约定“合同签订之日起×日内……（生效、交货、付款等）”之类的条款，合同签订日期的重要性更是不言而喻。

案例：签约时间对解决合同纠纷时适用法律的影响

【基本案情】

2020 年 6 月 1 日，A 公司与 B 公司签订变压器供销协议，约定从 2020 年 10 月 1 日至 2021 年 3 月 31 日，A 公司每月按照 B 公司订单需求向 B 公司供应变压器，A 公司授予 B 公司 3 个月的信用期，即 B 公司从 2021 年 1 月 1 日起，按照 2020 年 10 月 1 日至 2021 年 3 月 31 日实际购买的变压器数量，按约支付所欠货款，即 2021 年 1 月支付 2020 年 10 月货款、2021 年 2 月支付 2020 年 11 月货款，以此类推，直至 2021 年 6 月付清合同全部应付款。2020 年 12 月，A 公司发现 B 公司经营情况不佳，于是要求 B 公司提供相应的担保。2020 年 12 月 28 日，A 公司及 B 公司相关代表召开会议，经激烈磋商讨论，最终 B 公司老板 C 同意为 B 公司承担保证责任直至主债务还清，并就讨论结果作了相应的会议纪要。后根据会议精神，2021 年 1 月 2 日，A 公司与 C 签订了保证合同，但保证合同未约定保证方式、保证期间，签署页上也仅有双方签字盖章，未署明日期。

到了 2021 年 6 月，B 公司效益持续恶化，并且始终未能按约足额支付货款。经多次催促无果后，2022 年 3 月，A 公司向法院起诉 B 公司和 C，要求 B 公司承担货款支付义务，C 承担连带保证责任。

【法律分析】

本案的争议焦点为 C 是否应承担保证责任。C 认为，合同签订于《民法典》施行后，应按照《民法典》第六百八十六条规定，对于未约定保证方式的，应认定为一般保证。并且结合《最高人民法院关于适用〈中华人民共和国民法典〉时间效力的若干规定》（法释〔2020〕15 号，自 2021 年 1 月 1 日起施行）第二十七条规定：“民法典施行前成立的保证合同，当事人对保证期间约定不明确，主债务履行期限届满至民法典施行之日不满二年，当事人主张保证期间为主债务履行期限届满之日起二年的，人民法院依法予以支持；当事人对保证期间没有约定，主债务履行期限届满至民法典施行之日不满六个月，当事人主张保证期间为主债务履行期限届满之日起六个月的，人民法院依法予以支持。”本案中，A 公司未能举证证明其在主债务履行期限届满之日起 6 个月内（2022 年 1 月 1 日）要求 C 承担保证责任，已过保证期间，C 不应再对 B 公司债务承担保证责任。A 公司认为保证合同签订于 2020 年 12 月 28 日，认为该合同是在会议后随即签订的，应按照《担保法》规定，对于保证方式未约定的，应认定为连带责任保证，C 应对 B 公司的债务承担连带责任保证，并且保证期间约定不明确的，应按二年计算。

由于合同未署明签订日期，C 又不能举出充分的证据证明保证合同签署于 2021 年 1 月 2 日，结合 2020 年 12 月 28 日会议纪要的内容，最终法院认定 C 应承担连带责任保证，且保证期间适用二年的规定。

【实务指南】

本案反映出一个容易被忽视的问题，即合同签订的日期直接影响到解决合同纠纷时适用的法律，这在当前社会高速发展，法律法规不断完善的形势下，也有着十分关键的意义。因此，我们在签订合同时，千万不能小看了某年某月某日几个数字。

（四）关于签约地点

《民法典》第四百九十三条规定：“当事人采用合同书形式订立合同的，最后签名、盖章或者按指印的地点为合同成立的地点，但是当事人另有约定的除外。”本条旨在解决采用书面形式订立合同时，如何认定合同签订地的问题。一是合同约定的签订地与实际签字或者盖章地点不符的，按约定；二是合同未约定签订地，最后签名、盖章或按指印的地点为合同签订地。本条规定有效地统一了裁判尺度，规范了司法活动。实务中，合同签订地条款通常是由双方当事人在同一地点订立的，实际签约地与合同签订地条款的记载基本是一致的，目的在于把合同签订地固定化。根据《民法典》第四百九十二条规定，承诺生效的地点为合同成立的地点，并明确了采用数据电文形式订立合同的，收件人的主营业地为合同成立的地点；没有主营业地的，其住所地为合同成立的地点。若当事人另有约定的，按照当事人约定。

《民法典》规定“当事人另有约定的除外”，体现了约定优先和双方当事人的意思自治，符合合同的自愿原则。因为合同是当事人协议的民事法律行为，既然双方当事人约定了合同签订地条款，该条款就应当对其有约束力。否则，合同签订地条款就会成为无用条款，违背了当事人缔约的本意。

（五）关于签字盖章

《民法典》第四百九十条规定：“当事人采用合同书形式订立合同的，自当事人均签名、盖章或者按指印时合同成立……”合同签字人的签字应是单位的法定代表人或委托代理人本人的签字，特别重大的合同有的还要求面签，以保证签字的真实性。合同的盖章可以是单位公章，也可以是合同专用章。

签订多页合同时，为确定每页内容，应当加盖骑缝章，以防对方不予承认。签字时最谨慎的方法，是页签。签字时最好用蓝黑色的墨水，易于分辨是否是原件。

以传真方式签订合同时，事前要求对方先签订确认书，同时，就其注册登记的真实合法情况进行必要的核实后，可结合合同的实际内容就合同生效附条件或附期限，对修改的部分应要求重新确认，应约定未经双方确认即变更合同内容的行为无效。互相传真签字盖章的合同，注意尽量持有合同原始文本。“合同双方盖章传真生效”的做法存在风险，要慎重而行。

（六）合同文本及附件的保存

毫不夸张地说，对于合同文本的保管要像保管人民币一样认真和小心翼翼。合同的履行是实现合同目的的手段，没有了规范双方权利义务关系的约定文件，必将置自己于十分不利的境地。

因此，首先要建立健全规范的合同保管制度，原件存档，复印件备查，专人负责，制定合同查询或者提取的权限制度，确保原件不丢失；同时，在订立合同时应当约定合同一式多份，双方各多保留几份，这几份合同具有同等的法律效力。如此，按照正常的合同使用和流转情况，行政部门保留一份原件存档，财务部门保留一份原件用于财务结算，其他的可以根据公司的经营规模以及自身的管理制度来确定（如审计部门保留一份原件，用以监督检查合同的执行情况等）。因此，当事人在订立合同时至少应当保留两份合同原件，万一不慎丢失一份合同原件时，还有另一份合同原件可以补充救急。

另外，还应当注意，切不可将全部原件都交由对方，以防对方修改。下列资料不能作为主体资格和履约能力的证明资料，但可归入合同档案保存，以备考查：名片；厂家介绍、产品介绍等资料；各类广告、宣传资料；各类电话、微信号、QQ 号、邮箱等通信工具号码；对方当事人提供的经我方合同承办人见证而复制的或与原件核对无异的复印资料。

三、倒签合同存在的风险及防范措施

倒签合同是指合作双方在合同签订生效之前已经开始实际履行合同项目合作，而在合同履行过程中或在合同履行完毕后补签合同的现象。尽管在某些情况下，双方当事人按照诚实守信的原则实施相关合作事项，并未因倒签合同给双方当事人的利益造成损害，但倒签合同不仅与目前企业内控制度中关于风险防范的目标相悖，也不符合企业管理制度的要求，同时还存在较大的法律风险和经营管理风险，在实践中应当控制和避免倒签合同。

（一）倒签合同存在的风险

1. 法律风险

对于合同签订前的履行过程，由于存在较大的不确定因素，双方的权利义务不明确、法律责任界定不清，容易产生法律纠纷。一旦产生纠纷后由于证据难以取得，解决起来又比较困难，合同的事前控制作用无法体现，存在较大的法律风险。比如，在施工合同中，存在发生重大安全责任事故或工程量变更等可能性，缺少合法有效的合同作为依据，争议将难以顺利解决。对于采购合同，可能因为标的设备的市场价格浮动或运输损失风险而发生争议，又无法出具相关合同证明，如适用合同履行地或货物交接时的市场价格，可能因市场价格浮动变化较大，导致企业经营付出更高的成本，损害企业的经济利益。

2. 管理风险

补签合同违反公司的合同管理规定，导致合同管理质量及效率的下降，扰乱企业正常的管理秩序。比如，补签合同使合同的生效时间迟于合同履行，但其他条款内容与正常签订的合同一致，导致合同的生效日期、履行期限及有效期限等有关期限规定产生逻辑上的冲突和混乱（如合同约定自签字盖章之日起生效，而实际生效前，合同已经履行完毕等），同时也可能使合同的交货、验收、付款的时间及条件出现前后矛盾的情况等，这些问题都给合同的管理及履行带来了不良影响。有的单位为了赶在年底之前把计划资金消化掉，或清理年内因计划资金不够、计划未下达等原因未结算的项目，集中签订大批合同，导致合同立项审批和履约结算手续几乎同时进行，造成年底突击花钱和结算现象，扰乱了企业正常的工作管理秩序。

3. 经营风险

公司在基本管理制度和内控管理流程中明确规定了项目管理流程以及合同的起草、审批、签订、履行等管理环节和流程，规定了合同管理相关部门的职责和管理权限。倒签合同无论是否给公司造成实际的危害后果，都违反了公司内控管理制度和流程，导致内控制度的执行偏差或发生漏洞，应当避免发生。

4. 财务信息失真风险

若不签订书面合同，则会影响财务部门的及时入账管理，在财务部门的成本、应付账款、资产负债表等会计报表上无法如实显示项目相关的费用列支情况，导致会计信息无法真实反映企业的经营状况和成本状况，形成企业会计信息失真，容易引发成本失控、决策失误等经营风险。

（二）防范合同倒签行为的措施建议

合同管理工作是内控制度执行过程中不可或缺的环节，对合同实行全过程控制和管理，也是规范管理、严格执行内控制度的必然选择。合同管理应成为防范及降低企业经营风险的“守门员”，而不是出现法律纠纷时才冲锋陷阵的“消防员”。如何避免合同倒签，全面落实内控制度成为合同管理工作一个无法回避的现实问题，建议从以下四个方面入手进行防范：

1. 加强合同管理业务培训

加大对各级企业、各部门负责人、合同管理人员和承办人员的培训力度，使其增强依法经营管理意识和重合同、守信用意识，充分认识到规范签订合同对于防范经济纠纷发生、保护企业合法权益的重要性，熟悉合同法律知识、企业合同管理制度流程和相关工作要求，熟练掌握合同管理操作实务，进一步提高合同管理的质量和效率。

2. 严格执行内控制度和合同管理制度

内控制度规范了经营管理过程中的诸多环节，是规范管理、防范风险的重要手段；合同管理制度是合同管理操作环节中应遵循的基本制度，两者是相互支撑的制度体系，缺一不可。在项目实施之前，务必按照内控制度和合同管理要求，依照项目管理程序，充分做好各项事前准备工作，规范签订相关合同。

3. 区别项目分类办理合同

针对项目计划安排、项目审批程序等特点，根据生产经营的实际，把合同项目划分为重大项目、常规性项目、应急性项目、零碎性项目。重大项目，是指企业根据生产经营需要，对超出部门授权权限的投资金额较大、涉及层面较多、影响范围较广，必须按照重大项目管理程序实施管理的项目，如重大投资、采购、战略合作项目；常规性项目，是指按照企业年度、季度或月度常规下达计划实施的项目，如维护类项目；应急性项目，是指在生产经营过程中不可预测的、须作出及时反应的突发性事件，如特殊物资采购类项目；零碎性项目，是指企业生产经营工作实际中经常发生的较小金额项目和一些零碎项目，如小型维护工程设计、施工类项目。从风险评估的角度出发，应针对不同项目的性质和情况对合同管理分别采取相应的措施，合理调整优化项目管理流程和要求，尽量避免倒签合同的情况发生。

4. 优化合同审批流程

在项目实施过程中，加强企业合同管理工作环节中各个部门之间的沟通和协调，进一步简化合同审批管理程序，减少重复、无效的管理环节，优化 OA 合同管理系统的审批流程，提高合同审批效率，尽快完成合同审批，保证合同的及时签订。

第三章
合同形式选择的法律风险控制

本章提示

合同法律风险管控不仅需要从合同管理的流程角度着手，而且需要从合同的形式、主体、内容方面加以控制。就合同管理而言，当事人选择适当的合同形式对合同法律风险的管控具有举足轻重的作用。

合同形式，是指当事人合意的外在表现形式，是合同内容的载体。根据《民法典》第四百六十九条第一款的规定："当事人订立合同，可以采用书面形式、口头形式或者其他形式。"

企业在订立合同的过程中常常因为一些不规范的交易习惯而忽略合同的形式选择，从而导致严重的法律风险。比如，有些企业基于多年的伙伴关系或者亲戚关系过分信任对方，从事买卖活动过程中根本没有订立书面的买卖合同，也没有书面的订货单，或者即使订立了书面的销售合同，很多双方口头约定的事项也没有以书面的形式明确下来，一旦发生争议，当事人的合法权益将难以得到保障。

因此，在实际交易中，企业应尽量避免传统且不规范的交易习惯，并注重合同形式的法律风险防范。

第一节　口头形式

口头形式，是指当事人只用语言为意思表示订立合同，而不用文字表达协议内容的形式。口头形式简便易行，在日常生活中经常被采用。集市的现货交易、商店里的零售等一般都采用口头形式。

合同采取口头形式，毋须当事人特别指明。凡当事人无约定、法律未规定须采用特定形式的合同，均可采用口头形式。但发生争议时当事人必须举证证明合同的存在及合同关系的内容。

合同采取口头形式并不意味着不能产生任何文字的凭证。但这类文字材料只能视为合同成立的证明，不能作为合同成立的要件。口头形式的缺点是发生合同纠纷时难以取证、不易分清责任。因此，对于不能即时清结的合同和标的数额较大的合同，不宜采用这种形式。

案例：口头合同的事实难认定

【基本案情】

原告飞某特公司诉称：为向被告兴某公司购买钢材，应被告要求原告于2007年1月10日打款给被告，当原告于1月17日提货时得知货已被他人提走，现要求被告交付25mm×9m螺纹钢48.51吨（价值人民币145044.90元）。

被告兴某公司辩称：其已于2007年1月12日将货物交付原告，原告方许某于1月17日在被告公司签收发票，原告谎称未收到钢材是想通过虚构事实的方式达到非法占有被告财产的目的，被告对此已向公安机关报案。

一审法院经审理查明：原告飞某特公司与被告兴某公司曾多次通过口头形式订立合同买卖钢材，初期的交易方式是许某先将货款打入被告账户，然后许某至被告处领取提单去仓库提货；之后则是许某将货款打入被告账户后电话通知被告驾驶员车牌号，由驾驶员凭车牌号到仓库提货，还有原告委托的驾驶员到被告处取得提单，凭提单到仓库提货。2006年1月至12月，双方共发生六笔钢材买卖业务，原告的提货方式有五笔为凭原告告知的驾驶员车牌号由驾驶员到仓库提货，一笔为驾驶员凭提单到仓库提货。

2007年1月9日，原告方许某打电话给被告员工李某要购买钢材，并要求李某留住钢材到时提货。次日许某将138630元货款打入被告账户。1月12日，乾某公司凭景某公司200×××76提单将48.51吨螺纹钢交由车牌号为“苏JH5××8”的车辆的驾驶员提走，该提单备注栏里注明“车牌号苏JH5××8、136××××8760”。1月17日，许某到被告办公室找到李某，李某按许某的要求向其提供了被告的提货通知单和景某公司的购销提单两份复印件，并以被告的名义向乾某公司出具证明，内容为："今有上海兴某公司委许某（139××××2088）同志到贵库取景某公司200×××76提单及出库码单复印件各一件，望贵库予给。"同时将该证明传真给乾某公司，许某凭该传真到乾某公司获取了景某公司200×××76提单复印件。当日许某还签收了被告开具的48.51吨螺纹钢的上海增值税专用发票两张（发票号码为011×××79、011×××80），合计金额145044.90元。原告于1月30日通过网上认证将两张发票予以抵扣。

2007年4月24日，被告向上海市公安局杨浦分局以许某涉嫌合同诈骗罪进行报案。该局分别于2007年5月29日、6月5日调取了手机号码为"136××××8760"的通话记录，通话记录显示该手机于2007年1月12日上午8时53分、9时26分、9时30分三次同许某进行了通话，于同日上午9时21分、9时54分两次同李某1进行了通话。2007年6月7日，上海市公安局杨浦分局分别同徐某、花某1、花某2制作了询问笔录，在笔录中徐某表示听许某讲许某公司向上海一家公司购买了一车钢材，许某电话委托上海一个做运输中转的老乡请人派车将钢材从上海运往海安，没想到这车钢材被运货的驾驶员骗走了，价值140000余元。许某派人查过驾驶员的驾驶证是假的，车牌号码是套牌号码；花某1、花某2表示两人曾安排汪某与许某为钢材款一事进行过谈判，但没有结果。

本案争议事实为原告是否委派驾驶员领取提单提货。原告对此予以否认，认为是许某于2007年1月17日亲自到被告处提货，而没有委派驾驶员，也不认识手机号为136××××8760的驾驶员。被告则认为是由原告委派驾驶员前来取单提货且被告已按原告指令将提单由快递员李某交给驾驶员完成向原告交货。根据《最高人民法院关于民事诉讼证据的若干规定》第五条第二款的规定：对合同是否履行发生争议的，由负有履行义务的当事人承担举证责任，故证明本案争议事实的举证责任应由被告承担，被告亦对此提供了相应的证据。由于原、被告对交货方式未作书面约定，因此确认该争议事实应结合各个细节进行综合认定。第一，景某公司200×××76提单备注栏里注明"车牌号苏JH5××8、136××××8760"，乾某公司凭该提单将48.51吨螺纹钢交由车牌号为"苏JH5××8"的车辆的驾驶员提走，该节事实与原、被告之前的交货方式相符。第二，"136××××8760"手机于2007年1月12日上午8时53分、9时26分、9时30分三次同许某进行了通话，许某对此所作的解释为记不清是否同该手机通过话，显然许某未能对三次与"136××××8760"手机进行通话作出合理的解释。第三，"136××××8760"手机于2007年1月12日上午9时21分、9时54分两次同李某1进行了通话，该节事实与证人李某1的证词能够相互印证。第四，1月17日许某找到李某要求李某提供被告的提货通知单和景某公司的购销提单两份复印件，并以被告的名义向乾某公司出具证明，许某凭该证明到乾某公司获得景某公司200×××76提单复印件，该事实与原告所持观点相悖。按原告的说法，1月17日是许某到被告处提货的日子，如果被告称货已交付，那么原告只要表示未收到货即可，完全没有必要去获取被告的提单甚至到仓库去提取提单和出库码单。第五，同日原告签收了被告开具的增值税发票并于1月30日进行抵扣，此节事实更有悖常理，原告连货物都没有提取凭何签收被告的发票，还要进行抵扣，原告对此解释为签收发票的目的是为证明双方存在口头买卖钢材的合同关系，但口头买卖合同关系并不以发票为成立依据。相反根据发票管理的相关规定，原告将被告发票予以抵扣的行为反证出原告收到了被告交付的钢材。第六，证人李某、证人李某1、证人张某虽然与被告存在利害关系，但是该三位证人的证词能够相互印证被告将提单交给原告指定的驾驶员以及许某在事后承认货物被驾驶员所骗的事实。第七，上海市公安局杨浦分局向徐某进行询问，徐某与原、被告均无利害关系，故其证词的证明力较高，徐某证实许某公司向上海一家公司购买了一车钢材，许某电话委托上海一个做运输中转的老乡请人派车将钢材从上海运往海安，没想到这车钢材被运货的驾驶员骗走的事实。综上，被告虽未能提供直接证据证明其确认的交货方式，仅仅提供了间接证据，但这些间接证据却能环环相扣，形成证据链。因此，对本案争议事实，法院确认被告以接受原告指令将提单交给驾驶员的方式来履行向原告交货的义务。

一审法院认为，原、被告间存在口头买卖钢材的合同关系，双方的交易方式由初期许某到被告处带款提货发展为许某电话通知被告驾驶员车牌号、驾驶员凭车牌号到仓库提货和驾驶员到被告处取得提单凭提单到仓库提货两种方式。本案双方的交货方式为被告接受原告指令将提单交给驾驶员由驾驶员凭提单至仓库提货，故被告的交货义务在其将提单交给原告指定的驾驶员后即已履行完毕，之后发生的货物毁损、灭失的风险应由原告负担。因驾驶员从仓库提取钢材后未将货物交付原告，故原告可向该驾驶员追究相应的民事责任。原告起诉要求被告交付25mm×9m螺纹钢48.51吨的诉讼请求，无事实与法律依据，法院难以支持。依照《合同法》第一百四十二条的规定，于2007年7月4日判决：驳回原告飞某特公司全部的诉讼请求。

判决后，原告不服提起上诉。二审法院经审理认定原审法院确认的事实属实，处理并无不当，应予维持。判决：驳回上诉，维持原判。

【法律分析】

口头合同的缺点在于发生纠纷时难以取证，不易分清责任。对于口头合同，首先应确认合同的真实性，即合同关系存在与否，这主要从当事人双方的举证中逐步得以求证。然后，围绕合同关系，运用证据规则，通过举证责任的分配，认定争议事实。

自2022年4月10日起施行的《最高人民法院关于适用〈中华人民共和国民事诉讼法〉的解释》（以下简称《民事诉讼法司法解释》）第九十条规

定了举证责任的分配，当事人对自己提出的诉讼请求所依据的事实或者反驳对方诉讼请求所依据的事实，应当提供证据加以证明，判决前未能提供证据或者证据不足以证明其事实主张的，由负有举证证明责任的当事人承担不利的后果。该《民事诉讼法司法解释》同样适用于口头合同。口头合同的证明，主要包括合同的成立、生效和履行等环节。根据《民事诉讼法司法解释》第九十一条第（一）项的规定："主张法律关系存在的当事人，应当对产生该法律关系的基本事实承担举证证明责任。"因此，第一，主张合同关系成立的当事人应当对承诺生效的事实承担举证责任。对于采取口头形式订立的合同，主张合同成立的一方当事人应当对口头承诺的事实承担举证责任。第二，主张合同生效的一方当事人对合同生效的事实承担举证责任。

本案中，当事人双方对于口头合同的成立与生效并无异议，即均认可口头合同的存在，主要是就合同的履行发生争议。根据《民事诉讼法司法解释》第九十条的规定，认为合同已履行的当事人应负责举证证明。本案的争议事实为原告是否委派驾驶员领取提单提货。原告对此予以否认，故被告应就其已履行了交付义务承担举证责任。被告提供了相应证据，环环相扣，形成了证据链，而原告未能提供相反证据予以反驳。结合当事人双方以往的交易习惯，可以确认被告以接受原告指令将提单交给驾驶员的方式履行了向原告交货的义务。至于提货人提货后未将货物交给原告，则可根据事件的性质，由原告另行寻求司法救济。

【实务指南】

合同对企业来说非常重要，企业通过合同将交易的双方或多方的意思固定下来，供双方遵循、执行。很多合同履行期限较长，在合同签订、履行过程中，很可能由于形势发生变化、各方对合同条款存在不同的理解，因而可能发生纠纷或争议。书面合同较口头合同复杂，在当事人发生纠纷时举证方便，容易分清责任，也便于主管机关和合同管理机关监督、检查。法律、行政法规规定采用书面形式的，应当采用书面形式。当事人约定采用书面形式的，应当采用书面形式。

在实践中，书面形式是当事人最为普遍采用的一种合同约定形式。根据合同实际履行情况及市场的波动变化，对原合同的标的、数量、价格、履行期限等内容进行变更是一种普遍现象。一些企业在订立合同时比较注意采用书面形式，而在对合同进行变更时却常以口头协定来代替书面协议。如果对方缺少诚信意识，在合同履行后不承认变更内容，企业在诉讼中便无据可依。因此笔者建议企业对外发生业务往来时，应尽量签订书面合同。如果在特殊的交易情况下，双方达成口头协议的，应当在事后就协议内容及时进行书面确认。

第二节　书面形式

书面形式，是指合同书、信件、电报、电传、传真等可以有形地表现所载内容的形式，以电子数据交换、电子邮件等方式能够有形地表现所载内容，并可以随时调取查用的数据电文，视为书面形式。文字凭据构成书面合同，但并非一切文字凭据都是书面合同，作为书面合同的文字凭据，必须具备以下要素：有某种文字凭据；当事人或其代理人对文字凭据确认；文字凭据上载有当事人的权利和义务。当事人协商同意的有关修改合同的文书、电报和图表，也是合同的组成部分。

我国《民法典》对一些合同规定必须采用书面形式。例如，《民法典》第七百零七条规定，租赁期限六个月以上的，租赁合同应当采用书面形式，否则视为不定期租赁。此外，应当采用书面形式的合同还有借款合同（自然人之间借款另有约定的除外）、融资租赁合同、保理合同、质押合同、委托拍卖合同、建设工程合同（工程勘察、设计、施工）、委托监理合同、技术开发合同、技术转让合同、技术许可合同、物业服务合同，等等。

一、书面形式合同的外在特征、表现形式与基本构架

（一）外在特征

一般而言，书面形式合同具有以下几个外在特征：

1. 专业性特征

现代社会专业化分工越来越细，各行各业都有繁杂到只有专业人士才能全面掌握并熟练运用的游戏规则。合同其本质是一种法律文书，所以合同的“游戏规则”应该由律师这些专业的法律人士才能运用到极致。可以看到，现在国内一些较大的公司、企业对于重大的合同往往都需要在律师的参与下方可签订的法律意识，这也充分说明了合同是具有强烈法律专业属性的。在实践中，有许多企业在合同的谈判、签订、履行过程中，没有法律专业人员的参与，此类情况下所存在的合同法律风险相对而言要高得多。

2. 风险性特征

合同是对交易中所涉及的权利义务关系的“固化”，与这种“固化”接踵而来的是当事人必须履行的义务和必须承担的法律后果。合同中的任何一个缺陷都有可能导致一方甚至双方当事人的利益受到损害，这种损害有可能使合同的目的无法达到，也有可能导致合同当事人不仅无法盈利，反而要承担巨额损失或赔偿。

3. 实践性特征

完善的合同来源于实践，也将会回到现实中去指导实践。一份高质量的合

同必定是一份可操作性非常强的合同，只有将法律与业务有效地结合，将业务人员的专业知识与法律人员的法律知识有效地结合起来，才可能作出一份法律严谨又便于操作的好合同。

（二）常见表现形式

书面形式是合同订立的主要形式。书面形式合同除了最常见的直接用文字记载当事人权利和义务的最普通的表现形式之外，其他常见的表现形式还有以下几类：

1. 表格合同

表格合同是指用一定的表格来记载当事人双方合意的内容及条件，不能全面反映当事人权利义务的简易合同。表格合同及其附件、有关文书、通用条款组成了完整的合同。

2. 车票、保险单等合同凭证

合同凭证是借以确认双方权利义务的一种载体。它本身不是合同，其功能在于表明当事人之间已存在合同关系。虽然合同凭证并未完全反映双方的权利义务，但因法律及有关机关制定的规章已有明确规定，因而可以确认合同凭证标示着双方的权利义务关系。

3. 合同确认书

合同确认书是确认合同存在的书面文件，当事人一方可以对通过信件、电传、电报等方式签订的合同要求签订合同确认书，即以书面形式加以确认合同的内容。签订合同确认书的目的在于把分散的合同文件统一起来，使合同内容更加具体、明确，便于确定双方的权利和义务，也便于履行。

4. 公证形式

公证形式是依照法律规定当事人双方约定或由公证机关对合同内容的合法性和真实性加以审查并予以证明的合同形式。我国的公证采用自愿原则，法律并不强制要求当事人公证。

5. 鉴证形式

鉴证形式是依照法律规定或双方当事人约定由国家相关管理机关对合同内容的合法性和真实性进行审查并予以证明的方式作为合同有效要件的形式。在20世纪80年代后期，随着劳动合同制的发展，劳动合同鉴证工作在全国范围内逐步展开，在当时的社会情形下，人们的劳动合同意识和法制观念比较淡薄，劳动部门对劳动用工进行监督、检查，对劳动合同进行鉴证，纠正无效和违法合同，加强劳动合同管理，保证合同的严格履行，有效维护了劳动合同当事人双方的合法权益，起到了积极作用。为加强和规范劳动合同鉴证工作，原劳动部在1992年10月22日专门颁发了《劳动合同鉴证实施办法》（劳力字〔1992〕54号），自1992年11月1日起实施。在2007年11月9日，为了适应加快建设法治政府、全面推进依法行政的要求，原劳动和社会保障部公布《关于废止部分劳动和社会保障规章的决定》（中华人民共和国劳动和社会保障部令第 29 号），该决定明确：因与现有法律法规相抵触，自公布之日起废止《劳动合同鉴证实施办法》（劳力字〔1992〕54 号）。也就是说，从 2007 年 11 月 9 日起，用人单位与劳动者订立劳动合同，已经不需要再到劳动保障行政部门进行鉴证。需要注意的是，对于集体劳动合同，《劳动法》第三十四条规定："集体合同签订后应当报送劳动行政部门；劳动行政部门自收到集体合同文本之日起十五日内未提出异议的，集体合同即行生效。"《劳动合同法》第五十四条第一款规定："集体合同订立后，应当报送劳动行政部门；劳动行政部门自收到集体合同文本之日起十五日内未提出异议的，集体合同即行生效。"即企业职工一方与用人单位通过平等协商，就劳动报酬、工作时间、休息休假、劳动安全卫生、保险福利等事项订立的集体合同，在提交职工代表大会或者全体职工讨论通过后，应当报送劳动保障行政部门，劳动保障行政部门自收到集体合同文本之日起十五日内未提出异议的，集体合同即行生效。

（三）书面合同的基本构架简析

合同一般由四个部分构成，即合同首部、正文、尾部和附件，每一部分都有其特定的内容（如图 4 所示），以下将分述之：

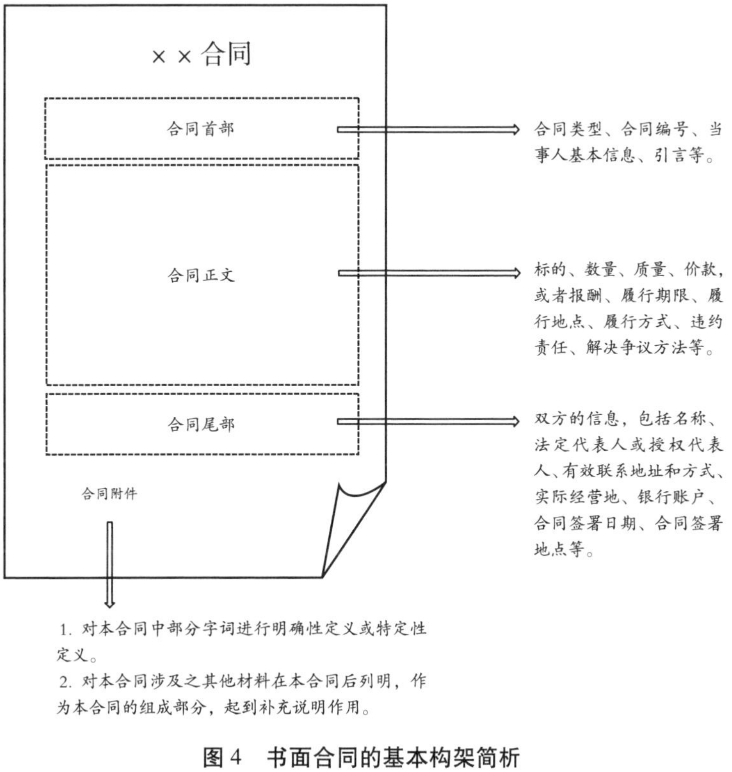

图 4　书面合同的基本构架简析

1. 合同首部

首部一般应写明合同类型、合同编号（建议设置以方便公司业务管理）、当事人基本信息、引言等。

合同类型一般是指当事人所签订合同的法律关系，如采购合同、委托合同等，合同类型的明确有提纲挈领之作用，有助于提醒双方在草拟合同条款时紧紧围绕该类合同所产生的各方权利义务进行设置，精练合同内容，避免不必要的重复和冗长的无关紧要之条款。

对于业务较为广泛的企事业单位，建立根据合同类型的不同编制相应的合同编号，对较为常用的合同类型，可预先编制本单位的合同模板，以提高公司管理效率，方便公司管理。

双方的基本信息应写清全称并应与最后签署处所载明的名称完全一致。

有较多合同在引言条款处陈述的是一些套话，对双方当事人并无实际意义，笔者建议在该部分可就本合同签订的前提条件或者本合同签订之目的进行说明，一旦发生诉讼风险则此类引言会对守约方起到一定作用，具有实践意义。

2. 合同正文

合同正文根据合同的复杂程度大相径庭，毫无疑问，也是每份合同最关键之处，一般会设置标的、数量、质量、价款，或者报酬、履行期限、履行地点、履行方式、违约责任、解决争议方法等必备条款。

如果合同标的是具象之物，那么，数量、质量等条款是对该具象物的具体描述，通过这些限定性的描述把泛泛之物特定具象，使得双方明确履行标的，尽量避免产生法律风险。如合同标的是一行为，那么该行为实施后所能达到效果之描述就显得尤为重要，对行为履行过程中各项细节内容的限制也是不可或缺的。

履行期限、地点和方式的描述则是对合同标的如何交付的规制，当然其中也涉及风险转移节点等法律问题，故在这些方面的说明理应清晰，切忌模棱两可，防范可乘之机。

违约责任的约定一直被视为合同条款拟定中的重头戏，可以对每个条款或部分条款的违反拟定针对性的违约责任承担方式，也可以对所有条款之违约责任以一概之。违约责任约定最大利益之处即在于一旦对方有违约行为，守约方只需证明违约方有违约行为存在，即可根据合同违约责任的条款向违约方主张相应的赔偿责任，同时，这也让意欲违约一方不得不实际考虑违约的成本，有利于保护合同的实际履行而最终促成交易的形成。

国际贸易合同中一般选择仲裁作为争议解决方式，国内贸易合同则一般会选择诉讼来解决双方之间的争议。在选择诉讼方式时，在有多个法院均具有管辖权的情况下，建议尽量选择己方所在地的法院进行诉讼，这样可以适当减少诉讼成本。

关于合同正文的具体法律风险及操作技巧将在本书“合同条款的风险控制与法律审查”一章进行深入详细地分析。

3. **合同尾部**

在该部分处，尽量写清双方的信息，包括名称、法定代表人或授权代表人、有效联系地址和方式、实际经营地、银行账户、合同签署日期、合同签署地点等，这些信息的陈述应做到完整、清晰。对双方银行账户信息的说明不能贪图方便而省略，应有完备的列明，以防止因个别字词的缺疑而转嫁于自身之法律风险的产生。

4. **合同附件**

笔者认为，附件部分基本可以由以下两方面内容构成：

其一，可对本合同中部分字词进行明确性定义或特定性定义，防止因文意理解之不同而产生法律风险。

其二，可对本合同涉及之其他材料在本合同后列明，作为本合同的组成部分，对合同标的的履行起到补充说明作用。

二、合同示范文本

（一）合同示范文本的含义和作用

1. **示范文本的含义**

在目前的实践中，大量使用合同示范文本是起草合同的常态，无论是非法律专业人士还是法律专业人士都有“范本依赖症”。其实，通过各种渠道去搜索的合同范本可能并不适合当事人的具体交易要求，尤其在防范法律风险的层面上更不是机械地套用范本所能解决的，相反，还极有可能因此遗留重大风险隐患。

合同示范文本有国家行政主管部门、行业协会、学术团体、国际组织指定的示范文本和企业内部制定的示范文本之分。本书所指的示范文本仅指后者，即企业内部制定的示范文本，但不包括企业自行制定的标准合同文本，也就是格式合同。

对于国家行政主管部门、行业协会、学术团体、国际组织指定的示范文本，如目前建筑业普遍使用的由中华人民共和国建设部和国家工商行政管理局制定的“建设工程施工合同范本（GF—2020—0216）”（2020 年修订），其相对而言已经是非常专业的合同了，其合同条款均已做过严密的设计和架构，其内容也与国际普遍适用的 FIDIC 合同条件接轨，符合国际惯例和国内相关法律法规。对于该种范本的使用则不属于我们上面所说的机械套用范本的范畴。另外，往往有政府专业范本的，根据相关的规章，该类合同签订后一般都需要到相关行政监管部门履行备案程序，如不符合范本的要求行政部门将不予备案。如刚才所说的建设工程施工合同、商品房买卖合同等。标准合同文本一般是合同当事人一方事先制定好的文本，对方当事人要么接受，要么拒绝，没有谈判、修改的余地，如不涉及违反法律、行政法规的强制性规定，或者存在不当免除限制责任的条款，风险相对较少。[①] 而示范文本具有其自身特点，一般是由合同当事人一方预先制定，便于重复使用以提高效率，但具体合同条款仍然是可商榷的，交易各方仍可基于此进行谈判，在谈判和更改示范文本的过程中，极易发生合同风险。因此，对企业而言，合同管理的主要重点在于示范文本。

2. 示范文本的作用

示范文本的作用主要表现在以下几个方面：

- 示范文本是对企业现实经济活动多次实施、反复出现的某种交易的谈判、合同起草、条款设计规律的概括和总结，有很强的示范效应，有利于加快企业管理的标准化进程，并且可以降低企业的缔约成本。
- 由于示范文本是企业自身制定的，在示范文本完全得到使用的情况下，合同会签、审查、审批都可以相应简化。并且，企业在制定自己的合同示范文本时，可以通过设计合同条款，在当事人之间进行有利于自己的风险分配，甚至转移风险，从而起到主动防御风险的作用，增进交易安全。
- 制定合同示范文本的重要目的和功能就在于指引、辅导非法律专业人士签订合同，好的合同示范文本还可以成为企业内部合同管理知识培训的最佳教材，学习、运用合同示范文本可以使业务员节省学习合同法律知识的成本。

（二）制定和使用合同示范文本时的注意事项

第一，在制定合同示范文本时，应当注意示范文本的普适性、合理性，并配套起草说明和解释。对于业务交易的复杂性，应当在合同示范文本中设计针对不同情况的选择性条款，在进行自己的权利和风险分配的同时还应当对自己应承担的义务作出客观描述以求合理。此外，对于合同示范文本中的可协商条款和不可协商条款应当予以明示，对于专业条款和术语及文本使用应当进行解释说明，以便业务人员具体操作。

第二，企业在使用合同示范文本的过程中，应当注意根据商业环境和法律法规的变化对合同示范文本及时进行系统的完善和修正。同时，还应当明确严格的使用要求、明确适用规则和流程，同时通过培训和学习加深业务员对合同示范文本的使用意识和理解深度。只有这样才能保证合同示范文本的实效性。

第三，值得注意的是，尽管合同示范文本在制定时已经充分考虑到己方的利益保护，不存在明显的漏洞和缺陷，但在使用合同示范文本时还是应当注意从三个角度进行审查：

---

① 何远琼：《示范合同的制度考察》，载《北大法律评论》2008 年第 9 卷第 2 辑。

• 合同事项是否使用了正确的合同示范文本。在实践中，由于有的业务员没有真正理解合同示范文本的利益倾向性，在进行销售业务时套用采购合同示范文本或者在进行采购业务时套用销售合同示范文本，导致企业法律风险的发生。

• 空白填写项目的内容是否符合法律的规定。

• 空白填写项目的商务条款与示范文本固有条款内容是否相协调，保证合同内容在逻辑上的一致性。①

三、电子合同的法律风险防范

《民法典》第四百六十九条规定，电子数据交换（EDI）、电子邮件等能够有形地表现所载内容，并可以随时调取查用的数据电文，视为书面形式。同时，第四百九十一条中规定，当事人采用数据电文等形式订立合同的，可以在合同成立之前要求签订确认书。签订确认书时合同成立。

根据 2019 年 4 月 23 日发布的《中华人民共和国电子签名法》（以下简称《电子签名法》）第三条第一款、第二款的规定："民事活动中的合同或者其他文件、单证等文书，当事人可以约定使用或者不使用电子签名、数据电文。当事人约定使用电子签名、数据电文的文书，不得仅因为其采用电子签名、数据电文的形式而否定其法律效力。"同时还规定了以下几种文书不适用电子文书："（一）涉及婚姻、收养、继承等人身关系的；（二）涉及停止供水、供热、供气等公用事业服务的；（三）法律、行政法规规定的不适用电子文书的其他情形。"

传统的书面合同（纸面合同）是自双方当事人签字或者盖章时成立的，而且手书签字和盖章还是合同真实性的证明。就电子合同而言，手书签名或者盖章已经无法适用了，因为无纸化是电子合同的一个显著特征，那我们如何证明合同内容的真实性以及确定合同成立的时间呢？《电子签名法》第七条规定："数据电文不得仅因为其是以电子、光学、磁或者类似手段生成、发送、接收或者储存的而被拒绝作为证据使用。"第十四条规定："可靠的电子签名与手写签名或者盖章具有同等的法律效力。"第十三条规定："电子签名同时符合下列条件的，视为可靠的电子签名：（一）电子签名制作数据用于电子签名时，属于电子签名人专有；（二）签署时电子签名制作数据仅由电子签名人控制；（三）签署后对电子签名的任何改动能够被发现；（四）签署后对数据电文内容和形式的任何改动能够被发现。当事人也可以选择使用符合其约定的可靠条件的电子签名。"

在实践中，建议电子合同的双方当事人将在网上达成的合意转化为纸面合同，再以纸上的手书签名和盖章为准。但是如果双方当事人不签订确认书，不把网上的合同内容记载在纸面上，并恶意否定合同的存在或者拒绝履行合同义

① 陈丽洁主编：《合同审查的结构与方法》，法律出版社 2009 年版，第 17 页。

务，网上的数字化文件记载的内容能否作为证明合同内容的充分证据，仍然存在不确定性。《电子签名法》承认和规范电子签名是其中的重要内容之一，法律承认电子签名就是承认带有电子签名的文件的真实性。在必要的时候，为了获得或者增强证据效力，电子签名的真实性须由一个国家承认的认证机构的公共密钥来检验，以证明带有电子签名的文件的所有人及其内容的真实性。经过认证，收到文件的人就能够分辨发件人以及文件的真实性了。联合国及国际经济合作组织都建议形成认证电子签名的国际标准，以保障全球电子商务的参与人享有统一的安全标准。我国《电子签名法》也对电子签名及其认证问题进行了规范。

案例：如何防范电子邮件订单的法律风险

【基本案情】

该案的原告是上海亚某企业形象设计有限公司深圳分公司（以下简称亚某公司），被告是沃某玛（中国）投资有限公司（以下简称沃某玛）。2005 年 9 月 29 日，该案在深圳市罗湖区人民法院正式开庭审理。2004 年，双方签约由亚某公司为沃某玛设计制作商场标牌。2005 年 1 月，双方召开工作评估会议，沃某玛向亚某公司提出，应根据沃某玛年度市场计划，做好标牌备货安排，制作两间店的标牌库存。2005 年 4 月和 5 月，沃某玛以电子邮件形式向亚某公司下达了上海、武汉两家标准连锁店的标牌制作订单，并要求亚某公司尽快制作，亚某公司依照约定进行了实际制作。但是，2005 年 6 月，沃某玛突然中止合同，改为向他人定做，导致亚某公司为沃某玛制作的两家标准连锁店的库存标牌和即将完成的武汉、上海两家连锁店标牌成品和半成品全部成为废品。

法庭上，双方针锋相对。沃某玛认为，实际金额难以确定，亚某公司提供的电子邮件证据不具备法律效力。沃某玛有严格的订货规范程序，都是先向客户发出正式订货单，不会通过电子邮件来订货。因此，沃某玛不应承担废止合同和违约的责任。亚某公司则指出，合同期内正在执行的项目和已通知执行项目不能随意终止。亚某公司当场出示两份电子邮件打印件，一份发送日期为 2005 年 5 月 13 日，邮件后缀为“@ wal-mart. com”并有电子签名的邮件上称“这个是武汉店的鲜食和非鲜食的部门牌清单，请尽快制作”。在这份邮件附加的清单部分，不仅明确标示了部门牌的尺寸和数量，还标示了内容。而另一份邮件上，也有“这个是部门牌的清单，请仔细核对后尽快制作”字样。发自沃某玛网址的电子邮件订单是否具有证据效力，成为此案中的争议焦点之一。

【法律分析】

关于电子邮件订单的法律效力，根据我国《民法典》第四百六十九条规定可知，当事人订立合同，有书面形式、口头形式和其他形式，能够有形地表现所载内容并可以随时调取查用的电子邮件视为书面形式。这就确定了一个原则，基本上以载体形式表现的合同表达方式，都属于法定形式。从这个角度看，我国《民法典》采用了国际惯例，属于开放性的合同法。因此，电子邮件订单是合法有效的，在法律上没有任何障碍。

但是，如何确定电子邮件的法律地位，却存在大量技术难题，企业若有不慎，就可能陷入举证不能的窘境。比如，目前许多公司在与外商交往时愿意采取电子邮件的方式，因为这种方式不仅交流成本低，而且耗时短、交流方便。然而，问题也产生了，如何识别电子邮件发出者的身份和法律地位呢？对于国内公司，交往者可以通过有效的技术手段去核实，但是对于国外公司，交往者就很难核实了。有时，即使是发自一个交易者熟悉的地址的邮件，仍难以证明发出者就是交往对象。

【实务指南】

电子邮件正成为企业间的重要交流工具，一些协议、订单甚至采购行为都可以通过电子邮件确认并完成。但是，电子邮件相对于纸张这类传统的有形载体而言，某种程度上仍属于“虚拟”载体。电子邮件的法律效力和安全值得企业关注。

为尽可能避免或者减少风险，我们建议，企业在进行电子邮件交往时一定要注意以下四点：

• 对于经常合作的客户，通过书面合同的形式确定双方电子邮件往来时有效的电子邮箱地址。

• 在收发电子邮件时，注意保存电子邮件，不要随便删除，以便应对不时之需。

• 采取证据保全措施。比如，如果交易中发生纠纷，可通过公证、摄像、下载等形式固定网页，一般而言，经过公证的网页证据具有较强的证明力。

• 采取证据补强措施，即通过邮件的后续行为确定电子邮件的存在，如在发出电子邮件交易信息后，发出方在之后的交易单证中证明了前期电子邮件中的内容，或者事后双方及时补签书面的确认书。

四、传真合同形式的法律风险

在现代企业商业往来中，传真使用已十分广泛，因传真产生的法律纠纷也越来越多。通过分析案情，我们可以发现企业间以传真形式完成的合同订立行为，在当前法律环境下，需要警惕防范法律风险。

案例：如何防范以传真形式签订合同的法律风险

【基本案情】

2005 年 6 月，广东某灯饰企业（以下简称 A 公司）向浙江某灯饰生产厂

（以下简称 B 公司）定购大批灯饰，价值 400 万元，销往东南亚某国。合同约定的交货时间为 2005 年 11 月 30 日，逾期交货则按合同标的额的 15% 支付违约金。B 公司未能按时交货，A 公司随即根据合同中的仲裁条款向广州仲裁委员会东莞分会提起仲裁，要求 B 公司支付违约金 60 万元。

A、B 公司双方并没有订立正式书面合同，而是采取先由 A 公司在合同上盖章后传真到 B 公司，B 公司盖章后再回传 A 公司的形式订立合同。A 公司的举证材料中只有 B 公司签章的合同传真件，并无其他书面材料支持自己的仲裁请求，B 公司对双方的合同关系则不予承认。

【法律分析】

A 公司的举证材料中只有 B 公司签章的合同传真件，如果无其他书面材料支持自己的仲裁请求，则会因证据不足而面临败诉风险。实践中，A 公司还需要补充关于双方合同履行情况的铁路货物快运单、增值税专用发票等其他证据，才有可能使仲裁庭通过辅证推定合同关系的确存在，根据证据链的完整性，认定双方买卖合同关系，从而支持 A 公司的仲裁请求。

【实务指南】

1. 以传真签订的合同受法律保护

《民法典》规定，当事人订立合同，可以采用书面形式、口头形式和其他形式。其中，书面形式是指合同书、信件、电报、电传、传真等可以有形地表现所载内容的形式。因此，以传真签订合同，已得到我国现行法律的承认。

2. 以传真签订合同存在的法律风险

一般而言，只有同时具备真实性、合法性、关联性的证据才具有证据效力。因此，在认定传真件的证据效力时，需要考虑诸多因素，如传真件应当认定为原件还是复印件；传真件是否是传真方所发出的；接收方是否收到了传真；传真件有无伪造、变造情形；是否有其他相关证据佐证等。如果没有其他证据佐证，则该传真件为孤证，证据效力有限。

依据我国现行《民事诉讼法》的相关规定，当事人提供书证的，还应当提供该书证的原件。但传真若被视为书证，则常规思路就是提供存在合同关系的传真原件。但事实上，A 公司除了自己保留只有自身盖章的传真底稿以外，一般情况下并不留有 B 公司签章的传真原件。在 B 公司否认其曾在 A 公司提供的传真上签章的情况下，A 公司所面临的一个最为困难的举证问题就是无法提交双方都签章过的传真原件。若提起仲裁，A 公司没有其他证据佐证，仲裁庭就难以判定双方存在合同法律关系，A 公司存在举证不能的败诉风险。

3. 如何防范以传真签订合同的法律风险

第一，要具有良好的证据意识。对于标的较大、周期较长、情况复杂的业务，最好当面签订书面合同。若实属客观不能，最好让对方盖章签订书面合同，再以快件方式送达接受方签署。

第二，对情况紧急须以传真签订的合同，最好采取证据补强的措施。应留存能够证明传真件合同内容的其他证据，如相关的委托书、意向书、往来信函、电子邮件、电话录音等；应保留传真收发凭证并确保传真件上收发件人、收发时间、收发传真号码等信息清晰无误；最好要求对方在发出传真的最短时间内将传真件的原件寄交，以显示证据的同一性和完整性。传真件字迹及签章不得模糊不清；应建立传真收发登记制度，严禁客户随意在公司传真机上发送传真。

第三，以传真方式签订合同，紧急情形消失后，当事人应及时就传真内容补签书面的确认书，或直接在原传真件上重新签名盖章，变传真件为真正的原件。

第四，如双方未来会进行多次交易，可以事先共同签订书面的业务合作框架协议，并在协议中约定今后一段时间内双方传真签订子合同（如下订单）的具体方式。框架协议中必须明确约定双方的传真电话号码。

第五，应妥善保管后续履约证据（如发货单、对账单等）。此外，应向电信运营商定期索取业务电话（含传真电话）的通联记录并存档保管，该通联记录可以证明企业与对方的通信情况。建议对合同传真件编号，并在后续履约证据上有意识地加注该编号，以加强后续履约证据与合同传真件之间的法律联系。

第三节　默示形式

一、默示合同的含义

对于合同的形式，《民法典》第四百六十九条第一款规定：“当事人订立合同，可以采用书面形式、口头形式或者其他形式。”《民法典》第一百三十五条也作了类似的规定。至于“其他形式”的认定，《最高人民法院关于适用〈中华人民共和国民法典〉总则编若干问题的解释》第十八条规定：“当事人未采用书面形式或者口头形式，但是实施的行为本身表明已经作出相应意思表示，并符合民事法律行为成立条件的，人民法院可以认定为民法典第一百三十五条规定的采用其他形式实施的民事法律行为。”

由此可见，其他形式的合同，即默示的民事行为是通过行为来表达的。默示形式又称为推定形式或意思实现形式，是指当事人没有写入合同，甚至从未协商过，但基于当事人的行为，或基于合同的明示条款，或基于法律的规定，理应存在的合同条款。例如，在雇用合同中，虽然没有订明雇员必须尽忠职守，勤勉工作，但其实这些条件，已经默示在合同当中，被视为有效的合同条款。

默示合同多数是由于双方当事人存在交易惯例或经营习惯造成的，在发生纠纷时，默示条款能否得到认可则依赖于法官的自由裁量权。这种条款带给企业的不确定性属于法律风险。

二、默示合同的表现形式

《民法典》第五百一十条规定："合同生效后，当事人就质量、价款或者报酬、履行地点等内容没有约定或者约定不明确的，可以协议补充；不能达成补充协议的，按照合同相关条款或者交易习惯确定。"对此，笔者认为可以将其理解为事实上的默示合同制度和习惯上的默示合同。当事人对合同未作约定或约定不明确的内容，首先可以自行协议补充。但是，如果不能达成补充协议，当事人可将纠纷提交人民法院裁决。人民法院在解决纠纷时，可以依照《民法典》第五百一十条的规定，根据合同的有关条款或者交易习惯确定合同未约定或约定不明确的内容。当事人的缔约意图主要通过合同的明示条款来表达，根据合同的有关条款确定没有约定或约定不明确的内容，就是根据当事人的缔约意图推定和确认合同包括的默示合同。此外，根据《民法典》第五百一十条的规定，当事人对生效合同的质量、价款或者报酬、履行地点等内容没有约定或约定不明确，也不能达成补充协议的，除了根据合同的有关条款确定，还可以按照交易习惯确定。

三、默示合同的两种基本类型

（一）积极行为默示

对于默示的积极行为，适用于广泛的民事活动中。《民法典》第四百八十条规定："承诺应当以通知的方式作出；但是，根据交易习惯或者要约表明可以通过行为作出承诺的除外。"

《民法典》第四百九十条第二款规定："法律、行政法规规定或者当事人约定合同应当采用书面形式订立，当事人未采用书面形式但是一方已经履行主要义务，对方接受时，该合同成立。"

（二）消极行为默示

不作为的默示只有在法律有规定或当事人双方有约定的情况下，才可以视为意思表示。关于法定的默示消极行为，《民法典》及相关司法解释作了相应规定。比如，《民法典》关于限制民事行为能力人与无权代理人实施民事法律行为的效力第一百四十五条、第一百七十一条规定，相对人可以催告被代理人在30日内予以追认，被代理人未作表示的，视为拒绝追认。《民法典》在试用买卖中第六百三十八条规定，试用买卖的买受人在试用期限届满对是否购买标的物未作表示的，视为购买。《民法典》在保证合同中第六百八十五条第二款规定："第三人单方以书面形式向债权人作出保证，债权人接收且未提出异议的，保证合同成立。"《最高人民法院关于适用〈中华人民共和国公司法〉若干问题的规定（四）》第十七条第一款规定："有限责任公司的股东向股东以外的人转让股权，应就其股权转让事项以书面或者其他能够确认收悉的合理方式通知其他股东征求同意。其他股东半数以上不同意转让，不同意的股东不购买的，人民法院应当认定视为同意转让。"

第四节 几种特殊合同

一、要式合同

要式合同，是指法律、行政法规规定，或者当事人约定应当采用书面形式的合同。前者称为法定之要式合同，后者称为约定之要式合同。具体而言，法定之要式是法律、行政法规规定的应当采用书面形式的合同。约定之要式，是当事人约定的应当采用书面形式成立合同。依照我国合同法的规定，一般应当采用书面形式的合同。

（一）要式合同的类型

要式合同的类型主要有以下三类：

第一种是有关不动产的合同。关于不动产的合同，我国法律要求采用书面形式，并进行登记。按照《土地管理法》等法律法规的规定，应当办理登记。

第二种是有关特殊动产的合同。特殊动产的合同，是指法律行政法规规定应当进行特殊管理的动产。比如，汽车、飞机等，虽然属于动产的范畴，但是又通常作为不动产来对待，在涉及上述财产的转让、出租、抵押等合同时，法律要求应当采用书面形式。

第三种是有关标的额较大，又不能即时清结的涉外合同。依据我国三个涉外企业法的规定，订立涉外企业合同应当以书面形式。此外，我国法人、公民与国外的法人、公民订立的各种合同，为保证合同的顺利履行，一般应当以书面形式订立。

（二）"要式"的形式

在实践中，要式合同的"要式"形式主要有：

1. 书面形式

《民法典》规定的书面合同，如金融机构与贷款人的借款合同；六个月以上的租赁合同；融资租赁合同；建设工程合同（工程勘察、设计、施工）；技术开发合同；技术转让合同；技术许可合同；抵押合同；质押合同；保理合同；委托拍卖合同；物业服务合同等。

2. 登记形式

（1）专利申请权、专利权转让合同

根据《专利法》第十条第三款规定："转让专利申请权或者专利权的，当事人应当订立书面合同，并向国务院专利行政部门登记，由国务院专利行政部门予以公告。专利申请权或者专利权的转让自登记之日起生效。"

（2）注册商标转让合同

根据《商标法》第四十二条规定，转让注册商标的，转让人和受让人应当签订转让协议，并共同向商标局提出申请。转让注册商标经核准后，予以公告。受让人自公告之日起享有商标专用权。

3. 公证形式

对于一些重要的合同，当事人往往可以约定采用公证形式。

案例：形式欠缺的要式合同的效力

【基本案情】

5月2日，北京市某公司甲与另一公司乙签订了购买空调100台的合同，约定每台空调价格为1900元，于5月4日交货。合同订立后，乙公司当即支付预付款19000元。甲公司提供40台空调后，乙公司经检验认为该产品质量不合格，要求退货。甲公司认为自己不可能在合同约定的时间内向乙公司提供合同约定的空调，于是建议由丙公司供货，货款由乙公司向丙公司支付。双方约定最后签订合同应当以书面形式，但双方协商一致后，直接通知丙公司向乙公司供货，未签订书面的合同。5月6日，丙公司向乙公司交付空调100台，价款共计190000元。但乙公司仅向丙公司支付货款171000元，扣除了乙已经向甲公司支付的19000元。丙公司向法院起诉，要求乙公司支付剩余货款，并支付相应的利息。

本案在审理过程中，有不同意见。第一种意见认为，由于甲与乙约定应当订立书面合同，而没有采用书面合同形式，所以合同未成立。第二种观点认为，甲与乙虽然约定应当采用书面形式订立合同，实际上当事人并未以书面形式订立合同，但是当事人已经履行了合同，所以该合同已经成立并生效。

【法律分析】

本案涉及要式合同欠缺形式要件时的法律效力问题。

合同的成立通常应当于承诺生效时成立。对于法律、行政法规规定或者当事人约定应当采用书面形式的合同，其成立应当在当事人于书面合同上签名盖章后生效。本案中，甲公司与乙公司在签订由丙公司交付货物的合同时约定，该合同应当采用书面形式，则该合同应当于双方在书面合同上签名盖章时生效。但约定应当采用书面形式订立的合同，即使当事人没有以书面形式订立合同，也未必就一定合同不成立。按照《民法典》第四百九十条的规定，只要实际上双方已经成立口头的合同，当事人一方已经实际履行了其主要合同义务的，即使当事人约定应当采用书面形式订立合同而没有采用书面形式的，也应当认为合同已经成立。

本案中，甲公司与乙公司之间所订立的由第三人丙公司交付空调的协议（涉及第三人利益的合同），就交货的时间、价格及支付价款的方式，都有明确的约定，可见双方已经就合同的内容达成口头的协议，也就是说，已经成立了口头合同。唯一的不足就是当事人未依照约定订立书面的合同。口头合同成立后，丙公司即向乙公司交付了约定的100台空调，乙公司接收并支付了90台的货款。可见双方当事人已经就合同的主要义务为履行，只是由于乙公司已经向甲公司支付过10台空调的预付款，所以乙公司少向丙公司支付了10台空调的价款，才产生了争议。这样依照《民法典》第四百九十条的规定，甲公司与乙公司之间就由丙公司代为交付空调的合同已经有效成立。乙公司拒绝向丙公司支付10台空调的价款，丙公司有权向乙公司追偿。

【实务指南】

本案涉及欠缺要式形式的合同的后果，关键的一个问题是，在法律、行政法规规定或者当事人约定应当采用书面形式的合同，如须用合同书或者应当制作确认书等，如果未采用法律或者行政法规规定或者当事人约定的书面形式，合同是否成立，是否有效？

《民法典》第四百九十条对此作了规定，采用的是有限的承认该种合同的效力的做法。“法律、行政法规规定或者当事人约定合同应当采用书面形式订立，当事人未采用书面形式但是一方已经履行主要义务，对方接受时，该合同成立”，采用合同书形式订立合同的，“在签名、盖章或者按指印之前，当事人一方已经履行主要义务，对方接受时，该合同成立”。

符合《民法典》第四百九十条规定的合同，即使在形式不符合法律行政法规规定的或者当事人约定的合同形式的情况下，仍然有使合同成立的效力。具体讲，应当具备以下要件：

第一，双方已经就合同的内容达成合意。双方通过要约与承诺的方式，已经就合同的内容达成一致，这是合同成立的实质要件，是合同成立的基础。如果双方未就合同的内容达成合意，则无论合同的形式是否符合法律行政法规的规定，或者当事人的要求，合同都不可能成立。

第二，合同一方已经履行了其主要义务。合同的主要义务已经履行，说明当事人是承认合同的存在的，并且已经进入履行合同的阶段，不应当再否认合同的成立。合同的主要义务，就是合同中当事人所负有的基本义务，该义务的履行则视为合同已经履行。比如，买卖合同中交付标的物或者价款，借款合同已经支付了借款，劳务合同中已经完成了约定的工作等。合同中约定有多个主要义务时，如买卖合同中，约定交付定金的，定金的交付也应当具有证明合同成立的效力。附随义务的履行，或者合同履行准备工作的完成，则不得认为能够证明合同成立。

第三，合同另一方接受履行。接受履行，说明其已经承认对方的履行行为是对合同的履行，这显然是以合同存在即合同成立为前提的。但这里应当注意，接受履行应当具有履行合同义务的意思，如果接受人误以为是赠予而接受，而对方则是履行其买卖合同义务而交付的，则不能认为是接受履行。

凡不具备上述三要件的，未采用书面形式的要式合同，即使当事人已经对合同的内容达成一致，也不能认为合同已经成立。

二、格式合同

格式合同，也称定型化合同、定式合同、标准合同等。格式合同是旨在明示其合同内容的固定化、一般化，合同内容规定了双方当事人权利义务的全部条款，以及合同形式均由一方当事人事先予以确定，另一方当事人对该合同只能表示全部同意与否的合同。

格式合同名称并非我国所固有，系被辗转译介于国内。我国《消费者权益保护法》（1993 年）最早使用了“格式合同”的概念，该法第二十四条规定：“经营者不得以格式合同、通知、声明、店堂告示等方式作出对消费者不公平、不合理的规定，或者减轻、免除其损害消费者合法权益应当承担的民事责任。格式合同、通知、声明、店堂告示等含有前款所列内容的，其内容无效。”而《民法典》中则有“格式条款”，《民法典》第四百九十六条第一款规定：“格式条款是当事人为了重复使用而预先拟定，并在订立合同时未与对方协商的条款。”格式合同在银行等金融领域广泛使用，格式合同的使用似有流行的趋势。

案例：格式合同的法律风险及其防范

【基本案情】

某市汽车销售有限公司（原告，以下简称汽车公司）诉称：原告所有的赣J1×××9 号重型半挂牵引拖车和赣 J0××9 号重型普通半挂车，同时在中国人民财产保险股份有限公司某市分公司（被告，以下简称财保分公司）处投保，并缴纳了相关保险费，其中每辆车投保的第三者责任险理赔金限额为 10 万元。2005 年 5 月 3 日，该车在返回途中与赣 J1×××6 号车相撞，致使赣 J1×××6 号车严重损坏，其司机和货主两人当场死亡，另一人受伤。经公安局认定，原告方对此次事故应负主要责任。为此，原告已向死者家属赔偿了 210000 元，向伤者支付了 23463. 50 元赔偿金，两项合计 233463. 50 元。原告依据与被告所签订的两车保险单，要求被告向原告支付该两车的第三者责任保险理赔金，但被告只同意支付赣J1×××9号拖车的理赔金，拒不同意支付赣J0××9号挂车的理赔金。原告请求判令被告支付赣J0××9号挂车保险理赔金10万元。

财保分公司（被告）辩称：原告的赣J0××9号属于赣J1×××9车的挂车，两车同时在被告处投保了第三者险，最高保险限额为10万元属实。但该车是在连接时发生的保险事故，根据双方签订保险合同中的保险条款第十一条规定，“主车与挂车连接时发生保险事故，保险人在主车的责任限额承担赔偿责任”，被告已支付了主车的保险赔偿金98394.48元。为此，原告的诉讼请求没有事实和法律依据，请依法予以驳回。

法院经审理查明，2004年9月30日，汽车公司将其赣J1×××9号重型半挂牵引拖车和赣J0××9号重型普通半挂车分别在财保分公司投保，双方签订了保险合同（保险单），约定：赣J1×××9号重型半挂牵引拖车承保的险种有“车辆损失险，第三者责任险（保险金额/责任限额为10万元），玻璃单独破碎险，车上人员责任险，无过失责任险，起重、装卸、挖掘车辆损失险等6种”，合计保险费5242.76元，保险期限自2004年10月19日零时起至2005年10月18日24时止。赣J0××9号重型普通半挂车承保的险种有“车辆损失险，第三者责任险（保险金额/责任限额为10万元），无过失责任险等3种”，合计保险费3893.26元，保险期限自2004年10月19日零时起至2005年l0月18日24时止。汽车公司代表谭某某分别在两份保险单和特别约定上签了字，财保分公司直属营业部亦在两份保险单上盖了章。同时，该两份保险单均有注明：（1）本保险合同由保险条款、投保单、保险单、批单和特别约定组成。（2）收到本保险单、承保险种对应保险条款后，请立即核对，如有不符或疏漏，请在48小时内通知保险人并办理变更或补充手续，超过48小时未通知的，视为投保人无异议。（3）请详细阅读承保险种对应的保险条款，特别是责任免除和投保人、被保险人义务等内容。

2005年5月3日22时30分，由驾驶员易某某驾驶赣J1×××9号重型半挂牵引拖车和赣J0××9号重型普通半挂车空车，车内乘坐货主楼某某，沿国道319线返回，途经某县福田镇青溪村时，因遇雨天路滑，易某某在采取制动时，导致所驾车辆向左侧滑，与另一赣J1×××6号陈某某所驾驶的车辆因超载，制动不及，其车辆前端与赣J1×××9右侧刮擦后，又与赣J0××9挂车车厢右前角相撞，造成赣J1×××6号车严重损坏，该车内驾驶员陈某某和货主王某某当场死亡，楼某某重伤。某县公安局交通警察大队栗公交（2005）重第04号交通事故认定书中认定了上述交通事故的基本事实，作出了当事人易某某应负此次事故的主要责任，当事人陈某某应负此次事故的次要责任，楼某某、王某某无责任的认定。2005年7月19日，在交警部门的主持下，赣J1×××9号车的实际车主胡某某与受害人的家属王某某（系死者陈某某之妻、货主王某某之姐）达成了道路交通事故损害赔偿调解书，并各自在调解书上签名。调解书中确认：（1）应赔偿陈某某的丧葬费、死亡赔偿金、被扶养人生活费等各项费用共计 114494.59 元；楼某某的医费、误工费、残疾赔偿金等费用共计 23463.50 元。（2）王某某的丧葬费、死亡赔偿金、被扶养人生活费等各项费用共计 86132.22 元。（3）赣 J1×××9 号车修理等费用共计 7755 元。（4）赣 J1×××9 及赣 J1×××6 号车施救费 800 元。以上 4 项费用合计 232645.31 元，经调解由赣 J1×××9 号及挂车赣 J0××9 号承担以上费用的 70%计 162851.71 元，由赣 J1×××6 号车承担 30%计 69793.60 元。

另，2005 年 6 月 15 日，事故各方当事人达成了赔偿协议，肇事司机易某某、赣 J1×××9 号车的实际车主胡某某一次性赔偿陈某某、王某某的死亡赔偿金、被扶养人生活费和赣 J1×××6 的修理费等各项费用共计 210000 元。

2005 年 5 月 3 日 23 时 49 分，财保分公司接到报案，随后于 23 时 54 分派出勘验定损人员进行了现场勘验，勘验后同意按碰撞受理。同年 8 月 26 日，财保分公司直属营业部作出了赣 J1×××9 号车的机动车辆保险结案报告书，经核算后应赔款 98394.48 元（其中车辆损失险 3394.48 元、第三者责任险 85000 元、车上人员责任险 10000 元）。财保分公司根据《第三者责任险条款》（以下简称《三者险条款》）第十一条，主车与挂车连接时发生保险事故，保险人在主车的责任限额内承担赔偿责任的规定，对赣 J0××9 半挂车的第三者责任险不予理赔。汽车公司认为不支付赣 J0××9 半挂车的第三者责任险赔偿金无理，遂提起诉讼，请求判令财保分公司支付赣 J0××9 半挂车的保险赔偿金 10 万元并承担诉讼费用。

【法律分析】

《民法典》第四百九十六条第二款规定："采用格式条款订立合同的，提供格式条款的一方应当遵循公平原则确定当事人之间的权利和义务，并采取合理的方式提示对方注意免除或者减轻其责任等与对方有重大利害关系的条款，按照对方的要求，对该条款予以说明。提供格式条款的一方未履行提示或者说明义务，致使对方没有注意或者理解与其有重大利害关系的条款的，对方可以主张该条款不成为合同的内容。"然而，无证据表明被告对于《三者险条款》第十一条免责条款以合理的方式提请原告注意，且被告亦未就该条款向原告明确说明。依照《保险法》第十七条规定："订立保险合同，采用保险人提供的格式条款的，保险人向投保人提供的投保单应当附格式条款，保险人应当向投保人说明合同的内容。对保险合同中免除保险人责任的条款，保险人在订立合同时应当在投保单、保险单或者其他保险凭证上作出足以引起投保人注意的提示，并对该条款的内容以书面或者口头形式向投保人作出明确说明；未作提示或者明确说明的，该条款不产生效力。"根据《民法典》第四百九十七条的规定，提供格式条款一方不合理地免除或者减轻其责任、加重对方责任、限制对方主要权利，或者提供格式条款一方排除对方主要权利的，该格式条款无效。被告提供的保险合同是格式合同（格式条款），且其中《三者险条款》第十一条"主车与挂车连接时发生保险事故，保险人在主车的责任限额内承担赔偿责任"的条款，属免除其责任条款，并且有加重原告责任、排除了原告的主要权利。据此，《三者险条款》第十一条违反了《民法典》《保险法》的规定，应依法认定该条款无效。由于原告已按所承保的险种缴纳了保险费，履行了保险合同约定的义务，根据权利义务相一致原则，原告履行了赣 J0××9 号重型普通半挂车承保义务，其亦应享有保险合同约定的保险车辆发生交通事故后获得赔偿的权利。综上所述，被告对原告的赣 J0××9 号重型普通半挂车发生的交通事故也应按约定承担赔偿责任。

【实务指南】

1. 格式合同的法律风险

格式合同在具有诸多益处的同时，其也有消极的一面，特别是其法律风险是无法回避的。格式合同的法律风险主要包括：

（1）有违公平原则之虞的风险

格式合同制订者过于强调保护自身利益而忽略了相对人的利益保护，违反了公平原则从而影响合同效力的风险。根据《民法典》第四百九十六条第二款规定："采用格式条款订立合同的，提供格式条款的一方应当遵循公平原则确定当事人之间的权利和义务……"此款即体现了格式合同应当遵循公平原则，在格式合同中，格式合同制订者应当公平合理地确定合同相对人与其之间的权利，不得利用自身有利地位，将意志强加于相对人，损害相对人的利益。

（2）免责条款风险

对免除或限制相对人责任条款及以适当方式提请相对人注意的风险。《民法典》第四百九十六条第二款同时规定："……采取合理的方式提示对方注意免除或者减轻其责任等与对方有重大利害关系的条款，按照对方的要求，对该条款予以说明……"所谓合理方式，主要是指格式合同制订者以能引起相对人注意、提醒强调和吸引对方注意力的方式，通常可采取要求合同签字、个别告知或对这些条款以更醒目字体、字号标明注意事项、填写说明等。提请相对人注意必须在合同签订前作出，否则对相对人不产生约束力。

（3）格式条款无效的风险

《民法典》第四百九十七条规定："有下列情形之一的，该格式条款无效：（一）具有本法第一编第六章第三节和本法第五百零六条规定的无效情形；（二）提供格式条款一方不合理地免除或者减轻其责任、加重对方责任、限制对方主要权利；（三）提供格式条款一方排除对方主要权利。"格式合同如果违反当事人真实意思表示，以致双方权利义务严重失衡时，相对人可以依法要求确认其无效。同时，《消费者权益保护法》第二十六条第一款、第二款规定："经营者在经营活动中使用格式条款的，应当以显著方式提请消费者注意商品或者服务的数量和质量、价款或者费用、履行期限和方式、安全注意事项和风险警示、售后服务、民事责任等与消费者有重大利害关系的内容，并按照消费者的要求予以说明。经营者不得以格式条款、通知、声明、店堂告示等方式，作出排除或者限制消费者权利、减轻或者免除经营者责任、加重消费者责任等对消费者不公平、不合理的规定，不得利用格式条款并借助技术手段强制交易。”本条第三款规定：“格式条款、通知、声明、店堂告示等含有前款所列内容的，其内容无效。”

（4）特别条款的效力优于格式合同条款效力的风险

《民法典》第四百九十八条规定：“……格式条款和非格式条款不一致的，应当采用非格式条款。”因此，如果在格式合同制订者与相对人就格式合同的条款所规定的内容进行了协商并达成一致的情况下，特别条款的效力就要优于格式合同条款，因为它更符合意思自治原则。

（5）对格式合同的不利解释风险

《民法典》第四百九十八条规定：“对格式条款的理解发生争议的，应当按照通常理解予以解释。对格式条款有两种以上解释的，应当作出不利于提供格式条款一方的解释……”法律之所以这样规定，是由格式合同的性质所决定的，因为它由格式合同制订者一方预先拟定，又未与相对人预先协商，因此法律要保护相对人的利益。

2. 格式合同的法律风险防范措施

制订和使用格式合同，可以有如下一些防范和化解法律风险的方法：

（1）基于公平原则制订格式合同

要求合同所约定的当事人各方的权利和义务具有“对待”和“对价”关系，但无须“对等”和“等价”。易言之，只要权利义务系真实的意思表示，允许权利义务的比例衡平即可。

格式合同是否是实现人们追求公平的手段殊值怀疑，从理论到实践都遭到太多的诘难。但必须承认的是，格式合同的格式化改变了传统合同缔约过程的秘密状态。合同订立的公开化以及主要条款的标准化使得合同的提供者与相对人不能通过那种个别磋商的方式使身份不同、缔约能力有差异的相对人受到不同的对待。这样，格式合同使得利益分配在消费者（相对人）之间是均衡的，从此种意义而言正是格式合同的公平价值之所在。

（2）合理提示方式

采用合理方式，即提示相对方注意“免除责任”“减轻责任”等与对方有重大利害关系的条款。当然，公平、合理、合法的免责条款可以合理分配风险，避免不必要的讼争。

通常来说，提供格式条款的一方对格式条款中免除或者减轻其责任的内容，在合同订立时采用足以引起对方注意的文字、符号、字体等特别标识，并按照对方的要求对该格式条款予以说明的，人民法院应当认定符合《民法典》所称“采取合理的方式”。当然，提供格式条款一方应对已尽合理提示及说明义务承担举证责任。

（3）按照相对方的要求予以说明

按照合同相对方的要求进行说明，既是相对方的权利，也是合同提供方的义务。合同提供方在尽了说明义务之责，尽了提示注意义务，一俟相对方明知合同内容即为已足。

（4）吸收框架合同文本优点，设计合同可选择条款

所谓框架合同文本，是指由合同制订者设计合同的基本体例，内容上区分必备条款和选择条款的一种参考样例。使用时相对人必须再根据具体情形，对框架合同文本进行初步筛选补充，然后交由合同提供方进一步协商，最后确定合同文本内容。从形式上看，在银行使用框架合同文本后，“填合同”转变为“写合同”和“谈合同”，实质上，框架合同文本的使用更符合合同法所确立的私法上的意思自治原则，是避免格式合同所可能带来的法律风险的行之有效的办法，而且它还可以突出相对人的不同特点和风险点，有的放矢防范法律风险。

三、黑白合同

黑白合同又称阴阳合同，其并非一个具体的合同，而是指合同当事人出于某种利益考虑，对同一合同标的物签订的、价款存在明显差额或者履行方式存在差异的两份合同，其中一份作了登记、备案等公示，而另一份仅由双方当事人持有，其中登记备案的合同被称为白合同，仅由双方当事人持有的合同称为黑合同。具体到建设工程领域，则是指建设工程施工合同的当事人就同一建设工程签订的两份或两份以上实质性内容相异的合同。通常把经过招标、投标经备案的正式合同称为白合同，把实际履行的合同称为黑合同。

（一）黑白合同的特征

黑白合同有如下特征：

• 合同当事人对同一合同标的物签订了价款存在明显差额或者履行方式存在差异的两份（式）合同。

• 当事人签订的两份（式）合同，一份（式）进行登记、备案等公示，即所谓的“白合同”，一份没有进行登记、备案等公示，即所谓的黑合同。

• 白合同伴有虚假的招投标行为。

• 当事人签订白合同并进行虚假招投标，是为了规避政府部门的监管。

• 当事人通过承诺书等形式明确与虚假招投标行为伴生的“白合同”不作实际履行。

（二）黑白合同的形成

黑白合同的形成时间有多种可能：

第一，黑合同在前，白合同在后。
第二，白合同在前，黑合同在后。
第三，黑合同、白合同同时签订。
黑白合同的形成时间均不影响黑白合同的认定。

（三）黑白合同与合同变更

在形式上有相似之处，特别是当事人签订合同并进行登记、备案后变更合同而对变更后的合同未作登记、备案的情形。但两者具有本质的不同：合同变更是指合同当事人在签订合同后（通常是在合同履行过程中），协商一致对之前签订的合同的某些条款进行变更，或者增加约定某些条款，双方权利义务通过两份合同综合体现，当事人通常都会约定后合同是前合同的补充。黑白合同，则不是通过一个合同变更另一个合同，双方签订白合同的目的并不是以之确定双方的权利义务关系，而是在签订白合同时就已明确不将其作为实际履行合同，而仅作登记、备案之用。实际上，合同变更是当事人的权利，司法实践中，如果要修改、变更中标合同的实质性条款也是可以的，但必须经过备案。否则，仍将被认定为黑白合同。

案例：黑白合同的效力及实务操作

【基本案情】

2000 年 3 月和 8 月，原告北京城某公司（以下简称城某公司）作为施工单位和北京浩某房地产开发有限责任公司（以下简称浩某公司）签订了两个工程的施工合同，价款共计 2.3 亿余元，城某公司诉请法院以该两份合同为据判令浩某公司支付尚欠工程款。浩某公司则辩称：2000 年 3 月，城某公司为拿到工程项目，向浩某公司作出垫资地上 8 层、让利 7.2%、对浩某公司分包项目不收费等极为优惠的许诺。在此情况下，浩某公司决定将工程发包给城某公司，双方据此签订了书面协议。招标投标完全是城某公司一手策划的，甚至连标书都是城某公司制作的，当时参加投标的企业也都是城某公司为保证自己“中标”而组织起来“投标”的该公司下属单位。对此，双方已通过承诺书明确：进行招投标并签订“中标合同”用以备案仅是为了办理开工证，施工价格由双方商定，中标价对双方无约束力。双方签订的涉及垫资、让利、工程款与中标价无关等内容的补充协议，才是双方真实意思的表示，应以该协议作为结算工程款依据。

【法律分析】

实践中，区分黑白合同的标准是：合同的造价、工期、质量这三个实质性内容（实质性条款）是否不一致。比如，关于某固定价合同中的造价条款，中标价是1000万元，补充协议却改为800万元，这个补充协议就是不受法律保护的黑合同。因此，不能以为只要是签订在后的合同就是合法的合同，关键还是要看实质性条款是否不一致。

本案中，双方签订的补充协议违背了《招标投标法》第四十六条关于“招标人和中标人应当自中标通知书发出之日起三十日内，按照招标文件和中标人的投标文件订立书面合同。招标人和中标人不得再行订立背离合同实质性内容的其他协议”的规定，浩某公司应以与补充协议相对应的两份合同作为结算工程款的依据，支付尚欠城某公司工程款。

【实务指南】

本案涉及黑白合同的实践操作问题。黑白合同处理原则的适用前提为必须是招投标项目，其他项目不适用。《最高人民法院关于审理建设工程施工合同纠纷案件适用法律问题的解释（一）》（法释〔2020〕25号）第二条规定：“招标人和中标人另行签订的建设工程施工合同约定的工程范围、建设工期、工程质量、工程价款等实质性内容，与中标合同不一致，一方当事人请求按照中标合同确定权利义务的，人民法院应予支持。招标人和中标人在中标合同之外就明显高于市场价格购买承建房产、无偿建设住房配套设施、让利、向建设单位捐赠财物等另行签订合同，变相降低工程价款，一方当事人以该合同背离中标合同实质性内容为由请求确认无效的，人民法院应予支持。”因此，根据司法解释规定，黑白合同按白合同结算，即同一建设工程另行订立的建设工程施工合同与经过备案的中标合同实质性内容不一致的，应当以备案的中标合同作为结算工程价款的根据。

如果备案合同没有按中标条件签订，根据《招标投标法》第四十六条关于“招标人和中标人应当自中标通知书发出之日起三十日内，按照招标文件和中标人的投标文件订立书面合同。招标人和中标人不得再行订立背离合同实质性内容的其他协议”的强制性规定，应按中标条件进行结算。

此外，在实务操作中还应当注意以下几个方面：

第一，施工单位一定要注意白合同的签订，千万不要与发包人签订比真实意思条件更低的备案合同。发包人如果提出黑白合同按白合同结算，施工单位就要吃哑巴亏。

第二，如果存在黑白合同，施工单位可以主张按对自己有利的白合同进行工程结算，法院予以支持。

第三，确因客观原因须改变合同实质性内容，应当办理备案。黑白合同也不是绝对的，经过备案的“黑合同”可以转化为“白合同”。在合同履行中，如果补充协议的实质性内容改变有利于承包人，承包人应当坚持办理备案手续，反之，就尽量让补充协议成“黑合同”。

第四，如果我们签订的黑合同比白合同更有利，建议施工企业尽快与业主完成结算，不要急于打官司，这种情况下把账结掉再打官司会对施工单位更有利。

第五节　几类特殊法律文件及操作要点

一、意向书

在实践中，经常有企业向我们咨询意向书是否具有法律效力、签署意向书之后是否需要承担法律责任。

意向书并不是严格意义上的法律概念。传统的“意向书”是一种单方意思表示，通常以书信的形式作出。在当前的交易实践中，大多数意向书是指双方当事人深入接触并在诸多问题上达成一致后，一方以这些一致意见为基础向另一方发出的要求接受者“确认”或“接受”的法律文件。

本书将从广义上使用“意向书”的概念，泛指合同双方在缔结正式协议前就协商程序本身或就未来合同的内容所达成的各种约定，有证约的应有含义。

意向书的主要特征体现在意向书的具体内容上，意向书的内容和形式具有多样性。根据条款的性质，意向书的条款内容一般可分为实体性条款和程序性条款。

实体性条款是指那些未来将成为正式合同条款的内容，有的意向书甚至包括了未来合同（或称主合同）的全部条款。实践中，意向书的实体性部分经常含有导致其丧失约束力的辅助条款。典型的如在意向书中列有“需要进一步协商的条款”“具体由正式合同确定”“本意向书不具有法律约束力”“双方的权利义务具体由正式的合同确定”或“本意向书不产生对任何一方的权利或义务”等。这些条款通常都表明双方不希望受到意向书中的有关内容的约束。

程序性条款是指那些直接关涉缔约过程，但不在未来合同中反映出来的内容。程序性条款又可以分为两类：一类主要调整和规范谈判程序，如约定尽职调查的执行或者信息交换的具体方式；另一类主要规定当事人在缔约中的通知、协助等相关义务，其中某些义务甚至在双方协商中止后仍有重要意义，典型的如关于保密义务的约定。以并购交易中应用的意向书为例，其中属于程序性条款的还有缔约费用分担条款（包括协商本身的费用、协商过程中支付给中介机构的费用等）；独占协商条款；纠纷解决条款（包括调解或者仲裁条款、管辖权条款、选择法律适用的条款等）；不公开条款（该条款要求并购双方在共同公开宣布并购前，未经对方同意不得向任何特定或不特定的第三人泄露有关并购事项的资料和信息，除非法律有强制公开的规定）；终止条款（主要是对意向书的法律效力作出规定，如规定若买卖双方在一定期限内无法签订买卖协议，则意向书丧失效力）。

如果意向书已具备合同的基本条款，当事人没有明确排除其约束力，且一方已经履行了该意向书项下的部分义务，他方也接受的，通常应认为意向书的条款具有法律效力。根据《民法典》有关规定，此时的“意向书”在性质上已经转化为正式合同。在双方约定意向书具有与正式合同相同的效力时，“意向书”在客观上已经成为主合同，因此应与正式合同等同对待，如双方约定“本意向书与正式合同具有同等法律效果”。类似地，若意向书在事实上构成了“留有开放条款的合同”，假如可以通过补充解释合理补充合同的效力，当事人也应受其约束。

进言之，意向书在《民法典》的框架下发生约束力，除需要具备实体性条款内容具体和确定的条件外，意向书成为有拘束力的合同的另一个前提是，当事人必须有受约束的意思。意向书中关于未来合同的内容（实体性条款），在功能上主要是对合同协商阶段性进展的记录，虽然在确定性上无疑问，但其效力往往受阻于当事人自愿受约束意思的欠缺。如果当事人通过履行或补充意思表示将该欠缺补足，则这些本属于未来合同的条款在意向书中即有约束力。

因此，在实践中，应当正确区分意向书与合同的区别，但更应当注意两者之间可能混同。如果一份协议尽管名字是意向书，但是如果其内容具体约定了签约主体之间权利义务关系，那么对各方是具备法律约束力的，实际上已经是合同了。所以不能片面地认为意向书绝对不具备法律效力，以避免盲目签署意向书带来的法律风险。

二、担保承诺函

所谓担保承诺函，又被称为保证书、承诺函或者担保书，在实践上通常被称为保函，即由保证人直接向债权人出具保函，承诺向其承担保证责任。承诺函是成立保证合同的一种形式。

按照《民法典》第六百八十五条第一款规定：“保证合同可以是单独订立的书面合同，也可以是主债权债务合同中的保证条款。”从这一规定可知，无论是书面合同还是保证条款，均体现了“书面形式”的要求，即保证合同是要式合同。实践中，成立保证合同的书面形式有以下三种情形：

一是保证人与债权人直接订立保证合同。

二是保证人与债权人、债务人共同订立保证合同/债务合同。

三是保证人出具保证书。

其中第三种方式即以出具保证书的形式成立保证合同的，法律是予以确认的。《民法典》第六百八十五条第二款规定：“第三人单方以书面形式向债权人作出保证，债权人接收且未提出异议的，保证合同成立。”因此，如果保证人向债权人出具的书面承诺包含有保证的意思表示的，应当认定为成立保证合同的书面形式之一。

另外，需要注意承诺函与安慰函的区别。安慰函又被称为赞助信、安慰信或者承诺函，是指发函人给债权人的一种书面陈述，表明当事人对债务人清偿债务承担道义上的义务，或者督促债务人清偿债务等。通说认为，安慰函不是保证合同，但与保证合同有相似的地方，特殊的安慰函也是保证合同的一种形式。一般认为，仅承担道义义务或者确认债务人现状的安慰函，属于一般的安慰函，而承诺承担补充清偿责任或者承担连带责任的安慰函，属于保证合同，有法律约束力。因此，安慰函也不能一律认定其仅仅具有安慰的性质，如果具有实质性的保证内容的安慰函则构成保证；如果仅仅具有承担道义义务和督促义务内容的安慰函，则应当认定为安慰性质，不能认定为保证合同。

案例：承诺函的效力

【基本案情】

2009 年 1 月 5 日，A 公司与银行签订贷款合同一份，约定由银行向 A 公司提供融资。同日，A 公司的股东 B 向银行出具承诺函，承诺：“一旦中国法律法规允许本人提供保证，本人将在收到贵行书面通知后，为 A 公司的债务承担保证责任。若贵行要求本人签订标准格式的就 A 公司在贷款合同项下的债务承担保证责任之保证合同，本人应予配合。”贷款合同签订并且银行收到 B 出具的承诺函后，银行依约发放了贷款。2010 年 1 月，A 公司还款出现逾期，银行立即书面通知 B，要求 B 履行承诺函之承诺，为 A 公司的债务承担保证责任。后 A 公司与 B 均未向银行还款，银行遂以 A 公司及 B 为被告向某基层人民法院提起诉讼，请求判令 A 公司立即还款，并判令 B 对 A 公司的债务承担连带保证责任。

【法律分析】

本案涉及银行是否有权依据承诺函要求被告 B 对 A 公司的债务承担保证责任问题，B 向银行出具承诺函的性质问题。按照《民法典》第六百八十一条的规定，保证合同的实质要件是，当债务人不履行到期债务时或者发生当事人约定的情形时，保证人履行债务或者承担责任。具备这样的实质要件的保证书，就是成立保证合同的要约。本案中，B 向银行出具承诺函，无论是从内容还是形式来看，都未表明被告 B 有承担担保责任的意思表示，“若贵行要求本人签订标准格式的就 A 公司在贷款合同项下的债务承担保证责任之保证合同，本人应予配合”，说明 B 与银行之间并未签订保证合同。按照《民法典》第六百八十五条对保证合同书面形式的要求，承诺函不属于保证合同，B 不应承担保证责任。因此，银行要求 B 承担保证责任之诉讼请求不能得到法律的支持。

【实务指南】

实践中需要注意，出具保证书是否成立保证合同，尚须债权人作出接受的承诺。就一般情况而言，保证人出具保证书，仅仅是保证人愿意为债权人承担保证责任的单方意思表示。仅仅依靠保证人是否出具保证书来判断是否成立保证合同，尚不是全部依据，还须考察债权人对该保证的要约是否作出承诺。只有债权人作出有效的承诺，才能够成立保证合同。

第一，对于债权人明确表示接受或不接受保证书提出的保证要约的，那么，即可依债权人明确的意思表示来确认保证合同成立或不成立。对于保证人以出具保证书的形式提供担保，债权人明确表示接受的，当然成立保证合同；如果债权人对保证书明确表示不接受，当然就不能成立保证合同。

第二，对于债权人没有作出明确表示的，应当根据实际情况作出判断。如果债权人收到保证人的保证书后，即与债务人签订借贷合同的，应当依其行为推定其对出具的保证书作出了承诺，因为该行为已经明确表明债权人接受了保证书的保证要约；如果债权人在收到保证书后未作出接受或者不接受的表示，但是没有明确表示拒绝，则构成默示承诺，因为保证合同是单务合同，保证人一方负有义务，债权人一方享受权利，认定默示保证承诺的效力，有利于保护债权人的利益。不过，如果仅仅成立保证合同而没有订立借贷合同，即只有从合同而没有主合同，则这样的保证合同不具有实质的保证意义。

三、备忘录

（一）备忘录的含义与性质

根据《辞海》的解释，备忘录是说明某一问题事实经过的外交文件，“外交会谈的一方为了使自己所作口头陈述明确或不致引起误解而在会谈末了当面交给另一方的书面纪要，也是一种备忘录”。此外，“有些国家的政府或群众团体有时利用备忘录形式阐明对某一问题的立场、态度和要求”。备忘录写在普通纸上，不用机关用纸，不签名，不盖章。备忘录可以当面递交，可以作为独立的文件送出，也可作为外交照会的附件。

现在备忘录的使用范围逐渐扩大，有的企业用备忘录的形式记录双方的协商和交易成果，并由双方签字。备忘录的用途因人而异，有的企业以备忘录的形式确定合同签订前的某些已经达成共识的约定或共同确认的事实，有的企业以备忘录的形式确定对合同的补充事项或共同确认的履约事实，有的企业以备忘录的形式确定对合同履行争议的谅解处理方案。在这些情况下，双方签署的备忘录实际上是确认双方协商一致事项的书面文件，可以说，备忘录也是书面合同的形式之一。如果一份备忘录的内容具体约定了签订主体之间权利义务关系，具备了《民法典》中所规定的合同特征，那么对合同各方是具备法律约束力的，实际上已经是合同了。

（二）备忘录的实践操作要点

实践操作中，需要注意以下几点：

• 应注意备忘录签订的事实背景和目的，即明确为何而“备忘”。比如，双方当事人之间存在购销、承包、借贷等多种合同关系，为明确在某一合同履行中的款项支付及往来情况而签订备忘录，该备忘录应当指明是基于某一份具体的合同，以避免因客观事实不清导致未来纠纷。

• 企业在单方向对方出具包含承诺内容并经签署的备忘录时应当慎重，接收方往往可以在发生纠纷时将其当成对出具方不利的证据使用。

• 企业在被对方要求签署备忘录时应当注意考察对方的意图和拟签署备忘录的用途。有的企业为了保留诉讼时效或取得某方面事实的证据，也会以备忘录的形式明确双方之间的某些权利义务关系或确认某项事实。

• 可能的话，企业也可以利用备忘录形式明确双方之间的某些权利义务关系或确认某项事实，以加强或者补充证据。在此情况下，如果是单方向对方出具备忘录，则应采取妥善的送达方式并保留送达证据。

• 备忘录通常情况下只确认双方之间的某些事实，如资金往来情况，在没有涉及双方新设权利义务及效力的情况下往往只作为证据使用。因此，如果涉及双方之间的实体权利义务约定，应当尽可能采用补充协议的形式，如果确实要采用备忘录的形式，则应当完善备忘录的效力条款，并确保双方签署，否则难以产生合同效力。

第四章
合同主体的风险控制与法律审查

本章提示

合同关于权利、义务之设立、变更、消灭的约定是在处于平等地位的不同主体之间进行的。因此，从本质上来讲，合同主体既是合同权利义务的享有和承担者，也是合同风险的承受者。除了外部环境因素以外，导致合同法律风险的主要因素之一就是合同主体的因素，包括合同对方的因素，如合同对方的蓄意欺诈或违约、财务状况不佳、生产能力与技术水平等；也包括本企业自身的因素，如合同决策、管理水平、操作人员素质、财务状况、生产能力和技术水平等。

从合同管理的角度来讲，合同主体资格和履约能力的法律风险控制是合同法律风险管理的重要内容。但在实践中，有的企业在签订合同时为片面追求订单量而忽略了对合同对方的考察，直到在合同履行过程中，发生买方预付货款后对方不发货、卖方发货后收不到货款的情况，才发现合同对方根本就没有履约能力，甚至已经倒闭，造成无法挽回的损失。

本章在介绍合同主体的基本原理的基础上，从合同主体的资格和履约能力角度对合同主体的法律风险进行了深入分析，并提出了具体的风险防范措施和审查要点，具有十分重要的实践意义。

第一节 合同主体

合同主体就是在合同法律关系中独立享有民事权利和承担民事义务的人，包括自然人、法人和非法人组织。自然人订立合同是否有效与行为能力具有密切联系。在社会经济活动中，自然人之间的合同金额一般较低，但合同数量较多，频率较高。法人包括营利法人、非营利法人及特别法人，其中非营利法人包括事业单位、社会团体、基金会、社会服务机构等，特别法人包括机关法人、农村集体经济组织法人、城镇农村的合作经济组织法人、基层群众性自治组织法人。法人作为法律拟制的人，其行为能力和权利能力对合同效力的影响不像自然人那样明显。法人在经济生活中千差万别，一些法人具有垄断行业的超强经济能力，另一些法人可能资不抵债。因此，为有效控制企业法律风险，应当深入了解合作的法人。非法人组织是不具有法人资格，但是能够依法以自己的名义从事民事活动的组织，根据《民法典》的规定，非法人组织包括个人独资企业、合伙企业、不具有法人资格的专业服务机构等。除法律法规另有规定外，非法人组织的财产不足以清偿债务的，其出资人或者设立人承担无限责任。因此，在对其考察时，必须同时对最终的责任承担者进行必要的了解，才能有效控制企业的法律风险。

一、合同主体的相对性规则

（一）合同的相对性与合同主体

合同是民事主体之间设立、变更、终止民事法律关系的协议。合同作为一种债的关系，具有不同于其他民事法律关系（如物权关系）的重要特点，即合同关系的相对性。合同关系的相对性是合同规则和制度赖以建立的基础和前提，也是我国合同立法和司法所必须依据的一项重要规则。

合同相对性是指合同主要在特定的合同当事人之间发生法律约束力，只有合同当事人一方能基于合同向相对方提出请求或提起诉讼，而不能向与其无合同关系的第三人提出合同上的请求，也不能擅自为第三人设定合同上的义务。在我国，法律界和理论界也同样确认相对性规则。《民法典》第五百二十二条第一款、第五百二十三条等许多条款均体现了相对性规则的适用。一般认为合同的相对性规则包含极为丰富和复杂的内容，主要体现为以下几点：

1. 主体的相对性

即合同关系只能发生在特定的主体之间，除法律规定或者当事人约定外，只有合同当事人一方能够向合同的另一方当事人基于合同提出请求或提起诉讼。

2. 内容的相对性

即除法律或当事人另有规定外，只有合同当事人才能享有某个合同所规定的权利，并承担该合同规定的义务，除合同当事人外的任何第三人不能主张合同上的权利。在双务合同中，合同内容的相对性还表现在一方的权利就是另一方的义务，因为另一方承担义务才使一方享有权利，权利义务是相互对应的。由于合同内容基于当事人，因此权利人的权利须依赖于义务人履行义务的行为才能实现。

3. 责任的相对性

违约责任只能在特定的当事人之间，即合同关系的当事人之间发生，合同关系以外的人不负违约责任，合同当事人也不对其承担违约责任。

案例：合同主体的相对性规则对合同的影响

【基本案情】

2004年11月5日，原告金某厂与被告永某公司签订了一份供货合同，约定由被告永某公司于同月17日向原告金某厂提供60吨电解金属锰，价格为13400元/吨，交货地点在金某厂仓库，逾期一天要支付违约金100元/吨。合同签订后，原告金某厂于当日将货款810000元交付给了被告永某公司。

被告永某公司为履行合同，于2004年11月13日分别以被告永某公司、被告天某公司的名义与南某公司签订了同一规格和数量的两份合同，合计采购60吨电解金属锰，两份合同总价为800000元。合同签订后，天某公司分别于当月13日、15日先后两次从银行卡上汇给南某公司货款共计800000元。

永某公司为履行与金某厂签订的合同，于2004年11月16日经与天某公司协商，天某公司将其汇给南某公司的货款，算作借给永某公司，并由永某公司出具了欠条。当天，天某公司又将该借款记入了其会计账册。在摘要栏上，也明确载明该款系永某公司的借款。2004年11月28日，永某公司与天某公司又经协商，双方同意将永某公司的库存货物作价150000元充抵借款。

南某公司收取合同货款后，由于两份合同均系永某公司的法定代表人所签订，且南某公司之前又未与天某公司进行过接触。而当发货时，由于永某公司的法定代表人去向不明，两份合同上的联系电话也无人接听，致使合同标的物仍在南某公司。

2004年12月6日，原告金某厂以永某公司、天某公司为被告向法院提起诉讼，并向法院申请诉讼保全被告永某公司或天某公司在南某公司的合同标的物或相应价值的货款。法院裁定予以保全。经过第一次开庭审理后，法院鉴于案情需要，追加了南某公司为第三人。永某公司经法院合法传唤未到庭参加诉讼。

一审法院经审理认为，金某厂与永某公司于2004年11月5日签订的供货合同，系当事人真实意思的表示，并无违反法律规定，应认定合法有效。金某厂按照合同的约定，将货款支付给了永某公司，履行了合同的义务。永某公司收取了金某厂的合同货款后，理应按照合同规定的时间交付标的物。现永某公司至今仍未将合同标的物交付给金某厂，显属违约。对此，金某厂要求永某公司继续履行合同，支付迟延履行违约金的诉讼请求，于法有据，予以支持，但其要求天某公司也共同履行其与永某公司签订的合同，并承担迟延履行违约金的诉讼请求，显然无法律法规依据，证据不足，理由不充分，因此不予支持。天某公司关于交付货款行为属于自己与南某公司的合同履行行为，并非代永某公司履行合同的抗辩，其证据不足，理由不充分，不予支持。对此，依照法律相关规定判决：被告永某公司向原告金某厂交付电解金属锰60吨，如逾期交付，则将被告永某公司在第三人南某公司的债权，即合同货款800000元或合同标的物电解金属锰60吨，由南某公司直接交付给金某厂；永某公司支付金某厂迟延履行违约金94000元；对原告金某厂的其他诉讼请求，不予支持。

当事人不服上诉后，二审法院经审理认为，根据2004年11月16日永某公司出具给天某公司的800000元的欠条、天某公司的会计账册记录以及永某公司与天某公司的以货偿债协议等证据，可以证明上述800000元货款是天某公司替永某公司履行与南某公司的合同。在永某公司已支付与南某公司合同项下的全部货款情况下，南某公司应按合同约定向永某公司履行相应的义务。故金某厂与永某公司之间的纠纷处理结果与第三人南某公司有一定的利害关系，为了减少讼累，原审法院将南某公司追加为第三人并无不妥。上诉人天某公司和南某公司提出的上诉理由，与本案查明的事实不符，也无法律依据。故依法判决驳回上诉，维持原判。

【法律分析】

本案的法律关系复杂，涉及多个合同和多方当事人，并且这些合同都是合法有效的合同，各个合同当事人之间又形成了多角连环债务的关系。这中间有金某厂与永某公司的买卖合同；永某公司与天某公司因代为履行而形成的欠款协议、以物偿债协议；永某公司与南某公司的买卖合同；天某公司与南某公司的买卖合同。本案涉及的是合同主体的相对性规则。

本案中，各方当事人之间签订的合同均系特定主体之间达成的请求对方履行给付的协议，具有相对性。原告金某厂因为与被告永某公司签订了锰业务买卖合同，他们之间具有合同上的债的关系，由于该合同是合法有效的合同，原告金某厂在依照合同的约定履行了义务后，有权利要求被告永某公司依照合同约定履行义务。然而，原告金某厂因为与被告天某公司之间不存在合同关系，基于合同主体的相对性规则，原告金某厂无权要求与其没有合同关系的被告天某公司来履行原告与被告永某公司之间的买卖合同。因此，法院对于原告要求天某公司也共同承担履行其与永某公司签订的合同，并承担迟延履行违约金的诉讼请求，不予支持。

【实务指南】

合同相对性确立以后，由于社会经济的发展，恪守严格的合同相对性原则已越来越难以满足平衡社会利益，因此我国法律确认了债权保全制度，债权的物权化，债权让与和债务承担，为第三人利益的合同等合同相对性规则的例外情形，在实践中应当予以关注。

一是债权保全制度，即法律为防止债务人的财产不当减少而给债权人的债权带来危害，允许债权人对债务人或第三人行使代位权或撤销权。《民法典》第五百三十五条至第五百四十二条对此作了规定。债权保全制度赋予债权人在特定情形下以自己的名义直接对抗特定第三人的权利，这是合同相对性较早的例外之一。债权人的代位权，是指当债务人怠于行使其对第三人享有的债权或者与该债权有关的从权利而害及债权人的到期债权实现的，债权人为保全自己的债权，可以自己的名义向人民法院请求代位行使债务人对第三人的权利之权。债权人的撤销权，又称废罢诉权，是指债权人对于债务人所谓的危害债权的行为（包括无偿处分、以不合理价格交易），可请求法院予以撤销的权利。

二是债权物权化，即租赁合同的承租人可以对抗房屋受让人。根据债的相对性，租赁合同应只对出租人和承租人有效，当第三人买受租赁标的成为不动产所有人时，买受人非租赁合同的缔约人，故不应受合同约束，得随时取回租赁标的物。“买卖不破租赁”规则适用于土地租赁、房屋租赁及其他不动产租赁，如《民法典》第七百二十五条规定：“租赁物在承租人按照租赁合同占有期限内发生所有权变动的，不影响租赁合同的效力。”

三是债权让与和债务承担，债权让与是指不改变债的内容，由债权人将享有的债权全部或部分移转给第三人享有，并由第三人单独或与原债权人共同享有债权。债务承担是指在不改变债的内容的前提下，债权人、债务人通过与第三人订立转让债务的协议，将债务全部或部分移转给第三人承担的现象。《民法典》第五百四十五条至第五百五十六条对此进行了规定。

四是为第三人利益的合同。当事人得以契约约定向第三人给付，受益第三人不是缔约人，却有直接请求给付的权利，并在债务人违约时，有权以自己的名义向法院直接起诉合同的债务人，请求强制执行合同。为第三人利益的合同主要体现在人身保险合同、运输合同中为第三人利益订立的条款、信托合同等。根据我国《保险法》第十二条、第三十九条的规定，被保险人是指其财产或者人身受保险合同保障，享有保险金请求权的人，投保人可以为被保险人。受益人是指人身保险合同中由被保险人或者投保人指定的享有保险金请求权的人，投保人、被保险人可以为受益人。我国《信托法》规定，信托是指委托人基于对受托人的信任，将其财产权委托给受托人，由受托人按委托人的意愿以自己的名义，为受益人的利益或者特定目的进行管理或者处分的行为。受益人是在信托中享有信托受益权的人。

（二）第三人债务加入

我国《合同法》仅对由第三人履行和合同义务转移作出规定，对第三人债务加入的法律效力未有明确，导致实务中对此类情形如何适用法律问题欠缺明确依据。而《民法典》第五百五十二条对此作了规定，当第三人与债务人约定加入债务并通知债权人，或者当第三人向债权人表示愿意加入债务，债权人未在合理期限内明确拒绝的，在以上两种情形任一情形下，债权人可以请求第三人在其愿意承担的债务范围内和债务人承担连带债务。简言之，在符合《民法典》第五百五十二条规定的要件时，第三人不履行或者不完全履行债务，由第三人与原债务人共同向债权人承担违约责任。

案例：第三人债务加入的法律效力

【基本案情】

甲公司与乙公司有买卖关系，乙公司欠甲公司货款 10 万元。乙公司未按期还款，在甲公司向乙公司催款的过程中，乙公司法定代表人孙某以个人名义出具了还款承诺书。该承诺书写明乙公司结欠的货款其愿意负责归还，并明确了还款时间。到期后孙某未按约定还款，甲公司即以孙某为被告提起诉讼，要求孙某归还 10 万元货款。诉讼中，孙某辩称，争议款项系乙公司所欠，其仅是该公司的法定代表人，不是合同关系的当事人，没有还款的义务，要求驳回原告的诉讼请求。

【法律分析】

孙某出具还款承诺书的行为，是一个债务加入的承诺，甲公司因孙某的承诺而取得要求孙某清偿债务的权利。但孙某出具还款承诺书并没有使乙公司的债务发生转移，债务转移必须征得债权人的同意，债权人的同意必须是明示的，本案债权人甲公司没有明示同意乙公司所欠债务转由孙某承担，乙公司的债务并没有发生转移，其并不能免责，孙某加入债务关系与乙公司成为并存债务人，因双方对债务的承担没有约定，所以乙公司与孙某应对 10 万元债务承担连带偿还责任。

【实务指南】

本案涉及债务加入的效力问题。在实务中，应当把握以下几点：

1. 第三人债务加入不属于为第三人利益的合同

根据《民法典》第五百二十二条的规定，为第三人利益的合同是指双方当事人约定，由债务人向第三人履行债务的合同。该类合同应具备合同成立的一般要件，即当事人（债权人与债务人）应达成合意。为第三人利益的合同一经生效，即产生如下法律后果：一是债务由债务人向第三人履行，而不是向债权人履行；二是法律规定或者当事人约定第三人可以直接请求债务人向其履行债务的，若第三人未在合理期限内明确拒绝，则不但债权人享有请求债务人向第三人履行的权利，第三人亦取得请求债务人履行的权利。而在第三人加入债务情形中，债务人与债权人并未达成任何向第三人履行债务的协议，故不属于为第三人利益的合同。

2. 第三人债务加入不属于由第三人履行的合同

《民法典》第五百二十三条规定："当事人约定由第三人向债权人履行债务，第三人不履行债务或者履行债务不符合约定的，债务人应当向债权人承担违约责任。"由第三人履行的合同实质上属于一种广义的担保行为，由第三人履行的合同中的第三人不是合同当事人，合同对其不具有约束力，在第三人不履行或履行不符合约定时，由债务人对债权人承担违约责任。由第三人履行的合同当事人应有合法的债权债务关系，并且还须有由第三人履行债务的约定。在第三人债务加入的情形中，债权人与债务人并未约定由第三人履行债务，无论是与债务人达成一致约定还是第三人向债权人出具承诺书均出自债务加入人本人的意愿，故不能按由第三人履行的情形，认为第三人不履行时，债权人无权向第三人请求履行。

3. 第三人债务加入不能视为担保付款的行为

根据《民法典》第六百八十一条的规定："保证合同是为保障债权的实现，保证人和债权人约定，当债务人不履行到期债务或者发生当事人约定的情形时，保证人履行债务或者承担责任的合同。"保证人承担保证责任必须有明确的意思表示，且需要保证人与债权人达成一致书面约定，保证合同是主合同的从合同。从孙某出具承诺书的内容看，其并没有为债务人的债务提供保证的意思表示，故不属于保证。当然，如果第三人出具承诺书，其写明由其来归还债务人所欠的货款，并明确载明为债务人的债务提供保证的意思表示，则属于履约担保书的性质，可依保证的有关规定要求第三人承担责任。

4. 第三人债务加入不构成债务转移

《民法典》第五百五十一条规定："债务人将债务的全部或者部分转移给第三人的，应当经债权人同意。债务人或者第三人可以催告债权人在合理期限内予以同意，债权人未作表示的，视为不同意。"债务转移的成立要件，一是要有债务转让协议，二必须经债权人同意，后者是债务转移的生效要件，债权人是否同意必须作出明示而不能作无法律根据的默示推定。债务转移后，受让的第三人成为合同当事人，债权人可以直接请求第三人履行义务，债务人就此免责。第三人债务加入，是自愿加入债的关系中承担债务的并存债务人，引起的后果是与原债务人共同担责。

一般来说，债务承担分免责债务的承担和并存债务的承担，《民法典》第五百五十一条和第五百五十二条对此进行了规定。所谓并存的债务承担，是指原债务人不脱离债的关系，而由第三人加入债的关系中与债务人共同承担责任的方式，由于第三人加入债的关系有利于对债权人利益的保护，增强债权实现的可能，因此第三人加入债的关系无须经债权人的同意，但应当告知债权人。需要特别说明的是，第三人向债权人表示愿意加入债务并不当然构成并存的债务承担，因为承诺是第三人的单方行为，是否构成债务承担还要看债权人的意愿，如债权人接到第三人的意思表示后明确拒绝，则不构成第三人债务加入。基于原债务人并不免除债务，第三人加入债务不仅对债权人没有风险，反而增加了债务实现的安全性，因此法律规定若债权人未在合理期限内明确拒绝的，则第三人债务加入成立，债权人可以请求第三人在其愿意承担的债务范围内和债务人承担连带债务。

5. 第三人作出债务加入承诺之后是否有权撤销或变更问题

笔者认为，第三人作出的债务加入承诺，在债权人表示接受前且在合理的期限内且第三人尚未履行债务的，第三人有权对承诺作出撤销或变更。债权人的权利因第三人作出承诺而成立，又因债权人表示享受利益的意思而确定。债权人可以以书面的形式明确表示接受，也可以以自己的行为表示接受，如直接向该第三人请求给付或提起诉讼、接受第三人的履行等。若债权人在合理的期限内未明确拒绝的，基于交易稳定、信赖利益和诚信原则，承诺加入债务的第三人超过合理期限再撤销的，不应获得支持；承诺加入债务的第三人已经全部履行债务或部分履行债务后要求撤销或变更的，也不应获得支持。

二、合同主体与签约主体

合同主体与签约主体是两个不同的概念，合同主体是实际承担合同权利义务的民事主体；而签约主体是实际签署合同的人，可能是代理人或者代表人。在现实的交易中，经常有不是当事人出面，而是代理人和代表人实际进行洽谈和签订合同的情形。

案例：表见代理及签约主体的法律风险防范

【基本案情】

刘某是浙江省台州市H机械制造厂驻哈尔滨业务代表。刘某从2005年以来，一直代表浙江省台州市H机械制造厂与哈尔滨市的客户进行商贸往来。2008年6月27日，刘某被浙江省台州市H机械制造厂辞退。被辞退后，刘某在台州市H机械制造厂完全不知情的情况下，利用手上剩余的一些盖有台州市H机械制造厂公章的空白合同，与哈尔滨客户A、B公司签了两份协议，并利用个人账户收取定金360余万元后潜逃。事发后，A、B公司要求台州市H机械制造厂按照签署的合同履行，或者双倍返还定金共计720余万元。该案经法院审理后，法院判决台州市H机械制造厂双倍返还定金共计720余万元给A、B公司，造成台州市H机械制造厂经济损失达720多万元。

【法律分析】

法院凭什么判决台州市H机械制造厂败诉？其法律根据就是“表见代理”。我国《民法典》第一百七十二条规定：“行为人没有代理权、超越代理权或者代理权终止后，仍然实施代理行为，相对人有理由相信行为人有代理权的，代理行为有效。”

在本案件中，刘某已经被台州市H机械制造厂辞退，不再有权代表公司签署任何合同。但是A、B公司作为与其长期经贸往来的公司，并未收到台州市H机械制造厂关于刘某被辞退的通知。A、B公司完全有理由相信，刘某和他们签署合同的时候，还是台州市H机械制造厂驻哈尔滨的代表。所以他们与刘某签署合同（合同盖有台州市H机械制造厂的公章）后，该合同当然被认定有效。

【实务指南】

企业在发展的不同阶段，不可避免地会发生辞退业务员、经理、驻各地的业务代表等情况。这些业务代表在被辞退后进行的业务行为，很可能被认定符合“表见代理”，最后要公司承担责任。所以企业应重视这类风险的防范。

1. 防范表见代理的法律风险的策略

（1）保管好盖章的空白合同

盖章的空白合同的总数、已经签署的合同都应该登记在册。辞退之前，应要求被辞退的业务员、业务代表将盖章的空白合同上交公司，同时要悉数收回该离职员工所有与公司相联系的文件及财物，尤其是在职时给予其的介绍信函、工作证件、授权文书等，防止其用这些文件损害公司的利益。

（2）在被辞退的业务员、业务代表的影响范围内，发布通知、人事变动公告

如本案中，台州市H机械制造厂就可以在哈尔滨当地报纸发布人事变动公告，通知公司的客户有关该业务代表已经离职的事实。当然，《通知》可以写得客气、婉转，还可以同时对客户一直以来的关照表示感谢等。比如，新任的业务代表已经到位，可以同时在《通知》中告知新业务代表的姓名和联系方式，便于新业务代表迅速开展工作。一旦公司通知了，就不会被认定为“相对人有理由相信行为人有代理权”，公司就不需要承担不利的法律责任。

2. 签约主体的法律风险及防范措施

实践中，除了上述表见代理的情形之外，签约主体从事交易活动还存在一些法律风险，应当特别注意。这些法律风险主要包括代理人的法律风险和法定代表人的法律风险。

（1）代理人

在经济发达的今日，大量的合同签订是由代理人完成的。代理的意义主要体现在两个方面：一是代理扩大了民事主体的活动范围；二是代理可以补充某些民事主体能力上的不足。根据法律规定，代理人在代理权限内，以被代理人的名义进行民事活动，由被代理人直接承受其法律后果。

①无权代理的法律风险

无权代理，是指行为人没有代理权而以他人的名义所实施的代理。无权代理发生的原因主要有：A. 行为人自始就没有代理权。B. 行为人所为的代理行为超越代理权。C. 行为人的代理权消灭。无权代理人订立的合同，按照法律规定存在多种法律效力情况，而不同的法律效力结果面临的法律风险也各不相同：

一是表见代理证明不力的法律风险。若无权代理行为构成表见代理，则按照《民法典》第一百七十二条规定，代理行为应当有效，即合同为有效合同。然而，表见代理构成需要满足一系列条件，这些条件都需要企业提供证据证明，若企业签订合同时仅仅要求查阅对方相关证明材料，而没有与合同一并备案，将面临证明不力的法律风险。根据《最高人民法院关于适用〈中华人民共和国民法典〉总则编若干问题的解释》（法释〔2022〕6号）第二十八条的规定，同时符合“存在代理权的外观”和“相对人不知道行为人行为时没有代理权，且无过失”这两个要件，可以认定为《民法典》第一百七十二条规定的“相对人有理由相信行为人有代理权”。其中，不符合“存在代理权的外观”由相对人承担举证责任，不符合“相对人不知道行为人行为时没有代理权，且无过失”由被代理人承担举证责任。

二是视为追认的法律风险。若无权代理人以被代理人名义订立合同，被代理人在不知情的情况下接受了相对人的履行或开始履行合同义务，则根据《民法典》第五百零三条的规定，此种情形将视为对合同的追认，该合同将对被代理人具有法律约束力。

三是效力待定的不确定法律风险。若无权代理不构成表见代理，根据《民法典》规定，在被代理人追认之前，合同效力待定。这种效力待定的不确定状态，使企业面临着准备履行合同还是做好补救措施的两难境地，其性质属于不确定的法律风险。

虽然《民法典》第一百七十一条第二款规定，行为人实施的无权代理行为在被追认前，善意相对人有撤销的权利。但实践中，企业在签约时没有审查出代理权限问题，很难在合同签订后识别无权代理人订立合同的法律风险，通常要等到实际引发法律危机，企业才认识到法律风险的存在。

经济交往最常见的代理权限产生是基于被代理人的授权，若代理人没有经过授权，一旦发生纠纷，企业不能要求被代理人承担责任，而代理人往往没有能力承担责任，给企业造成的损害非常严重。

就企业内部而言，还存在授权不及时收回，导致被授权人滥用权力的风险。企业总是要授权一些人代表自己对外签订合同，但往往未明确授权的范围和期限，对离职人员的授权凭证，如盖有企业公章的空白合同书、介绍信等未及时收回，也未告知交易伙伴本企业人员的变动情况，导致一些已经丧失授权的人员仍然冒用原单位的名义与他人签订合同。而交易对方在不知情的情况下，由于在长期交往过程中形成的信赖关系，仍然会相信其具有授权，最终由授权单位承担责任。

②超越权限代理的法律风险

不少企业在交易时比较注意对对方代理授权书的审查，而这种审查往往停留在是否具有授权以及授权的真实性，但对授权的具体内容核实较为马虎。超越权限代理，同样使企业面临合同效力不确定的法律风险。

③代理人自身的法律风险

企业担任他人的代理人时，若授权内容较为含混，企业对外活动是否在代理权限范围内存在争议，一旦代理活动未能正常进行，则被代理人可能要求企业承担超越代理权限造成的损害责任。此外，《民法典》第一百七十一条第三款规定："行为人实施的行为未被追认的，善意相对人有权请求行为人履行债务或者就其受到的损害请求行为人赔偿……"根据这一规定，因授权不明而未获被代理人追认，则需要由代理人承受代理行为的法律后果，包括履行债务或承担赔偿责任。

（2）法定代表人

①法定代表人行为法定效力的法律风险

根据《民法典》第六十一条、第六十二条规定，法定代表人以法人名义对外从事的民事法律活动，具有法定的效力，该民事法律活动法定地对法人产生效力，包括法律后果由法人承受，法律责任由法人承担。当然，若法定代表人因执行职务造成他人损害的，法人也可以依照法律或法人章程规定在承担责任后向法定代表人追偿。因此，企业应谨慎选择法定代表人，以防范法定代表人行为法定效力的法律风险。

②法定代表人权限限制的法律风险

通常来说，法定代表人签订的超越权限的合同对该公司发生效力，但也有一些例外情形，在交易中作为相对人需要提高法律风险意识，防范不利后果。《民法典》第六十一条第三款规定："法人章程或者法人权力机构对法定代表人代表权的限制，不得对抗善意相对人。"《民法典》第五百零四条亦作了类似规定："法人的法定代表人或者非法人组织的负责人超越权限订立的合同，除相对人知道或者应当知道其超越权限外，该代表行为有效，订立的合同对法人或者非法人组织发生效力。"因此，对于相对人来说，如果被认定为非善意的，即明知法人的法定代表人或者非法人组织的负责人超越权限订立合同，则该合同将不对相应的法人产生法律约束力。

比如，为防止法定代表人随意代表公司为他人提供担保给公司造成损失，损害中小股东利益，《公司法》第十六条对法定代表人的代表权进行了限制。根据该条规定，担保行为不是法定代表人所能单独决定的事项，而必须以公司股东（大）会、董事会等公司机关的决议作为授权的基础和来源。法定代表人未经授权擅自为他人提供担保的，构成越权代表，根据《全国法院民商事审判工作会议纪要》规定，在司法实践中人民法院应当区分订立合同时债权人是否善意分别认定合同效力：债权人善意的，合同有效；反之，合同无效。这里的善意是指债权人不知道或者不应当知道法定代表人超越权限订立担保合同，除公司能够证明债权人明知公司章程对决议机关有明确规定外，若债权人能够证明其在订立担保合同时对董事会决议或者股东（大）会决议进行了审查，同意决议的人数及签字人员符合公司章程的规定，就应当认定其构成善意。因此，这就要求作为相对人的债权人对同意担保的相关决议进行审查，以表明其为善意的并尽了合理谨慎的审查义务。这种法律风险较为隐蔽，企业需要更加注意，尤其在重大交易活动中应当予以考虑。

（3）职务代理

职务代理，是指代理人根据其在法人或者非法人组织中所担任职务，依据其职权对外实施民事法律行为的代理。《民法典》将职务代理作为委托代理项下的组成部分，单独列明，既体现了制度为代理的性质，也彰显了其重要性。《民法典》第一百七十条规定："执行法人或者非法人组织工作任务的人员，就其职权范围内的事项，以法人或者非法人组织的名义实施的民事法律行为，对法人或者非法人组织发生效力。法人或者非法人组织对执行其工作任务的人员职权范围的限制，不得对抗善意相对人。"根据该条规定可知，职务代理需要四个要件：第一是工作人员；第二是在执行工作任务；第三是在职权范围内；第四是以法人或非法人名义。另外，针对第三个要件，《民法典》明确规定不得对抗善意相对人，即只要交易相对人对该职权限制不知情，即产生合法有效职务代理的法律后果。

由此可见，对于作为被代理人的企业而言，需要加强对于员工的对外行为的管控。比如，通过约定合同生效要件为"自加盖公章/合同专用章或法定代表人签字之日起生效"，再配合加强企业印章管控等方式，以防范员工随意代表企业签订合同的风险。再如，通过要求合同执行中签字人的级别或具体人员姓名来控制执行中的职务代理行为。对于作为相对人的企业而言，在签订合同或执行合同过程中，需要注意保留对方职务身份的证据并加以确认。又如，要求对方提供名片、要求出具员工身份证明等，以保证该员工代表企业签订合同、执行合同在其职权范围内，从而将职务代理的法律风险降到最低。

第二节　合同主体的法律风险

当前，经营单位的性质、种类、背景比较复杂，有关部门的管理不到位现象比较普遍。在此情况下，为防范欺诈行为，减少交易风险，非常有必要考虑合同主体风险。任何一个合同必然需要两个或两个以上的当事人，在合同中体现为在具体条款上方首先明确甲方、乙方，以及在合同尾端落款和签字盖章。由于合同主体不涉及具体的权利义务，往往在签订合同时被经营者忽略。作为合同成立的一个重要要件，合同主体选择是否正确，对于合同是否成立、合同是否有效，以及合同是否能够正常履行都有着重要影响。

一、合同主体资格的合格性及法律风险

合同主体资格是否合格的问题普遍存在于所有合同中，并非只有法人作为合同主体时才存在。但法人主体资格方面需要审查的项目比较多，有营业执照、经营范围，以及经营许可等内容，其他主体则少得多。

合同主体资格合格是合同充分得到法律保护的必备条件之一，它涉及合同主体在法律上能否独立承担民事责任、是否具备履行能力，以及交易是否合法等方面，是从事商务活动首先要明确的问题。通常情况下，主体资格上的瑕疵是最为根本的法律风险源，严重威胁着交易安全。

（一）企业登记注册与经营行为合法性

企业注册登记所依据的法律法规比较繁杂，既存在于针对具体企业形态的立法中，也存在于企业登记管理方面的立法中。前者如《公司法》《合伙企业法》《外商投资法》（自 2020 年 1 月 1 日起施行，《中外合资经营企业法》《外资企业法》《中外合作经营企业法》同时废止）等；后者如《市场主体登记管理条例》（该条例自 2022 年 3 月 1 日起施行，《公司登记管理条例》《企业法人登记管理条例》《合伙企业登记管理办法》《农民专业合作社登记管理条例》《企业法人法定代表人登记管理规定》同时废止）；《市场主体登记管理条例实施细则》（该细则自 2022 年 3 月 1 日起施行，《企业法人登记管理条例施行细则》《个人独资企业登记管理办法》《个体工商户登记管理办法》《公司注册资本登记管理规定》《企业经营范围登记管理规定》同时废止）等。

市场主体应当依照《市场主体登记管理条例》办理登记。

未经登记，不得以市场主体名义从事经营活动。市场主体，是指在中华人民共和国境内以营利为目的从事经营活动的自然人、法人及非法人组织，包括：

- 公司、非公司企业法人及其分支机构。

- 个人独资企业、合伙企业及其分支机构。
- 农民专业合作社（联合社）及其分支机构。
- 个体工商户。
- 外国公司分支机构。
- 法律、行政法规规定的其他市场主体。

（1）各市场主体应当按照类型依法登记相关事项

- 公司：名称、类型、经营范围、住所、注册资本、法定代表人姓名、有限责任公司股东或者股份有限公司发起人姓名或者名称。
- 非公司企业法人：名称、类型、经营范围、住所、出资额、法定代表人姓名、出资人（主管部门）名称。
- 个人独资企业：名称、类型、经营范围、住所、出资额、投资人姓名及居所。
- 合伙企业：名称、类型、经营范围、主要经营场所、出资额、执行事务合伙人名称或者姓名，合伙人名称或者姓名、住所、承担责任方式。执行事务合伙人是法人或者其他组织的，登记事项还应当包括其委派的代表姓名。
- 农民专业合作社（联合社）：名称、类型、经营范围、住所、出资额、法定代表人姓名。
- 分支机构：名称、类型、经营范围、经营场所、负责人姓名。
- 个体工商户：组成形式、经营范围、经营场所，经营者姓名、住所。个体工商户使用名称的，登记事项还应当包括名称。
- 法律、行政法规规定的其他事项。

（2）申请人申请市场主体设立登记

登记机关依法予以登记的，签发营业执照，营业执照签发日期为市场主体的成立日期。

（3）外国投资者在中国境内设立外商投资企业

其主体资格文件或者自然人身份证明应当经所在国家公证机关公证并经中国驻该国使（领）馆认证。中国与有关国家缔结或者共同参加的国际条约对认证另有规定的除外。我国香港特别行政区、澳门特别行政区和台湾地区投资者的主体资格文件或者自然人身份证明应当按照专项规定或者协议，依法提供当地公证机构的公证文件。按照国家有关规定，无须提供公证文件的除外。

（二）合同主体与经营范围管理制度

根据《市场主体登记管理条例》第十四条的规定：市场主体的经营范围包括一般经营项目和许可经营项目。经营范围中属于在登记前依法须经批准的许可经营项目，市场主体应当在申请登记时提交有关批准文件。市场主体应当按照登记机关公布的经营项目分类标准办理经营范围登记。

经营范围又分为许可经营项目和一般经营项目。许可经营项目，是指企业在申请登记前依据法律、行政法规、国务院决定应当报经有关部门批准的项目。而一般经营项目是指不需批准，企业可以自主申请的项目。许可经营项目由申请人依照法律、行政法规、国务院决定向审批机关提出申请，经批准后凭批准文件、证件向企业登记机关申请登记。如果审批机关对许可经营项目有经营期限限制，则登记机关会将该经营期限予以登记，企业只能在审批机关批准的经营期限内从事经营。企业应当按照国家市场监督管理总局发布的经营范围规范目录，根据市场主体主要行业或者经营特征自主选择一般经营项目和许可经营项目，申请办理经营范围登记。

申请注册登记后，企业应在经营范围内从事生产经营活动，根据《市场主体登记管理条例实施细则》第六十九条的规定："未经设立登记从事许可经营活动或者未依法取得许可从事经营活动的，由法律、法规或者国务院决定规定的部门予以查处；法律、法规或者国务院决定没有规定或者规定不明确的，由省、自治区、直辖市人民政府确定的部门予以查处。"

（三）合同主体与企业资质管理制度

工程建设、安装、运输等行业对企业有资质上的要求，企业一般只能在其资质所规定的范围内从事经营活动，否则属于违法行为，行政管理部门有权进行行政处罚。

对于资质进行管理的行政法规、部门规章非常多，主要集中在建设工程及相关的监理、安装等行业，如《建筑业企业资质管理规定和资质标准实施意见》《道路货物运输及站场管理规定》《房地产开发企业资质管理规定》《物业服务企业资质管理办法》等。

以《建筑业企业资质管理规定和资质标准实施意见》为例，建筑业企业包括了从事土木工程、建筑工程、线路管道设备安装工程、装修工程的新建、扩建、改建活动的企业。建筑业企业的资质与其拥有的注册资本、净资产、专业技术人员、技术装备和已完成的建筑工程业绩等资质条件有关，取得相应等级的资质证书后，方可在其资质等级许可的范围内从事建筑活动。

再如，《房地产开发企业资质管理规定》第三条规定："未取得房地产开发资质等级证书（以下简称资质证书）的企业，不得从事房地产开发经营业务。"此外，还规定了房地产开发企业的四个资质等级，以及取得各个等级开发资质应当具备的条件。因而对房地产开发企业而言，取得资质是合法经营的前置条件之一。

许可经营类管理制度分为两类序列，一类是先有许可，另一类是先有执照。

一类属于工商部门对许可经营项目的经营范围管理，未从相关部门取得许可则无法获得工商部门的相关经营范围，也就不得从事相关的生产或经营活动。违反相关许可制度的一方既无履行合同的合法资格与能力，也超越了经营范围。

这类管理制度非常多，如国务院颁布实施的《危险废物经营许可证管理办法》、国家食品药品监督管理局颁布实施的《药品经营许可证管理办法》等。如果合同中的交易行为涉及上述经营许可管理，那么查验是否具有相关许可证就成为势在必行的工作。

另一类许可管理是必须先有《营业执照》才能申办相关的生产许可或经营许可。比如，国家工商行政管理总局颁布的《烟草专卖许可证管理办法》等。

在生产许可证管理方面，国务院颁布的《工业产品生产许可证管理条例》集中规范了整个产品生产环节。根据该管理办法，国家对保护国家安全、保护人类健康或安全、保护动植物生命或健康、保护环境等重要工业产品实施生产许可证制度。同时，还颁布了与之配套的《工业产品生产许可证管理目录》。凡在境内生产并销售列入该目录的产品，必须事先取得生产许可证，否则质量技术监督部门有权责令其停止生产销售，直至没收违法所得、处以罚款，以及追究造成损失的责任。

《民法典》第五百零五条规定："当事人超越经营范围订立的合同的效力，应当依照本法第一编第六章第三节和本编的有关规定确定，不得仅以超越经营范围确认合同无效。"因此，当事人超越经营范围订立的合同的，需依照《民法典》第一编第六章第三节关于民事法律行为效力的规定，并结合具体情况来进行分析。

（四）合同主体与职业标准管理

除企业经营活动存在大量前置条件外，国家法律法规、部门规章等对于某些行业的执业资格或从业资格等也有具体的规定。如果履行合同时的具体人员并不具备相应的从业资格，则合同履行的质量就难以保障。

按照在职业分类方面最为权威的《中华人民共和国职业分类大典》，在2022年修订后，职业分类体系为8个大类，79个中类，449个小类，1636个细类（职业）。截至2021年12月，人力资源社会保障部发布的专业技术人员职业资格共计59项（其中准入类33项，水平评价类26项）、技能人员职业资格13项。

目前劳动和社会保障部认定的职业分为8大类，分别是：

- 第一大类：党的机关、国家机关、群众团体和社会组织、企事业单位负责人。
- 第二大类：专业技术人员。
- 第三大类：办事人员和有关人员。
- 第四大类：社会生产服务和生活服务人员。
- 第五大类：农、林、牧、渔业生产及辅助人员。
- 第六大类：生产制造及有关人员。
- 第七大类：军队人员。
- 第八大类：不便分类的其他从业人员。

针对具体职业所制定的国家职业标准将覆盖从第三大类到第六大类的技术含量较高和对从业人员素质要求较高的职业。而对于法律法规要求推行“职业资格证书”的行业，如医生、律师、教师等，不再另行制定职业标准。

对于颁布了国家职业标准的具体职业，通过了职业技能考核鉴定的人员，可获得相应职业的“国家职业资格证书”。该证书分为五个等级，一级为最高等级，相当于副高职称，五级为最低等级，相当于初级工。

从上述规定可以得知，在许多场合下，必须注意实际履行合同的具体人员，无论这些人员需要的从业资格被称为职业资格、执业资格、从业资格、专业技术资格还是别的任何名称，都是衡量相关人员是否具备履行合同的资格的依据。如果履行合同一方的具体操作人员没有这方面的资格，则其合同的履行是具有一定瑕疵的，非常有可能影响履行的质量，甚至可能带来意外的风险。

二、合同主体的缔约能力对合同的影响

《民法典》规定，当事人订立合同，应当具有相应的民事权利能力和民事行为能力。民事权利能力是指法律赋予民事主体享有民事权利和承担民事义务的能力，也就是民事主体享有权利和承担义务的资格，是作为民事主体进行民事活动的前提条件。例如，法律规定，国家保护公民的财产所有权，则每一位公民都享有行使财产所有权的权利能力。民事行为能力是指民事主体以自己的行为享有民事权利、承担民事义务的能力。也就是民事主体以自己的行为享有民事权利、承担民事义务的资格。

案例：欠缺缔约能力订立合同的效力及风险防范

【基本案情】

杨某为购买商品房向A银行某分行申请贷款，该行授权其下属B经营部对外签订按揭贷款合同。2004年10月，经营部以自己名义与杨某签订按揭贷款合同，约定由A银行向杨某贷款60万元，期限为20年，并以其所购商品房作为抵押担保，银行取得房产抵押权证，合同生效，借款人未按期还贷，银行有权提前收贷和处分抵押物。A银行办理房产抵押登记后，向杨某发放贷款60万元。不久，经营部通知杨某向A银行下属第一支行还贷，杨某按合同约定向第一支行按期还贷。2005年4月始，杨某停止还贷，共欠本金利息5万多元。依照合同约定，A银行主张提前收回贷款。杨某称，经营部不具有主体资格，双方所签订的借款合同无效，只同意归还本金，不同意交付利息的要求。

【法律分析】

本案中，B营业部作为A银行的一个经营业务部门，根据我国民事法律法规的规定，其不具有法人资格，不具有完全的民事行为能力。具体到本案中，

即其不具有订立借款合同的主体资格，因此其签订的借款合同为效力待定的合同，当这类合同经具有法人资格的法人的追认后才能具有效力。本案 A 银行 B 经营部与杨某签订的合同约定的抵押行为进行了抵押权登记，并由其第一支行接受了杨某的先期的还款，这些行为表明，A 银行对于经营部以自己名义签订的借款合同是承认的，从而使得该合同由效力待定而变为有效合同，因此杨某对经营部主体适格的异议因 A 银行的确认行为而不成立。

【实务指南】

一般情况下，合同当事人缺乏订约的能力和订约权，因此合同效力是否发生尚未确定，必须经过有权人的追认方可生效，在一定期间内或者经催告不予追认，则合同不生效，主要包括无权代理行为、限制行为能力人依法不能单独实施的行为等，这些情形均反映了一个共同的特点，那就是主体均欠缺相应的缔约能力。关于无权代理行为相关内容已在本章第一节阐述，在此不再赘述。

1. 限制民事行为能力人订立的合同

限制民事行为能力人原则上由其法定代理人代其订立合同，若独立订立合同，须经其法定代理人追认，方为有效。根据《民法典》第十九条、第二十条对限制民事行为能力的未成年人和成年人的行为能力进行了规定，八周岁以上的未成年人或不能完全辨认自己行为能力的成年人为限制民事行为能力人，实施民事法律行为由其法定代理人代理或者经其法定代理人同意、追认；但是，可以独立实施纯获利益的民事法律行为或者与其年龄、智力相适应的民事法律行为。比如，一名 12 岁的小学生将家里价值 2000 元的手机拿到一家玩具店换回一套价值 400 元的变形金刚玩具，那么这个以物换物的交易是否有效呢？这就取决于孩子的法定代表人家长的意思，如果孩子的家长认可，那么这就是一个有效合同；如果家长认为这样交换吃亏了，那么这个合同就是无效合同。追认权制度旨在保护限制行为能力人及其法定代理人，但力求平衡，法律赋予相对人催告权和撤销权，以避免因合同关系动荡不定给相对人造成利益损失。

企业经营者通常都会注意到签约对方是否为成年人，具有完全的民事行为能力，企业经济活动一般也不会有未成年人卷入，但在一些特殊情况下，也难免会存在这样的法律风险。比如，某企业在寻找企业形象代言人时，决定找某年少的世界冠军，而该人获得冠军时刚满 17 周岁，本人同意了企业的邀请，遂签订了合同。后其法定代理人主张该合同无效，导致企业前期投入拍摄的广告及其他宣传都无法使用，给企业造成了较大损失。有时候，企业很难注意到签约的成年人是否为限制行为能力人，这就要求企业在签约前通过沟通、观察等方式对自然人的精神状况进行确认，控制与限制民事行为能力的成年人订约的风险。

2. 没有主体资格的单位或内部部门订立的合同

企业中未经授权的科室、车间等内部部门，或者是未正式取得营业执照和已经被注销、撤销的企业本身都不具备对外签订合同的主体资格，除非其事先得到法人授权、事后得到法人追认或事后取得了法人资格，否则其签订的合同是无效的。上述不具备合同主体资格的部门有时具备一定的履行能力，这就使得一些企业认为，只要能履行合同义务，有没有主体资格都无所谓。一旦对方发生履行不能的状况时，如果其主管单位不承认合同效力，则企业利益就要受损。

例如，某配件厂与某制造厂第一车间签订加工承揽合同，结果有多半产品质量未达标，于是配件厂要求该车间承担违约责任，但该车间却以自己不具备合同主体为由进行抗辩。经审查，合同上盖的是车间的章，也就是说车间是以自己的名义签订的合同，因此法院判决合同无效。

3. 受法律限制的主体订立的合同

法律禁止一些主体从事特定交易活动，若对方恶意利用这种禁止性规定导致合同无效，企业同样面临法律风险。比如，有些企业或个人在经济交往中为提高自己履约能力的可信度，常常采用提供担保的方式，《民法典》第六百八十三条明确规定，除经国务院批准为使用外国政府或者国际经济组织贷款进行转贷的外，机关法人不得为保证人；以公益为目的的非营利法人、非法人组织不得为保证人。例如，以国家机关、学校、幼儿园、医院等这样的主体提供担保实质上并没有任何担保效果。

三、合同主体欺诈的法律风险

在商业竞争中，一些经济主体会利用法律既定规则实现不法目的。故意设置法律陷阱引诱其他经济主体上当，这种有预谋的法律风险较之前面的不当签约造成的损害更大。尤其在国际贸易中，利用合同主体进行的欺诈形式多样，是经常遇到的法律风险类型。

（一）有限责任的恶意利用及法律风险

有限责任公司的主要特点是公司以全部注册资本为限对外承担责任，股东以出资额为限对公司债务承担有限责任。蓄意欺诈者以很低的资本注册有限责任公司，取得当事人资格，签订大宗合同，欺诈另一方合同当事人，给其造成巨大经济损失。在出现较大的赔偿责任或者损害时，则申请公司破产清算。这种有限责任的恶意使用在国际贸易中经常遇到。

不当利用有限责任的事情不仅仅存在于一些不法商人，一些较大的公司为避免国际贸易所带来的巨大法律风险，也常常利用这种方法来降低风险。通过成立若干个注册资本低的子公司，再以子公司对外签订贸易合同，若合同正常履行，则公司会以母公司的财力和人力确保合同正常履行；若合同出现较大法律风险，则牺牲掉子公司以避免母公司卷入诉讼。

2018年修订的《公司法》第二十条第三款规定："公司股东滥用公司法人独立地位和股东有限责任，逃避债务，严重损害公司债权人利益的，应当对公司债务承担连带责任。"《民法典》第八十三条第二款也作了类似的规定，营利法人的出资人不得滥用法人独立地位和出资人有限责任损害法人债权人的利益；滥用法人独立地位和出资人有限责任，逃避债务，严重损害法人债权人的利益的，应当对法人债务承担连带责任。法律虽然有了原则性规定，但企业遇到对方恶意利用有限责任，同样面临着法院最终认定的不确定性法律风险。在我国信用体系尚未建立之前，企业只能依靠自身衡量交易对方的信用程度。

（二）虚构合同主体及法律风险

合同主体是合同权利义务的最终承担者，若与法律意义上并不存在的交易对方签订合同，则企业无法确定到底谁该承担合同的权利义务，因此企业面临的法律风险非常巨大。

1. 利用注册要求差异虚拟合同主体

在普通的经济活动中，虚构合同主体是较容易发现的，但是由于各国、各地区的公司注册有不同的规定，在国际贸易中由于这种注册的差异性导致的虚拟合同主体有时不易被发现。比如，在国际贸易中，经常会遇到合同当事人一方为没有注册资本的贸易行、商行，只有营业证明，不能提供法人资格、注册资本及法人地址的证明或公证书，这类人往往被称为"皮包商"，其不能从事直接的货物买卖，与这类商人交易风险也很大。

2. 利用挂靠等方式虚拟合同主体

通过挂靠、借用名义等方式签订合同的情况在实践中时有发生，在这种情况下实际履行合同的主体与名义上的合同主体并不符合，同样属于虚拟合同主体。由于实际履行合同的主体缺乏相应的资格或经济实力较弱，更易发生履行合同困难的情况。按照法律规定，尽管企业可以在发生纠纷时追究被挂靠方的责任，但解决该法律纠纷付出的代价对企业而言已经构成严重的法律风险。

（三）主体变更的不当利用及法律风险

合同都是通过签订合同的双方当事人实施所规定的行为来履行的，这被称为亲自履行原则，签订合同的双方当事人就是合同履行主体。但是，由于商业活动变动的频繁，履行合同的主体变更是常见的。若交易对方恶意利用主体变更，将给企业带来法律风险。

1. 合同转让的主体变更法律风险

如合同当事人一方声称自己无法履约，向对方建议由第三方代替自己履约，从而导致将合同义务交由一个履约能力较差的当事人履行，将产生法律风险。

2. 公司分立或合并的主体变更法律风险

当公司分立或合并时，主体必然发生变更。《公司法》第一百七十六条规定，公司分立前的债务由分立后的公司承担连带责任。但是，公司在分立前与债权人就债务清偿达成的书面协议另有约定的除外。在交易对方发生分立时，通常情况都会确定分立后的一个公司负责履行特定合同，这种时候对方要求企业签订特定的确认书，将直接导致实际承担责任的当事人发生变化。

（四）合同相对性规则的恶意利用

现实中，有的单位在签订合同的时候，恶意利用合同的相对性规则，将部分合同义务设定为第三人才能履行。在此情形下，合同主体并非不符合合同所有内容，而是合同部分内容必须由特定第三人来完成，这样就会导致部分合同内容无效或效力待定。这种情况需要认真理解合同内容才能够准确识别，其常出现在与集团公司合作，为交易方便将若干个公司共同履行的义务纳入一个合同中约定。

第三节　合同主体的法律审查

一、如何进行合同主体的合格性审查

合同中对当事人的描述一般都比较靠前，很容易引起注意。有时通过企业名称就可以大致判断合同主体是否合格。许多公司的合同在提交审查时，对方当事人栏处于空白状态，这非常不利于审查。因此，在审查时为了稳妥起见，必须对定稿后的合同进行审查，以防止在主体资格上出错。

（一）合同主体资格的有效性问题

合同主体最好是独立法人，这是毫无疑问的。但有时许多合同只能同不具备法人资格的当事人签订，这是退而求其次的办法。根据《民事诉讼司法解释》第五十二条，当我们只能与非独立法人单位签订合同时，事实上可以按这些解释的内容确定对方可否作为合同主体，因为这些参加民事诉讼的当事人一般也就是承担民事责任的当事人。这些主体在诉讼法中被称为其他组织，是指合法成立、有一定的组织机构和财产，但又不具备法人资格的组织，包括：

- 依法登记领取营业执照的个人独资企业。
- 依法登记领取营业执照的合伙企业。
- 依法登记领取我国营业执照的中外合作经营企业、外资企业。
- 依法成立的社会团体的分支机构、代表机构。
- 依法设立并领取营业执照的法人的分支机构。
- 依法设立并领取营业执照的商业银行、政策性银行和非银行金融机构的

分支机构。

● 经依法登记领取营业执照的乡镇企业、街道企业。

● 其他符合本条规定条件的组织。

除此之外，《民事诉讼司法解释》第五十三条规定："法人非依法设立的分支机构，或者虽依法设立，但没有领取营业执照的分支机构，以设立该分支机构的法人为当事人。"第五十六条规定："法人或者其他组织的工作人员执行工作任务造成他人损害的，该法人或者其他组织为当事人。"由此可见，在证据确凿等特定条件下，下列两种主体也可与之签订合同：

● 法人非依法设立的分支机构，或者虽依法设立，但没有领取营业执照的分支机构。

● 在执行工作任务时的法人或者其他组织的工作人员。

市场经济强调缔约自由，为了追求利润，许多组织采取各种欺诈的手法，制造主体合法、真实的假相，达到签约（欺诈）的目的，严重干扰了市场秩序。从法律上讲，虽然因该种动机签订的合同无效，而且可以依照相关救济条款进行责任追究，但是同样会给组织带来人力、物力、财力上的重大损失。所以合同主体的合法真实是合同审查的重要项目之一，是关系合同目的能否实现的前提之一。当然，自己一方的主体是否适格（如不是独立法人、法人名称不对、印章和名称不一致等）也要进行审查，防止所签订的合同无效。

（二）合同主体的经营许可、资质合法性问题

在前述审查的基础上，还要考虑合同主体的经营范围、经营方式问题，否则可能会在履行过程中或可能的诉讼中带来麻烦。例如，某些广告公司在营业执照未注明的情况下经营企业咨询业务，显然是在超越经营范围经营。

根据《民法典》第五百零五条的规定："当事人超越经营范围订立的合同的效力，应当依照本法第一编第六章第三节和本编的有关规定确定，不得仅以超越经营范围确认合同无效。"因此，虽然工商行政部门对于超越经营范围的行为有权进行处罚，但法院认为合同体现了当事人的真实意思表示，除非同时违反了其他规定，否则均应认定合同有效。目前，虽有部分省份取消了工商机关对企业经营范围方面的限制，但更多的省份仍然维持原状。

因此，应当重视对限制经营、特许经营以及法律、行政法规禁止经营等问题进行审查。许多行业除营业执照外，还需有相关业务归口主管部门的行政许可方得经营。例如，从事金融业不仅要有工商行政管理部门颁发的营业执照，还必须拥有中国人民银行批准的《金融许可证》方得营业，而制造业的许多产品也是要有生产许可证方可生产。即使是常规性的行业有时仍需其他许可方得经营，如《卫生许可证》等。

合同主体在经营许可方面的问题有可能导致合同无效甚至承担经济赔偿后

果。比如，《最高人民法院关于审理〈建设工程施工合同纠纷案件〉适用法律问题的解释（一）》（法释〔2020〕25 号）第一条第一款规定，承包人未取得建筑业企业资质或者超越资质等级的，以及没有资质的实际施工人借用有资质的建筑施工企业名义的，签订的建设工程施工合同应当依据《民法典》第一百五十三条第一款的规定认定无效。这是因对方缺乏资质而使自己遭受不利后果的一个典型范例。但许多经营许可的审批过程复杂、周期长、要求严，往往会影响签约的及时性和交易的安全性。

对此，比较简单的方法之一是，约定对方必须在履行合同前取得相应的许可。这样，即使在合同履行过程中出了问题，责任也在对方。例如，某大陆公司收购了一家印度尼西亚经营红土镍矿的 FBLN 公司股权，并委托 A 公司进行承包开采红土镍矿的工作。由于我们是在海外国家从事这一商业活动，对于矿山开采就存在诸多资质问题，因此在与承包商 A 公司签订《承包开采合同》的时候，首先要考虑的一个重要问题就是 FBLN 公司是否具备了印度尼西亚法律所规定的开采条件并获得相应的许可、A 公司是否具有相关法律规定的开采资质。在经过充分调查的基础上，为了稳妥考虑，最好还是在承包合同中明确“承包方向发包方承诺自身拥有符合印度尼西亚法律规定的矿产开采承包人的相关资质。承包方在此确认：在签署本《承包开采红土镍矿合同》之前，发包方已经向承包方出具了本协议附件所列的文件，承包方确认已经收到并认真审核了发包方所提供的前述附件，并确认凭前述发包方所提供的文件，发包方在法律上可以聘请承包方作为承包人在 FBLN 公司矿区进行开采，即进行红土镍矿的开采、生产、销售、运输和出口等矿业活动。如因任何原因承包方无法及时进入该矿区进行开采活动，承包方应当自行承担风险，并对发包方承担责任”。在对方相关许可或资质可能对合同产生重大影响并且存在不确定性风险的情形下，这样操作对于防范自身合同法律风险无疑具有极其重要的借鉴意义。

（三）合同主体的其他相关资格问题

在合同的签订和履行过程中，除了承担合同权利义务的合同主体之外，往往还牵涉具体的合同履行人员和合同签约主体。这两类主体的资格是否合格也会对合同产生很重要的影响。

1. 履约人员从业资格的合格性问题

有的合同履行离不开相关专业人员。比如，在建筑工程承包合同的履行过程中，涉及工程监理的义务往往需要监理公司或承包人派出的监理工程师来履行，如果履行监理义务的人员没有监理工程师岗位证书，则该监理行为就存在违法风险。

实践中，有很多行业或职业都有职业标准或者职业资格许可，因而对此类合同的审查需要考察具体履约人员的从业资格，以避免无谓的法律风险。比如，

《特种设备作业人员监督管理办法》第二条规定，锅炉、压力容器（含气瓶）、压力管道、电梯、起重机械、客运索道、大型游乐设施、场（厂）内专用机动车辆等特种设备的作业人员及其相关管理人员统称特种设备作业人员。特种设备作业人员作业种类与项目目录见本办法附件。从事特种设备作业的人员应当按照本办法的规定，经考核合格取得《特种设备作业人员证》，方可从事相应的作业或者管理工作。第三十六条也规定："特种设备作业人员未取得《特种设备作业人员证》上岗作业，或者用人单位未对特种设备作业人员进行安全教育和培训的，按照《特种设备安全监察条例》第八十六条的规定对用人单位予以处罚。"根据《特种设备安全监察条例》第七十七条的规定，在此情形下的处罚方式是："未经许可，擅自从事锅炉、压力容器、电梯、起重机械、客运索道、大型游乐设施、场（厂）内专用机动车辆的维修或者日常维护保养的，由特种设备安全监督管理部门予以取缔，处1万元以上5万元以下罚款；有违法所得的，没收违法所得；触犯刑律的，对负有责任的主管人员和其他直接责任人员依照刑法关于非法经营罪、重大责任事故罪或者其他罪的规定，依法追究刑事责任。"

2. 签约主体的签约资格的合格性问题

除对合同主体的审查外，还要注意审核或确认负责签订合同的单位或个人是否具有缔约能力，是否已取得相应的合法授权，以防止无权代理或超越代理权限订立合同的情形存在。

（四）关于合同主体审查的几个操作要点

笔者认为，审查合同主体资格的合格性，也就是审查合同主体是否具备相应的民事权利能力和民事行为能力。合同主体性质不同，审查的内容和方法也不同。实践中，合同主体合格性审查的操作要点主要包含以下几个方面：

1. 对法人的资格审查

对公司法人资格审查主要从以下几个方面进行：（1）是否依法成立；（2）有没有必要的财产或经费；（3）是否有自己的名称、组织结构和场所；（4）公司类型；（5）经营范围；（6）注册资本、实缴资本；（7）法定代表人姓名、有限责任公司股东或者股份有限公司发起人姓名或者名称。

对非公司法人资格审查主要从以下几个方面进行：（1）是否依法成立；（2）有没有必要的财产或经费；（3）是否有自己的名称和场所；（4）类型；（5）经营范围；（6）出资额；（7）法定代表人姓名、出资人（主管部门）名称。

判断一个经济组织是否具有法人资格，主要是看其是否有国家工商行政管理机关颁发的企业法人营业执照。

2. 对非法人单位的资格审查

非法人单位是指未取得法人资格，但依法定程序和条件取得营业执照，法律允许其从事生产经营活动的组织，如个人独资企业、合伙企业、不具有法人资格的专业服务机构等。对这类组织，应审查其是否按规定登记并取得营业执照。有些法人单位设立的分支机构或经营单位，可以在授权范围内，以其所从属的法人单位的名义签订合同，产生的权利义务由该法人单位承受，对这类组织，主要审查其所从属的法人单位的资格及其授权。

3. 对外方当事人的资格审查

对方当事人如果是外国的企业、组织的，对其主体资格的审查更应该慎重，应搞清其法律地位和性质。审查的内容主要有三项：（1）该企业或组织是否合法存在；（2）法定名称、地址、法定代表人姓名、国籍以及企业或组织注册地；（3）企业类型，是否具备法人条件。

4. 对自然人个人的资格审查

对自然人的资格审查主要是对自然人的自然状况的了解，确定其是否具有相应的民事行为能力。如果该自然人所签合同是依法不能独立订立的合同，应及时取得该自然人的法定代理人的追认。

5. 对保证人的资格审查

合同的签订要求有保证人担保时，还应审查保证人的主体资格的合法性。首先，作为保证人必须具有民事行为能力。其次，保证人必须具有代为清偿主债务的能力。最后，保证人还必须符合以下规定：（1）国家机关不得作为保证人，但是经国务院批准为使用外国政府或国际经济组织贷款进行转贷的除外；（2）学校、幼儿园、医院等以公益为目的的事业单位、社会团体不得作为保证人；（3）企业法人的分支机构（除有书面授权）、职能部门不得作为保证人。

6. 对代订立合同的代理人的资格审查

所谓代订立合同是指代理人在授权范围内以被代理人的名义与第三人签订合同，所签订合同的法律后果由被代理人承担。因此，在审查合同时一定要审查代理人的代理身份和代理资格，即是否有被代理人签发的授权委托书，其代理行为是否超越了授权范围，最后审查其代理权是否超出了代理权限。

7. 对于特殊行业的当事人的资格审查

从事一些重要的生产资料或特殊商品的生产和经营，法律或行政法规要求取得生产许可证、经营许可证或相应的资质。在这种情况下，企业或法律顾问在审查合同主体资格合法性的时候，还应要求对方出示相应的证明。

二、如何进行合同主体的合格性调查

在一般情况下，企业在签订合同的过程中，往往注重交易安全和合同价格及履行期限等内容，而不关心交易对方是否符合经营范围、是否具有相关经营资格或获得相关经营许可等法定要求，这是经营者为追求商业利润而自愿选择承担法律风险的规律使然。

实践中，除了并购重组等特殊交易以外，企业在日常交易活动中往往仅就合同文本进行一些文本内容审查，但基于对合同主体的合格性的真实法律调查的情况不多。只有当交易因为信息不对称而存在不确定性，草率交易可能危及交易安全时，才需要对合同交易主体身份情况、资信情况等进行比较简单的调查，而且调查范围也不是很全面、深入。

（一）调查基本情况

对合同主体进行法律调查的一个重要方面就是调查相对方的基本情况，特别是身份情况。一般而言，通过基本情况调查，可以核实相对方的身份是否真实，并可获得必要的身份信息材料以建立完整的交易资料档案，以便在发生争议后能够正常起诉。

若对方当事人为自然人，调查主要针对当事人是否具有完全民事行为能力。一般情况下，通过核对居民身份证件（包括但不限于身份证、护照等有效证件）或要求出示身份证明（如由单位开具的法定代表人身份证明），可以核实当事人的身份是否真实。有的时候，这类调查还可以通过公安机关户籍管理部门的现场调查来进行，或者凭对方当事人的身份证号码通过公安部相关网站查询。

若对方当事人为法人，包括企业单位、事业单位、机关、社团等，需要审查其《企业法人营业执照》；若对方当事人为其他组织，如独资企业、合伙人、企业分支机构等，无独立法人资格，要审查其《营业执照》，对于分支机构还需要审查其总公司的相关情况。法人、其他组织一般都在其经营所在地工商部门登记，按照企业规模和企业名称等分别登记在省级、市级或者区县级的工商部门，而工商部门也提供依法查询服务，可以要求对方当事人出具被调查企业的工商档案基本情况证明。一般来说，基本情况调查应包括以下内容：

1. 对方的概况

首先要从总的经济活动来了解对方的经营状况：

• 企业的性质：分布在哪个行业，所处的经济时期。

• 企业的产品处在市场的哪个阶段，产品是处于初期阶段、成熟阶段，还是衰退阶段。

• 企业所在的地区是否有交易方面的传统。

• 企业的人员构成、营业额。人员构成指人员的组织结构比例；营业额指成本与利润的比例。由此可初步了解该企业的营销及管理能力。

2. 注册资本和净资产

它是合同当事人为有限责任公司对外承担责任的财产基础。这里需要强调的是，目前公司注册资本与公司实际的经济能力之间缺乏必要的联系，不能单纯依此作为判断标准。

3. 法定地址

它是合同当事人经营活动的中心，有无法定地址往往能反映当事人其他方面的情况，而能为其他方面的调查工作提供线索。而且一旦发生纠纷，法定地址也是送达法律文件的确定标准。

4. 公司银行账号

这是保障企业在发生纠纷时，确定对方资产的最有效的途径。

调查了解这些信息有利于企业更好地履行合同，同时，对方当事人提供的营业执照复印件或者身份证复印件应作为合同的附件。身份证复印件可以作为未来一旦对方违约，企业追究责任的线索；而营业执照复印件，记载了对方公司的注册资本、注册地址等信息。这些信息对于判断对方公司实力、法律地位的状况等非常有意义。当出现纠纷时，也有利于企业的诉讼和法院的执行。

（二）调查许可资格

这类调查一般可以核实相对方是否具有从事特定生产、经营的相关许可或资格。我国法律对某些行业的从业资格作了限制性规定，没有从业资格的单位和个人不得从事特定的业务，如果企业与没有资格的主体签订此类合同将给自己带来经济损失。例如，我们与某公司签署合同进行合作房地产开发，而对方并无房地产开发资质，那么双方签署的《合作开发房地产合同》就可能无法履行，给企业带来麻烦和损失。

事实上，从事特定生产、经营的相关许可或资格一般由工商部门以外的其他有关行政管理部门管理颁发，并与营业执照共同使用。这类许可的种类有很多，如网络文化经营许可证、广告经营许可证、煤炭经营许可证、医疗器械经营许可证、药品经营许可证、道路运输经营许可证、食品经营许可证、文化经营许可证、网吧经营许可证、危险化学品经营许可证、烟花爆竹零售经营许可证、卫生许可证、排污许可证、安全生产许可证、烟草专卖许可证、矿山开采许可证等。如果从事特定生产或者经营没有取得这些许可，就相关交易内容而签订的合同可能会被依法认定无效。

（三）调查签约资格

根据《合同法》相关规定，合同经法定代表人签字或加盖单位公章生效。因此，这类人员签订合同无须另外授权，并且其超越权限订立的合同，除相对人知道或应当知道的外，该合同是有效的。但并不能因为是法定代表人签订合同就可以掉以轻心，应要求其出示身份证件，与《营业执照》上的姓名相核对，必要时还应当查询企业章程，核实法定代表人的权限是否受到内部限制。在实践中，很多合同约定盖章生效，事实上，在司法实践中，只要是单位加盖公章，则签字人是否为法定代表人或者授权代理人有时并不影响合同的效力。因此，在与新客户签订合同时，应当通过调阅工商档案确认所用公章是否为备案的公章，从而确定意思表示是否真实、合同是否成立。如果相对方采用未经备案的公章签订合同，则会给企业带来很多法律风险，应当及时采取补救措施。当签约人为委托代理人时，应审查是否有授权委托书或单位介绍信，审查时注意授权是否清楚，权限的范围是否已失效。如果合同上的签字人是股东，则可以通过工商档案调阅其签字样式进行比对。

（四）调查履约能力

合同利益的实现，不仅需要合同主体合法性的客观可行，而且需要合同当事人履约能力的配合。该履约能力与当事人签约资格之间具有主观性的模糊分离，因此审查对方的合同履约能力同样重要，如资信情况、商业信誉、历史履约情况等。尽可能对合作方进行实地考察，或者委托专业调查机构或通过一些收费软件对其资信情况进行调查。另外，还可以通过国家企业信用信息公示系统、中国执行信息公开网等免费公开网站查询到企业的基本信息、执行信息及相关信用情况。

调查资产状况是履约能力调查的一个重要方面，在重大交易、资产抵押或者担保合同签订中尤其重要。此类调查主要是核实资产是否存在、是否设置了他项权益、是否存在或有负债，以便确定资产的真实状况。一般情况下，通过调查可以了解经过登记的资产状况，如在房管部门（建设局）登记的房产、在土管部门登记的地产、在机动车管理部门登记的机动车辆、在工商行政管理部门登记的有限公司股权、在证券交易所登记的股份公司股权等。

企业的信用状况也会影响履约能力，但在实践中，一般调查个人或企业的信用状况方法比较少，很难获得全面的信息。调查信用状况的一个主要目的就是核实其是否可能丧失商业信誉、是否可能丧失履约能力的情况，以便为交易决策提供参考。

对于履约能力的调查所得到的信息，往往是特定时间或期限内的资产状况或信用状况，因此要关注其时效性，及时办理抵押登记等交易事项以防止资产变动。另外，由于调查一般会受到客观局限，所调查的信息不一定全面深入，因此建议在合同签订的时候或者合同签订之前，就或有负债、或有诉讼、财产及权利瑕疵等不确定事项出具担保书或以合同条款形式进行明确，以便于日后出现有关情况或者纠纷时的法律救济。

第五章
合同条款的风险控制与法律审查

本章提示

应当看到，合同条款是合同法律风险最主要的产生途径。合同条款实质上就是双方当事人在要约承诺中明确的合同内容，以书面形式订立的合同，往往当事人最初的谈判已经无从考证，最后能够作为证据证明双方约定的就是合同文本确定的条款。这些条款根据性质和内容的不同，导致了约定不当表现形式以及补足方式的差异，从而影响条款法律风险值。

因此，当事人在订立合同时，要力争做到用词准确，表达清楚，约定明确，避免产生歧义。对合同条款的拟定或审查，不仅要注重文字的表述，还要注重条款的实质内容。本章深入剖析了常用合同条款的法律风险及控制方法，结合具体案例针对特殊合同条款的理解和运用提供了实用建议，并阐述了合同条款法律审查的角度、幅度和维度，对如何控制合同条款的法律风险这一问题进行了深入的分析，具有重要的实践指导意义。

第一节　合同条款概述

合同条款，即当事人通过文字将订立合同的合意条理化、体系化、固定化，是合同当事人权利义务确定的依据。

一、合同条款的种类与特征

（一）合同条款的种类

根据合同条款的地位和作用，合同条款主要有以下几类：

1. 必备条款和非必备条款

所谓必备条款又称主要条款，是指根据合同的性质和当事人的特别约定所必须具备的条款，缺少这些条款将影响合同的成立。

所谓非必备条款又称普通条款，是指合同的性质在合同中不是必须具备的条款，即使合同不具备这些条款也不当然影响合同的成立，如有关履行期限、数量、质量等条款在缺少这些条款情况下，完全可以根据《民法典》第五百一十条、第五百一十一条的规定填补漏洞。

《民法典》第四百七十条规定，合同一般包括当事人的姓名或名称和住所、标的、数量、质量等八项条款，有的学者称这是合同的提示条款，这些条款中有的是合同必备条款，有的是非必备条款。

2. 格式条款和非格式条款

格式条款，是指当事人为了重复使用而预先拟定，并在订立合同时未与对方协商的条款。非格式条款，是指当事人在订立合同时与对方协商所约定的条款。

3. 实体条款和程序条款

凡是规定当事人在合同中所享有的实体权利义务内容的条款都是实体条款。实体条款是指代表交易价值并法定交易价格的条款，如标的条款、价格条款以及质量保证、保险、免责、税收等条款。但是，在实体条款的构成中，也有程序性的一面。例如，在价格条款中规定支付的货币、方式、时间等。它既有价值，又有程序性。该点揭示了在实体条款预测时，应该兼顾程序性的部分。

而程序条款主要是指当事人在合同中规定的履行合同义务的程序及解决合同争议的条款，即规定交易的运行方式或规则的条款，如交付条款、验收条款、生效条款以及提成权的产生、会计及检查、许可证产品的修改和改良等条款。在程序条款中，亦含有实体条款的成分。当交付条款列出交付时间、包装、唛头、租船订舱、发运、保险和监装等分条款时，其中的交付时间、保险和监装条款，既具有程序性质，又有一定的实体性质。当验收条款列出验收标准，开箱检验、安装、调试负荷、接收、不合理处理等分条款时，在验收标准和不合格处理的分条款中就含有实体性质。而生效条款可列出生效条件、文本、修改、终止等分条款，其中生效条件和终止分条款具有法律与利益相关的实体性质。

4. 有责条款和免责条款

有责条款，是指当事人在合同约定的当事人违反了合同应承担的责任条款，即违约条款。免责条款，是指当事人在合同中约定的，免除、排除或限制其未来责任的条款。

（二）合同条款的特征

1. 正文条款和附件条款的共同特征

正文条款与附件条款作为合同文本的整体结构内容时，它们共同表现出了以下三个特征：

（1）结构均衡特征

指不论合同文本使用于何种交易，它的整体结构应是相互衔接，并且是相互补充的。相互衔接是指正文与附件之间存在的依据是有机相连，不是无故而生的。其内容是互补性的，而不是重复的。通过互补对交易的权利与义务进行完善与明确。

（2）适从交易特征

指合同结构的简繁不是依形式而定，而是依交易实际特征而定的。换句话说，合同结构服从交易的需要。交易要求复杂时，合同结构就复杂；反之，则简单。

（3）贯通全文特征

指合同正文与附件的文字用词要语意一致，绝无丝毫异议，同时描述的当事人权利与义务在正文与附件中具有严格的一致性。该特征决定了撰稿人或多个撰稿人的工作规范，尤其多个撰稿人存在时，对总审校人提出了明确的要求。该项特征提出的问题若不能保证，谈判就会失去目标或完成不了谈判任务。即便表面上完成了谈判，执行中也会重燃战火。

2. 正文条款的特征

（1）体裁严谨特征

体裁严谨的特点包括两层含义：条款结构分量与用语分寸和合同表达的交易相符。条款结构分量是指根据交易的难易设定条款数量，如单项商品交易合同条款数量有十一二条即可。而当复杂交易时，如成套项目交易合同可能需要有二十个条款以上。用语分寸，一是指各条款的命名要贴切，以准确反映交易相关的环节。二是指各条款的用语量要合适，能够说明交易的内容即可，不要迷恋于文字游戏。

（2）主从有序特征

主从有序的特点反映了合同正文撰写或谈判的次序规则和主从规则。次序规则，是指不论何种交易合同的撰写和谈判，首先要抓基础条款。在不同的交易中，基础条款的命名与内容可能有些变化，但其本质地位不应变。比如，标的条款在商品交易中可能表述为“产品规格条款”，而在许可证技术交易中则可能表述为“许可证条款”，但是其作为基础条款的本质地位不变。主从规则，是指条款间的关系有主有从。从整体上讲，基础条款为主，补充条款为从，主从次序决定了与条款的命名、定义相关的衔接。比如，基础条款中的“标的条款”的命名发生变化或一旦定义后，其他条款应随之而变。各条款本身也会随着其定名将内含的段落进行排序，分出主从关系。在有价条款中，程序段为辅；在程序条款中，有价段为辅。若颠倒了主从关系，在条款之间、条款之中就会发生混乱，合同表意就会不明，交易的法律框架就会坍塌。

3. 附件条款的特征

（1）附件结构特征

不论何类附件，在结构的形成上均有三个特点：与正文的呼应性，内容的翔实性和描述的准确性。

第一，与正文的呼应性，是指所有的附件均由正文命名而生，也同正文的条款相应配合，以对合同条款所描述的有关权利和义务进行补充。例如，标的条款中有“技术指标详见附件”时，就必定会产生“技术指标附件”。当条款中有“具体程序和技术条件要求见附件”的说法时，就必然会产生“验收条件附件”。

第二，内容的翔实性。由于撰稿人为了将合同正文写得简明扼要，往往会在正文中确定原则或目标，而具体的解释与措施则由附件来描述。这样合同中的某个条款就会扩展成一个独立的附件，附件的篇幅长短不限，只要求说清楚问题。这样，补充性的附件就显得更加具体、更加详细。

第三，描述的准确性。鉴于附件的技术性、政策性和金融性，当有文辞类附件对合同中的术语进行定义时，对附件内容描述的准确性有严格的要求，所以合同附件的准确性是必须充分予以重视的，有时比合同正文的准确性还重要。因为当合同的条款引证附件时，合同条款“正文”的准确性是依附于附件的准确性的。没有附件的准确性，合同正文的准确性也不复存在。

（2）附件伦理特征

不管附件的类别与形式，结构的繁简，它们成立的理由除上述结构特征外，还具有下述特征：符合行业习惯、以合同正文为据、以价格条件为据。

- 符合行业习惯特征，是指附件所言需符合行业通行要求。例如，继电器是否要做硫化试验、防盐雾试验，食品是否要经过检疫，等等。这已不是卖家主观同意与否的问题，而是行业规范中被公认的普遍要求。

• 以合同正文为据的特征，是指附件所规定的内容必须与合同正文要求一致，尤其是目标的条件不能走形，降低条件。比如，合同目标是高纯度的石英砂，而在技术附件的描述中降低了其纯度，这就是与合同正文要求不符。再如，在合同的价格条款中明确了服务费，而在服务附件中通过分量的细化使正文中规定的服务费上升了，这也是与合同的正文要求不符。

• 以价格条件为据的特征，是指附件所述的义务应与合同价格条款挂钩，即"一份义务，一份报酬"在价格条款确定后附件所述的义务既不能多，也不能少；若要增多，就要加价；若要减少，就要减价。

二、合同提示条款内容

为了示范较完备的合同条款，《民法典》第四百七十条规定了如下条款，提示缔约人：

（一）当事人的姓名或者名称和住所

当事人是合同权利义务的承受者，没有当事人，合同权利义务就失去了存在的意义，给付和受领给付便无从谈起，因此订立合同须有当事人这一条款。当事人由其名称或者姓名及住所加以特定化、固定化，所以具体合同条款的草拟必须写清当事人的名称或者姓名和住所。

（二）标的

标的是合同权利义务执行的对象。合同不规定标的，就会失去目的，失去意义。可见，标的是一切合同的主要条款。目前，多数说认为合同关系的标的为给付行为，有时候所谓标的，主要指标的物，因而规定有所谓标的的质量、标的的数量。所以，对于通常所说的标的，时常需要按标的物理解。

（三）质量与数量

标的（物）的质量和数量是确定合同标的（物）的具体条件，是这一标的（物）区别于同类另一标的（物）的具体特征。标的（物）的质量需定得详细具体，如标的（物）的技术指标、质量要求、规格、型号等要明确，标的（物）的数量要确切。首先应选择双方共同接受的计量单位；其次要确定双方认可的计量方法；最后应允许规定合理的磅差或尾差。标的物的数量为主要条款；标的物的质量若能通过有关规则及方式推定出来，则合同欠缺这样的条款也不影响成立。

（四）价款或者报酬

价款是取得标的物所应支付的代价，报酬是获得服务所应支付的代价。价款，通常指标的物本身的价款，但因商业上的大宗买卖一般是异地交货，便产生了运费、保险费、装卸费、保管费、报关费等一系列额外费用。它们由哪一方支付，需在价款条款中写明。

（五）履行的期限、地点、方式

履行期限直接关系到合同义务完成的时间，涉及当事人的期限利益，也是确定违约与否的因素之一，十分重要。履行期限可以规定为即时履行，也可以规定为定时履行，还可以规定为在一定期限内履行。如果是分期履行，尚应写明每期的准确时间。

履行地点是确定验收地点的依据，是确定运输费用由谁负担、风险由谁承受的依据，有时是确定标的物所有权是否转移、何时转移的依据，还是确定诉讼管辖的依据之一，对于涉外合同纠纷，它是确定法律适用的一项依据，十分重要。

履行方式，例如是一次交付还是分期分批交付，是交付实物还是交付标的物的所有权凭证，是铁路运输还是空运、水运等，同样事关当事人的物质利益，合同应写明，但对于大多数合同来说，它不是主要条款。

履行的期限、地点、方式若能通过有关方式推定，则合同即使欠缺它们也不影响成立。

（六）违约责任

违约责任条款是合同法律约束力的集中体现。在合同中约定违约责任，一方面，可以对合同当事人起到震慑作用，降低违约风险，促成交易按约履行；另一方面，当发生违约行为后违约责任的约定有利于守约方维护自身权益。虽然《民法典》第五百七十七条明确规定："当事人一方不履行合同义务或者履行合同义务不符合约定的，应当承担继续履行、采取补救措施或者赔偿损失等违约责任。"但在合同中对于需要承担违约责任的情形、违约的责任承担方式、违约金金额、违约金计算方式等进行约定，有利于更好地保障合同履行，明确合同执行异常时违约方责任。

（七）争议解决的方法

解决争议的方法，是指有关解决争议运用什么程序、适用何种法律、选择哪家检验或者鉴定机构等内容。当事人双方在合同中约定的仲裁条款、选择诉讼法院的条款、选择检验或者鉴定机构的条款、涉外合同中的法律适用条款、协商解决争议的条款等，均属解决争议的方法的条款。

三、合同主要条款与普通条款

合同条款依其作用可分为合同的主要条款和普通条款。

（一）合同的主要条款

合同的主要条款，是合同必须具备的条款，若欠缺即合同不成立。《民法典》第四百七十条规定的并不都是合同的主要条款，但第一项规定的当事人的条款和第二项规定的标的物的条款属于主要条款。

合同的主要条款，有时是法律直接规定的。当法律直接规定某种合同应当具备某些条款时，这些条款就是主要条款。例如，《民法典》要求借款合同应有币种的条款（第六百六十八条第二款），该条款即为合同的主要条款。

合同的主要条款当然由合同的类型和性质决定。按照合同的类型和性质的要求，应当具备的条款就是合同的主要条款。例如，价款条款是买卖合同的主要条款，却不是赠与合同的主要条款。

合同的主要条款可以由当事人约定产生。例如，买卖合同中关于交货地点的条款，如一方提出必须就该条款达成协议，它就是主要条款；若双方均未提出必须在某地交货，则该条款不是主要条款。

（二）合同的普通条款

合同的普通条款，是指合同主要条款以外的条款，包括以下类型：

● 法律未直接规定，亦非合同的类型和性质要求必须具备的，当事人无意使之成为主要条款的合同条款。例如，关于包装物返还的约定和免责条款等均属此类。

● 当事人未写入合同中，甚至从未协商过，但基于当事人的行为，或者基于合同的明示条款，理应存在的合同条款，即本书第三章所阐述的“默示合同”，在此不再赘述。

● 特意待定条款。这是当事人有意将其留待以后谈判商定的，或者由第三人确定，或者根据具体情况加以确定的合同条款。它不妨碍合同的成立。

第二节　主要常用合同条款的法律风险

一、标的条款

（一）标的条款及约定不明风险

当事人签订合同是为实现财产或类似于财产的其他权益的归属变化，因此对这种财产或类似于财产的其他权益的标准描述是非常重要的。合同标的条款因此也成为法律的提示性条款内容。合同标的是合同法律关系的客体，是合同当事人权利和义务共同指向的对象。标的是合同成立的必要条件，合同标的条款是不可补正条款，如果双方当事人没有约定则合同不能成立。

根据合同性质的不同，合同标的可以分为物、权利、行为、智力成果。这些因标的性质不同而产生的标的约定差异应当引起注意。比如，权利瑕疵不像物的瑕疵那么容易被观察，因此以权利为标的的合同更应当注重对权利状态的描述。行为作为标的，往往依赖于特定人技能，因此更应当注意行为人的确定以及与代为履行禁止相协调。这些因素都是判定是否存在法律风险的考察方面。

标的约定不明的法律风险经常出现，只是有时双方约定不明的法律风险因对方的实际交付行为完成而消失。但该法律风险的数量远比因标的发生的纠纷要广泛得多。

（二）风险防范注意事项

具体而言，合同标的条款约定应当注意以下事项：

1. 使用标的物的正式名称

正式名称即标准学名，而且要用全称。文字表述必须明确具体，尽可能使用符合国际标准或国际行业习惯的商品名称。商品日益丰富，使得双方约定不明时，真实意思很难探究，因此产生以类似商品作为合同约定标的的交付带来的合同目的落空，是严重的法律风险。

2. 写明商品商标、品牌

一定的商标、品牌，标志着一定商品的性能、质量种类。只有写明商标、品牌才能使商品特定化。比如，某商场本想购买杭州某厂生产的“天堂牌”自动雨伞 1000 把，但在合同中的商品名称栏内只写了“自动雨伞”，而未写“天堂牌”，结果供方发来的除有 50 把是“天堂牌”的自动雨伞外，其余的都是一些杂牌，有的甚至无商标，给需方造成损失。相同的产品因为品牌不同，价格差异有时巨大。

3. 注意同名异物和同物异名

在确定标的时，还必须注意同名异物和同物异名的情况。实践中，因概念不一致造成损失的例子很多，如湖南某公司派人到广东购买黄花苗，共签订了价值达 30 余万元的协议。黄花苗运到后，种了 1200 亩，但是长出来的却是一种不能食用的红花植物。28 万元的货款已付出，工商部门在处理这件纠纷时已查清楚，这种红花植物在当地叫黄花苗，发货与协议的标的物相同，因此责任在需求方。上例就是由对标的物的概念不统一而造成的经济损失。

还有一种需要注意的情况就是同物异名。比如，大豆，一般是指黄豆，但有些地方把蚕豆也叫大豆；再如，自行车，有的叫人力车，有的叫脚踏车，有的叫单车；又如，电梯，美国人叫 elevator，英国人叫 lift，这些都属同物异名。这种情况更需要双方就标的物明确约定，有时需要配合必要的图片或描述性说明。

4. 写明标的品种、规格、花色及配套件

比如，购买电视机，除写明名称、品牌外，还要写明型号，是黑白还是彩色或数字电视机，是立式还是卧式，是遥控还是自调，以及尺寸大小等。只有把以上这些问题弄清楚，才算是确定的，才能使标的特定化。

二、数量条款

（一）数量条款及约定不当风险

数量条款是合同中重要的一个条款，也是较为简单的一个条款，很少受合同当事人的重视。当数量直接表述为特定数字时，该条款几乎不会产生法律风险。但是当数量不是简单用数字表示时，则可能因该条款约定不当产生严重影响：

1. 采用某种计算方法确定数量

一些无法直接用数字表述数量的合同，双方往往根据需要在合同中约定一种数量计算方法。当计算方法出现歧义时，得出的合同数量就可能有多个结果，双方理解不同时则容易发生纠纷。例如，广东某单位和港商签订了一份出售废矿渣的合同。矿渣是广东这家工厂的生产废料，在院中堆积如山，苦于无法处理，港商来购自是欣喜无比，所以未经细酌即在合同上面签了字，合同上写明港方每天来拉一车，共拉十天，最后交付货款。广东某单位没想到港方第一天来的是小翻斗车，第二天是小卡车，第三天是大卡车，至此广东某单位才发现吃了亏，赶去交涉，港方强调并未违背合同，广东某单位有苦难言。

2. 以某一方最终确定实际的数量

这种约定常出现在一些长期供销合同里，实际每次交货的数量以需方书面通知确定。若当事人并没有考虑将来情况变化对数量需求的影响，则一旦需方突然增大需求，将导致供方无法满足而违约。这种法律风险在双方因合同其他因素发生争议时，也可能被需方恶意利用。

（二）风险防范

实践中，关于合同的数量条款应当注意以下几点：

1. 计量单位

双方应依据标的特性协商确定标的计量单位，如体积、面积、容积、件数、长度、重量等。计量单位的约定应从符合常识和行规且便于双方计算标的数量的角度出发，以方便收货方在收到货物时进行计量，提高合同顺利履行的效率，避免数量异议问题的产生。

2. 计量方式

假设双方约定以重量为计量单位，那么到底是以毛重还是以净重为重量的计量方式，这些细节也是需要双方约定的。具体计量方式的约定同样需要考虑标的特性，如是在运输目的地或最终用户所在地计量标的数量的，则应尽量考虑到运输过程中的各类因素。比如，对易受潮的纺织类标的物，如在运输过程中受潮，则对其采用毛重的计量方式显然是不合理的。

3. 计量误差

考虑到制作、生产、运输、装卸等过程，应给予标的计量合理的数量误差。数量在正负误差范围内的，则收货方仍应接受货物，但误差范围内的货物价格可由双方另行约定计价标准，并非等同于本合同所约定的计价依据，以平衡双方利益，防止滥用计量误差获取相应利益。

三、质量条款

质量条款一般主要涵盖质量标准、质量检验和质量异议等几项内容。

（一）关于质量标准

质量标准条款是合同中容易出现纠纷的条款，在多数情况下质量都很难用特别明确的方式界定，一旦发生争议才发现合同约定不明确。质量标准条款法律风险主要体现在：

1. 产品质量标准表述不清楚

有关买卖商品的质量标准是对商品使用价值的规定，所以在经济合同中关于产品的质量必须有科学性的规定，否则极易造成经济纠纷。例如，中国南方某机械厂曾经与G国签订了一份机床销售合同，谈判之时，这种产品在国际市场上十分走俏，所以经过轻松的谈判就顺利地签订了合同，合同当中关于机床的噪声问题，G国商人提出以不刺耳为标准，中方人员未及多思就在合同上签了字。产品生产出来发往G国后，中方迟迟都不见对方付款，于是派代表去G国谈判，G国商人提出拒付货款的原因在于产品噪声太大，超过了“不刺耳”的标准。众所周知，噪声应以分贝来计算，所谓不刺耳是个不科学的概念，导致合同履行时出现纠纷。

2. 质量验收事项约定不明

具体体现在：验收地点没有明确约定是在交货方所在地验收还是在收货方所在地验收；验收不合格是否有权拒绝接受货物以及因此造成损害时如何承担责任；一些约定双方联合验收的情况，没有约定如果双方有分歧该如何处理等。

3. 质量认定的最终途径约定不明

如果双方就是否符合质量要求存在分歧，则需要第三方的介入确定最终的质量认定。由于我国质量检测机关较为复杂，双方如无实际约定，则可能出现就委托最终检测的第三方发生争议。最终需要由法院指定检测机关，双方解决纠纷的成本将大幅增加。

4. 委托检验的费用承担约定不明

费用承担不明，必然出现谁委托、谁负担的情况，即使最终责任明确后可以要求对方承担，但企业资金的占用同样是将要面临的风险。

因此，对于合同中的质量标准条款的约定应当尽量明确具体，以买卖合同为例，对标的物质量标准的限定可以从多个角度着眼。

第一，以实物质量为标的物质量标准。选择这一方式确定标的物质量标准的一般为凭样品买卖，要注意对样品的保存，防止因对样品采取保存方式不当导致样品品质受损甚至是样品的灭失。同时，样品的品质仍应符合通用质量的品质，即使该样品本身存在对某些普通质量标准的缺失，但交付方仍应交付既符合样品质量标准又符合普通质量标准的标的物。

第二，以描述性方式来限定标的物质量标准。这类描述可以文字、图示、表格、照片等为载体进行说明，对标的规格、成分、纯度、等级、性能等进行充分性描述，或者也可以标的的说明书、品牌等进行补充性描述，还可以机构或组织公布或认定的品质为标的标准依据，但笔者不建议直接以物品的说明书或品牌等作为质量标准的依据。

（二）关于质量检验（验收）

验收期限、地点、方法、责任承担等均是验收条款的具体细节部分，在拟定验收条款时应详述之。

1. 质量检验方式

（1）在标的物产地进行检验的，可双方共同委托检验机构或直接由生产单位出具相应的质量品质评定。

（2）在装运地进行检验的，可以由出售方出具相应质量品质说明或共同委托检验机构检验。

（3）在目的地进行检验的，可以由收货方出具相应质量品质说明或共同委托检验机构检验。

（4）在最终用户处进行检验的，可以让该最终用户对标的品质进行评价，当然也可以共同委托检验机构进行检验。

共同委托检验机构检验标的品质的方法始终适用于整个合同履行过程中，但是该方法可能对时间要求较高且不可避免会产生一定的检验费用，所以双方如认为有必要委托第三方进行检验的，则应在合同中同时明确检验费用的承担方、检验机构的级别等与委托检验相关的信息，以避免因对检验机构选择等歧义而影响对标的质量检验结果的最终确认。

2. 质量检验内容

关于对合同标的物质量的检验，实践中主要有以下几个方面的内容：

（1）关于验货人

买受人应当检验标的物，但并不意味着验货人必然就是买受人，除买受人及其代理人自行验货外，实践中还存在由买卖双方共同验货，以及由买卖双方指定有关质量检验机构进行验货的情形。

（2）关于检验方法

对标的物质量的检验方法，可以由买卖双方在合同中进行约定，也可以不在合同中约定而由检验人以通常的方式进行检验。

（3）关于检验时间

这是《民法典》规定的买受人检验义务的主要内容之一，而检验时间包含着验货开始的时间以及验货延续的时间两个方面。验货开始的时间一般是在标的物交付之时，由此，检验标的物的开始时间一般有：出厂时验货、装运前验货、装运时验货、卸货时验货、在买受人营业地验货等。关于验货延续的时间，参照《联合国国际货物销售合同公约》第三十八条第一款的规定，买受人必须按实际情况可行的最短时间内检验货物或由他人检验货物。其中，实际情形可行的最短时间主要是根据货物的性质、交易的情况和贸易惯例决定。我国《民法典》第六百二十条规定："买受人收到标的物时应当在约定的检验期限内检验。没有约定检验期限的，应当及时检验。"所以，在当事人没有约定检验期的情况下，如何确定检验的合理期限，笔者认为，根据《民法典》规定的精神，结合司法实践，可以从表面瑕疵与内在瑕疵两个方面进行判断：对比较容易发现的表面瑕疵，买受人须按标的物的性质，依通常的程序，从速检验其所受领的标的物；对内在瑕疵，应按标的物的性质、买卖合同的种类等进行综合判断。依据我国《民法典》第六百二十一条第二款的规定："……买受人在合理期限内未通知或者自收到标的物之日起二年内未通知出卖人的，视为标的物的数量或者质量符合约定；但是，对标的物有质量保证期的，适用质量保证期，不适用该二年的规定。"

（4）关于验货地点

一般而言，验货地点是在标的物的交付地，但是也允许当事人对验货地点作出特别约定。

（5）关于验货费用

如果合同中已经有明确约定的，应按合同约定处理。如果合同中未作约定或者约定不明确的，如果出卖人交付的标的物合格的，则检验费用由买受人承担；如果标的物的质量经检验不合格的，则应由出卖人承担。

（三）关于质量异议

质量异议，又称质量瑕疵通知义务，是指买受人认为出卖人交付的标的物存在质量瑕疵时，必须在一定期限内向出卖人发出通知，否则视为标的物质量合格。该通知即为质量异议，该一定期限即为质量异议期限。因此，买受人是否在质量异议期内向出卖人发出质量异议的通知，直接影响到买受人所提起的买卖合同质量纠纷案件的审理。质量异议既是买受人的权利，也是买受人的法定义务。根据《民法典》第六百二十条、第六百二十二条规定，我国《民法典》确立的质量异议制度包括两项内容：

1. 买受人对标的物质量的检验义务

《民法典》第六百二十条规定："买受人收到标的物时应当在约定的检验期限内检验。没有约定检验期限的，应当及时检验。"在买卖合同中，只有买受人对标的物进行检验之后，才能确定出卖人交付的标的物是否符合要求，以决定出卖人是否违反了质量瑕疵担保义务。因此，各国法律基本上都将买受人对标的物的检验规定为买受人的一项义务。

2. 买受人对标的物质量瑕疵的通知义务

根据《民法典》第六百二十一条的规定，买受人发现标的物存在质量瑕疵的，应在质量异议期限内履行通知义务，在质量异议期内未通知出卖人的，买受人将会失去请求出卖人承担质量瑕疵担保责任的权利。结合《民法典》的有关规定，对买受人提出质量异议的期限应当作如下认定：

（1）在约定的检验期间内提出质量异议

当事人在合同中约定有标的物的质量检验期的，买受人应当在约定的检验期内将标的物的数量或者质量不符合约定的情形通知出卖人，即如果当事人之间对检验期间有约定的，依照合同自由原则，自应适用当事人的约定。

（2）未约定检验期间的，为买受人发现或者应当发现标的物质量瑕疵的合理期间内提出质量异议

这是与各国的立法相一致的。所谓合理期间，是指买受人对标的物进行正常检验以及通知出卖人所必需的时间。它包括两个时间：发现瑕疵所需时间和进行瑕疵通知所需时间。区分瑕疵的不同情况，对于表面瑕疵，即存在于物的表面，无须专门检验，从标的物外观或凭买受人的生活经验就能发现的瑕疵，从买受人受领标的物时即应通知；如一时不能通知的，在能够通知时应立即通知；另外，对于属于包装好的标的物，需要开包后才能发现表面瑕疵，买受人对开包后发现数量或者表面质量瑕疵的，应在开包后的合理期间内通知出卖人。无论如何，买受人间隔较长时间才通知的，视为怠于通知。比如，出卖人数次催要货款，买受人未通知，直至出卖人向法院起诉才通知的，视为标的物没有质量瑕疵。

而对于内在瑕疵或者隐蔽瑕疵，即存在于物的内部，需经使用或专门测试才能发现的瑕疵，买受人应在发现后的合理期间内及时通知出卖人。对于"合理期间"的确定并没有一个绝对的标准，这可以结合"怠于通知"进行理解，即一般要求买受人在发现标的物存在质量瑕疵时应当立即通知出卖人，但是如

买受人一时不能为相关通知的，在能为通知时应当立即通知；如果发现标的物存在质量瑕疵，放任不管，不以为意，相隔较长一段时间才为通知的，可以视为怠于通知。

《最高人民法院关于审理买卖合同纠纷案件适用法律问题的解释》（2021 年 1 月 1 日起施行）第十二条第一款明确规定："人民法院具体认定民法典第六百二十一条第二款规定的'合理期限'时，应当综合当事人之间的交易性质、交易目的、交易方式、交易习惯、标的物的种类、数量、性质、安装和使用情况、瑕疵的性质、买受人应尽的合理注意义务、检验方法和难易程度、买受人或者检验人所处的具体环境、自身技能以及其他合理因素，依据诚实信用原则进行判断。"

（3）未约定检验期间的，买受人提出质量异议的最长法定期限为两年

不论标的物的质量存在表面瑕疵，还是隐蔽瑕疵，买受人自收到标的物之日起两年内未提出质量异议的，法律视为标的物没有质量瑕疵，买受人无权提出质量异议。《最高人民法院关于审理买卖合同纠纷案件适用法律问题的解释》第十二条第二款明确规定："民法典第六百二十一条第二款规定的'二年'是最长的合理期限。该期限为不变期间，不适用诉讼时效中止、中断或者延长的规定。"即无论出卖人交付的标的物数量是否短少、质量是否存在瑕疵，经过二年后，买受人主张标的物的数量或者质量不符合约定的，人民法院不予支持。《民法典》的这一规定也是与《联合国国际货物销售合同公约》第三十九条的规定相一致的。我国《民法典》将标的物的数量或者质量瑕疵的主张规定二年的原因是，现代经济流转速度快、数量大，不应使买卖双方的关系长期处于悬而未决的状态，而质量瑕疵担保责任是纯为买受人利益而设定的，为平衡双方利益，自然应对买受人的权利作一定的限制。

（4）有质量保证期的，应在质量保证期内提出质量异议

根据《民法典》第六百二十一条的规定，如出卖人对标的物的质量定有质量保证期的，适用质量保证期为买受人提出质量异议的最长期限，而可以不受二年的限制。比如，国家规定或者当事人约定对标的物进行包修、包换、包退的标的物，在其保证期内，卖方必须承担质量瑕疵责任。《民法典》之所以作出这样的规定，是在于如果质量保证期是由国家规定的，当事人自然不得作变更，该质量保证期即当然成为合同的组成部分；如果质量保证期是由出卖人承诺的，则买受人在这种情况下购买标的物，即意味着同意该承诺，此时质量保证期即为买卖合同中的质量保证期条款，当事人自然应当遵守。而质量保证期可能长于《民法典》第六百二十一条所规定的二年，也可能短于二年，笔者认为，只要约定有质量保证期的，均应按质量保证期确定质量异议的最长期限，而不适用《民法典》规定的最长期限，即二年的限制。

（5）质量异议期限的例外

《民法典》第六百二十一条第三款规定："出卖人知道或者应当知道提供的

标的物不符合约定的，买受人不受前两款规定的通知时间的限制。”法律之所以作出此种例外的规定，是因为如果出卖人知道或者应当知道其所交付的标的物数量短少或者质量存在瑕疵的，此时出卖人主观上即存在恶意或者重大过失，为平衡双方利益，自然不应保护出卖人。

3. 对买受人提出通知的形式要求

所谓通知，是指买受人向出卖人具体指明瑕疵之所在，在司法实践中也称之为质量异议。通知并非要式行为，用口头或书面方式均无不可，无须特别方式，但是为便于证明，最好应用书面形式。

对通知的内容，结合审判实践，也应当作出相应的要求，即买受人提出的关于标的物存在质量问题的通知，应当包括以下两个部分的内容：其一，通知应当具体指明标的物瑕疵之所在，如机器设备无法正常运转或者运转速度达不到要求，而不能仅仅使用一般性的描述词语，如“货物质量差”“质量不好”“有瑕疵”等，如果买受人未指明标的物存在的具体质量瑕疵，则可以认定该通知不具备质量异议的效力，视为没有提出。其二，买受人表示不承认出卖人交付标的物符合质量要求，如果质量的瑕疵表现为数种，应当分别通知，或者一一列明后一并通知出卖人，否则买受人就其未通知的部分瑕疵丧失请求权。

四、价款或报酬条款

多数合同一方当事人承担的主要义务就是支付价款，这个条款看起来比较简单，但是也常常发生纠纷。

（一）计算方法约定不明

比如，双方约定价款以实际消耗数量结算，而实际消耗数量有时很难衡量，双方因此发生的分歧若没有补救约定，引发的法律风险损害将难以衡量。因此，货款、运费、保险费、保管费、装卸费、报关费以及一切其他可能支出的费用，由谁支付都要规定清楚。而且，单价和合同总金额要相对应，大写和小写金额要相同。

（二）合同只约定总价的法律风险

在合同标的较为复杂，不是单一标的时，若只约定总价，当出现合同部分解除的情况，双方关于未履行部分所占合同总价的比例往往难以达成一致意见。结果的不确定，必然引起企业无法判断自己该如何行为。在实务中，像合同总价这一问题，特别是在加工承揽、建设工程等合同范围较大的合同关系中，常常会出现如包装、损耗、税金、施工管理等费用是否包含在合同价款里的争议。在这种情况下，双方当事人特别是负有支付价款义务的一方当事人，为避免以后项目结算时对一些“剪不断，理还乱”的费用由谁支付存在争议，可以预先在合同里明确约定，合同的总额为包干费用，在履行合同项下义务时不再产生其他新的任何开支。如果产生了新的开支，将由对方负责承担。例如，双方约定：本合同的总价是包含全部材料费、施工费、税金和关于该工程各种开支等的包干费用，是甲方向乙方支付的与合同项下工程有关的唯一的和全部的费用，并且不再发生新的费用，若有新的费用开支，除甲方事前同意支付的外，其他的均由乙方负担。但本合同另有规定的除外。

（三）价款支付约定不明确

如果方式过于简单则容易产生纠纷。在服务性合同里由于提供服务一方的义务具有弹性，若合同价款支付采用纯粹的支付金额、支付时间的方式约定，则可能难以在对方没有履行义务时有效进行抗辩。这种条款属于企业的法律风险范畴。因此，应明确价款结算方式，是现金结算、转账结算、同城转账结算、异地转账结算、托收承付、汇票结算、支票结算、委托付款、限额支票、信用证、汇兑结算，还是委托收款等。此外，还应明确发票的类型、税率和开具发票的时间，以及开具发票与付款的先后顺序，以免事后发生纠纷。

（四）付款的时间约定不明

模棱两可的约定会给合作方找到拖延付款的理由。例如，以下约定的付款期限就都有问题：①季付。季付仅约定了付款频率，但是未约定具体的付款时间。合理的约定，可以约定为“每季度开始后的第一个工作日结算、付款”或“每季度最后一个工作日结算、付款”。②检验合格后付款、收到货物后付款。这种约定的问题在于，究竟是检验合格、收到货物后多少天付款，如果约定“检验合格后 3 日内付款”或“收到货物后 3 日内付款”，这样约定后，合同的双方心里都有数，就不会因为付款期限问题发生争议。

五、时间或期限条款

合同的时间是比较容易被忽视的问题，却又影响着合同的正常执行。一份完善的合同必然包括约定的一系列时间概念。一方面，时间条款是容易引发合同纠纷的领域；另一方面，完备的时间条款有助于顺利履行合同。

（一）合同有效期

当合同不属于一次履行合同时，无法从交易完成或无法从完成角度判断合同履行完毕时，就需要约定一个合同有效期。实践中，确实有不少企业经营者只考虑签约当时的顺利交易情况，不设定合同有效期，甚至希望合同成为无限制的长期合同。一旦合同履行外部环境发生变化，将给企业带来巨大的法律风险。如果确实无法确定有效期的合同，应当详细约定合同解除条件予以弥补，以避免因此产生的法律风险。例如，A公司在产品市场炙手可热的时候与B公司签订了长期购销协议，双方约定产品价格为成本价加20%，具体供货数量以A公司生产能力为限；合同没有约定有效期，也没有约定相关的解除条件。若干年后，A公司产品在市场已经滞销，但A公司仍然不断向B公司供货；B公司欲解除合同而A公司不同意，遂发生合同纠纷。

（二）履行时间

任何一个合同双方当事人都有若干的权利义务，各项义务之间有时存在顺序问题，有时一些义务必须限定履行时间，否则将给其义务履行造成障碍。而具体义务的履行时间经常没有受到足够的重视，尤其是合同的次要义务更容易被当事人忽略。甚至在实践中，一些合同约定了迟延履行的违约责任，但却没有约定相应的义务应该履行的时间，违约也就无从谈起了。例如，某染化厂从一家化工厂调购了全年所需的十二吨染料，由于在谈判中染化厂已经说明他们每月需要一吨染料，所以在合同中，关于交货日期这一款写的是：年初开始交货，谁知化工厂在年初就将十二吨染料全部运抵染化厂，这种染料性似海绵，比重轻、体积大，染化厂的仓库只能装下三吨货物。染化厂拒收提前的交货，但合同条款规定“年初开始交货”，没定明交多少。染化厂不得已只好让化工厂运回染料，但运输费用由自己负责。

商务合同中关于交接货日期的错误语言很多，如“尽快发货”“分期发货”等，因为“分期分批发货”没有说明分几期、分几批，以及每一期每一批具体的起始时间与数量。另外，签订合同切忌使用“尽快”“马上”“立即”等模糊性时间概念的词语。

（三）履行期限

履行期限是指合同中规定的当事人履行自己的义务，如交付标的物、价款或者报酬，履行劳务、完成工作的时间界限。履行期限直接关系到合同义务完成的时间，涉及当事人的期限利益，也是确定合同是否按时履行或者迟延履行的客观依据。履行期限可以是即时履行的，也可以是定时履行的；可以是在一定期限内履行的，也可以是分期履行的。不同的合同，对履行期限的要求是不同的，期限可以以小时计，可以以天计，可以以月计，可以以生产周期、季节计，也可以以年计。期限可以是非常精确的，也可以是不十分确定的。不同的合同，其履行期限的具体含义是不同的。买卖合同中卖方的履行期限是指交货的日期，买方的履行期限是指付款日期，运输合同中承运人的履行期限是指从起运到目的地卸载的时间，工程建设合同中承包方的履行期限是从开工到竣工的时间。正因如此，期限条款还是应当尽量明确、具体，或者明确规定计算期限的方法。

为避免法律风险，约定对方完成特定行为的最长履行期限是一种较好的选择，一旦对方迟延履行，则可以解除合同。还有，履行期限要注意起止的计算方法。例如，若仅仅约定“自增资完成之日起届满十八个月，乙方应收购甲方股权”，那么在合同履行过程中就会出现问题：究竟从以下哪一天开始算“增资完成”：①签署增资协议之日起计算。②资金注入验资账户、注册会计师出具验资报告之日起计算。③公司增资后，换取新的营业执照之日起算。因此，为避免未来发生纠纷，写合同的时候就应该予以明确。可以这么写：“自增资完成之日起届满十八个月，乙方应收购甲方股权。本条所称‘增资完成之日’是指注册会计师出具验资报告所记载的、甲方将资金划入指定的验资账户之日。”这样写清之后，在履行的过程中就不容易出现纷争。

六、履行方式条款

履行方式与风险转移有密切关系，也是合同较为重要的条款。不同的合同义务涉及的履行方式限定要求不同，衡量履行方式条款是否具有法律风险，应当根据具体的交易要求与合同确定的履行方式是否相符进行判断。有时合同签订背景也会影响履行方式法律风险值。

（一）代为履行问题

企业在选择交易对方时，通常会根据交易需要来衡量对方，保证对方亲自履行合同且能够有效保证合同顺利履行。当合同出现代为履行约定时，则可能给企业带来意想不到的法律风险，特别是在代为履行缺乏相应限制时，法律风险值将更高。在设计合同、加工承揽合同等对当事人能力有特殊需要的合同中，缺乏代为履行禁止条款就应当归入法律风险范畴。

（二）注意不同履行方式的差异

不同的合同，决定了履行方式的差异。买卖合同是交付标的物，而承揽合同是交付工作成果。履行可以是一次性的，也可以是在一定时期内的，还可以是分期、分批的。运输合同按照运输方式的不同可以分为公路、铁路、海上、航空等方式。履行方式与当事人的利益密切相关，应当从方便、快捷和防止欺诈等方面考虑采取最为适当的履行方式，并且在合同中作出明确规定。

（三）履行的先后顺序问题

就买卖合同而言，有一个很重要的问题：是先付款再交货，还是先交货再付款，或者款付到什么程度，交多少货，货交到什么程度，付多少款的问题，一定要在合同中作明确的约定。履行的先后顺序是合同履行过程中合同订立各方的主要矛盾所在，也是产生争议较多的地方，如果不明确，合同的履行将陷入困境，造成麻烦与纷争。另外，履行的先后顺序，是确定当事人是否有违约行为、主张先履行抗辩权和不安抗辩权的依据，所以一定要明确。

七、违约责任条款

违约责任是指当事人一方或者双方不履行合同或者不适当履行合同，依照法律的规定或者按照当事人的约定应当承担的法律责任。实践中，一般多以违约金的形式表现，违约金的性质在我国实行“以补偿性为主、惩罚性为辅”的原则，从而促使当事人全面履行合同义务，既能免受到法律制裁，也能保证实现合同目的。

（一）违约责任形式

实践中，一般有以下几种违约责任形式：

1. 违约金

合同双方可以预先约定在一方违约的情况下，违约方应向守约方支付的违约金数额。同时，《民法典》第五百八十五条规定，在守约方能够举证证明因违约方违约而给其造成损失的，在所约定的违约金不足以弥补守约方的损失时，守约方可以向法院或仲裁机构申请予以增加，当然增加的幅度以不超过守约方的损失为限。

比如，双方所约定的违约金超过守约方损失的30%的，一般可能会被裁判机构认为所约定的违约金过高，则违约方可提出要求适当调低。

2. 迟延履行违约金

这种违约金一般用于双方仍有继续履行的意愿及可能性，只是一方可能履行迟延，在此类情况下，守约方因违约方在履行时间上的滞后可能会受到一定的影响，所以一般也会被称为“滞纳金”，迟延履行违约金一般按日计算。

对于应当承担付款义务的一方，逾期仍未付清相应款额的，守约方可以向违约方按照约定主张迟延履行违约金。《最高人民法院关于审理买卖合同纠纷案件适用法律问题的解释》第十八条第四款规定：“买卖合同没有约定逾期付款违约金或者该违约金的计算方法，出卖人以买受人违约为由主张赔偿逾期付款损失，违约行为发生在2019年8月19日之前的，人民法院可以中国人民银行同期同类人民币贷款基准利率为基础，参照逾期罚息利率标准计算；违约行为发生在2019年8月20日之后的，人民法院可以违约行为发生时中国人民银行授权全国银行间同业拆借中心公布的一年期贷款市场报价利率（LPR）标准为基础，加计30%—50%计算逾期付款损失。”

3. 定金

现在实践中接触较多的“定金”概念出现在房屋买卖的居间合同中，《最高人民法院关于审理商品房买卖合同纠纷案件适用法律若干问题的解释》（2021

年1月1日起施行）第四条也对定金在商品房买卖过程中的适用进行了明确规定，如因一方原因导致最终未能订立商品房买卖合同，则支付定金方无权要回定金，收取定金方需双倍向支付方返还定金，这就是定金罚则。定金罚则和合同继续履行不能同时适用，定金罚则的适用是以根本违约为要件。根据《民法典》第五百八十七条的规定，无论是不履行债务还是履行债务不符合约定，定金罚则的适用需要相应的违约行为“致使不能实现合同目的”。虽然未构成根本性违约时定金罚则不能适用，但并不意味着违约方无须承担责任，其违约造成对方损失的，仍应予以赔偿。此时，守约方虽不能要求适用定金罚则，但可以在请求合同继续履行的同时，就其所受到的损失要求违约方予以赔偿。

民间交易过程中所涉及的押金、订金、诚意金等均非法律概念，也不适用类似定金罚则的交易规则，如发生一方违约的情况，则收取方只需向支付方返还所收取的金额即可。但如虽双方约定的是押金、订金、诚意金，却在后面的违约责任承担方式中约定的是双倍罚则，则仍然适用。

因此，当事人在订立合同时，如果希望定金罚则能够得以实现，则必须在合同中明确约定定金的法律性质，即收取定金的一方违约将双倍赔偿，支付定金的一方违约将无权要回定金。此外，双方当事人约定定金条款时，应当注意以下事项：

首先，定金的金额不得超过合同金额的20%，如果超过该上限，则超过的部分不产生定金的效力。

其次，合同中所使用的文字应当使用“定金”这一标准用法的文字，尽量避免使用其他诸如“订金”“保证金”等字眼，以免出现歧义给以后的定性带来麻烦。

最后，定金条款从法律性质来讲具有实践要物性，即必须有定金的实际给付，定金合同才得以成立。如果双方当事人只约定了定金条款，而没有进行实际的定金款项交付，就不会出现一方当事人违约将双倍赔偿的法律后果。

（二）关于违约责任条款的常见问题

违约责任是双方合同出现问题，无法正常履行时，依靠事先约定解决的最后一道防线。如果明确具体地约定违约责任，双方合同出现问题时，可以根据违约责任约定妥善解决相关分歧，避免诉讼带来时间和精力的无谓投入。

然而，多数的企业经营者在约定违约责任时，并不知道该如何约定，经常看到合同中写道：一方违约，承担违约责任或按法律规定承担违约责任。这样的约定没有实际效果，因为没有约定具体的违约责任，只是要求对方赔偿损失，但这种损失不好计算且举证困难。因违约责任约定不明导致企业“吃哑巴亏”的情况并不少见。

1. 部分义务缺乏对应的违约责任

在考虑义务的时候要注意义务不是单一的，如卖方的交货义务就应当根据延迟交付、不能交付、交付物品不符等分别约定违约责任。若合同部分义务缺乏对应的违约责任，因该部分义务履行发生分歧时，双方必然产生争执。

2. 违约责任缺乏具体的计算方法或量化

一些合同义务违反带来的损害很难明确，双方容易就责任承担标准发生分歧，因此合同缺乏违约责任的具体计算方法就会存在法律风险。在实务当中，非违约的一方常常因违约方的违约行为使合同履行的计划被全盘打乱，一门心思忙于合同的补救及履行救济，无暇收集相关证据以证明自己因对方的违约而造成的损失。即使能够挤出时间来收集整理证据，也难免因时间的流逝、机会的错过等客观情况心有余而力不足。因此，合同的当事人有必要在签订合同时预先将这些情况予以固定及量化，如约定将某一违约行为的违约赔偿金进行定额化，当出现该违约行为时无须举证，直接适用双方预设的违约赔偿条款。换言之，通过对具体违约行为的违约金的定额化就能在对方违约后减轻甚至甩掉自己要求赔偿的举证包袱，追究违约方的违约责任才更便宜、便捷和高效。

3. 未设定单方解除合同的权利

当对方当事人违反合同义务达到一定程度，继续履行合同已经失去意义时，企业若没有保留单方解除合同的权利，解除合同企业常常付出较大的代价。

（三）违约责任条款的约定技巧

一般而言，合同对违约条款的约定越简单就越容易出现法律纠纷。《民法典》对于如何具体赔偿、如何计算经济损失等这些重要的违约责任具体处理问题没有具体规定，留给合同双方约定。若不加研究约定，则会对守约方追究违约方的违约责任造成很大的障碍，而这也是违约金约定的核心所在。

下面我们来看某家铝材需求公司关于违约金条款不同约定的五类合同，同样签订了一份货款 100 万元的铝材买卖合同，皆因乙方延期交货 10 天，造成甲方不能按时出货直接或间接损失 30 万元。现只因合同签订时 ABCDE 五种不同违约金条款约定，产生违约纠纷诉至法院，却有不同的裁判结果。

A. 在合同中没有约定违约金条款。

B. 违约责任：乙方在合同交货期限内延期交货的，按《民法典》有关规定执行。

C. 违约责任：乙方在合同交货期限内延期交货 5—10 天（含 10 天）的，则向甲方支付违约金 20 万元。

D. 违约责任：乙方违约，承担货款 30%的违约金。

E. 违约责任：乙方在合同交货期限内延期交货的，每延迟一天处该合同金额 3.5%的违约金。

A 种情况下，当事人没有在合同中约定明确的违约金或违约金的计算方法，那么，当乙方延期交货 10 天，甲方就无法直接简单地向对方索赔。甲方如要想向违约方索赔，那么，根据举证责任分配原理，甲方首先要证明自己确实受到了经济损失，其次应证明自己的经济损失是因为对方的违约而导致的，最后还应计算出自己受到经济损害的具体数额，该数额必须用货币价值来反映。满足以上三个方面，才可以向法院主张违约方承担违约责任。实践中，甲方往往因为举证不能或者举证不充分而大大增加了索赔的难度和风险。

B 种情况没有实际意义，实际上不约定也得按照《民法典》执行。

C 种情况下，甲乙双方有明确的违约责任条款，违约金也有明确的数额，当乙方延期交货 10 天，造成甲方未能按时出货，造成甲方损失 30 万元，转而追究乙方违约责任，这时发现约定的违约金低于实际损失。甲方如不想自己承担这 10 万元的损失，可按照《民法典》第五百八十五条第二款的规定：“约定的违约金低于造成的损失的，人民法院或者仲裁机构可以根据当事人的请求予以增加……”那么，甲方首先要计算出自己受到经济损害的具体数额，该数额必须用货币价值来反映。其次应证明自己的经济损失是因为对方的违约而导致的。再次根据《民法典》第五百九十一条第一款规定：“当事人一方违约后，对方应当采取适当措施防止损失的扩大；没有采取适当措施致使损失扩大的，不得就扩大的损失请求赔偿。”最后甲方还要证明在损失出现后已经采取了积极措施将损失缩小在 30 万元。这些对于守约方的甲方同样难度很大。

D 种情况下，违约金条款约定的违约金金额具体、合法，但不够科学合理，迟延交货 1 天与迟延交货 10 天所承担的违约金是一样的。

E 种情况下，当乙方延期交货 10 天，甲方损失 30 万元，即以每延迟一天处该合同金额 3.5%的违约金来计算，可获得 35 万元的赔偿。获得的违约金赔偿稍高于损失，乙方也只能按照合同的约定赔偿。甚至甲乙方在约定违约金的时候可以定得比 3.5%更高，只要不是违约金过高就行，根据《民法典》第五百八十五条规定，违约金约定过高，法律是要调整的。那么，如何判断违约金过高？2009 年 7 月 7 日《最高人民法院关于当前形势下审理民商事合同纠纷案件若干问题的指导意见》规定的原则为“以违约造成的损失为基准，综合衡量履行程度、当事人的过错、预期利益、当事人缔约地位强弱、是否适用格式合同或条款等多项因素，根据公平原则和诚实信用原则予以综合权衡”“坚持以补偿为主、以惩罚性为辅的违约金性质”。《民法典》生效前具体标准的法律依据是《合同法司法解释（二）》（已失效）第二十九条规定的“超过造成损失的百分之三十的”，但最高人民法院废止了该司法解释，使得调整方法上出现了空缺。不过最高人民法院在修订《关于审理商品房买卖合同纠纷案件适用法律若干问题的解释》的版本中仍保留了原有的规定，第十二条明确规定，“当事人以约定的违约金过高为由请求减少的，应当以违约金超过造成的损失 30%为标准适当减少”。尽管该司法解释仅适用于商品房买卖合同纠纷，但结合《关于当前形势下审理民商事合同纠纷案件若干问题的指导意见》的规定，应该认为违约金调整的思路仍旧是要结合实际损失、合同履行情况、当事人过错和其他影响因素，由法官根据个案的具体情况进行裁量，以避免机械执法，确保个案公正。因此，若判断超过 30%，正确的做法应当为超过的部分不保护，30%以内法院很难不支持守约方的诉求，即使违约金过高，根据举证责任分配原理，对方举证证明违约金过分高于损失也是很难的，应该说比守约方举证损失数额更难。

八、解决争议条款

合同争议不可避免，有了争议就要解决。如果是跨地域的合作双方发生了争议，由哪个地方的法院或者仲裁机构来裁判案件呢?

（一）选择解决争议的方式，是仲裁还是诉讼

在我国，解决合同争议的途径可以选择：提请人民法院诉讼解决；提交仲裁机关仲裁。那么，到底是选择诉讼解决好还是选择仲裁更好？为了作出有利于企业的选择，企业在作出选择之前应了解法院诉讼和仲裁之间的如下区别：

1. 启动程序的条件不同

如果没有在合同中明确约定仲裁条款和具体的仲裁机构，案件就只能通过法院诉讼解决。

2. 受案范围不同

仲裁机构一般只受理民商、经济类案件，不受理婚姻、收养、监护、抚养、继承纠纷案件和刑事、行政案件。

3. 管辖级别不同

仲裁机构之间不存在上下级之间的隶属关系，仲裁不实行级别管辖和地域管辖。当事人可以在全国范围内任意选择信誉好的仲裁机构，而不论纠纷发生在何地、争议的标的有多大。而法院诉讼实行级别管辖和地域管辖。根据当事人之间发生的争议的具体情况来确定由哪一级法院及由哪个地区的法院管辖。无管辖权的法院不得随意受理案件，当事人也不得随意选择。

4. 公开程度不同

仲裁一般不公开进行，所以如果案件涉及商业秘密需要保密的，最好选择仲裁裁决。人民法院审理，一般应当公开进行，但涉及国家秘密、个人隐私或法律另有规定的，不公开审理。离婚案件、涉及商业秘密的案件，当事人申请不公开审理的，可以不公开审理。

5. 选择裁判员的权利不同

在仲裁中，当事人可以根据自身的情况来选择仲裁机构、选择仲裁员，甚至选择仲裁的时间和地点，选择适用的实体法。而法院诉讼中，当事人无权选择审判员。当然，如果有法定情形的，当事人可以要求审判员回避。所以，仲裁更加具有灵活性。

6. 终局的程序不同

仲裁实行一裁终局制，仲裁裁决一经作出就立即生效。而法院诉讼则实行两审终审制，一个案件经过两级人民法院审理。一个案件经一审法院审理后，当事人还可以上诉到上级法院。经二审法院审理结束后案件即告终结，发生法律上的效力。因此，仲裁的时间效率更高，能更快得到裁决结果。

（二）选择解决争议的地点

我国《民事诉讼法》第三十五条规定，合同或者其他财产权益的双方当事人可以在书面合同中协议选择被告住所地、合同履行地、合同签订地、原告住所地、标的物所在地等与争议有实际联系的地点的人民法院管辖，但不得违反本法对级别管辖和专属管辖的规定。

不同的司法区域对企业法律风险是不同的。企业对注册所在地的司法实践最为了解，若合同纠纷能够在该区域进行处理，则法律风险能够最有效地得到控制。因此，在合同中通过争议解决条款，约定有效的仲裁或诉讼管辖法院，是有效控制法律风险的重要环节。若约定在对方司法区域管辖，法律风险值通常比管辖约定不明的风险更高。在涉外合同中，约定在国外进行管辖或仲裁，争议解决的成本和难度将大幅上升，法律风险将更高。

所以，只要企业能在合同条款谈判中占主动权的，尽量利用该法律条文的规定，约定由自己所在地的法院管辖，这样就可以避免到千里之外的异地去打官司。如果选择仲裁的，也可以通过合同条款约定管辖地点。例如，一家北京的公司和一家深圳的公司签署了一份合同，北京的公司希望通过仲裁解决争议，而且希望在北京仲裁，那么可以这样撰写合同条款："如果各方因合同产生争议，各方应首先尝试通过友好协商解决上述争议。如果无法通过友好协商得到解决，则应将争议提交中国国际经济贸易仲裁委员会，根据提交仲裁时有效的仲裁委员会仲裁规则进行有约束力的仲裁。仲裁地点为北京。仲裁裁决是终局的，并对各方均具有约束力，各方同意受其约束并依其行事。"

（三）关于约定管辖的几个注意事项

第一，约定采用诉讼的方式，需要注意以下几个常见错误：

- 表述不清楚，容易产生歧义，如："如果发生争议，可由双方各所在地法院管辖"。
- 约定由上述五个地方以外的法院管辖。
- 约定违反了级别管辖的规定，如普通案件约定由某地中级人民法院管辖。
- 约定违反了专属管辖的规定。

第二，约定采用仲裁的方式，需要注意：

- 仲裁条款要明确约定某一个仲裁机构，而且该仲裁机构必须客观存在，否则将导致条款无效。《仲裁法》第十条第一款规定："仲裁委员会可以在直辖市和省、自治区人民政府所在地的市设立，也可以根据需要在其他设区的市设立，不按行政区划层层设立。"从此可以看出，县一级人民政府所在地不设立仲裁机构。

• 诉讼或仲裁，二者只能选择一种，而且一旦选择一种就不能选择另一种方式。如选择了仲裁，就不能到法院进行诉讼，即你自己已放弃了诉讼的权利，所以认为仲裁和诉讼可并存是错误的。

第三节　其他常用合同条款的法律风险

一、风险转移条款

（一）风险转移的含义及内容

在合同履行过程中，因不可归责于双方当事人的原因产生的损失仍然需要确定承担原则，风险转移制度就是处理这种风险由谁承担的规则。法律针对不同类型的合同对风险转移分别作了规定，如《民法典》第六百零四条（买卖合同）、第七百二十九条（租赁合同）、第七百八十四条（承揽合同）、第八百三十二条（运输合同）、第八百五十八条（技术开发合同）等。然而，实际合同的风险转移条款内容更为丰富，约定不当将产生各种法律风险。

根据司法实践中风险转移规则所反映出的新问题，《最高人民法院关于审理买卖合同纠纷案件适用法律问题的解释》（2020 年修正，以下简称《解释》）对《民法典》关于风险转移规定进行了解释和补充。

1. 对"标的物需要运输"的解释

《解释》第八条明确规定："民法典第六百零三条第二款第一项规定的'标的物需要运输的'，是指标的物由出卖人负责办理托运，承运人系独立于买卖合同当事人之外的运输业者的情形。标的物毁损、灭失的风险负担，按照民法典第六百零七条第二款的规定处理。"《解释》排除了出卖人自己运输和买受人自行负责运输的情形，澄清了实践中对第六百零三条法律适用的困惑。

2. 明确特定地点货交付给承运人的风险转移规则

异地买卖中，经常存在出卖人需在买受人指定地点将货物交付给承运人的情形，《解释》对此作出明确规定，出卖人根据合同约定将标的物运送至买受人指定地点并交付给承运人后，标的物毁损、灭失的风险由买受人负担，但当事人另有约定的除外。这与国际货物贸易术语中 F 组、C 组术语的风险转移规则一致。

3. 完善在途货物买卖的风险负担规则

《民法典》第六百零六条规定，在途货物买卖风险自合同成立时起由买受人承担。但是，如果合同成立时，出卖人已知道或应当知道标的物已毁损、灭失却未告知买受人，此时如仍由买受人承担风险，显属不公平，而《民法典》对此未作出规定。《解释》弥补了该规则的缺陷，其第十条规定：“出卖人出卖交由承运人运输的在途标的物，在合同成立时知道或者应当知道标的物已经毁损、灭失却未告知买受人，买受人主张出卖人负担标的物毁损、灭失的风险的，人民法院应予支持。”该规定接受了《联合国国际货物销售合同公约》第六十八条的宗旨。

4. 明确未经特定的标的物风险负担规则

《民法典》并未规定未经特定的标的物风险负担规则，《解释》也对此作出补充。根据《解释》第十四条的规定，当事人对风险负担没有约定，标的物为种类物，出卖人未以装运单据、加盖标记、通知买受人等可识别的方式清楚地将标的物特定于买卖合同，买受人不承担标的物毁损、灭失的风险。第十一条规定：“当事人对风险负担没有约定，标的物为种类物，出卖人未以装运单据、加盖标记、通知买受人等可识别的方式清楚地将标的物特定于买卖合同，买受人主张不负担标的物毁损、灭失的风险的，人民法院应予支持。”

（二）风险转移条款的法律风险

1. 超越法定范围承担风险

法律规定的风险转移属于任意性规定，当事人在合同中可以重新安排风险转移，但从法律风险评估衡量角度看，若企业根据合同约定承担了法律规定应当由对方承担的损失风险，属于合同约定不当产生的法律风险。

2. 无名合同的风险转移约定不明

实践中，合同类型纷繁，多数属于无名合同。这些合同的风险转移没有法律规定，同时风险转移条款不是合同的必要条款，当事人容易忽略。然而，一些合同运用风险转移制度的概率较高，这些合同中风险转移约定不明是必须考虑的法律风险。

3. 法定风险转移的具体界定不明

法律规定的风险转移采用一些比较抽象的概念，这些概念在具体交易中如何界定并不简单，若双方没有一致的认识，争议可能客观存在。另外，法定的风险转移具体细节也有赖于双方合同的明确约定，这些约定不明的法律风险应当认真进行衡量。

4. 风险转移违反法律强制性规定

当事人通过合同约定，对自己应当承担的责任进行限制或免除，广义而言，同样属于双方就风险进行重新分配。法律为防止当事人利用自身的缔约优势排除自己的基本责任，因此规定了免责条款无效的情况。若企业在合同中约定的风险转移违反这些法律强制性规定，违法风险产生的损害需要认真对待。

二、保密条款

现代经营信息对企业而言具有重要意义，在对外合作时，难免了解或让对方了解经营信息、技术信息、管理信息等。签订保密条款能够有效保障这些信息不被他人滥用，尤其在技术合同中，保密条款更是非常重要的条款。可以约定双方的保密义务，也可以约定单方的保密义务。保密条款应当对技术秘密和商业秘密等进行定义，应当约定保密义务的范围、方法、保密处理程序、保密期限以及失密救济等内容。保密条款法律风险导致的损害不易计算，对企业的伤害有可能是致命的打击，因此在约定时应当格外注意。

三、知识产权条款

知识产权在当前的经济关系中发挥着越来越重要的作用，大家对知识产权的保护意识也越来越强，企业稍微不慎，就有可能陷入知识产权的侵权纠纷中。如果通过合同交易接受对方的产品或服务侵犯了第三方的知识产权，公司就有可能需要应对第三方的侵权诉讼，承担侵权损害赔偿责任，在事态严重的情况下，企业很有可能会遭受行政处罚，包括吊销企业营业执照。

因此，如果是购买对方的产品，首先要注意对方是否是该产品上的商标的合法持有者，所售产品是否存在侵权第三方商标、专利、著作权等风险，并在合同条款中要求对方保证其提供的产品或服务不得侵犯他人的商标权、著作权、专利权或其他知识产权，并且一旦出现侵犯他人知识产权造成己方损害的情况，应要求对方予以全额赔偿；如果在为对方提供产品或服务时，对方要求己方保证不侵害他人知识产权，应在合同中同时约定由于对方的原因，包括对方提供的图纸等技术资料或遵从对方的指示安排导致侵害他人知识产权的，己方不承担任何法律责任。

四、不可抗力条款

不可抗力是法定的免责事由，《民法典》第五百九十条第一款规定："当事人一方因不可抗力不能履行合同的，根据不可抗力的影响，部分或者全部免除责任，但是法律另有规定的除外。因不可抗力不能履行合同的，应当及时通知对方，以减轻可能给对方造成的损失，并应当在合理期限内提供证明。"不少企业在订立合同时也会约定不可抗力条款，最常见的就是将法律条文直接搬用，没有任何的实际意义。真的发生不可抗力时，双方往往争执不休。

不可抗力条款是一种免责条款，即免除由于不可抗力事件而违约的一方的违约责任。一般应规定的内容包括：不可抗力事件的范围，事件发生后通知对方的期限，出具证明文件的机构以及不可抗力事件的后果。

中国进出口合同中的不可抗力条款，按对不可抗力事件范围规定的不同，主要有以下三种方式：

- 概括式，即对不可抗力事件作笼统的提示。比如，“由于不可抗力的原因，而不能履行合同或延迟履行合同的一方可不负有违约责任。但应立即以电传或传真通知对方，并在××天内以航空挂号信向对方提供中国国际贸易促进委员会出具的证明书。”
- 列举式，即逐一订明不可抗力事件的种类。比如，“由于战争、地震、水灾、火灾、暴风雪的原因而不能履行合同或延迟履行合同的一方不负有违约责任……”
- 综合式，即将概括式和列举式合并在一起。比如，“由于战争、地震、水灾、火灾、暴风雪或其他不可抗力原因而不能履行合同的一方不负有违约责任……”综合式是最为常用的一种方式。

买卖双方签订合同后，有时会出现一些意外事故而影响合同的履行，为避免产生不必要的矛盾，双方当事人应在合同中订立不可抗力条款。

不可抗力因素发生的概率一般较低，一般合同主体双方很少对不可抗力进行明确约定，大部分都是一笔带过，但笔者认为其中还是存在一定的法律风险。特别是在国际商务合同中，应根据国际政治、经济之实时动态合理评估不可抗力之具体内容，以他国的宏观、微观环境为背景，考虑可能产生的不可抗力之风险，从而确定不可抗力的范围，免去产生纠纷时，对不可抗力究竟是否涵盖双方之间所发生的情形而争辩，如新冠肺炎疫情、政府限电政策等。

另外，虽然法律对由于不可抗力所产生违约责任作了相应的免责规定，但法律并没有对因不可抗力所导致的利益损失作出由谁来承担的规定。在实务中，因合同的双方当事人对于该项利益损失没有作出承担约定，以至于纷争不止。目前，在合同当事人如何分担关于不可抗力所导致的利益损失的问题上尚无定论。所以，双方在订立合同的时候，特别对于接受商品或服务的一方尤其要事先本着公平合理的原则对此损失进行预设承担规则，即可以约定由于不可抗力所引起的违约行为及其相应的违约责任按照法律的规定双方互不追究，但对于由此给合同的一方当事人所造成的实际经济损失，应当由双方共同承担。这样一来，即使事后发生了不可抗力的免责事由，也不至于让一方当事人单独承担所造成的全部损失。

五、变更、解除条款

根据《民法典》的相关规定，合同变更和解除的条件都可以由双方自行在合同中进行约定或之后进行补充约定。

对原合同中的部分条款要予以变更的，则需另行书面签订变更协议，并明确注明原合同与变更协议之间的关系以及变更条款的法律效力、未变更部分的条款效力，变更协议的形式要件同普通合同，也是不可疏忽之处，防止同一条款两个版本的法律风险。

合同约定的解除条款是除违约条款外，能够促使合同双方恪守履行合同义务的又一制约性条款。所谓解除条款的约定，即当某一情形出现时，一方单方有权解除该合同，使得双方都无须再履行该合同项下各自义务。在明确约定解除条件时，还可约定就合同解除后双方所应承担的责任。在合同中还需郑重明示，即使合同因该约定条款得以解除，但本合同项下其他条款仍然有效，这样在解决相应纠纷时，可依据其他合同条款予以相应裁判。

另外，对于违约解除合同的赔偿范围，《民法典》有明确的规定，即违约方应赔偿的实际损失当中包含非违约方履行合同后可以获得的利益。但关于法定解除合同（如《民法典》第七百八十七条规定的定作人任意解除权）的赔偿范围，现行的法律却并没有明确规定解约方赔偿的损失是否包括对方的预期利益，所以当事人在订立该信任类合同时，要结合自身在合同中的地位以及合同的具体情况，约定当事人在行使法定合同任意解除权的赔偿范围里，是否包括解除方赔偿非违约方预期利益即履行合同后可以获得的利益。例如，当事人双方约定，凡当事人一方行使合同的任意解除权解除本合同，解除方应当向对方发出通知，通知到达时即产生解除的法律效力。同时，解除方还应当在解除合同生效之日起 7 日内赔偿对方因此而遭受的损失，该损失不包括非解除方履行本合同而可以获得的利益。

六、生效条件条款

合同的生效，是指已经成立的合同在当事人之间产生一定的法律拘束力，此时能够产生合同当事人所预期的法律后果。最为常见的约定是："合同自双方签字或盖章之日起生效。"如果一些较为特殊的合同，需要在特定条件或期限届满后才决定是否执行该合同，生效条件就需要认真对待。

例如，有一份合同在结尾中这样写："合同在双方签字盖章后生效"，但是一方只签了字没有盖章。事后不久双方闹至法院，一方提出由于合同只签了字而没有盖章，双方约定合同成立的要件不全，因此合同不成立。

七、合同目的条款

如《民法典》第五百六十三条第一款第（四）项规定，当事人一方迟延履行债务或者有其他违约行为致使不能实现合同目的，另一方可以解除合同。然而，合同目的有时并不容易说明，特别是一些合同形式与双方实质目的有出入的情况，如当时购买物品是为了有效履行双方的租赁合同，因租赁合同解除导致买卖合同目的无法实现。必要地对合同目的进行事先说明，对于双方将来发生此类情况解决有所裨益。

合同目的还能够用于对当事人义务履行情况进行软性的约束，对合同条款有不同理解时，也可以根据合同目的作出合理的解释。所以，在较为复杂的合同中约定合同目的是非常必要的。

第四节　特殊合同条款实务操作及注意事项

一、采购合同发票条款的税务风险防范

供应商是企业税务风险的源头之一。防范采购的税务风险，一方面是选择税务状况良好的供应商，消除税务隐患；另一方面是规范采购合同，避免税务风险。

案例：采购合同增值税专用发票风险防范

【基本案情】

浙江嘉兴市甲公司向山西省太原市乙公司购买价值3955万元的镍铁，甲公司在约定的时间内给付了全部货款，但乙公司仅向甲公司开具了1700万元的增值税发票。当甲公司向乙公司索要剩余的2255万元增值税发票时，乙公司以各种理由推托，拒开增值税发票。甲公司无奈，要求乙公司所在的税务机关出面帮忙解决，但乙公司仍拒绝为甲公司开具增值税发票。在此情况下，甲公司向法院起诉，要求乙公司给付增值税发票。

【法律分析】

关于本案的处理，存在两种不同的观点：

第一种观点认为，甲公司的起诉符合《民事诉讼法》（2021年修订）第一百二十二条规定的条件，而且不属于该法第一百二十七条规定的法院不予受理的情形。税务机关只能根据自己的职责范围对乙公司是否存在偷税、漏税进行查处，而无权强制乙公司给付增值税发票。在此情况下，甲公司只有通过向法院起诉才能解决纠纷。

第二种观点认为，甲公司向法院起诉单独要求乙公司给付增值税发票，不属于法院受案范围，应不予受理。若甲公司在诉讼中提出要求乙公司给付增值税发票诉讼的诉讼请求，应予驳回。

笔者同意第二种观点，具体理由如下：

因给付增值税发票从属于给付货款义务，系附随义务。合同附随义务不得独立付诸履行，即不具有强制履行的效力，义务人不履行附随义务，权利人不

享有请求权。若义务人不履行合同附随义务给他人造成损害，只会发生损害赔偿请求权。本案中，若法院判决乙公司给付增值税发票，乙公司拒不履行义务，法院也不能通过强制手段迫使乙公司履行给付义务行为，甲公司的起诉目的仍然达不到。甲公司之所以要求乙公司给付增值税发票，不仅仅是公司财务作账的需要，更主要的是抵扣税款的问题。因此，甲公司要求乙公司在给付增值税发票不能实现的情况下，造成甲公司不能扣税损失的，可以请求乙公司赔偿损失，对此，法院应予以支持。所以，本案甲公司要求给付增值税发票不能作为一项诉讼请求提出。

【实务指南】

规范采购合同，必须明确以下发票条款：

1. 明确按规定提供发票的义务

《发票管理办法》（2019 年修订）第十九条规定："销售商品、提供服务以及从事其他经营活动的单位和个人，对外发生经营业务收取款项，收款方应当向付款方开具发票；特殊情况下，由付款方向收款方开具发票。"

企业向供应商采购货物，必须在采购合同中明确供应商按规定提供发票的义务。企业在选择供应商时，应考虑发票因素，对能提供规定发票的供应商优先考虑。

2. 供应商提供发票的时间要求

购买、销售货物，有不同的结算方式，企业在采购时，必须结合自身的情况，在合同中明确结算方式，并明确供应商提供发票的时间。

合同当中常见的结算方式有以下几种：

（1）赊销和分期收款方式

例如，甲方应支付乙方货款××元整。甲方必须在××年××月××日支付货款的××（百分比），在××年××月××日前付讫余款。

（2）预收款方式

例如，甲方应支付乙方货款××元整。甲方在合同签订后××日内支付××（百分比），剩余货款于货物发出时支付。

（3）现款现货方式

例如，甲方应支付乙方货款××元整。甲方必须在合同签订后××日内支付全部货款，乙方凭发票发货。

根据《增值税专用发票使用规定》，增值税专用发票必须按照纳税义务发生时间开具发票。因此，企业对不同的结算方式，应根据《增值税暂行条例》及其实施细则的规定，要求供应商按规定时间开具发票。

同时，企业可在采购合同中明确，供应商在开具发票时必须通知企业，企业在验证发票符合规定后付款。

3. 供应商提供发票类型的要求

不同税种间存在税率差，而同一税种又可能存在多种税目，各税目的税率差别可能更大。供应商在开具发票时，为了减轻自己的税负，可能会开具低税率的发票，或者提供与实际业务不符的发票。

《发票管理办法》及其实施细则规定，开具发票要如实开具，不能变更项目与价格等，否则所开具的属于不符合规定的发票。

此外，增值税一般纳税人在采购货物时，还需明确供应商是否必须提供增值税专用发票，避免取得增值税普通发票，相关的进项税额不能抵扣。

4. 发票不符合规定所导致的赔偿责任

企业采购时不能取得发票，或者取得的发票不符合规定，如发票抬头与企业名称不符等，会导致哪些损失呢?

假设采购原材料 100 万元，供应商提供的发票不符合规定。可能导致增值税进项损失 17 万元、罚款 17 万元，同时 100 万元不能税前列支，导致多交企业所得税 25 万元（100×25%），合计损失 17 万元+17 万元+25 万元=59 万元。

为防止因发票问题所导致的损失，企业在采购合同中应当明确供应商对发票问题的赔偿责任，明确以下内容：

供应商提供的发票出现税务问题时，供应商应承担赔偿责任，包括但不限于税款、滞纳金、罚款及其相关的损失。

5. 其他需要明确的问题

- 明确供应商与企业的业务涉及税务调查，供应商必须履行通知义务。企业与供应商的业务涉及税务调查，供应商有义务配合。
- 双方财务部门及时沟通，供应商有义务提供当地的税务法规。
- 明确供应商对返利、折让开具红字专用发票的义务。

二、重视工程施工合同中的联合体责任条款

（一）联合体及其法律性质

目前，建设市场全球化程度越来越高，工程建设项目投资规模越来越大，对专业技术水平的要求越来越高，数家建筑企业组成联合体，以联合体的名义对某一工程进行投标，逐渐成为填补企业资源和技术缺口、提高企业竞争力以及分散、降低企业经营风险，适应当前市场环境的一种良好方式。虽然实践中联合体投标的应用已非常广泛，但关于联合体投标的理论研究尚不多见，法律法规也不完善，在理论上和实践中均存在诸多须解决的问题。

我国《招标投标法》第三十一条第一款规定："两个以上的法人或者其他组织可以组成一个联合体，以一个投标人的身份共同投标。"《工程建设项目施工招标投标办法》第四十二条第一款、《工程建设项目货物招标投标办法》第三十八条第一款作了相同的规定。《建筑法》第二十七条则从承包的角度规定，"大型建筑工程或者结构复杂的建筑工程，可以由两个以上的承包单位联合共同承

包”。在具体项目操作过程中，如果工程建设联合体中标，联合投标就转化成联合承包。

关于工程建设联合体的法律性质，我国相关法律未作出明确的规定。《民法通则》在法人一章中第四节专门对联营进行详细规定，划分了联营的三种类型，即“法人型联营”“合伙型联营”“合同型联营”。

法人型联营，指企业之间或者企业、事业单位之间联营，组成新的经济实体，独立承担民事责任、具备法人条件的，经主管机关核准登记，取得法人资格。

合伙型联营，指企业之间或者企业、事业单位之间联营，共同经营、不具备法人条件的，由联营各方按照出资比例或者协议的约定，以各自所有的或者经营管理的财产承担民事责任。依照法律的规定或者协议的约定负连带责任的，承担连带责任。

合同型联营，指企业之间或者企业、事业单位之间联营，按照合同的约定各自独立经营的，它的权利和义务由合同约定，各自承担民事责任。

鉴于《民法典》《公司法》已经非常成熟，删除了《民法通则》关于联营的相关规定。《民法典》实施前，联营合同纠纷适用《关于审理联营合同纠纷案件若干问题的解答》[法（经）发〔1990〕27 号] 的相关规定。《民法典》实施后，《最高人民法院关于废止部分司法解释及相关规范性文件的决定》（法释〔2020〕16 号）决定自 2021 年 1 月 1 日起废止《关于审理联营合同纠纷案件若干问题的解答》。2020 年 12 月 14 日修正的《民事案件案由规定》中保留了“联营合同纠纷”的民事案由，说明法院认为联营合同可以继续具有法律效力。通过中国裁判文书网检索发现，现人民法院处理联营合同纠纷的相关案件基本已按照《公司法》《民法典》《合伙企业法》等相关规定进行处理，也有部分法院在审理联营合同纠纷案件时，仍参照《关于审理联营合同纠纷案件若干问题的解答》的规定。

上述法律法规规定的“联合共同承包”或者“联合体共同投标”型的工程建设联合体不属于《民法通则》第五十一条规定的“法人型联营”，因为“法人型联营”必须在“联营”后成立新的法人，并应以新法人自身的资质条件承担工程。根据现行《建筑法》和《招标投标法》关于联合体各方负连带责任的规定，以及《民法通则》第五十三条的规定，可知“联合共同承包”或者“联合体共同投标”也不是松散的“合同型联营”。因此，“联合共同承包”或者“联合体共同投标”可以参考《民法通则》第五十二条规定的“合伙型联营”。

合伙，是指两个或两个以上的民事主体订立合伙协议，共同出资、共同经营、共享收益、共担风险，对合伙债务承担无限连带责任的营利性组织。工程建设联合体基本符合合伙的各项法律特征：

- 合伙是基于合伙协议而成立；联合各方为共同投标需要签订共同投标协议（联合体协议书），明确约定各方应承担的工作和职责。

● 合伙是一种将出资、经营、收益、风险融为一体的共同体；联合体中标后，为完成中标项目，各方将按照约定共同出资、共同经营、共享利益、共担风险，既是利益共同体，也是责任共同体。

● 合伙人之间负无限连带责任；联合体中标的，联合体各方之间也要就中标项目向招标人承担连带责任。

《招标投标法》和《建筑法》对工程建设联合体成员间承担连带责任作了明确的规定。通过对工程建设联合体成立方式、各方的权利和义务、责任的承担方式等的分析来看，工程建设联合体的法律性质可以参考民法上的合伙，联合体各方是合伙人，联合体各方之间的权利义务可以参考合伙的规定来界定。

（二）工程建设联合体与相关主体的责任划分

1. 联合体主体单位及各成员方的权利、义务

工程建设联合体应当选择联合体一方为主体单位（或牵头单位），主体单位的具体权利和义务内容因为招标工程项目以及联合体各方的千差万别而不可能由法律统一规定。但在通常情况下，主体单位可能享有以下几种权利：

（1）主要的组织与管理权

此种权利的行使可能通过几种方式，如主体单位就招标的工程项目对其他各方直接行使组织与管理权，或者通过成立专门的组织管理机构而行使。

（2）沟通与协调权

此种权利既包括与招标人的沟通与协调，也包括与联合体内部各方的沟通与协调。

（3）收益权

这是指主体单位因其承担的组织、管理、沟通、协调等工作而较其他各方有更多的支出和成本而应得到的相应收益。

与其所享有的权利相对应，主体单位也应承担相应的义务：

● 承担投标联合体内部的组织管理工作和沟通协调工作的义务。

● 负担管理工作中的开支的主要部分或全部。

● 就招标的工程项目对招标人承担主要责任。

无论是联合体的主体单位，还是其他各方都应当承担工程建设项目的分工。各方在完成工程建设任务过程中均应享有的权利包括：项目监督权、知情权、有关招标项目的信息共享权、收益权、项目分工中的协调权、损失追偿权、参与项目管理权等。各方应承担的义务有：按期合格地完成所承担的项目任务并交付相应成果的义务、及时向主体单位及其他各方通报所承担的项目任务的进展和实施情况并送达必要文书的义务、支持和配合投标联合体各方顺利完成所承担的项目任务的义务、服从主体单位或组织管理机构统一协调和合理调配的义务、保密义务等。

2. 联合体与招标人之间的外部关系和责任

工程建设联合体中标后，联合体各方共同就中标项目向招标人承担连带责任，即招标人有权要求联合体的任何一方履行全部合同义务，联合体的任何一方均不得以其内部联合体协议的约定来对抗招标人。工程建设联合体的合伙性决定了联合体各方对招标人就招标项目必须承担连带责任，这有利于联合体各方增强责任感，既要依据联合体内部协议完成自己的工作职责，又要互相监督协调，保证整体工程项目的合格。对于招标人而言，一旦招标的工程项目出现应由联合体承担责任问题，招标人就可以选择联合体中的任何一方或多方要求其承担部分或全部责任。

3. 联合体各方间的内部关系和责任

联合体各方是由联合体协议联结在一起的合伙合同关系，联合体内部之间权利、义务、责任的承担等问题需要以联合体各方订立的协议为依据，按照协议的约定分享权利、分担义务。中标之前，联合体各成员间有一个标前的共同投标协议，该协议作为投标文件附件一并提交给投标人。中标以后，联合体成员之间还可能制定更详细的联合体协议书，对将来可能出现的问题及处理原则一并写明。联合体内部事务均依据共同签订的联合体协议加以解决，如果联合体一方对从招标人处取得的利益超过联合体协议约定的他方应得的利益，则该方有义务向联合体他方返还；如果联合体一方对招标人履行的义务超过联合体协议约定的他方应负的义务，则该方有权向联合体他方追偿。此时，外部连带债权债务关系消失，内部按份债权债务关系随之产生。

4. 招标人是否有权对联合体各方间内部关系提出要求

工程建设联合体就其法律性质来说是联合体各方组成的合伙组织，而合伙组织成员间的权利义务关系是合伙组织的内部事务，由合伙协议来确定。一般来说，第三方无权对合伙组织成员间的权利义务关系作出要求。但工程建设投标联合体有其特殊性，其成立的有条件性和组织的临时性特点，本身就要求其自身的组成应当满足招标人对投标人的基本资格要求，同时也决定了该联合体是专为招标人招标的某项工程而设立，其内部的组成关系与其是否能正确完成工程建设有着密切的关系。因而在实践中，招标人是否有权对联合体成员间的内部关系提出要求不能一概而论。法律规定，由相同资质类别的单位组成的工程建设联合体应当按资质等级低的单位的业务许可或范围承揽工程，也就是说，中标各单位都具备独立承担中标工程建设任务的能力，因而在这种情况下，招标人没有必要对联合体成员间的任务分担作出要求；由资质类别不同的单位组成的联合体，应当各自按资质类别及等级的许可范围承担工作，在这种情况下从招标人的角度讲，一般会对各成员单位应当承担的工作按不同的资质类别及等级，要求在其联合体协议中明确约定下来。

案例："联合体"施工的连带责任制约及风险防范

【基本案情】

2010年2月8日，某大酒店有限公司作为甲方（发包方）、某建设集团有限公司作为乙方（总包方）、深圳某建设集团有限公司与杭州某建筑装饰有限公司作为丙方（分包施工单位）签署《某大酒店有限公司室内装饰施工合同》（以下简称三方合同），约定由深圳某建设集团有限公司（牵头人）与杭州某建筑装饰有限公司组成联合体共同承建某大酒店室内精装修工程第三标段，工程合同造价为4628万元。同时，深圳某建设集团有限公司与杭州某建筑装饰有限公司就该项目施工签订了联合体内部管理协议，对施工职责范围及资金控制进行了明确约定。三方合同签订后，某大酒店有限公司按照三方合同约定的付款方式向杭州某建筑装饰有限公司支付了合同总价25%的预付款，计1157万元。随着项目的进展，深圳某建设集团有限公司发现杭州某建筑装饰有限公司违反联合体内部管理协议，擅自挪用工程款，使得工人工资、生活费及管理人员工资没有按时发放，导致施工队和管理团队的信心受到很大影响，工地前期进展缓慢。为此，深圳某建设集团有限公司向某大酒店有限公司发来一份《公函》，声明杭州某建筑装饰有限公司违反内部管理协议规定，擅自从某大酒店有限公司领取工程款并挪用，其与杭州某建筑装饰有限公司没有任何资本关系，并且已进入上市工作程序，此类联合体方式三方合同不符合其上市要求，请求某大酒店有限公司解除三方合同，与其单独按照招投标要求重新签订合同。

【法律分析】

本案涉及的一个关键问题是：深圳某建设集团有限公司要求解除合同的理由是否成立？

如上所述，工程建设联合体中标后，联合体各方共同就中标项目向招标人承担连带责任，即招标人有权要求联合体的任何一方履行全部合同义务，联合体的任何一方均不得以其内部联合体协议的约定来对抗招标人。本案中，根据三方合同的约定，深圳某建设集团有限公司作为联合体牵头人负责合同实施阶段的主办、组织和协调工作，其应和杭州某建筑装饰有限公司共同就三方合同项下施工项目向某大酒店有限公司承担连带义务、责任。对于深圳某建设集团有限公司《公函》中所指杭州某建筑装饰有限公司挪用工程款、拖欠工人和管理人员工资、工地前期进展缓慢等违约事件，深圳某建设集团有限公司负有无限连带责任，该项连带责任不因深圳某建设集团有限公司与杭州某建筑装饰有限公司之间的权利义务关系不明、有冲突，或者深圳某建设集团有限公司与杭州某建筑装饰有限公司没有任何资本关系，或者此类联合体方式合同不符合深圳某建设集团有限公司上市要求等情形而延误或免除。至于深圳某建设集团有限公司与杭州某建筑装饰有限公司签订的管理协议，根据合同的相对性原则，该协议所约定的内部职责分工及权利义务界限仅对合同双方具有约束力，杭州某建筑装饰有限公司如有违反该协议的行为，应由深圳某建设集团有限公司与之自行妥善处理，与某大酒店有限公司无关。因此，深圳某建设集团有限公司以该协议的约定来对抗某大酒店有限公司而主张解除三方合同的理由不能成立。

【实务指南】

实践中，联合施工是一种普遍现象，由于涉及多方主体，如果合同对各自权利义务约定不明确，极易产生纠纷，影响工程进度。因此，作为发包方，应当借鉴本案中某大酒店有限公司的经验，对工程施工三方协议进行审核，明确联合施工单位之间的连带责任及内部纠纷对于发包方的抗辩限制，以尽可能地避免法律纠纷。

在以联合体投标的情况下，为规避风险，应特别注意以下事项：

1. 联合投标阶段风险防范要点

第一，联合体各方均应当具备承担招标项目的相应能力和相应的勘察、设计、施工、监理资格条件；由同一专业的单位组成的联合体，按照资质等级较低的单位确定资质等级。

根据2003年颁布的《工程建设项目施工招标投标办法》（七部委第30号令，2013年修正）第四十三条规定，联合体参加资格预审并获通过的，其组成的任何变化都必须在提交投标文件截止之日前征得招标人的同意。如果变化后的联合体削弱了竞争，含有事先未经过资格预审或者资格预审不合格的法人或者其他组织，或者使联合体的资质降到资格预审文件中规定的最低标准以下，招标人有权拒绝。

第二，联合体各方应当签订联合投标协议，明确约定各方拟承担的工作和责任，并将联合投标协议连同投标文件一并提交招标人。联合体投标未附联合体各方共同投标协议的，评标委员会一般将按照废标处理。

由于我国理论界对于联合投标相关问题研究较少，以至于许多联合投标协议的内容不严谨、格式不规范，对联合体内部成员之间的责权利划分不明确，招标单位在组织对联合体的投标评审时，常常无法确定联合体内部成员具体承担的工作及责任有哪些，进而对联合体投标最终作出不利的评判。因此，联合投标协议应尽量委托专业律师协助起草，明确权利义务责任，让招标评委看得明白、看得舒心。

第三，根据前述七部委第30号令的规定，联合体投标的，应当以联合体各方或者联合体中牵头人的名义提交投标保证金。以联合体中牵头人名义提交的投标保证金，对联合体各成员具有约束力。

第四，联合体对外应以一个投标人的身份共同投标。也就是说，联合体虽然不是一个法人组织，但是对外投标应以所有组成联合体各方的共同的名义进行，不能以其中一个主体或者两个主体（多个主体的情况下）的名义进行。联合体各方签订共同投标协议后，不得再以自己名义单独投标，也不得组成新的联合体或参加其他联合体在同一项目中投标。

第五，在提交投标文件时，应一并提交联合体各方签署的有投标人公章和法定代表人印章的联合投标协议。

2. 联合体中标后履约注意事项

第一，联合体中标的，联合体各方应当共同与招标人签订合同，明确各成员在工程总承包活动中的各自分工，并就中标项目承包合同的订立和履行向招标人承担连带责任。

第二，联合体各方必须指定牵头人，授权其代表所有联合体成员负责合同实施阶段的主办、协调工作，并应当向招标人提交由所有联合体成员法定代表人签署的授权书。

第三，对于联合体中的主体单位的具体权利和义务，如本书“工程建设联合体与相关主体的责任划分”具体分析，不再赘述。作为联合体中的主体单位，除了一般的合同履约及风险防范注意事项之外，在上述权利、义务问题上也要多下功夫，注意证据收集，依约履行。

三、分期付款买卖合同中的所有权保留条款

（一）所有权保留的含义

所有权保留的含义，是指买卖合同中，双方约定的货物虽已交付买受人，但须支付价款或履行其他义务后标的物所有权方才发生转移。凡属这类买卖，买受人在已接受货物的交付，但未取得所有权期间，可将货物运用于生产过程，甚至可以将货物转卖，但此时买受人不是作为所有人，而是作为出卖人的受托人对货物进行处分。在此期间，如买受人破产或发生其他变化，出卖人可优先于买受人的债权人，以所有人的身份将货物或货物的价值收回。所有权保留条款的作用是利用物权优先于债权的法律原理，使出卖人的利益处于更可靠的地位，从而使交易过程中的风险降低到最小限度。

（二）所有权保留条款的种类

所有权保留条款，分为简单保留条款和扩张保留条款两种。前者表现为，在买受人完全偿付价金之前，所有权不发生转移；后者表现为，如果买受人在完全偿付价金前已将货物在生产过程中消费掉，或已将其转卖，则出卖人就其货物制造的最终产品或转卖货物的收益享有所有权，买受人只是作为出卖人的受托人对最终产品或转卖收益进行占有。

（三）所有权保留条款的内容

所有权保留条款实质上是一个与交付和验收条款密切相连的条款，它的作用是充分保护出售方的利益，类似于西方的让与担保制度。我国《民法典》第六百四十一条至第六百四十三条对所有权保留的内容已经有明确的规定。

1. 所有权保留的定义和登记对抗效力

“当事人可以在买卖合同中约定买受人未履行支付价款或者其他义务的，标的物的所有权属于出卖人。出卖人对标的物保留的所有权，未经登记，不得对抗善意第三人。”

2. 出卖人的取回权

“当事人约定出卖人保留合同标的物的所有权，在标的物所有权转移前，买受人有下列情形之一，造成出卖人损害的，除当事人另有约定外，出卖人有权取回标的物：（一）未按照约定支付价款，经催告后在合理期限内仍未支付；（二）未按照约定完成特定条件；（三）将标的物出卖、出质或者作出其他不当处分。出卖人可以与买受人协商取回标的物；协商不成的，可以参照适用担保物权的实现程序。”

3. 买受人的回赎权

“出卖人依据前条第一款的规定取回标的物后，买受人在双方约定或者出卖人指定的合理回赎期限内，消除出卖人取回标的物的事由的，可以请求回赎标的物。买受人在回赎期限内没有回赎标的物，出卖人可以以合理价格将标的物出卖给第三人，出卖所得价款扣除买受人未支付的价款以及必要费用后仍有剩余的，应当返还买受人；不足部分由买受人清偿。”

《最高人民法院关于适用〈中华人民共和国民法典〉有关担保制度的解释》《最高人民法院关于审理买卖合同纠纷案件适用法律问题的解释》《最高人民法院关于适用〈中华人民共和国企业破产法〉若干问题的规定（二）》（2020年12月修正）等相关司法解释细化了所有权保留制度内容。

1. 所有权保留买卖出卖人的优先权限制

第三方买受人在所有权保留买卖买受人正常经营活动中通过支付合理对价取得已被设立所有权保留的动产，所有权保留买卖出卖人请求就该动产优先受偿的，人民法院不予支持，但是有下列情形之一的除外：①购买商品的数量明显超过一般买受人；②购买出卖人的生产设备；③订立买卖合同的目的在于担保出卖人或者第三人履行债务；④买受人与出卖人存在直接或者间接的控制关系；⑤买受人应当查询抵押登记而未查询的其他情形。前款所称正常经营活动，是指所有权保留买受人的经营活动属于其营业执照明确记载的经营范围，且其持续销售同类商品。

2. 所有权保留买卖出卖人取回权实现

在所有权保留买卖中，出卖人依法有权取回标的物，但是与买受人协商不成，当事人可以请求人民法院参照民事诉讼法“实现担保物权案件”的有关规定，拍卖、变卖标的物。出卖人请求取回标的物，符合《民法典》第六百四十二条规定的，人民法院应予支持；买受人以抗辩或者反诉的方式主张拍卖、变卖标的物，并在扣除买受人未支付的价款以及必要费用后返还剩余款项的，人民法院应当一并处理。

3. 所有权保留买卖中未经登记的效力

出卖人的所有权未经登记不得对抗“善意第三人”，所有权保留买卖中出卖人权利参照下列情形中抵押权人的权利分别处理：①抵押人转让抵押财产，受让人占有抵押财产后，抵押权人向受让人请求行使抵押权的，人民法院不予支持，但是抵押权人能够举证证明受让人知道或者应当知道已经订立抵押合同的除外；②抵押人将抵押财产出租给他人并移转占有，抵押权人行使抵押权的，租赁关系不受影响，但是抵押权人能够举证证明承租人知道或者应当知道已经订立抵押合同的除外；③抵押人的其他债权人向人民法院申请保全或者执行抵押财产，人民法院已经作出财产保全裁定或者采取执行措施，抵押权人主张对抵押财产优先受偿的，人民法院不予支持；④抵押人破产，抵押权人主张对抵押财产优先受偿的，人民法院不予支持。

4. 所有权保留制度适用范围

标的物所有权保留的规定不适用于不动产。

5. 所有权出卖人取回权限制

买受人已经支付标的物总价款的75%以上，出卖人主张取回标的物的，人民法院不予支持。在《民法典》第六百四十二条第一款第（三）项情形下，第三人依据《民法典》第三百一十一条的规定已经善意取得标的物所有权或者其他物权，出卖人主张取回标的物的，人民法院不予支持。

6. 所有权保留对于破产的影响

- 债务人在所有权保留买卖中尚未取得所有权的财产不应认定为债务人财产。

- 买卖合同双方当事人在合同中约定标的物所有权保留，在标的物所有权未依法转移给买受人前，一方当事人破产的，该买卖合同属于双方均未履行完毕的合同，管理人有权依据《企业破产法》第十八条的规定决定解除或者继续履行合同。

- 出卖人破产，其管理人决定解除所有权保留买卖合同，并依据《企业破产法》第十七条的规定要求买受人向其交付买卖标的物的，人民法院应予支持。买受人以其不存在未依约支付价款或者履行完毕其他义务，或者将标的物出卖、出质或者作出其他不当处分情形抗辩的，人民法院不予支持。买受人依法履行合同义务并依据管理人要求将买卖标的物交付出卖人管理人后，买受人已支付价款损失形成的债权作为共益债务清偿。但是，买受人违反合同约定，出卖人管理人可以主张上述债权作为普通破产债权清偿。

• 买受人破产，其管理人决定解除所有权保留买卖合同，出卖人依据《企业破产法》第三十八条的规定主张取回买卖标的物的，人民法院应予支持。出卖人取回买卖标的物，买受人管理人主张出卖人返还已支付价款的，人民法院应予支持。取回的标的物价值明显减少给出卖人造成损失的，出卖人可以从买受人已支付价款中优先予以抵扣后，将剩余部分返还给买受人；对买受人已支付价款不足以弥补出卖人标的物价值减损损失形成的债权，出卖人可以主张作为共益债务清偿。

案例：所有权保留条款的运用

【基本案情】

2005 年，内地某公司与我国香港地区一公司签订了价值 15 万美元的出口合同，而提单所指名的最终收货人为美国一公司。合同规定的支付条件为：20%的货款预付，80%的余款在香港公司收到提单传真件后 T/T 支付。我国出口商按照合同约定在收到 20%的预付款后，于同年 5 月发货，并传真提单给买方，但之后却始终没有收到香港公司应支付的货物余款。

经调查，最终买家美国公司已将货物提走，并预先支付全额货款给香港公司。香港公司以没有收到最终用户的货款为借口，拖延 80%余款的支付，实质上却将已收货款挪用他处，而且香港公司规模较小，已经出现财务问题。出口商面临既失去货权也可能失去货款的尴尬境地，只能向财务能力薄弱的香港中间商进行追讨。

【法律分析】

以上案例并非罕见。我国的出口贸易有相当一部分是通过中间商进行的，提单中的收货人与合同中的买方不一致，出口商与最终买家无直接联系，货物所有权经常在中间商环节发生转移，由此我们建议广大国内出口商须以审慎的态度进行商务谈判、签订贸易合同。同时，在可能的情况下，使用货权保留条款。如果在合同中规定相关的所有权保留条款，此类案例是否存在转机？

其实，货权保留条款并不是一个新鲜事物，早在 1973 年就有相关的案例出现。荷兰一出口商向英国买方出口一批货物，英国买家将其中部分货物出售给第三方最终买家。在荷兰企业与英国公司签订的合同中规定："交付货物的所有权只有在买方清偿了对卖方的所有债务后，才转移给买方。"后来，买方破产，卖方有 10 万美元的货物未收回。破产管理人证明以买方名义存入银行的款项有 3 万美元，该款项是买方向第三人销售卖方货物的收益。荷兰出口商作为原告，主张对保管人账户中的款项享有物权权益，并追索转售项下的收益。被告英国买方承认合同中相关条款的效力，但同时主张一旦货物销售给善意第三方，则被告与原告之间的关系应为纯粹的债权债务关系，原告不应享有对转售货物收益的追索权。

法院最终判定，合同条款表现出设立诚信关系的意旨，即买方实质上以受托人的身份占有货物，但有权在正常情况下向第三方销售该货物。在被告没有将全部货款付清之前，原告实际享有的应为该货物的物权，因此享有追索转售收益的权利。通过对上述案件的判决，卖方可以利用所有权保留条款从已出卖的货物上获得收益。

【实务指南】

在实践当中，“所有权保留”条款较之于《民法典》规定的其他担保方式，它不凭借任何外来的人或物对交易的安全进行保证，而将交易的安全建立在标的物所有权的效力上，因而比其他担保方式少受限制，具有简单易行、成本低廉的优点，是一种更加行之有效的违约风险控制手段，尤其在国际贸易中更有意义。当然，随着我国《民法典》及相关司法解释的出台和“善意取得”制度的建立，“所有权保留”制度受到了一定的限制，在实务当中所起到的作用正逐渐缩小。

四、国际货物买卖合同中的风险条款

在签订国际货物买卖合同过程中，买卖双方都有可能在合同中明显设置或隐含许多“风险条款”，因而如何充分利用“风险条款”，有效地规避风险，就成为买卖双方在签订合同时须慎之又慎的关键所在。

案例：巧用国际货物买卖合同中的风险条款

【基本案情】

案例一：

1994年，某省一家化工厂利用加拿大政府贷款通过蓝天公司分批从该国王牌公司引进280万美元的化工设备，在商订合同时，该化工厂为协调配套设备资金及建设情况，在合同装运条款中加列了“卖方在装运前通知买方，并取得买方的同意，方可进行装运”的条款。卖方对此无异议，并如期签订了合同。事后，卖方按合同要求开始备货，在首批货物中，30%为外购货，70%为自己生产的产品。完成备货后，王牌公司向蓝天公司发出装运通知，但是该化工厂以配套资金没有到位，附属设施无法开工为由，拒绝卖方发货。

后经多次协商，该化工厂同意在王牌公司每年支付两万美元仓储费的前提下，接受第一批货物。鉴于当时当地化工市场的情况，为避免损失，该化工厂不再同意接受后几批的货物。最后，该合同以该化工厂另找到新的买家，才得以继续执行。

案例二：

1990年，某地一进出口公司向巴西出口一批非食用玉米。合同规定：品质为适销品质，以98%的纯度为标准，杂质小于2%，运输方式为海运，支付方式采用远期汇票承兑交单，以给予对方一定的资金融通。合同生效后两个月到货，对方以当地的检验证书证明货物质量比原订规定低，黄曲霉菌素超标为由，拒收货物。经查实，原货物品质不妨碍其销售，对方违约主要是由于当时市场价格下跌。后经多次商谈，进出口公司以降价30%完成合同。

【法律分析】

在案例一中，“经买方同意卖方方可装运”的条款属于“风险条款”。但作为买方，在该条款订立之初，完全出自客观原因。为协调各部分资金及工程建设情况，也被卖方接受。随着时间的推移，在市场出现不利的情况下，该条款又使买方成功地减少了仓储费，推迟了合同执行时间，顺利地转卖给其他客户，从而规避、转移了风险，收到了当初没有预想到的结果。

由此可见，合理巧妙地利用风险条款对于保护一方利益既是可行的，又是有效的。但该案例也暴露出买方的一些问题：一是买方前期调查不深入，市场预测不准，造成该项贷款合同没能成功。二是在一定程度上也影响了自己的信誉，为以后的贸易带来了负面影响。相反，作为卖方，当初在接受该条款时，并没有充分考虑该条款的风险及对自己的不利后果。在合同实施时，也没有适时把握此条款，只把它作为贸易合同中一般的装运通知条款来看待，事前没有征得买方同意就开始备货，直到装运前才通知买方，致使买方拒收货物，最后不得不自食苦果，承担仓储费及长时间占压资金的损失。

在案例二中，支付方式、品质条款，对于出口方来讲均存在很大的风险性。在品质方面，虽考虑到了农产品的品质在备货时很难准确把握，用“适销品质”来补充，但没有采用品质增减价条款具体地说明在品质出现不同程度的不符时的处理方式。另外，玉米本身具有易滋生黄曲霉菌素的特点，长时间的运输更会加快其增长速度。对于这种可以预料但难以避免的状况，在品质条款中却没有任何说明。这些都给对方拒收货物提供了机会。在支付方式上，远期汇票承兑交单，货到付款，虽是我国对南美贸易中普遍采用的方式，但这种方式过于注重促成合同的成立，风险性极大，特别容易被对方恶意利用。在市场形势对其不利的情况下，往往都是以其他条款为由或拒收货物，或大幅度压价。该案便属典型的恶意利用“风险条款”的例子。

【实务指南】

从上述两个案例中不难看出，有的企业合理巧妙地利用了“风险条款”，有效地保护了自己的利益；有的企业明知风险条款的存在，但为促成交易成功，同时对风险估计不足，也存有侥幸心理，从而轻易跳进对方埋下的陷阱。所以，只有把握风险条款，才能把握住商机，在商战中立于不败之地。

五、分包合同背靠背条款及其法律风险防范

在业主拖欠工程价款的现象较为普遍的建筑市场环境下，越来越多的总承包商基于价款拖欠风险分担和转移的需要和考虑，在选择专业分包商（从广义上讲，总承包商的供应商也可纳入分包商范畴。在本文中，如无特别说明，分包商均指广义概念）时倾向于要求在分包合同中约定业主向总承包商支付工程款是总承包商向分包商支付分包价款的前提，以此来分担和转移拖欠风险。这样的条款俗称“背靠背”条款。

但是，由于我国法律尚未就背靠背条款的法律性质和效力作出明确的规定，加之合同主体的法律风险意识薄弱，导致在实践中极易引发争议，有必要对此类条款在实践应用中的一些问题进行深入剖析，从而帮助广大市场主体正确地认识和防范“背靠背”条款的风险。北京市高级人民法院《关于审理建设工程施工合同纠纷案件若干疑难问题的解答》（京高法发〔2012〕245号）第二十二条对于分包合同中约定总包人收到发包人支付工程款后再向分包人支付的条款的效力进行了认定：“分包合同中约定待总包人与发包人进行结算且发包人支付工程款后，总包人再向分包人支付工程款的，该约定有效。因总包人拖延结算或怠于行使其到期债权致使分包人不能及时取得工程款，分包人要求总包人支付欠付工程款的，应予支持。总包人对于其与发包人之间的结算情况以及发包人支付工程款的事实负有举证责任。”

（一）背靠背条款的基本内容及法律关系

“背靠背”条款的基本内容。我国现行的《建设工程施工专业分包合同（示范文本）》（GF-2003-0213）第19.5款规定：“分包合同价款与总包合同相应部分价款无任何连带关系。”由此可见，我国建设行政主管部门并不提倡背靠背条款。相比之下，《FIDIC土木工程施工分包合同条件》（第1版1994年，以下简称FIDIC分包合同条件）第16.3款，则规定了较为规范的背靠背条款：

在下列情况下，总承包商应有权扣发或缓发应支付分包商的全部或部分金额：

……

（c）月报表中包含的款项没有被工程师全部证明，而这又不是由于总承包商的行为或违约导致的；

（d）总承包商已按照主合同将分包商报表中所列的款项包括在总承包商的报表中，且工程师已为此开具了证书，但业主尚未向总承包商支付上述全部金额，而这不是总承包商的行为或违约引起的；

（e）分包商与总承包商之间和（或）总承包商与业主之间，就涉及计量或工程量问题或上述分包商的报表中包含的任何其他事宜已发生了争执。

……

同时，FIDIC分包合同条件还规定，如果总承包商扣发或缓发任何款项，应及时（但不迟于约定的付款期限）将扣发或缓发的理由通知分包商。

尽管前述FIDIC分包合同条件背靠背条款被国内一些总承包商所借鉴使用，但大多数背靠背条款仍较为概括，除体现“业主付款后总承包商才付款”的内容外，对总承包商自身应当谨慎并合理运用该条款、应当及时通知分包商约束性条款等，规定得较少。

无论是FIDIC分包合同条件中相对规范的背靠背条款，还是经简化的背靠背条款，其所反映的法律关系都是建立在通常的业主—总包—分包的基础之上的，即业主和总承包商之间是总包合同关系，业主是总承包商的付款义务人；总承包商与分包商之间是分包合同关系，总承包商是分包商的首要付款义务人。因此，含有背靠背条款的分包合同与一般的分包合同在基础法律关系方面，并无实质性区别。在这里，笔者将这种总分包之间的支付关系定义为“总包支付”模式。

（二）背靠背条款的法律性质

有观点认为，在一般分包合同中，由于分包商是从总承包商处获得分包工程，与业主并无实质上的直接合同关系，因此总承包商将本应由自身承担的风险转嫁给分包商有违公平和诚实信用的原则，因此法律应当严令禁止。而对于指定分包合同，由于总承包商实际更接近项目管理公司的角色。因此，从权利义务对等的角度，指定分包合同中背靠背条款具有其合理性。但笔者认为，无论是一般分包合同还是指定分包合同，虽然其合同签订的背景有所区别，但对其中的背靠背条款的合理性均无实质性影响。在一般分包合同中，虽然总承包商将本应由自身自行承担的质量、安全、成本风险分配给分包商承担，但却不能以此认定显失公平和违反诚实信用原则。

《民法典》第五百九十三条规定：“当事人一方因第三人的原因造成违约的，应当依法向对方承担违约责任。当事人一方和第三人之间的纠纷，依照法律规定或者按照约定处理。”因此，如果分包合同中没有背靠背条款的约定，总承包商因业主违反合同约定未向其支付工程款，造成其未能按照分包合同约定向分包商支付分包价款，则应当按照法律规定和分包合同约定向分包商承担违约责任。而背靠背条款约定的核心内容在于业主向总承包商支付工程款是总承包商向分包商支付分包价款的前提条件，如果业主未向总承包商支付工程款，则分包商要求总承包商支付分包价款的条件未成就，总承包商不仅不负有向分包商支付分包价款的义务，而且不用承担逾期付款的违约责任。根据这一核心内容不难得出，背靠背条款实质上就是附条件合同条款，是关于总承包商付款义务（或分包商向总承包商主张分包价款权利）条件的约定。从各地高院颁布的关于审理建设工程施工合同纠纷案件的指导意见以及公布的生效判决来看，司法实践中的大多数观点倾向于认为“背靠背”条款属于附条件的民事法律行为。

当然，也有少数观点认为“背靠背”条款属于附期限条款，特别是在条文内容表述不清楚、约定不明确时，争议更大。在相关合同合法有效的情况下，背靠背条款具体内容及表述方式影响司法认定的关键在于：若认定为附条件条款，则只有等条件成就了（业主已向总承包商支付了工程款）的情况下，下游分包商才可以向总承包商主张给付工程款的权利，条件未成就时很难主张；但是，若认定为附期限条款，那双方约定的付款期限则存在“约定不明确”的嫌疑，此时下游分包商就获得了主张“背靠背”条款约定不明进而突破该条款的机会。

（三）背靠背条款的合法性

要分析和论证背靠背条款是否合法有效，应当搞清楚以下两个问题：一是对于总承包商向分包商支付分包价款是否可以附条件。二是以业主向总承包商支付价款作为总承包向分包商支付分包价款的条件是否合法有效。

关于以业主向总承包商支付价款作为总承包商向分包商支付分包价款的条件是否合法有效的问题，根据《民法典》第一百五十三条、第一百五十四条的规定：“违反法律、行政法规的强制性规定的民事法律行为无效。但是，该强制性规定不导致该民事法律行为无效的除外。违背公序良俗的民事法律行为无效。”“行为人与相对人恶意串通，损害他人合法权益的民事法律行为无效。”由于目前法律、行政法规并未就以业主向总承包商支付价款作为总承包商向分包商支付分包价款的条件作出效力性强制性规定，因此可以确认只要总承包商与分包商在签订背靠背合同条款时不存在上述无效情形，则背靠背条款为合法有效的合同条款，无论对总承包商还是分包商均具有法律约束力。

当然，不排除相关的分包合同、施工合同因违反《民法典》第一百五十三条、第一百五十四条等相关法律法规规定无效，进行导致相应合同中约定的背靠背条款无效。《最高人民法院关于审理建设工程施工合同纠纷案件适用法律问题的解释（一）》第一条规定：“建设工程施工合同具有下列情形之一的，应当依据民法典第一百五十三条第一款的规定，认定无效：（一）承包人未取得建筑业企业资质或者超越资质等级的；（二）没有资质的实际施工人借用有资质的建筑施工企业名义的；（三）建设工程必须进行招标而未招标或者中标无效的。承包人因转包、违法分包建设工程与他人签订的建设工程施工合同，应当依据民法典第一百五十三条第一款及第七百九十一条第二款、第三款的规定，认定无效。”按照上述规定，挂靠、借用资质、非法转包、违法分包等经营情形中的建设工程施工合同因违反法律强制性规定，均属无效。在此情形下，背靠背条款作为无效合同的组成部分，当然应属无效，对合同双方不具有约束力。

关于总承包商向分包商支付分包价款是否可以附条件的问题，根据《民法典》第一百五十八条规定，除根据其性质不得附条件的外，民事法律行为可以附条件，附生效条件的民事法律行为，自条件成就时生效。附解除条件的民事法律行为，自条件成就时失效。对于总承包商向分包商支付分包价款这一民事法律行为也不例外。实际上，总承包商向分包商支付分包价款不仅是附有条件的，而且其条件还是相当普遍和明确的。例如，分包商是否按照法律及合同约定按质按期完成了施工任务，是否履行了分包合同约定的其他义务等均是总承包商向分包商支付分包价款的条件。显然，总承包商向分包商支付分包价款是可以附条件的。

虽然我国目前对背靠背条款尚无禁止性规定，并且相应的司法实践也并不成熟，但是总承包商并不能据此而滥用背靠背条款。例如，我国《民法典》第一百五十九条规定："附条件的民事法律行为，当事人为自己的利益不正当地阻止条件成就的，视为条件已经成就；不正当地促成条件成就的，视为条件不成就。"据此，如果总承包商实际并不存在业主拖欠的问题，但为了其自身的利益而不向业主主张权利，甚至与业主达成其他的不正当交易，从而阻止了分包合同项下支付条件的成就，那么该支付条件依法应视为已成就，总承包商将无权再援引背靠背条款对抗分包商的付款请求。

（四）总承包商应当承担的举证责任

在司法实践中，为有效限制总承包商利用背靠背条款损害分包商合同利益，应当要求总承包商对其抗辩理由承担严格的举证责任。

由于总承包合同一般具有标的大、履行期限较长、不确定性因素较多的特点，因此在履行过程中极易出现总承包商滥用背靠背条款来损害分包商的合同利益。因此，有必要对总承包商以背靠背条款对抗付款请求权作出严格的限制和要求。

虽然背靠背条款具有合法性和合理性，但是如果总承包商滥用背靠背条款，则其以此对抗分包商付款请求的抗辩理由就不应得到支持。例如，业主不存在拖欠总承包商工程款的情况，或者是总承包商为了其自身的利益怠于向业主主张权利，甚至与业主达成其他的不正当交易等阻止分包合同项下支付条件的成就，从而损害分包商的合同利益。根据《民法典》第一百五十九条"当事人为自己的利益不正当地阻止条件成就的，视为条件已经成就"的规定，则分包款支付条件依法应视为已成就，总承包商将无权再援引"背靠背"条款对抗分包商的付款请求。

首先，总承包商应举证证明业主尚未就分包工程付款。总承包商应当向法院或仲裁机构证明就诉争的分包工程，业主尚未支付其相应款项，这是背靠背条款得以成就的关键事实。这项举证工作看似简单，但在实践中总承包商却很难完成。造成总承包商举证困难的主要原因在于总承包合同中关于业主付款的约定不明确和业主付款明细难以与分包合同价款对应。一般情况下，总承包合同是按照工程总体施工进度来确定价款的支付进度，而很少约定以专业工程来确定价款的支付期限和方式。在实践中，业主每一笔付款往往是一个概括的总额，待竣工结算时再予以调整，而不会具体指明每一笔付款所指向的专业工程，更不可能指明具体的工程部位。虽然在实行工程量清单计价之后这种情况有所改变，但总承包商要完成这一举证责任工作仍然相当困难。因此，这就需要总承包商在分包合同中根据总承包合同中约定的业主付款期限和方式就背靠背条款中作出与总承包合同相衔接、清楚明确、易于操作的付款约定，否则极有可能导致在仲裁或诉讼过程中援引背靠背条款的失败。

其次，总承包商应当举证证明不存在因自身原因造成业主付款条件未成就的情形。如果因总承包商应当承担责任，而背靠背条款中又未约定分包商应当对此与总承包商承担风险的原因造成业主付款条件未成就，则总承包商以背靠背条款对抗分包商付款请求的抗辩理由不成立。例如，在工期存在误期的情况下，如果总承包商对此负有责任，而背靠背条款中又未明确分包商应当对此承担风险，则总承包商以背靠背条款对抗分包商付款请求显然属于极不公平的转嫁责任和风险，其抗辩理由显然不应当得到支持。这里的总承包商自身原因不仅包括总承包商本身的原因，还包括应当视为总承包商自身的其他分包商的原因，以及其他在分包合同中未明确约定分包商应当承担风险的其他方面的原因。

最后，总承包商应当举证证明自身已积极向业主主张权利。总承包商可能面临的另一个举证难题是要向法院或仲裁机构证明其已经积极就分包工程的未付款项向业主提出权利主张，从而尽到了积极有效追索价款的义务，不存在阻止条件成就的行为。总承包商要证明自身已积极向业主主张权利，其主张权利的行为至少应当同时满足期限和方式两个方面的要求。在期限上，总承包商至少应当证明在业主未按照合同约定付款的情况下，自身已及时向业主主张了权利。如果业主向总承包商付款条件已经成就，而总承包商向分包商付款的其他条件未成就，则总承包商至少证明其在支付分包价款条件成就之前就已经向业主主张了权利。否则，如果因总承包商怠于行使权利导致总承包商无法在合理期限内获得业主付款，则其以背靠背条款抗辩分包商付款请求就不能成立。在方式上，总承包商应当证明自身向业主主张权利所采取的方式是积极有效的。通常情况下，总承包商主张权利所采取的方式有自力救济方式（付款申请或催告函、律师函、协商谈判、争议评审等）和公力救济方式（诉讼与仲裁）。在实践中，自力救济和公力救济方式均可以被认为是解决业主拖欠的有效方式，自力救济有时甚至比公力救济更为有效，但由于自力救济方式虽然能够从表面上证明总承包商有积极主张权利的事实，但却很难证明总承包商与业主是否存在不当交易以阻止付款条件的成就。因此，只有总承包商采取了公力救济的方式才可能让法官或仲裁员有理由相信其采取的方式是积极有效的，除非总承包商能够提交有力的证据让法官或仲裁员相信其采用的自力救济方式比公力救济方式更为有效。

（五）规避分包背靠背条款缺陷的措施和建议

由于总包支付模式下背靠背条款所固有的法律风险，总承包商如果想有效规避分包合同项下的支付风险，不能简单依赖于背靠背条款，而应从根本上改变分包合同的结构形式，彻底脱离总包支付模式。在这里，笔者建议建立一种三方合同下业主支付的模式。

1. 业主支付模式的法律关系

就分包工程而言，业主与总承包商的实际关系应是一种委托管理关系，而不再是一般意义上的发承包关系。相应地，总承包商与分包商之间，也不应是一般意义上的总分包关系和名义上的支付关系，而是前者在委托范围内，对后者实施的监督管理和配合关系。而业主和分包商之间，则不再仅仅是一种事实上（但无合同依据）的权利义务关系，而是通过合同确立的以工程款支付为核心内容的发承包关系，即业主成为指定分包商的真实付款义务人。

通常情况下，业主不愿出现在分包合同中的一个主要原因是，其希望通过总承包商为分包工程提供照管服务，减少自身的管理负担。业主虽然作为一方当事人加入分包合同中，但除支付责任外，其他方面的管理工作仍由总承包商完成，并没有增加业主的管理责任，但却还原了分包的真实权利义务关系。因此，这种业主支付模式在不损害业主利益的基础上，能够更合理地兼顾总承包商和分包商各自的利益，从而在经济学上达到一种“帕累托最优”的共赢效果。

2. 与业主支付模式相适应的管理制度

业主支付模式得以有效运行的重要基础，是必须建立与该模式相适应的合同管理和财务管理制度，并且要求合同管理部门和财务管理部门之间能够紧密配合。这些制度的具体要求包括合同管理制度和过账安排。

（1）合同管理制度

一是三方必须在分包合同中，就三方的权利义务关系作出详细约定，特别是要明确就分包工程而言，总承包商仅为业主的委托管理人，业主为分包商的付款义务人，过账安排并不意味着总承包商对分包商有支付义务。

二是三方还应就总承包商依约有权收取的“照管费”的计价方式，以及该费用是否包括在分包合同价款中等，作出明确约定。

三是为实现对指定分包商的有效管理，对于指定分包商完成的工程量，应当经过总承包商的审核后，方可报业主确认；未经总承包商的审核，业主不得向指定分包商支付工程款。

（2）过账安排

一是分包商应按经总承包商审核和业主确认的工程量金额，向总承包商开具工程款发票（含税），总承包商则应向业主单独开具等额的并标明指定分包工程名称的工程款发票（含税）。

二是业主按总承包商向其开具的发票金额，在扣减税金和照管费（如约定由分包商支付）后，将剩余款项（税后工程款）直接支付给分包商。

三是业主将扣减的税金和照管费（如有）支付给总承包商，由总承包商代缴分包工程相应税金。

四是总承包商在代缴税金后，将完税凭证提供给分包商，完成整个过账安排。

当然，如果总承包商不需要分包工程的营业额，则最好说服业主将分包工程转化为独立发包工程，即将分包商转化为独立承包商。在这种模式下，总承包商仅从业主处收取总包照管费，与独立承包商无任何实质或名义上的支付关系，使总承包商的法律风险降至最低。

六、保底条款的效力

保底条款，常见于联营合同和委托理财合同中，在中外合作企业合同和建筑工程参联建合同中也较为多见。保底条款大致有如下几种形式：保证本息固定回报条款、保证本息最低回报条款、保证本金不受损失条款和损害填补承诺等。

对于保底条款的效力，目前立法只对一些特定合同类型中出现的保底条款有所规定。以下举几个例子：

最高院于 1990 年 11 月 12 日颁布的《关于审理联营合同纠纷案件若干问题的解答》（已于 2021 年 1 月 1 日被废止，以下简称《解答》）中，首次对保底条款的效力问题作出规定。《解答》第四条明确规定联营合同中的保底条款无效。认定无效的理由主要有两点：一是保底条款违背了联营活动中应当共担风险、共负盈亏的原则。二是有保底条款的联营，是名为联营，实为借款，违反了企业间不得拆借资金的金融法规。

证监会于 2001 年 11 月 28 日颁布的《关于规范证券公司受托投资业务的通知》（已失效）中对证券公司在委托理财合同中签订保底条款作出禁止性规定，其第四条第十一款规定，受托人（证券公司）不得向委托人承诺收益或者分担损失。但因该通知只是部门规章，无法作为否定委托理财合同中保底条款的依据。

《证券法》（2019 年修订）第一百三十五条规定："证券公司不得对客户证券买卖的收益或者赔偿证券买卖的损失作出承诺。"

《证券投资基金法》第二十条规定，禁止向基金份额持有人违规承诺收益或者承担损失。

《证券期货经营机构私募资产管理业务运作管理暂行规定》第三条规定，禁止以任何方式向投资人承诺本金不受损失或承诺最低收益。《关于加强私募投资基金监管的若干规定》第六条第三款规定：禁止直接或间接向投资者承诺保本保收益。《证券公司客户资产管理业务管理办法》第三十三条规定，证券公司从事客户资产管理业务，不得向客户作出保证其资产本金不受损失或者取得最低收益的承诺。《证券公司集合资产管理业务实施细则》第五十八条规定，证券公司从事集合资产管理业务，不得向客户作出保证其资产本金不受损失或者保证其取得最低收益的承诺。

《全国法院民商事审判工作会议纪要》第九十二条规定："信托公司、商业银行等金融机构作为资产管理产品的受托人与受益人订立的含有保证本息固定回报、保证本金不受损失等保底或者刚兑条款的合同，人民法院应当认定该条款无效。受益人请求受托人对其损失承担与其过错相适应的赔偿责任的，人民法院依法予以支持。实践中，保底或者刚兑条款通常不在资产管理产品合同中明确约定，而是以'抽屉协议'或者其他方式约定，不管形式如何，均应认定无效。"

案例：公司对投资股东出资承诺的保底条款是否有效

【基本案情】

2004年2月24日，被告乙与案外人丙设立A公司，注册资本为500万元。2006年2月14日，乙与原告甲签订了《协议备忘录》，约定乙与案外人丙（另有协议）各将A公司20%的股权转让给甲，转让价格共计200万元。为确保A公司能以现金方式获得转让款，协议同时约定，乙以承包经营的方式支付保底为20%的投资回报，在甲投入资金期满一年后支付；乙给予甲10万元作为甲提前投资的鼓励金，此款可由甲作为入股资金的一部分。甲的股权可在资金到账期满一年后进行转让。2006年12月22日，甲决定转让自己的股份，要求A公司按照协议支付投资期满一年相应的保底利润，双方协商未果，故甲决定起诉法院。

【法律分析】

承诺股东只享有公司收益，不承担公司亏损的协议，违背法律，应为无效。

【实务指南】

1. 关于联营合同中的保底条款的效力认定

联营一方投资并参与经营，但只分享盈利，不承担亏损，在联营体亏损时，仍要收回其出资和收取固定利润的，这种条款约定无效。此类保底条款违背了联营活动中应当遵循的共负盈亏、共担风险的原则，损害了其他联营方和联营体的债权人的合法权益，应当确认无效。联营企业发生亏损的，联营一方依保底条款收取的固定利润，应当如数退出，用于补偿联营的亏损，如无亏损，或补偿后仍有剩余的，剩余部分可作为联营的盈余，由双方重新商定合理分配或按联营各方的投资比例重新分配。因此，此类保底条款应认定无效，并有可能导致整个出资协议或合同的无效。

根据《最高人民法院关于审理联营合同纠纷案件若干问题的解答》（2021年1月1日起废止）的规定，企业法人、事业法人作为联营一方向联营体投资，但不参加共同经营，也不承担联营的风险责任，不论盈亏均按期收回本息，或者按期收取固定利润的，是名为联营，实为借贷，违反了有关金融法规，应当确认合同无效。除本金可以返还外，对出资方已经取得或者约定取得的利息应予收缴，对另一方则应处以相当于银行利息的罚款。金融信托投资机构作为联营一方依法向联营体投资的，可以按照合同约定分享固定利润，但亦应承担联营的亏损责任。笔者认为，若被认定为借贷关系，应按照《民法典》《最高人民法院关于审理民间借贷案件适用法律若干问题的规定》（2021年1月1日起施行）等相关规定处理。法人之间、非法人组织之间以及他们相互之间为生产、经营需要订立的民间借贷合同应认定为有效，若存在《民法典》第一百四十六条、第一百五十三条、第一百五十四条情形的或者以下情形的，应认定为无效：（1）套取金融机构贷款转贷的；（2）以向其他营利法人借贷、向本单位职工集资，或者以向公众非法吸收存款等方式取得的资金转贷的；（3）未依法取得放贷资格的出借人，以营利为目的向社会不特定对象提供借款的；（4）出借人事先知道或者应当知道借款人借款用于违法犯罪活动仍然提供借款的。

2. 民间委托理财合同中的保底条款效力

民间委托理财合同保底条款的约定是否有效，法律没有明确规定，目前有三种观点：

（1）认定保底无效

目前司法实践中主张否定保底条款效力的理由主要包括：①保底条款违背了民法的公平原则和基本的市场经济规律，应被认定无效。众所周知，证券市场是一个高风险的投资场所，没有人是这个市场中的常胜将军，包括那些具有丰富证券知识的专家。保底条款通过固定收益，使得委托人不承担风险，其与投资的本质相悖。②保底条款违背委托代理制度的基本理论，应被认定无效。③保底条款的约定，违反了自负盈亏、等价有偿的原则，应被认定无效。④认定保底条款无效与现有立法理念一致。根据《证券法》第一百三十五条的规定，证券公司与客户签订的委托理财协议中的保底条款无效，按照举重明轻的原理，证券公司之外的其他主体与他人签订的保底条款应认定为无效，受托人在承担全部风险时，将促使其盲目投资证券市场，失去理性的投资行为，必然造成证券市场大起大落，不利于整个资本市场循序渐进的发展。券商为了维持高额的收益，势必利用其资金、人员、信息等优势，进行内幕交易，操纵市场等不法行为，证券市场的正本清源将难上加难。

就保底条款无效对合同整体效力的影响，大部分法院认为保底条款应属委托理财协议之目的条款或核心条款，不能成为相对独立的合同无效部分，保底条款无效应导致委托理财协议整体无效。

就保底条款无效的后果而言，有的法院判决恢复原状，即由受托人向委托人返还投资资金，并支付利息损失；有的法院判决双方根据过错分担损失。

（2）认定有效

该观点从私法领域的意思自治原则出发，保底条款系双方当事人真实意思的表示，应当认定其有效。现行法律法规未将证券受托投资理财纳入特许专营范畴，也未对非金融机构从事该业务的经营资质作出明确规定。因此，除非出现法定无效条件，否则应认定为有效。有学者认为保底条款违反了法律、行政法规的强制性规定，这也仅限于某些特殊的金融机构，而对广大的非金融机构或者个人作为受托人则不存在这种限制。既然法律没有明文禁止，保底条款自然可以适用合同双方。合同双方具有完全的民事行为能力，清楚地知道合同签订的结果，保底条款是当事人意思自治的结果。现代私法领域与公法领域的不同点是，法律充分尊重、保障当事人的意思自治，只有损害到社会公共利益时，国家才运用公权力予以介入。既然我国法律对非特定金融机构委托理财的保底条款未予以限制，自然法律应该保障保底条款的执行。此外，委托理财这种投资方式，能够做大金融市场、做强金融机构、做多金融产品，是发展资本市场的客观需要。如果否定保底条款的法律效力，无疑将大大限制投资途径，抑制中国金融市场的成熟速度。此外，从公平角度出发，否定保底条款的效力也不合时宜。券商通过保底条款，赢得客户充分信任将其资产交由券商经营，而在履行合同的时候，仍由客户自己承担投资风险，这在保护投资者合法利益时将起到极大负面效应，不利于社会的稳定。正如对证券公司的一些从业人员征询保底条款是否有效时，得到的回答是：“我发展客户时当然说‘有效’；但假如我成了被告，对方向我索要20%的资金回报率时，当然是‘无效’为好。”

（3）具体分析认定

对于保底条款不应该“一刀切”地认定其效力，应该根据条款具体规定内容，区别对待，可以法律支持的借款合同利息上限为限度，部分承认保底条款的效力。

因此，保底条款不能一概认定有效或无效，而应当依据受托人主体资格以及保底条款约定的收益率是否合理来进行综合判定。若有法律明确规定的，按规定处理。若受托人为普通主体（包括非金融机构和自然人）的场合，原则上应当承认保底条款的效力，例外情况下才可以认定其无效。若所涉保底条款确属于合同双方真实的意思表示，而且其内容未违反法律、行政法规的强制性规定，故应以认可其效力为宜。但是也要考虑到，若该保底条款约定的收益率过高，就会助长金融市场非理性行为之产生，从而引发金融风险，对市场秩序造成损害。笔者认为可以参考《最高人民法院关于修改〈关于审理民间借贷案件适用法律若干问题的规定〉的决定》，对委托理财合同中的固定收益部分参考4

倍 LPR 判断，避免借委托理财之名，行高利贷之实。另外，即使保底条款无效，也不必然导致委托理财合同整体无效。合同整体是否有效取决于将保底条款剥离后是否能够继续履行，以及履行是否违反合同目的。委托理财合同订立的本旨是增加投资收益，如果除去保底条款，合同内容趋于合理，那么不轻易否定合同的效力会更有利于对投资者的保护。此外，委托理财合同是双方意思自治的产物，认定合同部分有效也体现了对当事人契约自由的尊重，避免了公权对私权的过度干预。同时，各地法院也对固定收益率过高或风险分配较不均匀的情况通过判决调整。我国并非判例法国家，同一类案件，因为法律没有明文规定，加之个案证据等情况的差异导致法律事实认定上的不同，在司法实践中经常会出现同案不同判的情况。

3. 委托理财合同与民间借贷合同

（1）委托理财合同与民间借贷合同的区别

委托理财移转的是对于资金一定的管理权和使用权，在委托理财合同中，委托人的资金不是必须交付给受托人。而在借款合同中，出借人转移的是资金的所有权，出借人必须将资金交付给借款人，由借款人取得对资金的完全控制权，借款人是以自己的名义，而不是以出借人的名义使用资金，这是借款合同的基本特征。

委托理财合同是委托合同的一种，按照委托合同的相关法律规定，受托人在委托人授权的范围内从事行为的法律后果，由委托人承担，投资风险原则上由委托人承担，受托人不承担投资风险，除非委托人有证据证明，受托人在履行义务的过程中存在过错，导致其遭受资金损失，否则委托人不得因投资亏损而要求受托人承担赔偿责任。在民间借贷关系中，借款人有权按照自己的独立意志使用资金，而不受出借人意志的约束，资金使用的风险由借款人承担，借款期限届满，借款人无论盈亏，均有义务返还本金并支付约定的利息。

（2）注意区分名为委托理财，实为民间借贷的合同

合同名称虽然是委托理财合同，但如果委托人将资金交付受托人，受托人将取得对资金的完全控制权，按照自己的独立意志使用资金，受托人向委托人承诺本金不受损失或承诺固定收益，委托人不承担任何投资风险，投资风险全部由受托人承担，则应认定是“名为委托理财，实为借贷”，应按照借款关系界定双方的权利义务。比如，在湖南省高级人民法院（2019）湘民 24 号一案中，法院认定，首先，该案申请人谭某与被申请人陈某签订《投资咨询服务协议书》，目的系委托陈某代为操作证券账户以获取较大的经济利益，双方之间达成借贷的合意。其次，自然人之间的借款合同为实践性合同，以借款的实际交付为生效条件。本案申请人谭某的资金全部存放在自己的证券账户之中，并未交付给被申请人陈某，陈某仅有对谭某的证券账户进行交易操作的权利，并无提取证券账户资金归个人使用的可能和途径。故谭某与陈某在本案中不存在民间

借贷关系。

4. 委托理财与非法吸收公众存款

根据《最高人民法院关于审理非法集资刑事案件具体应用法律若干问题的解释》（2022 修正）第一条的规定：“（一）未经有关部门依法许可或者借用合法经营的形式吸收资金；（二）通过网络、媒体、推介会、传单、手机信息等途径向社会公开宣传；（三）承诺在一定期限内以货币、实物、股权等方式还本付息或者给付回报；（四）向社会公众即社会不特定对象吸收资金。”

一般认为，委托理财与非法吸收公众存款的主要区别在于是否设定保底条款，然而实践中的理财产品市场竞争激烈，往往会推出有保底性质的条款。遇到这种情况，一概将其认定为非法吸收公众存款，将打击市场的活跃性，使中小企业的现金流进一步陷入困境。此时，对于区分两者的界限尤为重要。笔者认为，程度和规模的差异，包括宣传的力度、范围，承诺回报的比例高低等，可以作为区分的参考。

5. 建筑企业参联建合同中的保底条款效力认定

对于建筑企业参联建合同中的保底条款，法院倾向于将参联建合同认定为联营合同，从而认定保底条款无效。

七、关于免责条款在合同中的理解及适用

所谓免责条款，是指当事人双方在合同中事先约定的，旨在排除或限制其未来责任的条款。现代社会中经济现象变化多端，经营活动存在一定风险，在合同中事先约定免责条款，可以合理分担风险，保证企业合理化经营，平衡合同双方的利益关系。但如约定不当，也可能造成合同一方凭借其地位而制定不公平的条款，免除自己本应承担的责任，损害对方利益的后果。

免责条款常被合同一方当事人写入合同或格式合同之中，作为明确或隐含的意思要约，以获得另一方当事人的承诺，使其发生法律效力。就其本意讲是指合同中双方当事人在订立合同或格式合同提供者提供格式合同时，为免除或限制一方或者双方当事人责任而设立的条款。因此可以说，免责条款以意思表示为要约，以限制或免除当事人未来责任为目的，属于民事法律行为。

（一）免责条款的特征

免责条款具有以下特征：

1. 免责条款具有约定性

无论是普通合同还是格式合同，都是双方当事人依据意思自治的原则协商同意的，合同中约定的免责内容和范围，得到了双方当事人的认可（包括被动或盲目认可），因此具有明显的约定性。

2. 免责条款具有规定性

即免责条款必须是以明示的方式作出，任何以默示的方式作出的免责都是无效的。

3. 免责条款具有约束性

合同订立后，一旦出现免责条款规定的情形和条件，即可排除或者限制当事人未来的民事责任（部分或全部责任），这样既约束了享受免责条件一方当事人承担的主要义务，又约束了另一方当事人要求对方履行主要义务的权利。

（二）免责条款有效的认定

确认免责条款的效力，如同确认其他民事法律行为一样，必须具备一定的法律要件。一般情况下，只要经当事人协商确定的免责条款，不违反法律、行政法规强制性规定、不违背公序良俗及不损害第三方合法权益，法律是承认免责条款的效力的，否则就没有合同自由可言了。确认免责条款有效，应具备以下法律要件：

1. 必须是双方当事人真实的意思表示

合同的本质就是一种合意，合同的成立意味着双方当事人的意思表示达成一致，这个意思表示必须要明确且真实。合同中所约定的全部条款都必须是双方当事人经过深思熟虑后形成的真实的意思表示，否则无效。

2. 必须经双方当事人协商同意

双方的意思表示都是通过一定的条款表现出来的，意思表示一致应当表现为对合同全部条款和内容的协商一致。即使是格式合同，也必须对规定的条款（包括附加条款）达成一致，必须为对方当事人所接受才能缔约生效，否则无效。

3. 不属于法定无效情形

合同中免责条款的订立，必须要不违反法律、行政法规强制性规定、不违背公序良俗及不损害第三方合法权益，否则无效。《民法典》第五百零六条规定，造成对方人身损害的免责条款和因故意或者重大过失造成对方财产损失的免责条款无效。

4. 必须合理分配双方当事人之间的权益与风险

合理分配双方当事人之间的权益与风险是免责条款的主要功能，也是其合理性因素之所在。司法实践中，大多免责条款是在既有的价格、保险等机制的背景下合理分配风险的措施，是维护企业的合理化经营、平衡条款使用人、相对人乃至第三人之间利益关系的手段，它不是对国家强制性规定的否定，也不是对法律的谴责和否定违约以及侵权态度的藐视。比如，购销合同中，免责条款常起着分配风险的作用，并由此来决定谁在实际上投保抵御风险，左右着合同标的价格。此类免责条款只要不属于法定无效情形，均应属于有效。但不能合理分配双方当事人之间的权益与风险，限制或剥夺另一方当事人权益或故意加大另一方当事人风险的免责条款，当属无效。

案例：免责条款的适用和常见失误救济

【基本案情】

2007年6月，原告某运输公司将车辆向被告某财险公司投保商业车损险、三责险、车上人员险以及交强险，保险期限自2007年6月5日起至2008年6月4日止。合同订立后，原告依约交纳保险费。2007年9月，原告司机在驾驶投保车辆的过程中发生交通事故，造成对方车上三人死亡，双方车辆均有损坏。原告司机弃车逃逸，交警认定原告司机负主要责任。原告向死者家属赔偿后，向被告保险公司提出索赔，被告以该事故属于商业三责险免责情形为由拒赔。原告认为拒赔理由不成立，遂诉至法院，请求被告依约支付赔偿金。

在法庭审理中，原告认为，原、被告订立的保险合同合法有效，应受法律保护。原告投保的商业三责险不负赔偿责任条款——“事故发生后，被保险人或其允许的驾驶人在未依法采取措施的情况下驾驶保险车辆或者遗弃保险车辆逃离事故现场，或故意破坏、伪造现场、毁灭证据的”语义不清，存在歧义，真实意图不明确，双方理解上存在争议，应适用保险合同不利解释原则作出对被告不利的解释。被告对免责条款未尽明确说明义务，该条款不产生效力，对原告不具有约束力。被告答辩称，涉案驾驶人在事故发生后弃车逃逸，交警部门尚未破案，涉案驾驶人身份不明，是否属于商业三责险规定的合法驾驶人难以确定，不具备赔偿的前提条件。涉案驾驶人弃车逃逸的行为属于保险合同免责情形，不应获得保险赔偿。

法院经审理认为，本案所涉保险合同成立。原告多次将其名下所拥有的车辆向被告投保商业车险和交强险，理应知晓并理解机动车商业保险条款和交强险条款的内容；对于原告以被告未履行明确说明义务为由主张免责条款无效的理由不予支持。原告主张商业三责险免责条款有歧义，却并未说明歧义何在。该条款内容明确、具体，没有歧义，更不符合作出不利于保险条款制定方解释的条件。交通肇事逃逸刑事案件尚未侦破，驾驶员身份无法确认，更无法进一步确认其是否为持有有效驾驶证件的合法驾驶员，不符合理赔条件。涉案驾驶员交通肇事后逃逸，属于保险条款中规定的免责范围。综上，法院认为被告不应承担保险责任，据此判决驳回原告诉讼请求。

【法律分析】

综观本案各方主张及法院审理过程，笔者认为，本案围绕免责条款能否有效适用，产生了一个争议焦点，即被告是否履行了对保险免责条款的明确说明义务。

《保险法》规定，保险合同中规定有关于保险人责任免除条款的，保险人在订立保险合同时应当向投保人明确说明，未明确说明的，该条款不产生效力。但什么是“明确说明”，法律未作具体规定。

实践中，保险人一旦以事故属于免责情形为由拒绝赔偿，投保人多会依据该条款主张该免责条款无效造成大量纠纷。根据证据原则，保险人要对是否履行明确说明义务进行举证。但由于法律无具体规定采用什么样的方式、达到什么样的程度算是明确说明，法院审理中有一定的裁量度。多数情况下，法院会支持投保人一方的主张，判决保险公司败诉。

在《保险法》对“明确说明”没有具体规定的情况下，本案中法院能够结合案件实际，对明确说明义务是否履行采纳了客观公允的判断标准：投保人之前就同一类标的物向同一保险公司多次投保过相同险种，因此对条款内容“理应知晓并理解”。笔者认为，这一标准基于合理的事实推理作出，就个案而言具有较强的适用度，对于类似案件也具有较好的借鉴意义。

《保险法》对于免责条款的明确说明作了具体规定：对保险合同中的免责条款，保险人在订立合同时应当在投保单、保险单或者其他保险凭证上作出足以引起投保人注意的提示，并对该条款的内容以书面或者口头形式向投保人作出明确说明。未作提示或者明确说明的，该条款不产生效力。该条规定可以在很大程度上减少保险合同当事人双方对于免责条款明确说明义务履行认定上的纠纷，但对于什么是“足以引起投保人注意的提示”，仍有待具体认定。笔者认为，实务中可以归纳出如下外观认定标准：

其一，投保单、保险单中的免责提示的字体必须大于其周围文字的字体。其二，提示应当在投保单、保险单的显著位置。其三，提示应当说明保险条款免责部分的具体条款。其四，保险条款中的免责部分应当加大加黑印刷。

同时，对于“明确说明”，可参照《最高人民法院研究室关于对〈保险法〉第十七条规定的“明确说明”应如何理解的问题的答复》（法研〔2000〕5号），“除了在保险单上提示投保人注意外，还应当对有关免责条款的概念、内容及其法律后果等，以书面或者口头形式向投保人或其代理人作出解释”。实践中，保险公司设计的投保单一定要由投保人本人亲自签名或盖章，否则保险公司无法证明自己已经履行了明确说明义务，在诉讼过程中往往陷入被动。

【实务指南】

在实践中，对于免责条款在合同中的适用存在一些常见失误，如未尽明确说明及解释义务等。对于免责条款适用中的常见失误，笔者认为如下法律救济方案具有重要的借鉴意义：

第一，在合同订立阶段，免责条款的提出方必须确保该免责条款成为合法有效的合同的组成部分。

其一，确保合同合法有效是免责条款发生效力的前提。一个无效的合同，免责条款是不可能发生效力的。

其二，免责条款必须成为合同的组成部分。必须载于合同文本之上，或能够举证证明被免责条款的口头合同的部分。

第二，本着公平、诚实信用和公序良俗原则提出免责条款，是免责条款能够发生法律效力的基本前提。我国《民法典》第四百九十六条、第四百九十七条、第五百零六条对免责条款的效力进行了约束。比如，免除承运人将货物过失交付托运人指定的接收人之外的其他人的责任，也是不为理论和实践所认可的。

第三，使用清楚、明确、不易产生歧义的文字表述免责条款的内容，是当事人提出免责条款所追求的基本目标——免除或减少未来风险得以实现的根本保证。

如果免责条款的表述不明确，在发生疑义时，会被从严限制解释，以保护相对方的利益。例如：

- 在免责条款未指明是免除违约责任还是侵权责任时，由于侵权责任规范“适当兼顾人类活动自由和民事主体的合法权益不容侵犯”的特殊职责，在免除违约责任还是侵权责任不明确时，应选择只免除违约责任。
- 在条款利用人可能负过错责任和无过错责任的情况下，如果免责条款未指明所免除的责任是否包括过错责任，对过错责任的追究是维护法律严肃性和权威性的基本要求，首先选择只免除过错责任。
- 在购销合同中，当事人双方约定：若买受人在一定期间内对货物的质量不提出异议，即视为货物合格，出卖人不负责。在这里，免除的是出卖人“已经交付的货物”的瑕疵责任，还是“尚未交货”的瑕疵责任？在用语不明确时，解释为只免除“已经交付的货物”的瑕疵责任，不免除“尚未交货”的责任。因为按一般理解，对尚未交付的货物在质量上是否合格，买受人难以知晓。
- 在当事人有权约定免除第三人对合同相对人所负责任的情况下，如果免责条款所欲免除的责任是否包括第三人所负之责不明确，则解释为免除第三人所负的责任。但是，如果第三人对合同相对人所负之责系故意责任或重大过失责任，而条款制作人所负之责为无过错责任或一般过失责任，那么就不免除第三人所负的责任。

第四，在格式合同中约定免责条款的，应主动提请对方当事人注意该条款的存在。并按照对方的要求，对该条款予以说明。免责条款的存在，实际上是对相对人合法权利的限制和剥夺，故免责条款的内容应当取得相对人的认可。在一般情况下，格式合同的合同条款只需明示即可，不一定必须在合同书中写明，加之格式合同“要么接受，要么走开”的特点，相对人往往会忽视合同具体内容。对此，《民法典》第四百九十六条第二款规定：“采用格式条款订立合同的，提供格式条款的一方应当遵循公平原则确定当事人之间的权利和义务，并采取合理的方式提示对方注意免除或者减轻其责任等与对方有重大利害关系的条款，按照对方的要求，对该条款予以说明。提供格式条款的一方未履行提示或者说明义务，致使对方没有注意或者理解与其有重大利害关系的条款的，对方可以主张该条款不成为合同的内容。”该规定赋予了提供格式合同的一方主动提请对方注意该条款和说明该条款的义务，如违反该规定，将会导致该免责条款无效。

第五，对未在《民法典》中规定的合同，应特别注意相关专业法律、法规的规定，如《保险法》《拍卖法》《海商法》等。

第六，注意证据的保留。对保险人来说，即使履行了《保险法》规定的“明确说明”义务，在诉讼阶段如果不能举出相关证据证明其已经履行了义务，会被视为没有“明确说明”，依然会面临败诉的结局。

八、PE（私募股权投资）/VC（风险投资）中“股权回购”条款

风险投资最终一定要实现对投资项目的退出，并尽力获得理想的资本套现，以便能给风险投资基金的投资人要求的回报。通常而言，风险投资的退出渠道一般有五种：首次公开发行（IPO）；公司被并购（acquisition）；股份出售（trade sale）；股份回购（redemption）；公司清算（liquidation）。

IPO 当然是皆大欢喜的情况，VC 可以在公开市场出售股份实现资本套现退出。公司并购、股份出售及公司清算都应该算作变现事件（liquidation event），在这些情况下，VC 通过清算优先权（liquidation preference）条款来约定退出回报方式。除此之外，如果公司的发展波澜不惊，没有发生变现事件，那 VC 如何实现退出，这就需要股份回购条款了。

该条款涉及股份回购权。所谓股份回购权（redemption right）就是 VC 在特定的条件下，可以要求公司购买他们持有的股票。

案例：股权回购条款的类型与运用

【基本案情】

示例一：“回购：如果大多数 A 类优先股股东同意，公司应该从第五年开始，分三年回购已发行在外的 A 类优先股，回购价格等于原始购买价格加上已宣布但尚未支付的红利。”

示例二：“经营不善回购：如果公司的前景、业务或财务状况发生重大不利变化，多数 A 类优先股股东同意时，有权要求公司立刻回购已发行在外的 A 类优先股。购买价格等于原始购买价格加上已宣布但尚未支付的红利。”

【法律分析】

对风险投资方而言，尽管股份回购权是 VC 投资协议中很重要的一个条款，但在实际操作中，股份回购权几乎从来不会也没有被执行，但股份回购权有其存在的必要性。因为如果被投资的公司发展到“活死人（walking dead）”状态，虽然能够产生一定的收入，维持公司运营，但是却无法成长到让其他公司

有收购的兴趣，或者是上市。这种情况下，通过股份回购权，投资人可以获得一条有保障的退出渠道。但是，通常而言，如果公司既达不到上市的标准，也没有被并购的吸引力，公司也不会留存足够的现金来回购风险投资方的股份。

风险投资方往往通过两种方式控制公司：一是董事会席位和投票权；二是协议赋予的权利。虽然董事会控制权和多数投票权是控制退出的最有效的方式，但风险投资方在第一轮投资时，通常不会拥有多数投票权和董事会席位，那么不能通过这种方式来行使退出决策权时，就只能借助于股份回购权等合同约定控制权（contractual rights）了。但是如果在风险投资方要求公司回购其股份时，公司没有足够的支付资金，回购权对风险投资方而言就不是一个可行的变现手段。这种情况下，风险投资方可能会强迫管理团队对待他们的退出要求，并可能导致企业家被迫出售公司。另外，在公司无法支付时，风险投资方也可能会要求获得额外的董事会席位，导致风险投资方获得董事会控制权，从而调整公司运营方向或直接出售公司。

此外，对于经营不善回购条款，其内容非常模糊，对公司具有极大的惩罚性，并且给予投资人基于主观判断的控制权，理性的投资人不会要求这样的回购权条款，理性的企业家更不应该接受这样的条款。

【实务指南】

通常认为股份回购条款是对风险投资方有利，对企业家不利的条款，在某些银行和会计师看来，这种拥有回购权的优先股（Redeemable Preferred Share，RPS）投资更类似于一种企业负债，而不是投资。而且，在企业缺乏资金而使得回购权难以行使的情况下，企业后续的融资将变得很困难，新的投资者必然会将以前投资方的股份回购权作为一项重要的谈判内容进行考虑。

当然，企业家首先是尽量不接受这个条款，如果必须接受，也应降低回购对公司的影响。另外，前面讲到的都是在企业发展无法达到预期，由风险投资方预设时间，自动或强制要求企业回购其股份的模式，此时企业处于被动状态。相应地，如果企业家对企业经营有良好预期的话，也可以约定在适当时候企业（企业家）有权强制回购投资方的股权。这种要求是企业主动回购风险投资方股份的模式。

另外，企业家也可以约定在某种特定的情况下，企业（企业家）有权回购投资人的股份。比如，投资人又投资了企业的竞争对手、投资人被竞争对手收购，等等。微软欲收购雅虎就是一例。雅虎公司在 2005 年 9 月以 10 亿美元加上其中国子公司——雅虎中国收购阿里巴巴 39%的股权，在购买协议中约定，如果雅虎被其他企业收购并导致雅虎持有的阿里巴巴股权控制权发生转移，阿里巴巴将拥有对雅虎持有股份的回购权。这是因为阿里巴巴管理层担心，一家规模更大的公司（如微软），一旦收购雅虎可能会插手阿里巴巴的经营管理，而马云等本土管理层认为保持独立性和控制权对于阿里巴巴非常重要。

由此可见，股份回购权只不过是风险投资方保障自己退出的一个手段，企业家应该给予理解，但要尽量提高回购权行使的门槛，降低行使回购权对企业经营的影响。另外，也可以通过主动回购权的方式，维护企业的利益。

九、股权转让协议中对目标公司资产状态和质量承诺条款的法律效力分析

（一）原则上的有效性

股权转让合同虽然因其标的的特殊性而显得相对特别，但由于其本质上属于合同范畴，因此仍然适用合同法的一般基本理论与规定。合同作为当事人的意思自治表示，合同自由既是合同法的一项基本原则，也是当事人的一项基本权利。当事人不仅有权决定是否与他人订立合同，而且有权决定合同的具体内容。合同一旦成立，原则上对当事人具有法律约束力。我国《民法典》对上述内容作了明确的规定。第四百六十五条第一款规定："依法成立的合同，受法律保护。"第四百七十条规定，合同的内容由当事人约定，一般包括以下条款：①当事人的姓名或名称和住所；②标的；③数量；④质量；⑤价款或者报酬；⑥履行期限、地点和方式；⑦违约责任；⑧解决争议的方法。因此，从这个角度来讲，股权转让方在股权转让合同中就目标公司的资产状态和质量向受让方所作的承诺条款原则上应该是具有法律效力的。

值得指出的是，合同诚实信用原则也决定了这类条款原则上应该具有法律约束力。所谓诚实信用，是指市场经济活动中形成道德的规则。它要求人们在市场活动中讲究信用，恪守诺言，诚实不欺，在不损害他人利益和社会利益的前提下追求自己的利益。诚实信用原则反映了市场经济客观规律的要求。所以，我国《民法典》第七条规定："民事主体从事民事活动，应当遵循诚信原则，秉持诚实，恪守承诺。"因此，股权转让方在向受让方提供目标公司有关资产信息时应尽诚信义务，不得提供虚假信息或者夸大公司资产优良状况。受让方有权要求转让方在合同当中对其所提供信息的真实性作合理的保证，保证条款一般具有合同效力。

（二）特定情形下的可撤销性

王泽鉴先生曾经说："在某种意义上，一部合同自由的历史，就是合同如何受到限制，经由醇化，而促进实践合同正义的记录。"我国《民法典》在充分肯定合同自由原则的同时，也对合同效力作了一定的限制或者禁止性规定，授权合同一方当事人在显失公平情况下的合同撤销权便是其中之一。根据《民法典》第一百五十一条规定："一方利用对方处于危困状态、缺乏判断能力等情形，致使民事法律行为成立时显失公平的，受损害方有权请求人民法

院或者仲裁机构予以撤销。”因此，从理论上讲，在股权转让合同中，转让方就目标公司的资产状况所作的承诺条款完全可能出现显失公平而导致整个合同被撤销的情形。换句话讲，即转让方就目标公司的资产状况所作的承诺条款完全归于无效。

案例：股权转让协议中“声明、承诺、保证条款”的重要性及风险防范

【基本案情】

被告赵某为某钼业有限公司（以下简称钼业公司）的股东，该钼业公司主要从事矿山资源的开采工作。原告北京某咨询有限公司、某国际贸易公司和钱某（以下简称原告方）欲参股钼业公司，赵某向原告方提供《矿山资源情况介绍》（以下简称情况介绍）并承诺，钼业公司拥有D级矿石储量2425万吨，金属量2.55万吨，已控制的矿石总量292.6万吨，矿石平均钼品位0.25%，已控制金属储量7315吨。基于此，原、被告双方于2000年4月签订了股权转让协议（以下简称协议）。协议约定原告方购买钼业公司87.35%的股权，被转让的公司资产包括固定资产、递延资产、矿山资源、土地使用权、租用权、采矿权、钼业公司拥有的秦岭钼选厂25%的股权等，计价为1090万元，分期付清，被告某饭店为赵某转让股权提供连带保证责任；某饭店和赵某承诺至协议签订前，赵某已持有钼业公司全部股权。协议签订后，原告方按约履行了第一期付款义务。

原告方入主钼业公司后，由于多种原因，钼业公司未办理采矿证、土地使用证等手续。原告方认为赵某交付的钼业公司的资产及矿山资源与合同签订时双方认定的资产和资源状况不符，原告方认为赵某隐瞒了其与钼业公司原股东蒋某之间存在股权纠纷的事实，隐瞒了其没有秦岭钼选厂股权的事实，隐瞒了钼业公司在协议签订前拖欠职工工资、工程款、政府税费等欠款的事实。原告方认为被告某饭店和赵某属共同欺诈，请求法院撤销股权转让合同，同时判令二被告共同承担赔偿责任。

【法律分析】

原、被告双方在股权转让协议中关于股权转让的约定是建立在“赵某已持有钼业公司全部股权”的前提下的，赵某虽称其与蒋某达成了退股协议，但人民法院判断当事人是否合法拥有某企业的股权，以在工商管理机关登记手续为准。在工商管理机关核准的股权登记档案中记载，赵某在本案股权转让协议签订之前并未拥有钼业公司100%的股权，因此赵某与原告方签约，等于擅自处分了在法律上其本不拥有的部分股权。股权转让协议中约定的赵某转让给原告方的钼业公司拥有的秦岭钼选厂25%的股权，在工商登记手续方面，钼业公司同样未合法拥有此部分股权。

对于股权转让协议签订前钼业公司的欠款问题，由于二被告在协议中明确承诺钼业公司至协议签订时止并不欠税费、工资和工程款，而股权转让协议签订后，原告方代赵某支付原钼业公司欠工人工资、炸药款等部分款项，另有税务部门证实原钼业公司仍有大量欠税，表明原告方进入钼业公司后，原来的欠税、欠款问题都没有得到解决，此属二被告在缔约时对原告方的共同欺骗。

综上所述，原、被告方签订的股权转让协议应当被撤销，被告赵某和某饭店对原告方的损失承担连带赔偿责任。

【实务指南】

1. 股权转让协议中“声明、承诺、保证条款”的重要性

本案中，原告方之所以能够行使撤销权，撤销与被告签订的股权转让协议，同时法院判令二被告连带承担赔偿责任，是因为其股权转让协议中“声明、承诺、保证条款”的规定起了重要的作用。法院支持原告行使撤销权，主要依据在于原、被告双方在协议中明确表明关于股权转让的约定是建立在“赵某已持有钼业公司全部股权”的基础上，只要法院查明赵某在协议签订时未持有钼业公司的全部股权，即动摇了该协议签订的基础，原告方要求撤销协议的请求自然应该得到支持。同时，由于二被告在协议中承诺在协议签订前对钼业公司欠款已经予以解决，只要法院查明股权转让协议签订后仍有欠款问题未解决，无论何种原因，均构成被告方对“声明、承诺、保证条款”的违反，应当对此承担责任。实践中，当事人（股权转让协议的受让方）在签订股权转让协议中，或将声明、承诺、保证条款作为股权转让协议的一部分，或将其单独存在作为股权转让协议的附件，无论采取哪种形式，均应对此部分给予充分的重视，作出全面、详尽、具体的规定，以便在将来发生纠纷时，能够充分利用“声明、承诺、保证条款”的规定，切实保护自身的合法权益。

2. 股权出让方一般声明、承诺、保证条款内容提示

股份出让方向股份受让方作出如下进一步的保证和承诺：

（1）无诉讼与争议妨碍

除于本协议签署日前以书面方式向股份受让方披露者外，并无与股份出让方所持目标公司股权有关的任何重大诉讼、仲裁或行政程序正在进行、尚未了结或有其他人威胁进行。

（2）股份权利无瑕疵

除本协议签订日前书面向股份受让方披露者外，股份出让方所持目标公司股权并未向任何第三者提供任何担保、抵押、质押、保证，且股份出让方为该股权的合法的、完全的所有权人。

（3）目标公司与出让方无债权债务纠纷

目标公司于本协议签署日及股权转让完成日，均不欠付股份出让方任何债务、利润或其他任何名义之金额。

（4）出让方的陈述无遗漏

股份出让方就目标公司的行为作出的承诺与保证（股份出让方的声明与保证一般可以附件形式作出）真实、准确，并且不存在足以误导股份受让方的重大遗漏。

（5）出让方不实陈述，受让方有权撤销本协议

倘若在所述先决条件全部满足前有任何保证和承诺被确认为不真实、误导或不正确，或尚未完成，则股份受让方可在收到前述通知或知道有关事件后一定期限（如 14 日）内给予股份出让方书面通知，撤销购买“转让股份”而无须承担任何法律责任。

（6）出让方的及时通知义务

股份出让方承诺在第×条所述先决条件全部满足前，如出现任何严重违反保证或与保证严重相悖的事项，都应及时书面通知股份受让方。

十、SUB 条款在租船实务中的运用

（一）租船人常用的 SUB 条款

1. SUBJECT TO SHIPPER'S/RECEIVER'S CONFIRMATION WITHIN 24 HOURS AFTER FIXING MAIN TERMS（主要条款订立后 24 小时之内，发货人/收货人确认，合同始生效）

租约中出现这种条款，大多是因为贸易合同里有类似的限制性规定，要求负责租船的买方或卖方须事先将所租用的船舶规范和船期等报给另一方确认，否则其有权拒绝接受该船舶装货。为了满足贸易合同的要求，不要在履行租约时横生枝节，租船人在谈判租约时最好与贸易合同的对方当事人经常沟通，告知相关情况，或是在订立租船合同时利用 SUB 条款，为租船人赢得一定的时间和主动权，好让发货人或收货人先确认该船，即使发货人或收货人不接受，租船人也还有回旋的余地。只要过了约定的时间，如 24 小时内没有满足 SUB 条款，租约便不会生效，对双方当事人均无约束力。因此，这个条款对租船人来说相当重要，不但基于此考虑，在同时与其他船东进行谈判的时候，精明的租船人还可以利用这个条款拖延时间，以便最终确定一条最有利于自己的船，如运价更低，船期更合适，或船况比较好等。

2. SUB STEM TB LIFTED BY ×××（which means that the contract is conditional upon charterers obtaining cargo for the agreed loading period, such failure to obtain it relieves both partiese of their obligation conditionally agreed，意为在约定的装货期内，租船人获得该货，合同才能生效，如果未能获得约定货物，则解除双方应负的合同义务）

该条款多见于运煤的租约中，租船人往往需要与发货人先确定交货事宜，

若货物未备好，则解除双方当事人在本租约下的义务，合同不具有约束力。还有一种情况是租船人并不是贸易合同的当事人，他们（如物流公司）是通过其他方式，如竞标等拿到此票货物的租船权，在和船东谈判的时候，租船人还未中标，因而使用该条款可以为自己赢得主动权，若租约基本条款确定后租船人获得了该货的租船权，就可以取掉 SUB 条款，合同发生效力，如果租船人竞标失败，未取得租船权，则本合同无效，当事人无须履行合同义务。

3. SUB SATISFACTORY OF SURVEY（**以检验满意为先决条件**）

该条款主要用于期租合同中，期租下的租船人经营过程中风险较大，船况的好坏直接影响到租约的履行，关系到他的经济效益，因而对船况要求比较严格。但双方当事人一般都是订约在先，交船在后，在未验船时，对船况并无实际了解。因此，租船人为了保护自己的权益，在订约时喜欢加上类似的 SUB 条款，万一将来船舶检验不理想，可据此享有拒绝接受该船舶的权利。这种规定被认为是有条件的发盘或承诺，条件未被满足，合同便不成立。

4. SUB TO DETAILS（**以合同细节谈妥为准**）

有时候 F/N（FIXTURE NOTE，即租船确认书）订立之后需要作个正式的租船合同，因为 F/N 毕竟只是在主要条款上达成协议，正式的租船合同里还有很多细节需要考虑，合同细节也影响到各方利益。但是适用不同的法律，对于 SUB TO DETAILS 这一条款的理解和后果是不同的。对于这种限制，英国法律视其为有条件的发盘，只要细节事后没有谈妥，合同就没有成立。而美国法律则认为，合同主要条款谈妥，合同即告成立，尤其是在另一方当事人已经有履约的行为时，法院更会判定合同已生效。在租船实务中，我们已经习惯性地在仲裁条款中写上：“ARBITRATION IN LONDON WITH ENGLISH LAW TO APPLY.（在伦敦仲裁适用英国法。）”因为双方选择租约适用的是英国法律，那么根据英国法，这个 SUB 条款将无法令合同产生效力，在实践中必须注意到这一点。

我国《民法典》第一百五十八条、第一百五十九条规定：“民事法律行为可以附条件，但是根据其性质不得附条件的除外。附生效条件的民事法律行为，自条件成就时生效。附解除条件的民事法律行为，自条件成就时失效。”“附条件的民事法律行为，当事人为自己的利益不正当地阻止条件成就的，视为条件已经成就；不正当地促成条件成就的，视为条件不成就。”条件，是指合同当事人选定某种成就与否并不确定的将来事实作为控制合同效力发生与消灭手段的合同附款。在附条件合同中，作为条件的事实必须具备以下要求：

- 必须是将来的不确定的事实。
- 该事实应该是可能发生的。
- 事实必须是合法的。
- 该事实是由当事人选定的，不是法律直接规定的。

当事人若订立了“附生效条件的合同”，那么他们二者之间的权利和义务在订约时便已确立，但合同的效力处于停止状态，或者说合同的效力要延缓发生，待条件成就时，该合同才发生法律效力。据此可知，我国是承认 SUB 条款的作用的，但是并非任何 SUB 条款都能控制合同的效力。诸如前面提到的“SUB TO SHIPPER'S/RECEIVER'S CONFIRMATION WITHIN 24 HOURS AFTER FIXING MAIN TERMS”“SUB TO STEM”“SUB SATISFACTORY OF SURVEY”等条款，就必须在条件成就后才能使合同发生效力。但是对于“SUB TO DETAILS”的效力，我国《民法典》的规定与英国法有所不同。《民法典》第四百八十九条规定：“承诺对要约的内容作出非实质性变更的，除要约人及时表示反对或者要约表明承诺不得对要约的内容作出任何变更外，该承诺有效，合同的内容以承诺的内容为准。”据此我们可以认为，如果正式租约（CHARTER PARTY，C/P）里的细节未对租船确认书/订租确认书中已达成的主要条款作任何实质性变更的话，这种带 SUB TO DETAILS 条款的 F/N 仍然具有约束力，且合同的内容应以后来的正式 C/P 为准。相反，若另一方当事人及时对附加细节条款表示反对或该细节条款的改变属于对合同实质性的变更，则合同不成立。

鉴于 SUB TO DETAILS 条款对合同的效力仍存在着较大的争议，为了避免双方当事人对此产生误解，现在聪明的租船经纪人在准备合同的时候喜欢用“SUBJECT AGREEMENT OF CHARTER PARTY TERMS AND CONDITIONS（租约所有条款和条件达成一致时合同始成立）”等更明确的表达方式来代替“SUB TO DETAILS”一词。这样的表述不仅使原来的意思更加清楚透明，而且使租约究竟于何时正式生效有了比较确定的时间点，因而更适合实务的需要。

5. DETAILS SUB TO GENCON C/P（**细节参照金康合同**）

这个条款通常被认为不影响合同效力或承诺的有效性，它与“以合同细节谈妥为准”不同，标准合同的细节是公开的，是人人皆知的。

（二）船东常用的 SUB 条款

1. SUB OWNER'S APPROVAL OF CHARTERER'S BACKGROUND（**以船东同意租船人的背景为先决条件**）

租船合同中，租船人的信誉对船东的重要性是不言而喻的，尤其对经营巴拿马型、好望角型船舶的船东来说，一船运费动辄就是上百万美元，滞期一天就是几万美元的损失，在这种情况下如果不对租船人的信誉加以必要的审查了解，就盲目派船去装港，那么在遇到无货可装或租家是个皮包公司的二船东时，后果是不堪设想的。因此，选择一个可靠的租家，是合同顺利履行最重要的保证，否则即使合同条款订得再漂亮，预期效益再高，也无法安全收回，甚至可能带来无穷的麻烦和巨大的损失。当市场条件对货主有利时，该条款可以让船东先订下合同，稳住货主，待确定租家背景后，取下 SUB 条款，合同正式生效。

2. SUB OWNER'S CHECKING CARGO READINESS（船东核实货物备妥，合同始生效）

市场上的货有实盘和虚盘之分，即使是实盘，有时也是在货备好之前先订立租约，然后根据船期和信用证的要求进行备货，如果在规定的装运期之前货未按时备好，让船等货是船东最不想看到的，那时船东将会非常被动。在合同中附加 SUB OWNER'S CHECKING CARGO READINESS 条款，使船东在确认货未备好的情况下，可不去装港受载或撤船（因该附加条件未成就，租船合同无效）。如果是虚盘，即使订下租船合同，当船东了解到该货不实时，也可不执行该租约。

3. SUB OWNER'S BOARD APPROVAL（合同生效取决于船东董事会的批准）

合同效力有待船东董事会的最后批准，这种条款正常情况下应多见于期租合同中，但在航程租船合同里也时有出现。有时确实是业务主管人需要上报董事会批准，合同才能生效，有时则纯粹是船东的一个托词，不过是给自己留条退路而已。在有其他货选择的情况下，该条款能让船东赢得时间去谈另一个租约，选择最合适自己的货，如果届时那边合同谈不下来，他就取消这边的 SUB 条款，做原来这个航次，如能谈到一票运价更好，装卸效率更高，或其他条件更优厚的货，则可以董事会未通过为由，取消这一合同，进可攻，退可守，占尽主动。但要注意的是，这种 SUB 条款没有特别的原因是很难被租家所接受的，所以明智的船东即便要找借口，也会选择更冠冕堂皇的理由。

4. SUB OWNER'S COMMENT OF CHARTERER'S PERFORMA C/P DETAILS（取决于船东对租船人提供的租约细节条款的意见）

采用租家的租约细节来做 C/P（租船合同），有时会对船东不太有利，这种情况下，船东可以利用该条款，对租家的合同蓝本进行修订，使自己化被动为主动。

另外，有种对代理指定条款中涉及的 SUB 条款，一般是在租家指定代理的情况下使用的，如 PORT DISBURSEMENT OF ACCOUNT SUB OWNER'S APPROVAL（港口使费需待船东同意），可以避免将来租家指定的代理狮子大开口，乱报港口使费，使自己不会太被动。如果港口使费太高，太离谱，船东有权指定自己的代理。但该 SUB 条款与上述其他 SUB 条款不同，不影响租约效力。

（三）二船东使用 SUB 条款的情形

我们知道，二船东是靠签订背靠背合同来赚取利润的，夹在船东和租家中间谈合同，有时谈判非常艰苦，很难做到同时签约，万一一边签下来，另一边签不下来，那么他对先签的那份合同就不得不毁约，故而他们不得不使用缓兵之计。SUB 条款就是常常被二船东利用来争取时间的招数，这样可等另一份合同也签订下来后再使先前订立的合同发生效力，不至于到时背负毁约的责任。至于他如何表述 SUB 条款，关键要看他的立场，如果是跟船东谈合同，则可以借用租家常用的 SUB 条款来拖延时间，如果是跟租家谈合同则相反。因此，二船东有了 SUB 条款，就能化被动为主动，巧妙应变。

案例：SUB 条款实际运用中的风险及注意事项

【基本案情】

合同约定的受载期是 2000 年 2 月 2 日至 2 月 4 日，船舶在 2 月 2 日抵达了装货港，但到了 2 月 3 日 13 时 50 分，承租人突然通知船东说不用他的船了。船东立刻跳起来："合同都签好了，我的船也空放近 600 海里按时抵达了装货港，怎么能说不用就不用呢?"承租人却不紧不慢地说："我这么做可是有依据的，你看一看双方于 2000 年 1 月 28 日签订的合同吧。"该 FIXTURE NOTE 的第 17 条为："SUB SHIPPER/HEAD CHARTR LIFT UP TILL 1400L/TOKYO 3RD FEB. 2000. "最后船东只好再找承租人协商，以较低的运价运了一票货量较少的货物。

【法律分析】

实际上，有许多中国船东都吃过类似的亏。究其原因，大都与不知"SUB"条款在英国法中的含义有关。我国船东在订立合同时，习惯于订立一个"适用英国法"的条款。根据英国法，合同是严格的，只有每一个细节都谈拢了，合同才算有效成立。如合同的细节没有谈拢，则合同就没有成立。此外，英国法还强调，在谈定条款时，双方必须有受合同约束的意图。这样，"SUB"条款在英国法中有两个方面的含义：其一，表明双方对合同条款还未最后谈拢；其二，表明当事方没有直接受合同约束的意图。两个方面只要任何一个方面成立，当事方就可以不受合同约束。在英国法院的众多判例中，Moeatta 法官在 Albion Sugar v. William Tankers［1977］2 Lloyd's Rep. 457 一案的观点最能说明这一点。该案中，双方就期租 John S. Darbyshire 轮船等事宜达成了协议，但承租人要求在合同中加入"Subject to satisfactory completion of two trial voyages（意为以圆满完成两次航行为准）"这样一句话。然后，双方就这两个航次订立了一个单独的航程租船合同。由于两个航次的情况不是太理想，承租人不想继续租用该船舶，双方为此诉到法院。法院判：该"Sub"条款表明，承租人在订立正式的期租租约前，想试两个航次以观效果，即签订期租合同时，承租人没有受该合同约束的意图，所以双方不存在有约束力的期租合同。Mocatta 法官还认为，即使存在有约束力的期租合同，承租人也只有在前两个航次的效果令其满意的情况下，才有接受期租船舶的义务。在租船合同的谈判中，双方往往先谈一些主要的问题，在主要条款基本达成一致后，才会考虑细节，经常有一方要求在双方谈好的协议中加入一个“recap fixture subject delails”（本租约以合同细节谈定为准）条款，其意在于表达：谈拢细节是合同成立的先决条件。至于该细节是否重要，英国法律是不予过问的。

【实务指南】

归根结底，当事人在合同中订立SUB条款的最终目的是暂时不让合同生效，并把合同生效的权利控制在自己手里。因而我们掌握SUB条款的含义和对不同当事人的作用，了解不同准据法下SUB条款的法律效果，将使我们在实务中更好地把握时机，巧加利用。在运用SUB条款时，有以下两点需要特别注意：

第一，一般SUB条款都会附有一定的时间限制，如24小时、48小时或指定的日期之前必须LIFT SUB（解除SUB条款），合同才发生效力，逾期未及时拿掉SUB，则合同不成立。这种做法一方面是为了限制一方当事人的投机取巧行为，另一方面也避免让等待的一方被无限期地拖延下去，以至于将来更加被动或遭遇更大的损失。在时间限制这个问题上，作为二船东在实务操作中尤其要注意把握好，如二船东航次期租（TCT）了甲的一条船准备去装乙的货，他先和乙订了F/N（订租确认单），在F/N里加了SUB条款，约定只有乙在48小时内LIFT SUB条款合同才能生效，那么他和甲的合同里就要特别注意双方所约定的LIFT SUB的时间不能早于他和乙所约定的时间，否则可能出现这样的尴尬局面：乙还未确认合同，但是船东却催着二船东赶紧LIFT SUB，不然合同就无法生效。这不仅是个细节问题，也是个时机的把握问题。

第二，握有决定权的一方在LIFT SUB条款时，一定要以书面的方式正式通知对方当事人，以免造成不必要的误会，影响合同的效力。若在约定的时间里，船东或租船人迟迟没有表态，另一方当事人就要及时主动去询问是否要LIFT SUB，最忌讳双方当事人都模棱两可，态度暧昧，那样将来很可能招来后患，尤其是市场行情急剧变化的时候，更容易产生对合同效力不一样的解读。

第五节　关于合同条款的几个容易被忽略的问题

一、对合同内容的有关概念进行定义

很多当事人在订立合同时，比较重视有无漏洞需要补充、有无与双方利益攸关的问题需要明确。殊不知，合同除以上所提到的问题外，甚为重要的就是使合同中所约定的事项或者有关概念达到双方的认知统一以及意思表示一致。比如，实务中常出现争议的就是商品房买卖合同中关于“通知”的问题，对于这个单词几乎每个人都能说出大概意思，但在实践中什么才算是通知，对于开发商在本地报纸上进行公告是否应算作通知？这个时候，对“通知”的理解就

会出现人见人殊的结果，难免给一些不法之徒钻空子、挑漏眼。再如，关于“不可抗力”的问题，法律虽然明确规定了不可抗力是不可预见、不可避免并且不能克服的客观情况。但是，2003 年中国发生的“非典”传染病所导致的合同违约，这种传染病是否应当算作不可抗力，是否可以免除承担由此而导致的违约责任，到现在都没有统一的说法。

因此，当事人在订立合同时，应尽可能地对一些概念或事项进行双方都认可的界定和定义，以免事后发生争议和纠纷。在合同的签订中，双方当事人的约定只要没有违反法律、行政法规的强行性规定、公序良俗，也没有恶意串通损害他人合法权益，均为合法有效，均对当事人具有法律的约束力。所以，当事人应当将合同中的某些可能导致歧义或者多种解释的概念进行明确的界定和定义。比如，在商品房买卖合同中，双方就可以事先对合同中的“通知”进行界定，约定在本地的报纸杂志上作公告可以算作通知的一种方式，公告后的次日视为通知到达日。再如，在户外广告发布合同中，关于夜晚是否亮灯照明的问题，合同可以明确约定，以广告主当晚所拍摄的照片内容这一认定方式作为当晚广告牌是否亮灯的证明。这样的例子和办法不胜枚举，需要把握的是，把合同中可能会出现争议的事项或概念事先由双方友好协商，进行统一的约定和规制，才会使合同履行的争议和纠纷减少。

二、约定合同当事人之间的联系方式

诚实信用原则是合同法乃至民法的最高原则，俗称“帝王法则”。其中，很重要的一点就是要求合同当事人一方以善良管理人的姿态履行如实通知或告知的义务，以平衡当事人之间的信息对称。法律明确规定，当事人在某些预定情形下负有通知的义务，并且在特定情况下，通知到达是通知生效的必备要件。

但在实际的合同履行过程中，当事人一方往往要么怠于通知，或者不知道如何从法律的角度正确发送通知，再或者没有有效的证据来证明通知已到达对方。这样一来，合同的相对方完全就可能反客为主，提出对方没有证据证明发送过该通知的信件，或者抗辩自己并没有收到通知，因此未到达的通知不生效。这种境况常常导致通知的发送方因没有有效证据证明其发送过通知或者通知已经到达对方，由于举证不全最终承担败诉的法律后果。

所以，按照法律的视角来进行通知发送，确保通知到达对方，不仅表明自己履行了法定的通知或告知的义务，而且对于一些法律事实的确定以及双方权利义务关系的界定都是不可或缺的。

通知的方式一般分为口头形式、书面形式和其他形式。人们在日常生活中，通知往往习惯以口头的方式作出。但是，从法律的角度来讲，口头通知虽然便捷，但恰恰暴露出其很难举证证明以及口说无凭的弱点，因此当事人在履行通知或告知义务时最好避免采取口头的方式，以采取书面的形式或其他双方当事人确定的方式为宜。比如，邮寄特快专递（EMS）、挂号信时，一定要在信封的封面一式四联的粘连单的备注栏上注明通知的主题及简要内容，有条件的话可以将通知书一式两份，请邮局负责接单的同志在自己留存的那一份上签章或签名以确认所发送的通知的内容，再或者请公证机关现场公证发送通知的行为和通知的内容等，以此有效证明自己履行了通知的义务和适当的内容。对于通知是否到达的问题，发送方可以凭邮政部门的信件回执证明对方收到该信件，只要到达了对方可以控制和接收的范围即可，不管是负责人亲自收到还是门卫收发室代签收等，在所不问。

同时，也可以在合同签订的时候，双方协商一致明确约定通知的方式和到达的拟定时间，如约定以信件、报纸或者电视等媒体公告的方式来行使通知义务的，列出双方联系的地址、电话、传真和邮件及具体的媒体名称等，最后确定出对等的拟定到达的时间。综上，通过以上介绍的通知发送方法的综合运用，相信能够帮助当事人以合理适当的方式履行通知或告知的义务，做到有据可查，法律也会对此作出肯定性的评价。

三、约定弃权条款

合同中的当事人彼此都享有法律赋予的权利和合同中双方所约定的权利，权利和义务的混合构成了绝大多数合同的法律关系。在实际的生活中，一方当事人权利的行使一般会限制或阻却对方当事人的权利行使（如法律规定的承租房屋的承租人享有优先购买权，这种优先购买权就限制了房屋所有权人对于房屋自由出售的权利），这种权利制约为法律所倡导。但是作为合同的当事人来讲，其订立合同追求的毕竟是使合同的利益最大化。在这种权利制衡的格局下，一方权利的行使就构成另一方实现利益最大化的障碍。因此，很多合同当事人（一般是合同中较为强势的一方）往往会利用合同中的弃权约定，来减少或者规避对方对自己权利行使的限制。

对于当事人来讲，不论是法律赋予还是合同约定的权利，只要不违反相关法律的禁止性规定和公序良俗，没有恶意串通损害他人合法权益，当事人都可以对自己的权利进行自由处分，也就是说，既可以自由行使也可以自由放弃。正因为这种权利自由处分的原则，很多当事人在实践中均会利用自身的合同强势地位要求对方作出让步，在合同中明确放弃部分权利，以实现其最大化的合同利益。例如，承租方明确表示在本租赁合同履行期间放弃本合同项下的房屋的优先购买权，并且出租方有权决定在本租赁合同期限届满后，承租方是否可以享受优先续租的权利，对此，承租方同意放弃抗辩权。

这些关于弃权的约定，对于实现出租方利益的最大化具有显著的作用。在符合法定情况下均为有效且受法律的保护。实务中，强势一方的当事人一般会要求对方当事人放弃诸如优先购买权、优先承租权、后履行抗辩权和同时履行抗辩权等一系列的法定权利，以确保合同履行实现自己的目的。

四、约定提前履行和部分履行

在实际的合同履行过程中，合同的当事人一方往往会由于某些原因提前履行或者部分履行自己的义务。以买卖合同为例，即本来约定在10号交货，但8号就把货送过去了，或者本来合同约定交货数量是3吨，结果只先交付了2吨。从严格法理来讲，这种提前履行和部分履行是一种违约行为，但立法者基于诚实信用的原则给予了有条件的许可。就提前履行和部分履行来讲，实务操作中双方常常各执一词，一方说你违反了合同关于交货时间或交货数量的约定，另一方则胡搅蛮缠地讲他的这些行为并没有损害债权人的利益，《民法典》第五百三十条、第五百三十一条也允许提前履行和部分履行，这样一来不仅打乱了债权人的合同预期以及工作计划，而且一旦涉讼，更可能会由于各地法院和法官基于各种原因对此认识的不同损害债权人的合同利益。为避免法律规定的弹性给债权人带来的不可知的风险，有必要在合同中对于提前履行和部分履行进行充分的协商和明确的规定。

虽然严格来讲提前履行和部分履行是一种违约行为，但《民法典》基于诚实信用的原则对提前履行和部分履行采取了有条件的许可，规定了“提前履行/部分履行不损害债权人利益”，“给债权人增加的费用，由债务人负担”。可是，到底给债权人增加了多少负担和费用，这些举证责任都是由债权人来承担的，关于“不损害债权人利益”的判断标准也需要结合主客观标准进行认定。本来按照合同的约定严格执行就可以了，但债务人违反合同的事先约定提前履行或部分履行，最后还要由债权人来举证证明由此增加的费用，只有债权人证明达标后才谈得上赔偿的问题。而且这种举证的难度不可小觑，如果没有确切的证据证明为此增加了费用，或者证明所增加的费用比实际的开支还少的情况下，债权人只能充当冤大头。现实的情况是债权人很难对此举出证明力较高的证据，最后的结果也往往是“得了猫儿赔了牛”。所以，为避免法律规定的弹性给债权人带来的不利因素，债权人可以在合同中明确规定，在未经债权人允许的情况下，债务人不得提前或部分履行合同的义务，否则视为违约，债务人将承担相应的违约责任。

五、约定合同解除后适用的范围

实务当中，在解除合同，特别是在单方解除合同的场合，其解除的法律效果很难确定是合同自始至终就没有发生效力，还是合同在解除以前履行的依然有效，解除以后的合同关系才被消灭。虽然理论通说将合同分为继续性和非继续性，并据此确定合同解除对之前效力的评判，但毕竟是理论而非法律规定。

在双方没有相关约定的情况下，对于合同解除所适用的范围难免会使双方的利益处于不稳定的状态。解除后双方的协商、谈判甚至起诉都将会对此问题争执不下，莫衷一是。因此，当事人在订立合同时，应当将合同解除以后的法律效果是否发生溯及力作出明确约定，以避免将来出现合同解除情形需要进行清算时留下理扯不清的漏洞。

目前，我国法律尚无明确而系统的关于合同解除以后有无溯及力的规定，虽然我国学术界的通说认为一时性合同的解除有溯及力，继续性合同的解除无溯及力，但是这种通说乃“学理解释”，因而没有法律的拘束力。自己的利益自己重视，当事人在订立合同时完全可以在合同中对这些法律的漏洞进行填补和充实，使双方订立的合同尽可能地完善和详尽。所以，双方当事人可以在合同谈判时对该问题进行沟通探讨，本着互利互惠、平等的原则将合同解除以后有无溯及力的问题进行约定，以便在今后万一出现合同解除的情形时，双方有章可循。

例如，双方当事人共同协商确定，本合同不论是因双方协商解除或单方原因解除时，合同解除的效力均不对合同解除前的履行情况产生法律效力，只对合同解除后的情况发生法律效力，在合同解除以前双方根据合同约定的适格履行均为有效。

六、约定当事人双方的有效证据形式

在实际的工作中，合同当事人双方在合同履行期间工作沟通和联系相当频繁，其中联系、通知和沟通的方式包括但不限于传真、电话、电子邮件、QQ、MSN 即时通讯、微信、特快专递、手机短信等，这些相互传递沟通的工具对于快速高效地履行合同发挥了很大的效用。但是，如果合同当事人由于某些原因涉讼到法院，上述通信的内容和形式是否有效？或者某些通信方式和内容并没有经过当事人首肯或授权，只是经办人员的单方意思，该意思是否具有合同的拘束力？或者双方当事人沟通的方式或内容众多、反复或前后不一致，在多个沟通方式上有多个不同的意思表示，究竟以哪一个为准？以上情形不胜枚举。因此，与其在法庭上由法官根据合同性质和目的来认定（其中并不排除法官基于自身知识和经验作各种可能的解释，或者认定失误，或者基于某些不合法原因故意认定错误），还不如双方事先在合同中对此予以约定，以便双方在合同履行过程中规范工作交流沟通的方式，明确通过何种方式来理解和认知相对方的真实意思表示。

根据相关法律、法规对证据的规定，有些证据形式的证明效力是受到严格限制的。比如，复制品这类证据，在没有原件的情况下，法院一般不能单独作为认定案件事实的证据。在法庭诉讼中，当事人提交的证据千奇百怪，其中不排除很多都是过后补充或者恶意虚构的，而这些过后补充或者恶意虚构的“证据”一旦提交到法庭上，可能会由于法官的自由裁量及认定的偏差，使得当事人一方的利益受到损害。

为了有效地避免今后涉讼的不可知结果，在合同中应当对双方的通知及信息传达的方式和内容进行限制，明确排除一些事后可能造假或者模棱两可的证据形式，这样不仅有利于合同的履行，今后一旦涉讼也有利于保证双方的公平与正义。例如，甲乙双方明确同意并约定：双方的信息通知和送达仅为电话传真和邮寄信函两种方式，内容也必须为文件原件并附有当事人一方的亲笔签名和盖章加以确认。其他任何包括电话、电子邮件等通知传达方式均予以排除，不具有双方认可的合同效力。以前双方就此合同项下事宜所订立的会议纪要、确认文件等与本合同有抵触的，均以本合同为准。

七、约定诉讼不停止履行的条款

在实务中，合同当事人一旦涉及诉讼或仲裁，都会不自觉地停止合同的进一步履行，一门心思地扑到诉讼或者仲裁上面，这样会导致当事人的期待利益落空，同时也可能会给当事人造成更大的损失。特别在诸如商业房屋（商铺）租赁合同当中，如果不进行诉讼不停止履行的约定，从房屋的出租人的利益出发，在实践中的合同利益很难得到保护。因为一旦涉讼，用作租赁的商业用房在诉讼期间到底是由承租人在判决生效之前继续占有、使用和收益，并按时足额地交纳租金，还是由出租人为避免进一步的损失将房屋转租给第三人而不承担违约责任，事实上都难以作出统一的判断。在实务中就曾出现过房屋在涉讼期间承租人不再占有，而出租人害怕违约而不敢再转租给第三人的案例。这种模棱两可的尴尬境遇不符合“物尽其用”的经济原则，故在订立合同时，对于合同利益有可能受损的一方当事人（如商业地产的出租人）在事先就应当对此作出规定，以防在事后面临对自己不利的法律后果。

法律对于合同当事人一旦涉讼，合同是否继续履行的问题目前尚没有明确的规定，很大程度上还是通过《合同法》中关于非违约方的减损义务的规定（《民法典》第五百九十一条）来进行指导和规范。这样就导致在实践中对该类问题的处理缺乏统一的行为判断尺寸，扩大了当事人对此问题处理的伸缩弹性，使得涉讼合同是否继续履行的法律效果具有不确定性，徒增当事人履行合同的忧虑。同时，对于非违约方的减损义务的规定，实践中由于合同性质的千差万别，合同履行的多样性，非违约方什么样的作为才符合善良管理人的标准，其应当如何履行减损义务等，都难有统一明确的依据。

基于此，在法律没有明确规定的情况下，合同当事人根据私法自治、合同自由的原则，双方可以根据合同的目的和性质约定对于诉讼是否停止合同履行的问题，以便今后涉讼时双方当事人有行为的依据。

例如，双方约定，在合同当事人之间或与第三人进行诉讼或仲裁的过程中，除法律规定或国家司法机关依职权要求中止双方有争议的事项外，本合同约定的其他事项应当继续履行。

第六节　如何进行合同条款的法律审查

一、合同的倾向性与审查角度

一般而言，合同文本都在不同程度上存在一定的倾向性，出具文本的一方总是从保护自身权益“最大化”的角度出发，对合同对方的权益保护则“能省即省”，巧妙规避。因此，必须掌握合同审查的重点，有针对性地做好合同的法律风险防范。

对于当事人自己出具的文本，最好是从独立第三方的角度甚至是对方的角度审查合同，以避免因当事人的习惯思维而造成合同缺陷，尤其是合同的目的性、完整性、明确性方面。主要包括合同约定能否满足交易需要；重点权利是否得到有效保障；条款有无遗漏、约定有无冲突；表述是否明确、易懂且无歧义。

对于对方当事人的合同文本，特别是篇幅较长的合同，同样是基于合同倾向性的考虑，在审查时不仅要看清各条款中的权利义务，还要“洞察细微”，听懂对方的“弦外之音”，发现对己方当事人可能不利的条款。比如，在一份由卖方出具的工矿产品买卖合同中，对于管辖问题约定为“原告所在地人民法院管辖”，导致了管辖的不确定性。该条款表面上非常公平，似乎在保护权益受损方的利益，但违约方也完全可以通过“恶人先告状”的方式提起诉讼争夺。因此，当事人在交易中签订对方提供的合同文本之前，尤其要重点审查对方义务与己方义务是否清晰明确；己方权利和对方风险是否被限制；对方权利和己方风险是否被扩大；违约责任是否对等；争议处理方式是否合理等情况。

由于合同的利益倾向性及不同类型合同所具有的特点，当事人在审查合同时，还应当把握正确的角度。以买卖合同为例，如果站在买方的角度，自己承担的履行责任是及时足额付款，但其面临的风险则表现在以下几个方面：一是在预付款买卖情况下其支付的款项是否安全。二是其能否及时获得所购买的标的物。三是其所买的标的物是否能够满足需要。因此，在审查合同时应当重点关注付款方式中关于预付款的比例是否过高及预付款担保方式；卖方的质量责任范围及质量责任承担方式；卖方的交货时间及逾期交货责任；卖方的权利瑕疵担保及售后服务等方面是否含糊不清或者在兜圈子。

如果站在卖方的角度，自己承担的履行责任是及时交付符合合同要求的标的物，但其面临的风险则表现在以下几个方面：一是能否及时收到货款。二是买方对于标的物的质量责任范围是否过宽、质保期是否过长、质量责任是否过重使得己方难以全面履行。三是其所交付的标的物的风险是否能够及时转移。因此，在审查合同时应当重点关注付款方式中关于定金或者预付款是否过低及在买方逾期付款情况下的拒绝发货权利的保留等付款担保方式；卖方对于标的物的质量责任范围限制；质保期起始期限的明确；质量责任的最高额限制及标的物交付方式及风险转移等，以排除买方不合理要求，从而确保卖方的履约条件具有现实可控性。

二、合同的目的性与审查幅度

合同的内在目的用一句话表达就是“锁定各方的利益平衡点”。我们说合同是当事人经过协商所达成的一致，这种一致反映了当事人均可接受的利益平衡。在这一平衡点上，供需各方的交易目的得到了可以接受的满足。但是市场经营行为讲究的是以最小的支出获得最大的收益，如果没有一种书面的确定来进行约束，则任何一方都会因为更大的利益或更小的付出而违约，所以书面合同就是将这种利益平衡记录在纸上，并防止对方去破坏这种平衡的方式。

所以，合同审查有一个幅度，如果站在己方的角度来看，这个幅度所涉及的范围介于交易对方可以接受的己方的最高要求或权利标准与己方可以接受的交易对方的最高要求或权利标准之间，突破这个范围双方将不能达成交易的一致性意见。

在实践中，当事人往往并不能接受相对规范严谨的合同文本，除非在交易中占据优势地位，对合同权利的主张如果超出了交易对方可以接受的范围，就无法被交易所采用。这是因为合同首先反映的是交易双方的经济行为，交易双方基于自身的利益和风险，对合同义务或责任都有一定的承受能力。从这个意义上讲，合同审查的幅度就是交易双方基于各自的经济利益与风险的承受能力的彼此平衡区间。当然，这一区间不是固定不变的，其与交易双方的交易地位是否悬殊有密切关系：交易双方地位悬殊越大，弱势方可以接受的优势方的最高要求或权利标准往往越高，合同内容的平衡区间就越大；反之，交易双方地位差距越小，双方可以接受的交易对方的最高要求或权利标准就越接近，合同内容的平衡区间就越小。

三、合同的法律性与审查维度

（一）结构体系是否严谨完备

合同是约定交易各方权利义务及履行程序的体系，既然是体系就必须有一个清晰明确的结构，否则合同就变成了条款的简单堆砌，造成人们在阅读时理解上的障碍。一般而言，合同的结构体系是以标题体系为标志的，标题体系越清晰，说明合同的体系结构越清晰，合同也越便于理解。

根据《民法典》第四百七十条的规定，合同的内容由当事人约定，一般包括以下条款：①当事人的姓名或者名称和住所；②标的；③数量；④质量；⑤价款或者报酬；⑥履行期限、地点和方式；⑦违约责任；⑧解决争议的方法。

上述条款其实可以视为合同的基本结构体系。当然《民法典》所规定的仅仅是共性化的、概括性的基本条款，许多大型的、复杂的合同在每一个基本的条款上都会有若干的复杂的约定。例如，有一份委托合同，没有分段分主题，双方协议起来很费力。合同就像双方谈判事项的脉络，罗列就可以得到很好的结构体系梳理了。经过分析和归纳，最后将委托合同整合在以下几个标题中：①双方身份情况说明；②委托代理事项；③委托代理权限；④特殊情况的处理；⑤代理事务费用与代理费用的结算与给付；⑥违约责任；⑦合同生效与解除；⑧其他约定事项。通过这样的梳理，该合同结构明朗，内容清晰，对后面的审查工作给予了极大的方便。

我们说，一个合同的假设越多、处置越严密合同也就越完善。我们在日常工作中发现，越是复杂的合同，往往越容易造成假设后缺少处置，或假设不严密，具体体现就是有是否违约的判断，但是缺少对违约行为的制裁，还有就是对重大违约的假设没有穷尽所有，这就是结构体系不完备造成的功能缺失，所以我们在审查合同的时候应该对此予以注意。

在建立了比较完备的合同结构体系的同时，还需要考虑合同的整体思维的严谨度问题，即具体模块中的条款是否齐备，条款之间的关联配合是否正确、完整，是否有重复、冗余或不协调的部分，各条款间的严谨性如何。交易内容复杂的合同，标题的层级是否完整也是审查的内容，一级标题、二级标题，甚至有三级标题。在一个标题下的内容是否完整，如当事人身份事项标题下，具体可能包括：当事人名称、当事人工商登记事项、资质事项、法定代表人、姓名、电话、住址、当事人通信地址、银行账号，这一标题下的内容是直接或间接确定合同中的权义，维系交易安全的部分，重大交易中越详细越好。例如，在工程承包合同中，本标题下还可以包括当事人工程建设业绩、承诺或保证、具有相关资格证员工人数等。再如，合同在标的物履行时间、地点、方式的约定中违约金计算方式的约定，但到合同结尾部分又有了合同违约金的约定，重复且衔接不协调。每个模块点后有自己涵盖的内容范围，有没有超越模块标题内容而管辖了其他模块的内容，有没有超出本模块需要约定的范围，这些都会造成条款的冲突问题。

一般而言，合同整体思维的严谨，所要解决的是围绕合同当事人的交易目标及制约交易的客观条件，如何通过严谨的思维判断，有效地组织合同的各方面条款共同保障交易目的的实现。有些合同中之所以存在着相互不配套的条款，往往都是因为在制作合同时缺乏整体思维而造成的。

这里着重说一下“合同中的推理”。有时候合同的局部安排需要更多地考虑细节问题，而细节问题考虑到什么程度则完全应围绕着合同的目的、当事人的意图或要求。一般情况下，要想让所有可能的细节一览无余，有时候是需要采用推理的方式穷尽所有可能的，这样才能保证合同中的假设没有遗漏。

（二）条文内容是否合法实用

合同的条文内容应当满足合法、实用这两个基本要求。

1. 合法性

合同内容合法主要强调在双方意思表示一致的情况下，双方约定的交易内容、交易方式是否合法的问题，其实也可以总结成合同的条款是否合法的问题。关于这个问题，我们重点说一个方面：在民事活动中民事主体有法定的义务也有约定的义务，如果法律已经有了明确规定，且未授权当事人自行约定某些内容，则最好不要约定与法律规定相矛盾的条款，否则容易将该条约定置于效力不明确的状态下。这时完全可以不做约定，因为法律已经有强制性规定，即使不约定也必须遵守。例如，某委托合同中约定“本合同自签订后至履行完毕之前，任何一方不得解除合同”，但是我国《民法典》第九百三十三条明确规定：“委托人或者受托人可以随时解除委托合同……”所以合同中这类约定未必能够起到阻止中途解约的目的。当约定与法律强制规定相冲突时，法律的规定应该是高于约定的。

2. 实用性

合同条文内容的实用性表现在两个方面：

一方面，应当考察合同条文内容是否满足交易需求，即从交易的目的识别合同能否满足需要。我们知道，交易目的与合同目的并不完全相同，有时合同目的仅是合同中体现的交易的阶段性或部分的目的，而交易的最终目的往往与合同中约定的合同目的并不一样。例如，在某些资本运营的过程中，交易中的合同目的是获得某企业的产权，但交易的目的很可能并不是最终拥有并经营该企业，而是包装后重新出售。所以，不同的交易目的会使合同的重心向不同的侧重面倾斜，收购后如自己经营的，一般更注重其生产、技术、管理能力等，反之则会更加注重其资产的优劣情况等。可以说，越是了解真实的交易目的，就越能够让合同满足当事人的实际需求。但是在实践中，很多当事人往往限于自身能力水平的限制不能系统地、明确地提出其需求，这就需要当事人与律师等专业人士进行沟通，以便归纳、识别和提炼。另外，对于满足交易需求还有一个“度”的问题。有的时候并不是越严格、越“长篇大论”的合同越能满足交易的需求，过于专业化的合同反而会令当事人读起来都困难，更别提它会给合同当事人造成履约上的心理和实际的障碍。所以，并非所有的当事人都喜欢“长篇大论”，因此在合同审查中应该根据客观环境、当事人的偏好等各方面考量。通常情况下，在不清楚这些因素的前提下，还是应该尽量做一份严谨的长篇大论的合同，但可以在给当事人看后根据当事人的要求压缩或删减。

另一方面，条款实用性强的合同，不仅应具备交易中所必须的基本条款，还应包括根据合同标的、合同性质、合同目的等应当写入的条款。这些条款是合同基本条款的细化和延伸，具有很高的实用价值。审查时，要根据交易目的、合同类型、对方当事人特点、合同背景等情况，对可能发生的问题加以前瞻性的预见并形成实用性的条款。

一般而言，要加强合同的实用性就是要有针对性地增设合同条款。比如，根据合同特有的风险增加条款、根据违约的特点增加条款、根据产品的特性增加条款、根据对方的实际情况增加条款。

（三）权利义务是否明确具体

权利义务的明确性，是指不仅合同中包括《民法典》中规定的必备条款，合同中条款的前后呼应和配合也应该是浑然一体的。比如，什么行为属于违约、违约应当如何制裁、责任归于何方等条款均应非常明确。同时，权利义务的明确性更重要的是要明确合同义务的可识别性。日常中，我们常见的是“违约责任的可识别性问题”。我们经常看到的合同中条款是“任何一方违约均需依法承担违约责任”，像这样的条款，实际上是没有任何意义的，也是不可识别的。一方面，违约要承担违约责任是法定的，无须约定。另一方面，合同法中对于违约的制裁、违约行为的界定和违约的责任基本上都授权当事人自行约定，没有约定往往无法得到保护。另外，在合同中我们经常看到“合理”这个词，如“合理期限”“合理费用”“合理方式”等，但合同未对“合理”进行解释，这就给什么是“合理”带来了不确定性。所以，我们在审查修改合同时，应该对该类情况通过细化解释的方式加以明确，不可模棱两可，即不具备可识别性。

（四）语言表达是否准确周密

1. 合同的语体、用语问题

合同所用的语言肯定是正式的专业化书面语，语体风格应当精确、庄重、严密、正式。应当杜绝在合同中使用口语的表达方式，如“无论在什么情况下终止服务，乙方都应及时、合理、充分地告知用户终止服务事宜和妥善地处理善后事宜，同时乙方必须保证白天手机不关机”。在这个条款中的“无论在什么情况下”“手机不关机”属于标准口语，“都”“白天”也带有口语色彩，令人感到合同非常随意。比如，改成“在任何情况下终止服务，乙方均应及时、合理、充分地告知用户终止服务事宜和妥善地处理善后事宜，同时乙方必须保证工作时间手机通信畅通”就会好很多。另外，还要杜绝在合同中使用商业信函的语言。商业信函中往往语气是比较客气、礼貌的，这是为了表达对对方的尊重，但是合同已经进入了实质性的权利义务安排，所以再用商业信函语言则感觉会不伦不类。例如："我们将会给予扣除……" 应当改为 "×方予以扣除……"

2. 合同的词汇使用问题

(1) 词语歧义

中国语言博大精深，一个词有好多的意思，由于措辞上的不精确引起的诉讼也屡见不鲜。比如，在某租赁合同中：乙方不得以任何借口拖欠租金，如到期不支付费用，下次交费必须提前一个月交清。该句中交费一词就不适当，到期不支付费用是单指租金，还是包括租金、物业费用？再如，"我借你十块钱"，既能理解成 "我借给你十块钱"，也能理解成 "我向你借十块钱"。所以，我们在审查合同时要注意避免合同中使用这种词汇。

(2) 指代不明确

例如，"为进一步加强合作，本着互惠互利、共同发展的原则，经友好协商，甲乙双方就甲方代理乙方为其客户进行租赁业务达成如下协议"，这句中的 "其客户" 的概念就指代不明确，不去研究整个合同则无法理解到底指的是甲方客户还是乙方客户。

(3) 用词不精确

某些措辞本身就不精确，所以导致合同的不精确表达。比如，上例某租赁协议中，"下次交费必须提前一个月交清"，如何提前，何谓提前？月初交本月房租，那提前一个月交下一个月的房租，该是月初交下一个月的房租，这句难理解、难操作。我们经常在某些合同中见到的 "基本符合" "基本一致" 等词语，这类用语实际上在一般情况下和没有约定一样，应当尽量避免。

案例：避免用语歧义，防范合同风险

【基本案情】

案例一：某年，Y 公司与 T 公司签订商场租赁协议，约定 T 公司承租东方广场三楼，经营男女四季服装、休闲装、精品时装、皮装。出租方保证不允许任何楼层经营同样的产品。后 T 公司发现广场二层经营商品与自己公司有重复，遂拒付租金。Y 公司认为，合同约定的含义是禁止其他楼层经营与 T 公司同样的、同一品牌的服装，T 公司则认为，类别重复即违反约定。

案例二：1999 年 1 月，福州某矿泉水公司与福州郊区一村镇经济合作社签订了 "租赁土地协议书"。合作社将 13873 平方米的土地租给矿泉水公司使用，租期 30 年。租金如下：1999 年至 2000 年度支付 5 万元，2000 年至 2001 年度支付 8 万元，2001 年至 2002 年度支付 11 万元，2002 年至 2003 年度支付 15 万元，2003 年到 2008 年度支付 17 万元。至 2005 年 3 月，矿泉水公司仅支付租金 22 万元。

案例三：2000 年，吴先生等 70 多位业主与某房地产开发公司签订了《商品房预售合同》，以分期付款的方式购买了商品房，双方约定：逾期交楼 180 天以内，违约金按银行利息的1.2倍计算；如果超过180天，则每日按购房款的0.05%计算。但是距约定交楼时间过了一年多，吴先生等人仍然没有拿到房子钥匙。在与开发商协商违约金不成后，吴先生等人一怒之下把开发公司告上了法院。

案例四：甲乙口头约定，由乙向甲借款5万元。后来，乙归还了部分借款，甲为乙出具一张凭据“还欠款1万元”。后来，甲因乙迟迟不归还余款，遂向法院起诉，要求乙归还余款4万元。

【法律分析】

案例一中，服装依分类标准的不同有多种分法，按用途可分为礼服、休闲装、职业装、运动装；按材料可分为丝绸服装、化纤服装、棉麻服装、皮装；按季节可分为春、夏、秋、冬四季服装；按款式可分为西装、中山装、中式便装等。而时装是个很不确切的概念，不同的语境下有不同的含义。合同中的所谓“四季服装、休闲装、精品时装、皮装”是按不同的标准进行的分类，概念相互重叠，其中四季服装其实已囊括了服装类别，而合同后一句“不允许经营同样商品”更是将合同条款的含义混乱到令人无法琢磨。从表述的上下文看，其含义似乎是出租方可以允许其他楼层经营列举服装以外的其他服装，可是事实上合同中的列举已经穷尽了服装的所有种类，使以上的理解不可能实行。反过来，如果条款的含义是其他楼层不能经营任何服装的话，合同里又没有必要列举服装的种类，也不会写“不允许任何楼层经营同样的产品”，而应直接说不允许任何楼层经营服装，才符合一般的表达习惯。“同样的产品”可以理解为所有服装，还可以理解为同类服装，也可以理解为同一品牌的服装，或同一款式的服装等。

案例二中，合作社认为矿泉水公司不能依照约定交纳租金，构成违约，便向法院提起诉讼，提出解除合同，要求矿泉水公司支付拖欠的51万元租金。矿泉水公司则主张，协议中“2003年到2008年度支付17万元”是5年的总租金额，从2003年起，每年的租金应是3万余元，所以所欠的租金额是23万元。

案例三中，针对“超过180天，每日按购房款的0.05%计算”的意思双方发生争议，开发商主张前180天违约金应按银行利息的1.2倍计算，180天以后的部分才按每日赔偿购房款的0.05%计算，即超过了180天，180天以内按照一种比例，180天后按照另一种比例分成两个时间段计算。而业主们则认为这句话应该这样理解：总延期时间在180天之内，按照一种比例计算，超过180天，则采用另一种计算方法。而两种计算方法可使每位业主获得的赔偿金相差一万多元。

案例四中，出现了两种理解方法：一种认为，甲为乙出具的是一张收条，其真实意思是，实际收到了乙归还的欠款1万元，乙仍然欠甲4万元，这里的“还”应读为huán；另一种认为，甲出具的条子是一张证明，它证明了甲与乙之间现存的欠款标的额，此处的“还”应当读为hái，意思为，乙还有1万元未归还，故应判令乙归还甲1万元。这个案例说明，用词不严谨不仅会给自己造成麻烦，还会给别有用心的人钻了空子。

【实务指南】

合同的权利义务都是在特定的条件下产生的，因而其界限都是特定的。语言歧义是影响合同权利义务明确性的隐形杀手，由于这一特殊语言现象的存在，有时通过常规审查没有发现问题的条款，恰恰存在另外的理解方式，从而为合同的履行埋下了隐患。

法律语言作为一种专业语言，需要在特定的领域表述特定的内容，因而其表述必须严谨、明确。否则，一旦出现歧义或偷换概念的现象，就很可能影响权利义务的分配和交易目的的实现，甚至造成重大利益损失，带来合同履行中的法律风险。因而，企业在对外经济合同的签订过程中，应当注意合同条款的文义审查，防止因语言歧义带来的法律风险。

第六章
合同履行中的法律风险控制

第一节　如何履行合同
第二节　如何进行合同救济
第三节　合同履行过程中的几个具体问题
第四节　合同履行的过程管理及注意事项

本章提示

虽然说很多合同法律风险是在合同签订时就留下了隐患，但绝大多数的合同法律风险都是在合同履行过程中发生，或者演变为显性法律风险的。一个合同的履行往往存在一个过程，其间需要合同双方或者多方的配合，这固然需要在合同中详细约定相关细节，但更需要合同当事人根据实际情况以及合同的约定及时、恰当地作出补充或者修改。同时，合同履行过程中双方的来往函件、备忘录、会议纪要、传真，甚至交通票据、运输单、电话记录、电子邮件等都需要甄别、管理，一旦发生纠纷，这些都可能发挥证据效力。对很多项目而言，签订一个好的合同只是一个良好的开端，合同的履行才是真正重要的环节。

本章围绕如何履行合同、如何进行合同救济及合同履行中存在的几个相关问题，对合同履行中的具体法律风险及操作注意事项进行了解析。

第一节 如何履行合同

合同的履行，指的是合同规定义务的执行。任何合同规定义务的执行，都是合同的履行行为。相应地，凡是不执行合同规定义务的行为，都是合同的不履行。因此，合同的履行，表现为当事人执行合同义务的行为。当合同义务执行完毕时，合同也就履行完毕。

履行阶段是合同管理的第二阶段。这个阶段也很重要，需要做好内部交接工作，对合同履行中出现的问题及时采取措施，来降低对方违约的风险。在本阶段，要建立合同履行的监控机制，督促企业内部各相关部门和对方按合同约定内容全面适当履行，使合同履行中的各种信息和问题能得到有效的收集和反馈，进一步预防纠纷的发生，并能在纠纷发生前有效预测和报警，使我们在纠纷发生时能及时、有效、从容地予以应对。

简言之，合同履行阶段要对合同履行中出现的问题及时采取措施，从而降低对方违约的风险。同时，可通过评估发现合同在签订阶段存在的问题，反过来对下一个合同的签订和合同管理制度的完善提出依据。[①]

一、合同履行的过程、标准及原则

（一）履行合同的过程

当事人完成合同义务的整个行为过程，不仅应包括当事人的依约交付行为，还应包括当事人为完成最终交付行为所实施的一系列准备行为。尽管在通常情况下，准备行为并非合同义务，但绝不能因此得出准备行为不是合同履行行为的结论。准备行为是最终履行行为的基础或前提，甚至可以说没有准备行为即没有最终的履行行为。合同的履行是一个过程，其中包括执行合同义务的准备、具体合同义务的执行、义务执行的善后等。在这一过程中，具体合同义务的执行是合同履行的核心内容，传统意义上的合同履行，指的就是这一阶段的合同履行。然而，为执行合同义务所作的准备和义务执行完毕后的善后义务，固然不是合同规定的义务，但因其与第二阶段意义上的合同履行具有密切的联系，因此也是合同履行的内容。这同时也是现代合同相关法律发展的趋势所在。

合同义务的执行是要进行必要的准备的，没有必要的准备行为，往往就无法执行合同的具体义务。现代合同相关法律的发展已充分注意到准备行为在合同履行中的地位，并赋予合同当事人中止合同的权利。理论上虽然通常将这一

① 刘芳：《企业在签订、履行合同过程中的法律风险防范》，载《法制与社会》2009 年第 7 期。

表述称为英美法上的先期违约制度，但其从另一方面表明了立法者对合同履行的动态过程的重视。因此，执行合同义务的准备行为，也是合同履行制度的当然内容，了解合同履行制度，不能忽视这一阶段。

合同的履行过程就是由以上三个阶段组成的，这三个阶段中任一行为的发生都是合同的履行行为。合同的履行制度，就是规范在这三个阶段中有关合同当事人行为的制度。它应包括合同履行在法律效力上的总体要求，确保合同履行的一般法律制度，合同履行中的具体规则等。具体表现为：合同履行的保全制度、合同履行的规则、合同履行中的抗辩等，由此构成我国合同相关法律完整的合同履行制度。《民法典》是将合同履行单独作为一章（第三编第一分编通则中的第四章），主要是强调合同履行制度的重要性，更有利于人们重视合同的履行。同时，也承认合同的履行是合同终止的最主要、最正常的原因。合同的履行就是执行合同义务的行为，是一个过程。在这一过程中，每一个执行合同义务的行为结合在一起，构成了合同履行的完整过程，这是合同的完全履行。但是，合同的履行与合同的完全履行是两个不同的概念。履行强调的是行为的过程，完全履行强调的是行为的结果。虽然法律对合同履行的要求是完全履行，但我们不能把对履行的要求当作履行本身，因为合同的部分履行也是合同的履行。

（二）履行合同的标准

履行合同，就其本质而言，是指合同的全部履行。只有当事人双方按照合同的约定或者法律的规定，全面、正确地完成各自承担的义务，才能使合同债权得以实现，使合同法律关系归于消灭。因而，当事人全面、正确地完成合同义务，是对当事人履约行为的基本要求。只完成合同规定的部分义务，就是没有完全履行；任何一方或双方均未履行合同规定的义务，则属于完全没有履行。无论是完全没有履行，或是没有完全履行，均与合同履行的要求相悖，当事人均应承担相应的责任。

（三）合同履行的原则

合同履行的原则，是指法律规定的所有种类合同的当事人在履行合同的整个过程中所必须遵循的一般准则。根据中国合同立法及司法实践，合同的履行除应遵守平等、公平、诚实信用等民法基本原则外，还应遵循以下合同履行的特有原则，即适当履行原则、协作履行原则、绿色原则和情势变更原则。以下就这些合同履行的特有原则加以介绍。

1. 适当履行原则

适当履行原则，是指当事人应依合同约定的标的、质量、数量，由适当主体在适当的期限、地点，以适当的方式，全面完成合同义务的原则。这一原则要求以下几点：

第一，履行主体适当。即当事人必须亲自履行合同义务或接受履行，不得擅自转让合同义务或合同权利让其他人代为履行或接受履行。

第二，履行标的物及其数量和质量适当。即当事人必须按合同约定的标的物履行义务，而且应依合同约定的数量和质量来给付标的物。

第三，履行期限适当。即当事人必须依照合同约定的时间来履行合同，债务人不得迟延履行，债权人不得迟延受领。如果合同未约定履行时间，则双方当事人可随时提出或要求履行，但必须给对方必要的准备时间。

第四，履行地点适当。即当事人必须严格依照合同约定的地点来履行合同。

第五，履行方式适当。履行方式包括标的物的履行方式以及价款或酬金的履行方式，当事人必须严格依照合同约定的方式履行合同。

2. 协作履行原则

协作履行原则，是指在合同履行的过程中，双方当事人应互助合作共同完成合同义务的原则。合同是双方民事法律行为，不仅仅是债务人一方的事情，债务人实施给付，需要债权人积极配合受领给付才能达到合同目的。由于在合同履行的过程中，债务人比债权人更多地受诚实信用、适当履行等原则的约束，协作履行往往是对债权人的要求。协作履行原则也是诚实信用原则在合同履行方面的具体体现，协作履行原则具有以下几个方面的要求：

第一，债务人履行合同债务时，债权人应适当受领给付。

第二，债务人履行合同债务时，债权人应创造必要条件、提供方便。

第三，债务人因故不能履行或不能完全履行合同义务时，债权人应积极采取措施防止损失扩大，否则应就扩大的损失自负其责。

3. 绿色原则

绿色原则是《民法典》的重大创新，既契合了中国现阶段的基本国情，又具有鲜明的时代特色。党中央多次提出要完善绿色生产和消费的法律制度和政策导向，绿色原则也反映了我国民事立法的重要价值取向。与合同相关的法律作为市场经济的核心交易规则，同样要遵循绿色原则。绿色原则，是指合同当事人在履行合同过程中要避免浪费资源、污染环境和破坏生态。绿色原则的纳入将促进环境保护的思想观念融入企业管理过程中，实现经济发展与环境保护价值之间的协调与平衡。

比如，《民法典》第六百一十九条、第六百二十五条规定的绿色包装义务和旧物回收义务即绿色原则在合同履行过程中的具体体现。第六百一十九条规定："出卖人应当按照约定的包装方式交付标的物。对包装方式没有约定或者约定不明确，依据本法第五百一十条的规定仍不能确定的，应当按照通用的方式包装；没有通用方式的，应当采取足以保护标的物且有利于节约资源、保护生态环境的包装方式。"第六百二十五条规定："依照法律、行政法规的规定或者按照当事人的约定，标的物在有效使用年限届满后应予回收的，出卖人负有自行或者委托第三人对标的物予以回收的义务。”

此外，经济合理原则也是绿色原则中避免浪费资源的体现，其要求是合同双方在合同履行过程中，应讲求经济效益，以最小的成本取得最佳的合同效益。在市场经济社会中，交易主体都是理性地追求自身利益最大化的主体，因此如何以最少的履约成本完成交易过程，一直都是合同当事人所追求的目标。由此，交易主体在合同履行的过程中应遵守绿色原则是必然的要求。该原则一直为我国的立法所认可，如《纺织品、针织品、服装购销合同暂行办法》规定，供需双方应商定选择最快、最合理的运输方法。

4. 情势变更原则

所谓情势，是指合同成立后出现的不可预见的情况，即“影响及于社会全体或局部之情势，并不考虑原来法律行为成立时，‘为其基础或环境之情势’”。所谓变更，是指合同赖以成立的环境或基础发生异常变动。我国学者一般认为，变更指的是构成合同基础的情势发生根本性的变化。在合同有效成立之后、履行之前，如果出现某种不可归责于当事人原因的客观变化会直接影响合同履行结果时，若仍然要求当事人按原来合同的约定履行合同，往往会给一方当事人造成显失公平的结果，这时法律允许当事人变更或解除合同而免除违约责任的承担。这种处理合同履行过程中情势发生变化的法律规定，就是情势变更原则。

情势变更原则实质上是诚实信用原则在合同履行中的具体运用，其目的在于消除合同因情势变更所产生的不公平后果。自第二次世界大战后，由于战争的破坏，战后物价暴涨，通货膨胀十分严重。为了解决战前订立的合同在战后的纠纷，各国学者特别是德国学者借鉴历史上的“情势不变条款”理论，提出了情势变更原则，并经法院采为裁判的理由，直接具有法律上的效力。经过长期的发展，这一原则已成为当代合同法中一个极富特色的法律原则，为各国法所普遍采用。我国《民法典》第五百三十三条对情势变更进行了规定：“合同成立后，合同的基础条件发生了当事人在订立合同时无法预见的、不属于商业风险的重大变化，继续履行合同对于当事人一方明显不公平的，受不利影响的当事人可以与对方重新协商；在合理期限内协商不成的，当事人可以请求人民法院或者仲裁机构变更或者解除合同。人民法院或者仲裁机构应当结合案件的实际情况，根据公平原则变更或者解除合同。”因此，情势变更原则既是合同变更或解除的一个法定原因，又是解决合同履行中情势发生变化的一项具体规则。

二、合同约定不明时的履行

我国《民法典》第四百七十条列出了合同一般包括的条款，也允许当事人参照各类合同的示范文本订立合同。订立一个具体、明确、当事人都无疑义的合同是合同履行的关键和前提，也是人民法院审理合同纠纷的直接证据。

但在实践中，由于各种原因，还存在当事人应当约定的条款而未作约定或者约定不明确的情形。其产生的原因：一是当事人对某些合同条款未作意思表示而疏漏；二是当事人虽有约定但不明确；三是当事人约定某些条款在合同订立后另行约定；四是合同的某些条款因违法而被确认无效或被撤销。

约定不明合同的存在，势必给当事人履行造成困难，但为了鼓励交易、节约交易成本，则应当尽量予以补充，并使合同具有可履行性。根据《民法典》第五百一十条、第五百一十一条之规定，约定不明合同的履行原则如下：

（一）当事人协议补充原则

所谓当事人协议补充原则，是指当事人对没有约定或者约定不明确的合同内容通过协商的办法订立补充协议，使合同具体化和明确化，并与原合同共同构成一份完整的合同。当事人协议补充原则源于我国《民法典》第五百一十条的规定："合同生效后，当事人就质量、价款或者报酬、履行地点等内容没有约定或者约定不明确的，可以协议补充……"

（二）按照合同相关条款或交易习惯确定原则

约定不明合同在履行中形成纷争时，首先应当适用当事人协议补充原则。其次当不能达成补充协议时，应按我国《民法典》第五百一十条后段"按照合同相关条款或者交易习惯确定"的原则进行。

按照合同相关条款确定原则，是指在合同当事人就没有约定或者约定不明确的合同内容不能达成补充协议时，结合合同的其他方面的内容加以确定，使合同具体化和明确化。因为合同是一个整体，当事人就某一具体条款明确规定，但在其他条款中涉及这一问题时，就可以按照该条款加以确定。

按照交易习惯确定原则，是指在合同当事人就没有约定或约定不明确的合同内容不能达成补充协议时，按照人们在同样的交易中通常采用的合同内容加以确定，使合同具体化和明确化。无论在国内交易中，还是在国际交易中都已形成了许多交易习惯，这些交易习惯可以用来补充当事人合同的内容。

（三）法定补充原则

当事人就有关合同内容约定不明确，在适用当事人协商补充原则、按照合同有关条款确定原则、按照交易习惯确定原则仍不能确定时，就应当适用法定补充原则。所谓法定补充原则，又称合同的补缺规则，是指法律规定的，适用主要条款欠缺或合同条款约定不明确，但并不影响其效力的合同，以弥补当事人所欠缺或未明确表示的意思，使合同内容合理、确定，便于履行的法律条款。

我国《民法典》第五百一十一条规定，当事人就有关合同内容约定不明确，依照前条规定仍不能确定的，适用下列规定：

①质量要求不明确的，按照强制性国家标准履行；没有强制性国家标准的，按照推荐性国家标准履行；没有推荐性国家标准的，按照行业标准履行；没有国家标准、行业标准的，按照通常标准或者符合合同目的的特定标准履行。

②价款或者报酬不明确的，按照订立合同时履行地的市场价格履行；依法应当执行政府定价或者政府指导价的，依照规定履行。

③履行地点不明确，给付货币的，在接受货币一方所在地履行；交付不动产的，在不动产所在地履行；其他标的，在履行义务一方所在地履行。

④履行期限不明确的，债务人可以随时履行，债权人也可以随时请求履行，但应当给对方必要的准备时间。

⑤履行方式不明确的，按照有利于实现合同目的的方式履行。

⑥履行费用的负担不明确的，由履行义务一方负担。

该条之规定，即为法定补充原则的法律根据。法定补充原则是在长期经济活动中形成的法律原则，也是对商业惯例和经济活动一般准则的确认。

案例：合同约定不明的隐患及救济方案

【基本案情】

2021 年 6 月 22 日，原告原某热水器公司与被告被某科贸公司签订合同（以下简称 6. 22 合同）。合同条款之前的订货表格中写明：原某热水器公司向被某科贸公司订购商用电子温控器 275，数量 100 套，单价 1000 元（价格含 17%的增值税），合计 10 万元。订货表格下方的说明中写明：总值 50 万元，预付款 10 万元。合同第 4 条约定：原某热水器公司付款后（以银行底单为准）15 日内将货送到原某热水器公司指定地点，如未按时交货，原某热水器公司将要求全额退款。若被某科贸公司未按时退款，原某热水器公司将按 0. 05%的日息收取资金费用。合同第 5 条约定：被某科贸公司负责将货物运至原某热水器公司指定地点，运费已经包含在价格内。合同第 6 条约定：原某热水器公司按合同预付全款的 50%（银行底单）款到发货，电汇方式，被某科贸公司收到款后开出增值税发票，实际到货数量与合同数量不符按实际到货数量结算，根据合同金额多退少补。

2021 年 6 月 27 日，原某热水器公司与被某科贸公司签订合同（以下简称 6. 27 合同）。合同条款之前的订货表格中写明：原某热水器公司向被某科贸公司订购热水循环泵 PH-2200Q，数量 10 个，单价 5000 元，合计 5 万元；订购过滤泵 PUF-1500G，数量 10 个，单价 7000 元，合计 7 万元；订购家庭增压泵 PB-S401EA，数量 15 个，单价 2600 元，合计 3. 9 万元；订购高压泵 PW-1500G，数量 10 个，单价 4100 元，合计 4. 1 万元。订货表格下方的说明中写明：总值 50 万元，预付款 20 万元。合同第 4 条约定：原某热水器公司付款后（以银行底单为准）15日内将货送到原某热水器公司指定地点，如未按时交货，原某热水器公司将要求全额退款。若被某科贸公司未按时退款，原某热水器公司将按0.05%的日息收取资金费用。合同第5条约定：被某科贸公司负责将货物运至原某热水器公司指定地点，运费已经包含在价格内。合同第6条约定：原某热水器公司按合同预付全款的50%（银行底单）款到发货，电汇方式，被某科贸公司收到款后开出增值税发票，实际到货数量与合同数量不符按实际到货数量结算，根据合同金额多退少补。

2021年6月22日及27日，原某热水器公司分别通过银行向被某科贸公司分别电汇货款10万元及20万元。2021年6月28日及7月30日，被某科贸公司分别向原某热水器公司出具了与订购的货物相对应，金额分别为10万元、8.9万元、7万元、4.1万元的4张增值税发票。被某科贸公司未向原某热水器公司供货。

【法律分析】

原某热水器公司与被某科贸公司签订的6.22合同及6.27合同的内容均不违反国家法律和行政法规的强制性规定，均属有效，对双方当事人均具有法律约束力。

《民法典》第五百一十条规定："合同生效后，当事人就质量、价款或者报酬、履行地点等内容没有约定或者约定不明确的，可以协议补充；不能达成补充协议的，按照合同相关条款或者交易习惯确定。"

6.22合同中，合同条款之前的订货表格中写明的订货总价为10万元，订货表格下方的说明中写明的总值为50万元。订货表格下方的说明中写明的预付款为10万元，合同第6条中约定的预付款为全款的50%。合同对价款总额与预付款金额存在相互矛盾的不同约定，且原某热水器公司与被某科贸公司均未提交证据证明双方达成了补充协议，故应视为双方对合同价款总额和预付款金额约定不明。对此法院认为，合同价款总额应与购买货物的价格形成对应，6.22合同的订货表格中写明了订购货物的名称、型号、单价和数量，故应认定为6.22合同的价款总额就是订货表格中的总价10万元。同理，6.27合同的价款总额也应确定为订货表格中的总价20万元。

2021年6月22日及27日，原某热水器公司已按订购货物的实际价款，通过银行向被某科贸公司分别电汇货款10万元及20万元，而被某科贸公司也在2021年6月28日及7月30日为原某热水器公司开具了与订购货物名称、型号、数量和金额相对应的增值税发票，故应认定原某热水器公司已履行合同约定的付款义务，且被某科贸公司未提出异议，被某科贸公司应当按照合同约定的期限向原某热水器公司供货。

本案还涉及一个问题，如果原某热水器公司未告知其指定送货地点，被某科贸公司是否就可以拒绝履行交货义务？笔者认为，《民法典》第六百零三条第二款中规定："当事人没有约定交付地点或者约定不明确，依据本法第五百一十条的规定仍不能确定的，适用下列规定：（一）标的物需要运输的，出卖人应当将标的物交付给第一承运人以运交给买受人；（二）标的物不需要运输，出卖人和买受人订立合同时知道标的物在某一地点的，出卖人应当在该地点交付标的物；不知道标的物在某一地点的，应当在出卖人订立合同时的营业地交付标的物。”

6.22合同和6.27合同的第4条中均约定：原某热水器公司付款后（以银行底单为准）15日内将货送到原某热水器公司指定的地点。此合同条款仅约定了交货地点的产生方式，即由原某热水器公司指定，而未约定具体的交货地点，事后双方亦无补充协议，故应视为交货地点约定不明。6.22合同和6.27合同的第5条亦约定：被某科贸公司负责运输货物，在交货地点不明时，被某科贸公司仍可将设备交承运人，由承运人交付原某热水器公司，由此履行其供货义务，而相关风险由原某热水器公司自行承担。故交货地点不明并不能免除被某科贸公司的按期供货义务。

综上所述，被某科贸公司在收到原某热水器公司支付的货款后，并未适用当地履行供货义务，其已构成违约，原某热水器公司签订6.22合同和6.27合同的目的因此无法实现，该公司要求解除合同、返还货款的诉讼请求应当得到法院的支持。

【实务指南】

1. 合同约定不明的隐患

第一，在合同的订立过程中，缺乏对合同内容全面、审慎的把握，所签的合同条款不齐备，内容不全面，为合同的履行埋下了隐患。

第二，合同成立生效后，在合同的履行过程中发现所签的合同条款有所欠缺，没有及时采取协议补充等适当的方式予以弥补、解决，从而使双方的矛盾进一步激化，最终导致纠纷的发生。

合同一般条款的欠缺，虽然不会对合同的成立、合同的效力等问题产生影响，却会对合同的履行、合同当事人经济利益的实现带来消极的影响。所以，当事人在订立合同时，不仅应注意对合同必备条款的约定，还应当注意根据合同的类型、双方当事人的具体情况对与合同有关的其他条款作出全面的约定，只有这样才能有效地避免因合同约定不明所带来的不利后果。

2. 合同约定不明方面常见失误的法律救济方案

首先，合同生效以后，在合同履行前或履行过程中，如果当事人发现所签的合同条款不清或合同的内容存在漏洞时，应及时与对方当事人取得联系。本着平等协商的原则，对合同所欠缺的内容予以协商、弥补。对双方约定不清的内容进一步地澄清、完善，力求通过协商的方式统一双方的意见，最终达成解决问题的协议。实践证明，这是一种积极有效的解决该类问题的补救方式。

其次，如果双方不能就合同约定不明的问题达成补充协议，当事人应及时向法院提起诉讼，要求依法对合同约定不明的内容予以解释、认定，并应积极寻找一些解释合同的证据，如双方以往的交易习惯，本行业、本领域的通用做法和规则等，为合同的解释、补充工作做好必要的准备。

最后，在不能按照合同的有关条款或者交易习惯对合同的内容予以确定的情况下，当事人应注意及时了解相关的法律规定，明确具体的法律内容，并注意依据法律确定的合同履行依据、责任承担方式等，及时履行自己的合同义务，避免违约的发生或违约范围的进一步扩大。

三、涉及第三人的履行

我国《民法典》第五百二十二条第一款规定："当事人约定由债务人向第三人履行债务，债务人未向第三人履行债务或者履行债务不符合约定的，应当向债权人承担违约责任。"第五百二十三条规定："当事人约定由第三人向债权人履行债务，第三人不履行债务或者履行债务不符合约定的，债务人应当向债权人承担违约责任。"

依照上述规定，合同成立后，有关债权、债务均应由双方当事人享有或者承担，即使双方约定由第三人向债权人履行债务或者由债务人向第三人履行债务，此种约定对于第三人既不能产生权利，也不能产生义务。很显然，上述规定所依据的是合同相对性原则，即合同原则上只能为缔约双方当事人设定权利义务，而不能为合同关系之外的第三人设定权利义务。但在实际生活中，合同履行涉及第三人的情况十分复杂，如果不能正确地理解法律的规定，划清必要的界限，则有可能损害当事人的合法权益。《民法典》第五百二十二条第二款规定："法律规定或者当事人约定第三人可以直接请求债务人向其履行债务，第三人未在合理期限内明确拒绝，债务人未向第三人履行债务或者履行债务不符合约定的，第三人可以请求债务人承担违约责任；债务人对债权人的抗辩，可以向第三人主张。"即对真正利益第三人的合同，规定了在特定情形下，第三人的拒绝权、履行请求权和违约责任情形权。比如，《保险法》第十八条第三款规定："受益人是指人身保险合同中由被保险人或者投保人指定的享有保险金请求权的人。投保人、被保险人可以为受益人。"按照该条规定，在发生特定情形时，受益人作为非人身保险合同的当事人，可以直接请求保险人支付保险金。

案例：合同履行涉及第三人的法律适用

【基本案情】

乙将从甲处购买的货物转卖给丙，由于丙拖欠货款，致乙无力支付所欠甲的货款。后经甲的要求，甲、乙、丙三方共同达成协议，约定乙所欠甲的货款，由丙向甲直接支付。此后，丙未履行该协议，甲即以丙为被告提起诉讼，要求丙支付货款。

【法律分析】

对于本案，无论法院适用《民法典》第五百二十二条还是第五百二十三条进行处理，原告甲均应败诉。因为就乙与丙的关系而言，根据第五百二十二条的规定，当事人约定债务人丙向第三人甲履行，当丙不履行时，丙应当对债权人乙，而非对第三人甲承担责任。就乙和甲的关系而言，根据第五百二十三条的规定，当事人约定由第三人丙向债权人甲履行，当丙不履行时，应当由债务人乙而不是第三人丙对甲承担责任。如此一来，甲、乙、丙三方为清理三角债而达成的协议便成为一纸空文，债权人甲的利益未能得到应有的保护。

【实务指南】

正确理解和适用《民法典》第五百二十二条和第五百二十三条的规定，对于司法实务具有重要的意义。

1.《民法典》第五百二十二条的正确理解及其与类似情况的区别

我国《民法典》第五百二十二条第一款规定的情形，在理论上称为“经由被指令人而为交付”。此为债务履行的一种常见的特殊形式，即债务人应债权人的要求，将债的标的向第三人交付。比如，甲向乙花店订购鲜花一束，约请乙花店送至甲的女友丙处。再如，甲将向乙约定购买的物品转卖给丙，甲要求乙直接将该物品交付给丙，乙允诺而为之。在前述情形，请求权仍为债权人享有，债务人系基于债权人的请求（指令）而向第三人（被指令人）为给付，第三人并不能取得对债务人的直接请求权，其法律地位类似于债权人给付受领行为的代理人，一旦债务人向第三人履行义务，即发生其向债权人履行义务的同样效果，即债务人的债务因清偿而归于消灭。而由于被指令的第三人不享有对债务人直接的给付请求权，所以如果债务人未按债权人指示向该第三人为给付行为，债务人应对债权人承担违约责任，第三人无权对债务人提出履行请求，也无权对债务人主张违约责任。如前例一，甲指令乙花店将其购买的花交付给其女友丙，如果乙花店未向丙给付，只能由甲向乙花店提出履行请求及主张违约责任，丙无权提出同样的请求。

“经由被指令人而为交付”的根本特点，在于债权人指令债务人向其履行债务的第三人不能取得对债务人的请求权，由此导致其与下列情形的区别：

（1）债权转让

在债权转让的情形中，一旦合同权利人将权利转让给第三人并通知债务人，第三人即取得对债务人的请求权。债权转让的特点，在于第三人（债权受让人）取代原债权人的地位而成为新的债权人，有权直接请求债务人履行债务。

（2）向第三人给付之契约

向第三人给付之契约又称“使第三人取得债权的契约”，属于《民法典》第五百二十二条第二款所规定的情形，即通过法律规定或当事人约定第三人可以直接请求债务人向其履行债务。此种合同的目的在于为第三人设定利益，即缔约双方约定，一方应向第三人履行特定义务，其通常是使第三人成为当事人双方所订立的合同的受益人，使其取得该合同所设定的权利。例如，养老金保险合同中的投保人与保险人约定，由第三人（受益人）取得请求保险人给付养老金的权利；又如，运输合同中托运人与承运人约定，由第三人（收货人）取得请求承运人交付托运货物的权利；再如，货物买卖合同中买受人与出卖人约定，由第三人取得向出卖人请求交付出卖物的权利，等等。“向第三人给付之契约”一旦成立，债务人即负担向第三人给付的义务，但第三人并非消极地仅仅具有受领该给付的地位，而是取得直接请求债务人给付的权利，亦即在债务人和第三人之间直接发生请求权关系。所以，当债务人不向第三人履行义务时，第三人有权请求债务人履行及主张违约责任。如人身保险合同的保险人未依约向受益人支付保险金时，后者得请求保险人支付。

“向第三人给付之契约”与债权转让的相同之处在于第三人均可取得对债务人的请求权，其不同之处在于：债权转让一旦成立，原债权人就不再对债务人享有任何权利；而在“向第三人给付之契约”成立后，如果债务人未向第三人履行债务，依不同情况，债权人仍然有权请求债务人履行或者赔偿损失。例如，甲、乙在买卖合同中约定，乙向甲支付货款后，甲应当向丙交付标的物。此后，如果丙拒绝接受标的物，乙仍有权请求甲向自己交付标的物。此种情形，如果认定构成债权转让即乙已经将请求甲交付标的物的权利转让给丙，则在丙放弃权利时，乙无权请求甲交付标的物，对乙明显不公。又如，甲、乙约定，由乙直接向丙为给付；另甲、丙约定，如乙未为给付，甲应向丙支付违约金。后由于乙未向丙履行给付义务，甲即向丙支付了违约金。为此，甲如果诉请法院责令乙对其损失予以赔偿，法院应当判决甲胜诉。但在此种情形，如果认定甲已将对乙享有的债权转让给丙，则当乙未向丙交付时，仅丙有权追究乙的违约责任，但甲却不能就因此而遭受的损失（向丙支付违约金）对乙提出赔偿主张，这显然对甲不公。

应当特别指出，在实务中，并不谙熟法律的当事人之间关于“由债务人向第三人履行债务”的约定常有模糊之处，如何解释并判断当事人的约定究竟属于“经由被指令人而为交付”，或“债权转让”，或“向第三人给付之契约”？笔者认为，其解释及判断标准可有两条：

一是根据法律规定予以判定。某些情形，即使当事人未明确约定使第三人取得对债务人的直接请求权，但根据法律规定应当认定其约定构成“向第三人给付之契约”。如人身保险合同中指定第三人为受益人的情形，虽该种涉及第三人的约定有可能并未明示第三人取得请求权，但依该种人身保险合同的目的和性质，第三人理当取得对保险人的直接请求权，否则，其合同的目的即不能实现。

二是根据当事人约定予以判定。如果合同双方仅仅约定债务人应向第三人履行义务，但并无使第三人取得对债务人的直接请求权的意思，并且根据双方约定的目的及交易习惯也不能推定合同双方当然具有此种意图的，应认定为“经由被指令人而为交付”。例如，货物买卖合同成立后，买受人单纯指令出卖人将标的物直接交付给第三人（如指令将货物交付给受买受人委托而存放货物的保管人），或出卖人单纯指令买受人将货款直接支付给第三人（如指令将货款直接支付给与出卖人订立有借款合同的借款人）等，上述情况应当认定为“经由被指令人而为交付”，适用《民法典》第五百二十二条第一款的规定，第三人不能取得对债务人的请求权。又如，托运人与承运人约定，作为第三人的收货人有权直接向承运人请求按照约定履行交付义务并有权向承运人主张违约责任，则当承运人拒绝履行或者不适当履行给付义务时，收货人有权按照约定行使请求权和主张违约责任的权利，此种情形应适用《民法典》第五百二十二条第二款的规定。

至于常见的“转手买卖”（所谓“连环购销合同”）中当事人约定由出卖人向次买受人直接交付的情形，如果其约定未明示使第三人（次买受人）取得对出卖人的请求权的，可分三种情况作出不同处理：

- 当出卖人与买受人将该种约定直接订定于买卖合同之中时，应认定其约定的性质为“第三人约款”即构成“向第三人给付之契约”（因其约定系采用买卖合同条款的形式，为交易本身的条件之一，其重要性不言自明，所以，应当认定根据合同约定双方当事人具有使第三人取得请求权的意思），适用《民法典》第五百二十二条第二款的规定。
- 当买卖合同成立以后、履行之前，买受人要求出卖人将标的物直接交付给次买受人时，根据交易习惯，此种情形为转手买卖时当事人常常采用的简便交付方法，所以，应认定为构成“经由被指令人而为交付”，适用《民法典》第五百二十二条第一款的规定。
- 当买卖合同成立以后，出卖人、买受人与次买受人三方共同达成协议，明确约定由出卖人直接向次买受人履行给付义务时，应依当事人所处情况及协议目的，推定成立债权转让。

2.《民法典》第五百二十三条规定的正确理解及其与类似情况的区别

《民法典》第五百二十三条规定的情形与理论上所谓“由第三人给付之契约”相似，即合同双方约定，合同为一方所设定的债务由债务人负责使第三人向债权人履行。例如，乙将从甲处约定购买的某物转而出卖给丙，乙、丙订立合同时（或订立合同后）约定，乙负责使甲向丙直接交付该标的物；又如，甲、乙约定，由乙负责使丙为甲修剪花草，等等。“由第三人给付之契约”系将“不利益”赋予第三人，因而第三人不因该种约定而当然承担给付义务。因此，当第三人不向债权人履行义务时，债务人应对债权人承担违约责任，债权人无权向第三人主张义务履行或违约责任。

"由第三人给付之契约"与债务转移的区别在于：债务转移一旦成立，第三人（债务承担人）即应向债权人承担债务清偿责任，而"由第三人给付之契约"成立后，第三人对债权人并不承担债务清偿责任。

实务中常常发生的问题是，合同双方约定"由第三人向债权人履行债务"，第三人也表示同意，但事后第三人拒绝履行义务。在这种情况下，究竟应当认定其构成"由第三人给付之契约"还是债务转移？对此，笔者认为应根据债务转移的法定条件（债务人与第三人具有转移债务的合意并征得债权人同意）以及合同目的和交易习惯，按不同情况予以认定：

- 合同双方单纯约定由第三人向债权人履行债务时，应认定构成"由第三人给付之契约"，适用《民法典》第五百二十三条的规定，债权人不能取得对第三人的请求权。
- 合同双方约定由第三人向债权人履行债务，但债权人并未明确同意债务清偿责任转而由第三人承担，则无论债务人与第三人是否达成债务转移协议，也只能构成"由第三人给付之契约"而非债务转移。
- 即使合同双方明确约定由第三人向债权人承担债务清偿责任，但只要第三人与债务人之间并未达成债务转移协议，第三人也未向债权人明确表示愿意承担债务履行责任，则对之也只能认定构成"由第三人给付之契约"。
- 当债权人、债务人以及第三人三方共同达成协议，约定债务由第三人向债权人履行时（如为清理三角债，债权人、债务人、次债务人三方约定由次债务人直接向债权人履行付款义务），根据协议目的及交易习惯，应当推定三方当事人具有债务转移的意思（债权人、债务人以及次债务人均同意由次债务人向债权人承担债务清偿责任），认定构成债务转移，由第三人根据三方协议对债权人承担直接的清偿责任。

四、履行不当的法律风险防范

按照合同是否履行和履行状况，违约行为可分为合同的不履行和不适当履行。合同的不履行，指当事人不履行合同义务。合同的不履行包括拒不履行和履行不能，拒不履行指当事人能够履行合同却无正当理由而故意不履行；履行不能指因不可归责于债务人的事由致使合同的履行在事实上已不可能。履行不当是指合同当事人虽履行了义务，但其履行不符合合同的约定和法律的规定。

根据法律的规定，履行不当有多种表现形式，理论和实践上也有具体的分类。一般说来，履行不当主要包括：

（一）迟延履行

1. 给付迟延

在给付迟延的情况下，债务人可能承担的违约责任为继续履行、支付违约金或赔偿损失等。

2. **受领迟延**

债权人迟延受领，如合同约定有违约金的，应承担支付违约金的责任；如迟延受领给对方造成了损失而双方未约定违约金的，应赔偿损失。此外，还应继续履行并应按照《民法典》第五百一十三条承担价格制裁及第六百零八条承担标的物毁损灭失风险。

（二）不适当履行

1. **瑕疵履行**

在瑕疵履行的情况下，违约方首先是按合同约定的责任承担责任，如按约定承担违约金或赔偿损失等；合同双方对违约责任没有约定或约定不明的，非违约方可以合理选择要求对方承担修理、更换、重作、退货、减价和减少报酬，并可要求赔偿损失。

2. **加害给付**

加害给付行为，是指合同当事人履行合同义务不符合合同约定或法律的规定，进而给对方造成了履行利益以外的损害的行为。我国《民法典》第一百八十六条规定："因当事人一方的违约行为，损害对方人身权益、财产权益的，受损害方有权选择请求其承担违约责任或者侵权责任。"这条便是对加害给付的规定。

（三）部分履行

部分履行的违约方，一是应按合同约定承担违约责任；二是在合同未约定违约责任的情况下，应在可能履行和对方要求履行的情况下继续履行，并对因违约所造成的损失承担赔偿责任等。由于在一般情况下，对部分不履行，债务人是可以补足的，因此没有必要解除合同，除非债权人证明部分履行已构成根本违约，导致其订约目的不能实现。

（四）履行方式不当

履行方式不当的违约方，应当按照合同约定承担违约责任；如合同无约定或约定不明的，非违约方可请求继续履行、采取相应的补救措施、赔偿损失等。

案例：瑕疵履行的法律后果及风险防范

【基本案情】

2007年5月17日，原告杨某与被告湖州苏某电器有限公司签订了电器产品买卖合同，合同约定：原告向被告购买空调电器产品，总金额30万元，包括商品安装和保质期服务费；被告组织具有专业技术和丰富施工经验的人员对商品所有配件进行施工安装；本方案由苏某电器设计，承诺正常平均单位冷量250W/㎡。合同订立后，原告按约向被告支付货款27万元。被告于同年7月下旬安装完毕，空调运行中出现漏水现象，又出现制冷（热）功率达不到合同约定的效果，使酒店不断遭到客人的投诉。2008年1月28日（当地最冷季节），原告再次书面函知被告，要求被告限期排除质量问题或退货处理。之后，被告委派专家前去测试，仍无可行性消除质量问题的具体办法。原告为维护酒店正常营业，自行购买、安装13台分体式格力空调，花费62130元，作为酒店暂行应急措施。诉讼中，经原告申请，法院委托杭州市质量技术监督检测院对空调产品进行司法鉴定，鉴定报告书结论为：空调系统存在设计、安装质量问题，造成空调的制冷效果达不到酒店使用要求。

浙江省湖州市吴兴区人民法院2009年一审判决：解除原、被告间签订的电器产品买卖合同；原告返还被告提供的奥克斯空调电器产品（包括更换后的产品）；被告返还原告货款27万元，并补偿原告经济损失1.5万元。宣判后，被告提出上诉。湖州市中级人民法院二审判决：驳回上诉，维持原判。

【法律分析】

本案存在两种观点：

一种观点认为，苏某公司提供的空调根本无法正常使用，多次更换、维修也没有解决问题，严重影响了酒店的正常经营。原告在万般无奈下另行安装了空调，由于苏某公司交付的空调存在严重质量问题，已经造成酒店的巨大损失，法院应当判令解除原、被告所签订合同，被告返回原告已交付被告的款项并赔偿原告损失。

另一种观点认为，被告作为出卖人已经提供了相应的标的物，产品质量符合要求，已履行出卖人的义务，为原告制定了最佳的设计方案；空调的设计安装问题是可以通过整改予以修复的，不影响空调本身的使用。在空调制冷、制热发生问题时，被告也积极主动配合了原告查明原因，2008年1月，原告自行购买了13台分体式空调予以解决问题；原告要求退货及赔偿没有事实和法律依据。

笔者认为，原、被告应当按约定全面履行自己的义务。依据专家司法鉴定意见，空调系统存在设计、安装质量问题，造成被告所供产品不符合约定等状况，显然，被告属瑕疵履行合同。且在两年多均未能消除问题，给对方造成一定的经济损失，最终不能实现合同目的，构成根本性违约。因此，杨某诉请解除双方买卖合同的诉讼请应当得到支持。

【实务指南】

本案涉及合同瑕疵履行导致合同解除的问题。依照《民法典》第五百零九条之规定，当事人除按约全面履行自己的义务外，还应当遵循诚实信用原则，根据合同的性质、目的和交易习惯履行通知、协助、保密等义务，也即合同的附随义务。诚实信用原则是一切民事活动应遵循的基本原则，它要求民事主体在民事活动中维持双方的利益平衡，对另一方不进行任何欺诈，以诚实、善意的态度行使权利，履行义务，恪守信用。具体有以下要求：

- 当事人要按合同约定的条款，正确、全面地履行合同。
- 债务人不得履行已经有害于债权人的合同。
- 在合同就某一有关事项没有明确规定时，债务人应依公平原则并考虑事实状况合理履行。
- 债务人履行债务所交付的物品有瑕疵时，债务人应将此情况告诉债权人。

因此，笔者建议，在合同履行阶段，履行义务方需积极履行相应合同项下义务并对如何履行进行客观且有相应方确认的记载以避免因举证不足而导致的不利后果。

为了更好说明这一问题，笔者结合另一案例作进一步分析：A 公司将设备租赁给 B 公司，B 公司又将该设备租赁给 C 公司，A 公司与 B 公司之间约定以自然日为租赁费结算标准，B 公司与 C 公司之间约定以小时为租赁费结算标准。B 公司指示 A 公司直接将出租设备运至 C 公司，A 公司委托个人将设备直接运至 C 公司，设备在 C 公司使用期间，A 公司派员驻场并记录具体使用时间。合同期满结算租赁费时，B 公司却对租赁台数和使用时间提出异议，A 公司与 B 公司由此产生讼争。

从整个履行过程看，A 公司该履行的似乎都履行了，该记录的也都记录了，但是 A 公司疏忽了一点就是其合同履行的主要过程是在 C 公司完成的，故建议由 C 公司即第三方确认，以增强证据的证明力。

首先，在 A 公司将设备运至 C 公司时，A 公司应获取 C 公司相关负责人员的签字确认，这样就可为设备租赁起始时间计算提供参考依据。

其次，A 公司派员在 C 公司记录设备使用时间仅是单方记录，此时应让 C 公司工作人员签字确认；如设备自行有使用时间记录功能，也可充分利用此功能。

最后，在合同双方发生纠纷时，应注意法律程序上的一些问题，以防止因程序问题反而使自身陷入不必要的被动局面。

第二节　如何进行合同救济

合同履行并非总能一帆风顺，如果发生纠纷或者出现不能正常履行的情况，企业就会面临合同救济。合同救济行为不当，同样可能在这个阶段发生法律风险。该阶段的法律风险往往是诉讼边缘，一旦产生更容易转化为实质性的损害结果。

一、对方违约的合同救济法律风险

在合同履行的过程中，一个无法避免的情况就是对方违约，但企业几乎没有任何途径能够避免对方行为不当。当出现对方违约的情况时，企业能够做的就是及时采取恰当的补救措施，避免因此产生的损害进一步扩大，同时积极行使法定或约定的权利，固定相关证据，以便将来追究对方相应的责任。若因没有规范行使权利导致权利消灭，或者没有取得有利证据，或者因自己不慎导致承认对方的行为，都将给企业带来难以弥补的法律风险。

（一）抗辩权的行使及法律风险

合同分为双务合同和单务合同。绝大部分合同是双务合同，合同各方当事人既享有权利，也负有义务。所谓抗辩权，是指在双方合同中，一方当事人有依法对抗对方要求或否认对方权利主张的权利。

《民法典》规定了先履行抗辩权、同时履行抗辩权和不安抗辩权三种。

法律为防止抗辩权滥用，针对不同的抗辩权规定了不同的行使条件。若企业不当行使抗辩权，则可能因行为不当而构成违约行为，给自身造成法律风险。同时，在他人行使抗辩权时，也需要准确衡量其抗辩权是否符合法定条件、程序，以有效维护自身权益。在对方按照规定要求行使不安抗辩权时，若企业希望继续履行合同，也可以通过向对方提供适当担保要求恢复履行。

1. 先履行抗辩权

先履行抗辩权，也有人将其称为“后履行抗辩权”或“先违约抗辩权”，指的是在双务合同中，约定有先后履行顺序的，负有先履行债务的一方当事人未依照合同约定履行债务，后履行债务的一方当事人为保护自己的预期利益或为保证自己履行合同的条件而拒绝对方当事人请求履行的权利。《民法典》第五百二十六条规定，当事人互负债务，有先后履行顺序，应当先履行债务一方未履行的，后履行一方有权拒绝其履行请求。先履行一方履行债务不符合约定的，后履行一方有权拒绝其相应的履行请求。

先履行抗辩权的行使需具备下列条件：

（1）双方当事人因同一双务合同互负债务。

（2）双方当事人的合同义务有先后履行顺序，这种顺序可以由双方约定，也可以由法律规定或者按习惯确定。

（3）双方当事人所负债务已届清偿期、先履行一方到期未履行债务或未适当履行债务。首先，负有先履行义务的一方在其债务已届履行期时应当先履行义务。如果先履行一方的债务已届履行期而不履行债务或履行债务不符合合同约定，则属于违约。其次，对于后履行义务的一方，在先履行义务的一方构成违约并请求其履行的情况下，后履行义务的一方的债务必须也已届履行期，此时，后履行一方可以行使先履行抗辩权，拒绝其履行请求或在其不适当履行的范围内拒绝其相应的履行请求。如果先履行义务的一方在后履行义务的一方债务未届履行期时提出履行请求，则后履行义务的一方可以履行期限未到、对方无履行请求权为由提出抗辩，而不是行使先履行抗辩权。

先履行抗辩权的行使方式：

（1）先履行一方不能履行、拒绝履行、迟延履行且未请求后履行一方履行时，后履行一方行使先履行抗辩权，无须明示。行使先履行抗辩权的表现是届期不履行债务，此时应推定在先履行一方了解另一方是在行使自己的对抗权利。行使先履行抗辩权而未通知另一方并不构成合同责任。

（2）在前述情形下，先履行一方请求后履行一方履行合同义务的，后履行一方应当对此作出回应，对是否行使先履行抗辩权作出明确表示。

（3）当负有先履行义务的一方当事人的履行有重大瑕疵，或部分履行时，依诚信原则，后履行一方行使先履行抗辩权应当通知对方，给对方举证、解释、改正的机会，以防止损失扩大。这是因为先履行的一方有时可能不能了解自己履行的效果。

对于先履行抗辩权行使方式的争议主要集中于该抗辩权是否必须以明示方式行使以及在何时行使的问题。学界对于履行抗辩权的效力一直都存在着行使效力说和存在效力说的分歧。若采取存在效力说，则对行使方式和行使时间不作要求，即使后履行一方虽未明示，只要经审查其构成先履行抗辩权并运用该权利进行抗辩，则结论是后履行一方不构成违约，其不但自己不承担违约责任，还有权追究先履行一方的违约责任；若采取行使效力说，则要求必须在合理的时间并以恰当的方式行使方才有效，否则，认定后履行一方违约。

笔者认为先履行抗辩权的行使是否需要明示，不宜一概而论，而应区分情况，最后确定。

2. 同时履行抗辩权

我国《民法典》第五百二十五条规定："当事人互负债务，没有先后履行顺序的，应当同时履行。一方在对方履行之前有权拒绝其履行请求。一方在对方履行债务不符合约定时，有权拒绝其相应的履行请求。"同时履行抗辩权是指双务合同的当事人一方在对方未为对待给付之前，有权拒绝对方请求自己履行合同的要求的权利。合同的同时履行规则是商品交换规律在合同关系中的反映，是对一手交钱、一手交货这一古老交易原则的确认和发展。

3. 不安抗辩权

不安抗辩权，是指在双务合同中，当后履行义务一方当事人的财产状况发生恶化，存在不能履行合同的确切证据时，先履行义务的一方当事人可以此为由，拒绝先予履行自己义务的一种权利。

不安抗辩权是一种自助权。先履行方有证据证明对方不能为对待给付的现实危险时，可以中止履行合同，而无须经对方同意或经过诉讼、仲裁程序。

不安抗辩权的行使必须具备如下条件：

首先，双方当事人因同一双务合同而互负债务。

其次，享有不安抗辩权的一方为负有先履行义务的一方。不安抗辩权是依照合同负有先履行义务的当事人，在对方当事人有不能为对待给付的现实危险时，暂时中止自己给付的行为。这种暂时中止给付的发生前提之一，是权利人负有先履行义务。不安抗辩权的“不安”，在于权利人是依照合同先履行义务者，先履行义务者必须要承担对方履行不能实现的风险。当这种风险具有现实性的时候，当事人可以将自己的给付暂行保留。从保护交易安全的角度出发，法律赋予了当事人不安抗辩权。如果依照合同约定或法律规定，当事人行使同时履行义务，只产生同时履行抗辩权；若一方先履行，另一方后履行，则后履行一方享有先履行抗辩权的权利。

再次，后给付义务人的履行能力明显降低，有不能为对待给付的现实危险。不安抗辩权制度保护先给付义务人是有条件的，不允许在后给付义务人有履行能力的情况下行使不安抗辩权。只能在有不能为对待给付的现实危险，害及先给付义务人的债权实现时，才能行使不安抗辩权。《民法典》第五百二十七条规定，存在下列情形可适用不安抗辩权：①经营状况严重恶化；②转移财产、抽逃资金，以逃避债务；③丧失商业信誉；④有丧失或者可能丧失履行债务能力的其他情形。

最后，后给付义务人未提供担保。《民法典》第五百二十八条的规定：“当事人依据前条规定中止履行的，应当及时通知对方。对方提供适当担保的，应当恢复履行。中止履行后，对方在合理期限内未恢复履行能力且未提供适当担保的，视为以自己的行为表明不履行主要债务，中止履行的一方可以解除合同并可以请求对方承担违约责任。”

案例：如何行使不安抗辩权

【基本案情】

1997 年 4 月 21 日，A、B 两公司签订租赁合同。双方约定：由 A 公司出租坐落于×市胜利路 134 号，面积为 937 平方米房屋；租期 2 年，自 1997 年 5 月 20 日至 1999 年 5 月 19 日；每平方米日租金为人民币 0.45 元，全年租金为人民币 153902 元，先付后住，第一期付款日为 1997 年 4 月 30 日。合同还约定：A 公司必须按时提供完好的房屋，租赁期内任何一方提前终止合同，在征得对方认可后视为违约，违约金为全年租金的 20%，即人民币 30780 元。在双方签订租赁合同时，争议的房屋正由 A 公司租给另一家公司 C 使用，该 C 公司与 A 公司租赁合同到期时间为 1997 年 4 月，但 C 公司在 1997 年 8 月 15 日才正式搬出。4

月30日B公司未按约给付租金，并书面通知要求A公司提供担保。A公司未提供担保并于1997年5月5日致函B公司催付租金。5月19日B公司通知A公司要求终止履行租赁合同。鉴于B公司未付租金且要求终止合同，A公司认为按照双方合同约定，B公司构成违约。而B公司则认为4月30日A公司明显不具备提供房屋的条件且未提供担保，并且事实上5月20日A公司并未按合同及时提供约定的房屋，故己方不必履行合同，并已书面通知A公司。由于双方意见不一，A公司遂诉至法院，要求判令B公司支付违约金并赔偿损失。

【法律分析】

本案涉及的房屋租赁合同系双方当事人真实意思的表示，符合法律规定，应认定为有效合同。本案的争议焦点在于，根据合同约定B公司应先履行给付租金的义务，然后由A公司履行交付租赁房屋的义务，但B公司发现A公司应交付的房屋内原承租人仍在占用并未腾空时，据此拒付租金是否构成违约？这就涉及合同法理论上的一个问题，即“不安抗辩权”。

在本案中，A公司与B公司所签订的租赁协议系双方当事人真实意思表示。根据协议，B公司应履约“先付后住”，但A公司明显不具备履行合同条件，且事实上未按协议规定按时向B公司提供约定的房屋，B公司合法且及时地行使了不安抗辩权，提出该出租房屋未腾空而拒绝履行合同，不支付租金的理由是成立的。该情形符合不安抗辩权行使的条件，是正确的使用，其行为不构成违约。所以，A公司的诉讼请求不会得到法院的支持。

【实务指南】

在实践中应当注意，行使不安抗辩权必须具备前文所述的条件，否则就构成违约行为。我国《民法典》明确规定，主张不安抗辩权，先履行债务的一方应当举出对方有丧失或者可能丧失履行能力的情形。有确切证据的，先履行债务的一方不安抗辩权主张成立；没有确切证据的，先履行债务的一方当事人的不安抗辩权主张不能成立，并构成违约。

同时，不安抗辩权是一种自助权。先履行方有证据证明对方不能为对待给付的现实危险时，可以中止履行合同，而无须经对方同意或经过诉讼、仲裁程序。

不安抗辩权与预期违约。所谓预期违约亦称为先期违约，包括明示毁约和默示毁约两种形态。明示毁约，是指在合同履行期限届至之前，一方当事人无正当理由而明确肯定地向另一方当事人表示他将不履行合同。默示毁约，是指在履行期限到来之前，当事人虽未向对方声明将不履行合同，但其自身的行为表明其不能履行合同。很明显预期违约发生在合同成立之后，履行期到来之前，其是对诺言的违反，具体到双务合同则是指对双方约定的违反。

案例：如何区分预期违约与不安抗辩权

【基本案情】

2004年4月27日，山东省东营市某化工公司与阜新某装饰公司签订了购销合同。合同约定：购销货物60吨，单价12500元；接需方电话通知送货；结算方式为5吨铺底，滚动付款（化工公司的解释为第二次货物到达验收时付第一次的货款，第三次货物到达验收时付第二次的货款，以此类推），货到两月内结算所有货款；合同履行期限从2004年4月27日起到2005年4月27日止。合同签订后，2004年4月29日化工公司向装饰公司发货10吨（仅发货一次），装饰公司收货，此后装饰公司也未通知其发货，2004年7月1日装饰公司付款20000元，余款一直未付，后化工公司以装饰公司预期违约不付余款为由，于2004年11月14日诉至法院，请求对方支付剩余货款。法庭审理中，原告仅向法庭提交购销合同及收货单据各一份。

【法律分析】

本案在审理过程中各方对“货到两月内结算所有货款”的理解不一，对装饰公司是否构成预期违约产生分歧。

第一种意见认为，装饰公司构成预期违约，进而构成实际违约，应向化工公司支付剩余货款。按双方约定送货方式为接需方电话通知送货，但从2004年4月29日至2004年11月14日，在长达半年之久的时间内，装饰公司仍未通知化工公司送货，使化工公司产生不安全感。2004年7月1日，装饰公司主动付款20000元，此应视为装饰公司对付款方式变更为每批货到后即行结算，此时“货到两月内结算所有货款”的约定应理解为每批货到后结算每批货款，包括铺底款，至此装饰公司已构成实际违约，应向化工公司支付货款。

第二种意见认为，装饰公司不构成预期违约，更不构成实际违约，对原告的诉请应驳回。双方结算方式的约定意思非常清楚，2004年7月1日，装饰公司付款20000元的行为，仅是一种单方主动付款行为，并非对原结算方式的更改，“货到两月内结算所有货款”的约定应是最后一批货到时，即满合同约定60吨时对最后一批货款连同上批的货款及铺底款全部结清。装饰公司长期未通知化工公司送货，纵使化工公司产生不安全感，此也不能认定化工公司成立不安抗辩权，同时该合同为有效合同，在合同有效期内装饰公司可随时通知化工公司提供第二批货，以履行合同。

笔者认为第二种意见是正确的。该案案情并不复杂，但里面涉及两个法律问题，即预期违约和不安抗辩权问题。就本案而言，化工公司在合同生效后，在合同履行期限内仅向装饰公司送货一次，双方约定的结算方式为滚动付款，也就是后批货物送到验收时结算前一批货款，而本案双方签订的合同有效期届满日为2005年4月27日，在此日（包括该日）之前装饰公司完全可依据合同约定要求化工公司供第二批货物，如化工公司如约供货，则结算第一批货物的权利可成就。但在化工公司起诉前，对方并未向化工公司明确表示解除合同或不再要货，化工公司也未提交其他证据证实对方以其行为表明停止履行该合同，同时结合化工公司对于滚动付款的解释，不能认定装饰公司不付款的行为构成预期违约。相反，如果此时装饰公司按合同约定要求化工公司供货，若化工公司不供货，则化工公司构成部分违约。当然，如果化工公司在供完首批货时，发现装饰公司有《民法典》第五百二十七条规定的情况，即经营状况严重恶化；转移财产、抽逃资金，以逃避债务；丧失商业信誉；有丧失或可能丧失履行债务能力的其他情形。此时，装饰公司通知化工公司供货，则化工公司若掌握上述情况的确切证据时可中止履行合同，同时通知对方。若对方提供了担保，则化工公司应当继续供货；若中止履行后，装饰公司在合理期限内未恢复履行能力且未提供担保的，则化工公司可以以此主张解除合同并要求装饰公司支付第一批货款，即行使不安抗辩权。

【实务指南】

预期违约与不安抗辩权都是在双务合同中运用的一项法律制度，都是为善意签约人提供的一种自我保护的措施，二者从宏观意义上看都具有维护社会经济秩序的功能。下面分类加以比较论述：

1. 明示预期违约和不安抗辩权的比较

明示预期违约制度主要是涉及不安抗辩制度所不能包容的内容，即不安抗辩的适用条件之一是他方的财产于订约后明显减少，有难为对待给付之虞，而明示预期违约则是一方无正当理由明确肯定地向另一方表示其将不履行或不能履行合同的主要义务。由此，可以得出结论：由于明示预期违约所涉及的范围既不为不安抗辩制度所包含，又不为履行拒绝所包含。本文所指履行拒绝是指在合同履行期到来后，债务人无正当理由而拒绝履行其义务，因此这一范围是大陆法系国家法律调整的一块盲区。但令人欣慰的是，这一点在我国立法中已予以补正，《民法典》第五百七十八条规定："当事人一方明确表示或者以自己的行为表明不履行合同义务的，对方可以在履行期限届满前请求其承担违约责任。"

2. 默示预期违约和不安抗辩权的比较

默示预期违约和不安抗辩权很相似，两种的调整范围有交叉之处，共同点在于：两者都是在订约之后至履行期届满之前这段时间内，一方发现另一方有届时不会或不能履约的危险，而后者并无明确表示；两者都可以暂时中止履行合同，并要求对方作出履约的充分保证。然而，两者也有以下重大区别：

- 前提条件不同。行使不安抗辩权的前提条件是双方当事人履行债务的时间有先后之别，而默示预期违约无此前提。

● 行使权利主体不同。行使不安抗辩权的主体仅为一方，具有特定性，即有先为履行合同义务的一方，而合同任何一方都可提出预期违约。

● 行使权利所依据的原因不同。行使不安抗辩权的根据是他方的财产于订约后明显减少，有难为对待给付之虞，而默示预期违约不限于此，所依据的理由主要有以下三种：其一，债务人的经济状况不佳，没有能力履约。其二，债务人商业信用不佳，有不能履约的危险。其三，债务人的实际状况表明债务人有违约之危险。

● 法律救济方法不同。行使不安抗辩权的一方不可以直接解除合同或请求损害赔偿，而是在一定条件下可以中止自己的对待给付，若对方不提供履约保证且在合理期限内未恢复履行能力的，视为以自己的行为表明不履行主要债务，中止履行的一方可以解除合同并可以请求对方承担违约责任。默示预期违约则规定在对方不提供履约保证时，债权人可直接选择解除合同或不解除合同。

● 过错是否为构成要件不同。不安抗辩权的成立无须对方主观上有过错，而默示预期违约的成立要求违约方主观上有过错。

● 性质不同。默示预期违约属于违约责任制度的范畴，而不安抗辩权在性质上属于抗辩制度。

在实践中，预期违约与不安抗辩存有交叉，即竞合现象，此时行使两种权利时应该慎重。先履行义务一方，如果有确切证据证实合同对方出现《民法典》第五百二十七条所规定的四种情况，在此种情形下，先履行义务一方有选择权，它既可以依《民法典》第五百二十七条、第五百二十八条采取中止履行，通知对方提供履行担保，直至解除合同等法律措施，也可依《民法典》第五百六十三条第一款第（二）项、第五百七十八条中的默示预期违约的规定，径行行使解除合同，追究对方违约责任的权利。但从交易安全与减少经营风险的角度来看，在此情形下，权利人先履行义务一方应先行使不安抗辩权，只有对方不提供履约保证才足以推定对方构成预期违约，在此时再采取解除合同，以及追究对方违约责任等措施，这样对于保护自己的合法权益是非常有必要的。

案例：如何行使同时履行抗辩权

【基本案情】

2003 年 8 月 5 日，甲公司与乙公司签订了一份购销合同，约定乙公司向甲公司订购总价款为 50 万元的挖掘机一台，规定甲公司送货上门，交货日期为 2003 年 9 月 15 日。当日，乙公司向甲公司支付了 10 万元预付款，同时约定 8 月 20 日前再付 20 万元，货到时乙公司验收付齐尾款，运费由甲公司承担，如一方违约，要承担违约金 2 万元。签约后，乙公司于 8 月 20 日按时支付给甲公司 20 万元。甲公司用汽车将货物于 9 月 14 日运至乙公司指定的地点，并向乙公司提供了相关的质量证明。但由于乙公司未能筹集到20万元的尾款，货物始终未能卸车交付。甲公司等待数日后，于2003年9月24日带货离开乙公司，乙公司人员追至途中与其协商，但由于仍不能付足余款，甲公司将货物拉回。乙公司为此提起诉讼，要求甲公司返还预付款30万元，并偿付违约金。

甲公司辩称：我公司按合同规定时间将货物运至乙公司指定地点，但乙公司在规定时间内不能给付合同规定的20万元尾款，我公司才将货物运回，乙公司应按合同约定赔偿我公司违约金20000元。

【法律分析】

关于本案的认定存在三种不同的观点：

第一种观点认为，甲公司将货物送到指定地点，已尽到送货义务。由于合同中并未明确规定验货及支付尾款义务的先后顺序，所以双方应同时履行。在乙公司不能按时筹足并支付尾款的情况下，为避免发生损失，甲公司有权不履行己方义务将货物运回，其行为并未违约。

第二种观点认为，合同约定“验收付款”，验收在前、付款在后，甲公司是先履行方，乙公司是后履行方，甲公司未能卸车交付货物，导致货物无法验收，无论乙公司是否给付余款，甲公司均属违约在先，应承担责任。况且乙公司迟延履行自己的义务，并不当然影响合同目的的实现，甲公司可以相应推迟履行自己的义务，而不能完全拒绝履行。

第三种观点认为，原、被告均已构成违约，应当各自对自己的违约行为向对方承担赔偿责任，同时应当继续履行该合同规定的义务。

笔者认为，根据《民法典》关于同时履行抗辩权制度的规定，在一方违约的情况下，另一方正当地行使同时履行抗辩权，主要是为了对抗对方所提出的履行或承担违约责任的请求，并不构成违约。行使抗辩权是行使权利的行为，是合法行为，与违约行为在性质上有根本区别。本案中，乙公司在约定的日期未能付款，甲公司等待数天后乙公司仍未能付款，甲公司可据此行使同时履行抗辩权，拒绝履行交货义务。

因为，甲、乙两公司是购销合同关系，属典型的双务合同，合同中约定的“货到乙公司验收付款”不能简单地理解为当事人对履行期限作了约定：先验货、再付款，观点二就是犯了这样的错误，理解过于僵化，拘泥于文义。正当行使同时履行抗辩权，要求一方在行使该权利时，须按照诚实信用原则的要求，针对对方违约情况而拒绝履行自己的相应义务。换言之，拒绝履行的义务应与对方的不履行或不完全履行的义务之间大体相当，具有某种牵连性或对价性，保持一种利益平衡的状况。诚然，在一方迟延履行的情况下，另一方要行使同时履行抗辩权，必须要充分考虑对方的违约情况，一方在履行期限到来后不履行，只要该期限不影响合同目的的实现，如中秋节购月饼，另一方应适当推迟自己履行义务的期限，并不当然拒绝以后的履行。但本案中，乙公司届期未能履行付款义务，经甲公司等待数日后，仍未能付款，该笔款项占合同总价款的40%，乙公司不履行的行为直接影响甲公司的利益，且甲公司已尽到了自己的义务，进行了相应的等待，显然此时乙公司已违反了诚实信用原则。正是基于此种情况，甲公司将货拉回，是行使自己的权利，并非违约，可见本案纯属乙公司单方违约，而非观点三所述双方违约。综上，笔者认为被告提出的同时履行抗辩的主张是合理且有充分依据的。

【实务指南】

本案涉及双务合同同时履行抗辩权问题。在实践中，应当重视同时履行抗辩权的适用条件：

1. 双方当事人互负对待给付

同时履行抗辩权适用的首要条件就是，双方当事人基于同一个双务合同关系产生互负债务，承担对待给付的义务。互负债务是指双方当事人所负的债务具有对价性，在享有对方的债权的同时也向对方负有债务，双方均是合同的债务人和债权人，对方的债务是自己债权实现的对待条件。对于此项抗辩权是否仅适用于双务合同，理论与实践界存在不同的观点，笔者认为根据《民法典》第五百二十五条的规定，同时履行抗辩权的适用范围仅为双务合同，如买卖、互易、租赁等合同。

2. 合同未约定履行顺序，即“没有先后履行顺序”

在这种情况下往往要求当事人同时履行，只有在双方当事人的债务同时到期时才可能产生同时履行抗辩权。但对“同时履行”的理解存在不同的观念，有人认为是指当事人互负债务，没有先后履行顺序；有人认为是在同一时间履行。笔者认为，对于“同时履行”的理解不宜过分机械，不应仅局限于一手交钱、一手交货的情形，而应具体情况，具体分析，只要双方约定履行的时间相差不大的都可视为“同时履行”。如当事人约定在合同中载明“货到验收合格后付款”“货到付款”“款到发货”等的，均可认为是属于“同时履行”的约定。如果无法律规定，当事人亦没有约定一方应先履行，则可认为“同时履行”。不适当地限制同时履行抗辩权的适用，有违立法设立这一制度的目的。

3. 须对方当事人未履行债务或未按约定正确履行债务

《民法典》合同编规定一方在对方履行债务不符合约定时，可以行使同时履行抗辩权。但由于法律对“履行债务不符合约定”及其具体情形均未作出明确规定，以致实践中对此认识和做法不一。笔者认为，所谓“履行债务不符合约定”包括下列情形：一是瑕疵履行，即交付的标的物有瑕疵，包括全部质量有瑕疵与部分质量有瑕疵。二是部分履行，即交付部分标的物，此种情况与履行存在质量瑕疵一样，合同的目的仍然没有全部实现。值得注意的是，对于一方交付的标的物仅有轻微瑕疵，且不影响另一方实现合同目的，另一方并不当然能据此主张同时履行抗辩权。

4. **对方的对待履行须是可行的**

同时履行抗辩权是以对方能够履行合同为必要的。如果对方不能履行合同，适用同时履行抗辩权就失去了意义。比如，以特定物为合同标的的合同，在履行之前该标的物毁损灭失的，合同履行成为不可能，此种情况已不发生同时履行抗辩权，当事人可以根本违约主张解除合同。

（二）保全措施及法律风险

如A公司欠B公司货款，而C公司又欠A公司货款，当A公司对C公司的债权已到期时，A公司不向C公司主张还款或A公司恶意转移财产时，B公司如何保障自己的债权不受损失呢？在此情况下，保全措施是债权人维护自身权益的有效策略。

保全措施，是指为防止因债务人的财产不当减少而给债权人的债权带来危害，允许债权人为保全其债权的实现而采取的法律措施。保全措施包括代位权和撤销权两种。

案例：如何行使代位权和撤销权

【基本案情】

甲公司欠乙公司货款60万元，双方约定2008年8月31日还清该欠款。甲公司还拥有对丙公司的40万元的债权，2008年7月20日到期，但丙公司没有按约定时间还款，甲公司也没有对其提出还款的要求。2008年8月10日，甲公司宣布，鉴于丙公司经营状况恶化，难以还债，故减免其20%的债务。2008年8月31日，甲公司以没有还款能力为由，未向乙公司还债。乙公司诉至法院，要求对甲公司的财产进行保全。

【法律分析】

本案中，甲公司怠于行使其对丙公司的40万元到期债权，损害了债权人乙公司的利益，对此，乙公司可以向法院请求以自己的名义代位行使该债权。

甲公司在尚未偿还乙公司货款的情况下，宣布减免丙公司的债务，致使自己不能向乙公司履行还款义务，属于不当处分自己财产，损害了乙公司的利益。乙公司可以请求人民法院撤销甲公司减免债务的行为。

【实务指南】

当公司出现连锁债务时，作为债权人如何保障自己的权利得以实现是每个企业最关心的问题。我国《民法典》规定，债的保全有两种形式，即债权人享有撤销权和代位权。撤销权，又称废罢诉权，是指债权人在债务人与他人实施处分其财产或权利的行为危害债权的实现时，有请求法院予以撤销的权利。代位权，是指如果债务人对债权人的权利已负迟延责任又怠于行使其对第三债务人的权利时，债权人为保全其到期债权可以以自己的名义，行使债务人权利的权利。这两种措施都旨在通过防止债务人的财产不当减少或恢复债务人的财产，从而保障债权人的权利得以实现。不论债务人是否构成了违约行为，只要债务人不正当处分其财产的行为有害于债权人的债权时，债权人就可以采取保全措施。《民法典》第五百四十一条规定，撤销权自债权人知道或者应当知道撤销事由之日起一年内行使。自债务人的行为发生之日起五年内没有行使撤销权的，该撤销权消灭。

企业在自身权益受到侵害时，若没有及时采用相应的保全措施，同样将给自己带来法律风险。如保全措施的采纳必须通过人民法院，若企业自行向第三人主张债务人的债权，则因为违反法定要求而无法达到保全措施的效果。另外，法律规定了撤销权行使的期限，超过法定期限则会丧失撤销权，将给企业造成严重的损害。

实践中，不少企业不懂得运用保全措施来维护自身权益，这样的法律风险较保全措施运用不当的法律风险更严重，甚至有些企业明知债务人有恶意逃避债务的情况，但并不了解自身享有代位权或撤销权，这种法律风险一旦识别较容易更正。

二、己方违约的合同救济法律风险

社会经济活动总是瞬息万变的，合同签订后，企业可能由于有更好的交易条件或特殊的经营恶化，导致不愿继续履行合同。应该说，己方违约已经构成企业法律风险，其救济措施本身就是对法律风险的消除，必须注意这种消除，必须有效且不能给企业带来新的法律风险。但毕竟这种救济是被动的，原则上企业还是应当尽量履行签订的合同。

当有第三方介入的合同，某些义务的履行不仅依赖当事人，同时也依赖第三方正常履行合同。违约责任不以当事人具有过错为要件，因此第三方造成的违约同样应当视为己方违约。

（一）为对方提供违约证据的法律风险

企业主动违约时，通常都会寻找一些合理的理由，说明按照原合同继续履行的困难，以期望与对方协议解除合同。若企业采用书面形式要求与对方协商解除，一旦协商不成，对方将利用函件作为证明企业违约的证据。这种行为会直接造成企业的法律风险，而且即使企业事后期望继续履行合同，对方仍然可能根据企业提供的书面证据拒绝履行合同，认定企业已经构成根本违约，对方会根据法定要求解除合同，同时追究企业的违约责任。

（二）不当成就解除条件的法律风险

一些合同当事人会事先约定可解除合同的情况，在己方违约时，企业为利用有关的约定，故意成就解除条件，然后向对方发出解除合同的通知。根据《民法典》第一百五十九条规定："附条件的民事法律行为，当事人为自己的利益不正当地阻止条件成就的，视为条件已经成就；不正当地促成条件成就的，视为条件不成就。"因此，企业采用这样的方式解决己方违约同样面临法律风险，一旦认定"视为条件不成就"，企业解除合同的通知仍然属于违约行为。该法律风险属于阶段性法律风险，一般情况下双方就解除合同的后续事项处理完毕，则该法律风险消失。但若对方认为企业行为不当，纠纷发生概率极大。因此，该法律风险属于持续时间短的高风险。

（三）违约责任约定不对称的法律风险

在履行活动涉及第三方的合同中，企业与第三方之间合同约定的违约责任小于企业与对方订立的合同，则一旦因第三方行为导致企业违约行为，企业将承担两份合同之间需要承担责任的差额。比如，在运输合同中约定运送货物应当到达的日期，若迟延则按照原合同的责任大小承担赔偿义务。这种违约责任约定不对称的法律风险，在法律风险评估活动中，需要通过对相关的两份合同对比，才能够发现。

三、不可抗力的合同救济法律风险

不可抗力是一项免责条款，是指合同签订后，发生了合同当事人无法预见、无法避免、无法克服的意外事件（如战争、车祸等）或自然灾害（如地震、火灾、水灾等），以致合同当事人不能依约履行职责或不能如期履行职责，发生意外事件或遭受自然灾害的一方可以免除履行职责的责任或推迟履行职责。

在法律上，确立不可抗力制度的意义在于：一方面，有利于保护无过错当事人的利益，维护过错原则作为民事责任制度中基本归责原则的实现，体现民法的意思自治理念；另一方面，可以促使人们在从事交易时，充分预测未来可能发生的风险，并在风险发生后合理地解决风险损失的分担问题，从而达到合理规避风险、鼓励交易的目的。

一旦出现了不可抗力事件，按照法律规定或合同约定，当事人应当履行通知义务、预防损失扩大等一系列附随义务，否则可能导致不可抗力不被认可。目前法律对违约的认定不考虑当事人主观是否具有过错，只要客观事实构成违约，当事人不能证明具有免责事由，就应当承担违约责任。

（一）通知义务及法律风险

《民法典》第五百九十条规定："……因不可抗力不能履行合同的，应当及时通知对方，以减轻可能给对方造成的损失，并应当在合理期限内提供证明。"由于不可抗力通常会给双方造成一定损害，而"及时"作为抽象语言，若双方未在合同中明确为具体的期限，则该法律风险容易引发双方诉讼。

不可抗力通知义务履行的证据固然非常重要，但若在履行通知义务时方式不当，同样会构成企业的法律风险。不少企业因为情况紧急，采用电话或传真方式履行通知义务，这些方式很难形成有效证据证明通知义务的履行，企业在履行这些义务之后仍应当以函件形式补充通知，否则可能导致后期无法举证已履行通知义务。

判断不可抗力事件发生与否并不是简单的活动，企业怀疑不可抗力事件发生，而又不能得到确切的信息，此时若不予通知可能等到信息明确时就丧失了最好的减少损失的时机，但是贸然通知又可能因没有不可抗力事件发生而给企业造成违约法律风险。因此，双方合同中对此是否约定在怀疑不可抗力将要发生或已经发生时，采用提示性信息方式通知对方至关重要。

（二）减损措施及法律风险

按照法律规定，不可抗力导致的损失由当事人自行承担，因此当事人应当采用必要的减损措施。然而，在合同中一方损失的降低，并不一定是该当事人自己可以做到的，可能需要对方协助，甚至需要主要依靠对方。这个时候就面临着费用的承担和减损获利之间的矛盾，当事人很难愿意承担费用为他方减少损失。这就需要双方另外进行约定，以实现自己利益的最大化。

可惜的是，这种约定在多数合同中都没有引起当事人的注意，由于缺乏事先原则性的确定，不可抗力事件发生后情况紧急时双方很难及时达成一致，大量的减损措施就只能依靠自己的行为而获得的一点效果。

在长期合同或复杂交易中，不可抗力条款缺乏减损措施采纳的相关约定，应当给予适当的法律风险衡量。若合同中约定了减损措施费用承担、措施采纳机制等事项，不仅可以降低不可抗力条款本身约定不足的法律风险，同时还将为企业未来可能遇到的不可抗力情况减少损失。

第三节　合同履行过程中的几个具体问题

一、如何进行标的物的验收

验收，又称检验，是指在一些涉及"交付"标的物的合同履行中，接收标的物的一方对标的物的品种、数量和质量进行清点、核对、检查的行为。比如，在买卖合同中，出卖人向买受人交付合同标的物（货物），买受人对接收的货物进行质量和数量的检验核对；在承揽合同中，承揽人向定作人交付工作成果后，定作人对工作成果进行验收；在运输合同中，承运人向收货人交付承运的货物后，收货人应当及时按合同约定对接受的货物数量及包装完好情况进行验收；在仓储保管合同中，保管人应当按照约定对入库仓储物进行验收……司法实践中，上述合同在签订中，对标的物的质量验收条款常有遗漏，在交接标的物时又往往因各种原因"忽略"了验收工作，一旦发生纠纷，质量问题常常成为纠纷中的主要争议焦点。

（一）验收的法律意义

验收标的物的法律意义主要有三：

1. 验收既是接收标的物方的权利，也是其义务

根据《民法典》第四百七十条的规定，标的物的数量、质量是合同的主要条款内容。同理，对合同标的物的数量和质量的检查验收是合同履行中的一项重要内容。通常，验收是接收标的物一方的权利，也是其义务。如《民法典》第六百二十条规定："买受人收到标的物时应当在约定的检验期限内检验。没有约定检验期限的，应当及时检验。"第七百八十条规定："承揽人完成工作的，应当向定作人交付工作成果，并提交必要的技术资料和有关质量证明。定作人应当验收该工作成果。"第八百三十一条规定："收货人提货时应当按照约定的期限检验货物……"第九百零七条规定："保管人应当按照约定对入库仓储物进行验收……"如果接收标的物的一方没有在合同约定的期限或对方通知的合理期限内及时进行验收，其产生的相关责任由接收人承担。

2. 验收是合同标的物质量责任转移的标志

验收是一种标的物质量和数量的"交付"行为，属于标的物交付行为的特定内容。在民法上，物的灭失风险责任的移转是以标的物的"交付"为界线标志的。而在合同责任中，物的交付并不表示交付义务方合同责任的完成，交付只是合同交付义务方履行了主要的合同义务，但其对标的物在质量、数量等方面的合同责任并没有完全移交，只有在验收完毕，交付标的物方对所交付的标的物的质量和数量等合同责任才得以解脱（转移），接受标的物方开始对标的物的数量和质量承担责任。比如，在买卖合同中，出卖人将货物交付给买受人后，其对货物的质量、数量的责任并没有随交付而转移给买受人，在合同约定的验收期内，或者是在《民法典》第六百二十条、第六百二十一条、第六百二十三条规定的期限内，仍应对货物的质量承担责任。只有在货物交付后，买受人验货完毕，对于货物的数量和质量责任出卖人便不再承担，此时货物的质量和数量风险才得以真正移转。又如，在仓储合同中，保管物进仓，保管人对进仓的保管物进行数量和质量的验收后，对仓储物在保管期间的数量和质量的风险责任也开始，《民法典》第九百零七条规定："……保管人验收后，发生仓储物的品种、数量、质量不符合约定的，保管人应当承担赔偿责任。"

3. 验收是交付一方合同义务履行完毕的标志

比如，在买卖合同中，出卖人交付买卖标的物后，买受人对货物进行验收，验收完毕，出卖人的合同义务通常到此结束（后合同义务除外）。在承揽合同中，定作人对承揽人交付的工作成果进行验收后，承揽人的工作任务完成。在运输合同中，承运人在收货人验收完货物后，承运人的运输义务也就履行完毕。仓储合同也是一样，保管人验收完入库仓储物后，是存货人交付仓储物入库完毕的标志，是保管人对仓储物的保管义务开始，也是保管合同实践意义上履行的开始。

（二）验收标准

根据《民法典》第四百七十条的规定，标的物的数量、质量是合同的主要条款内容。但实践中由于各种原因，当事人在合同中对质量检验的条款或是过于简单，或是没有约定，造成在合同发生争议时缺少判断依据。《民法典》对此作出了一些补救性的规定。第五百一十条规定："合同生效后，当事人就质量、价款或者报酬、履行地点等内容没有约定或者约定不明确的，可以协议补充；不能达成补充协议的，按照合同相关条款或者交易习惯确定。"第五百一十一条规定："当事人就有关合同内容约定不明确，依据前条规定仍不能确定的，适用下列规定：（一）质量要求不明确的，按照强制性国家标准履行；没有强制性国家标准的，按照推荐性国家标准履行；没有推荐性国家标准的，按照行业标准履行；没有国家标准、行业标准的，按照通常标准或者符合合同目的的特定标准履行……"

（三）验收的责任与义务

对合同标的物的数量和质量的检查验收是合同履行中的一项重要内容。通常，验收既是接收标的物一方的权利，也是其义务。

案例：验收既是接收标的物一方的权利，也是其义务

【基本案情】

A 公司和 B 公司签订了一份委托加工生产婴幼儿奶粉的协议，协议明确约定：A 公司严格按照 B 公司提供的质量指标和工艺要求进行生产，在生产过程中 B 公司派技术检验人员监制，每批产品须经 B 公司验收认可后再进行包装，B 公司认为不合格的产品，A 公司自行处理。B 公司在销售该批婴幼儿奶粉时，被

质量监督检查部门抽检发现质量不合格，受到查处。B公司起诉到法院，要求A公司承担产品质量责任。

【法律分析】

B公司的诉讼请求不能得到法院的支持，其理由是，按照承揽合同的法律规定，验收是定作人进行的，承揽人负有接受定作人检验其工作成果是否达到承揽人要求的义务。A公司在按照B公司提供的指标和配方完成生产制作婴幼儿奶粉后进行了质量自检并出具了检验单。B公司接收A公司生产制作的婴幼儿奶粉时未提出质量异议，并支付了A公司生产制作费，将婴幼儿奶粉投放了市场。至此，双方承揽定作的权利义务均已履行完毕。其法律结果是：B公司已认可A公司交付的婴幼儿奶粉质量合格，A公司对B公司不再承担生产制作婴幼儿奶粉的质量责任及其他责任。国检中心在抽检B公司已投放市场的A公司生产制作的婴幼儿奶粉后作出了不合格产品的检验结论，该检验是国检中心履行国家赋予其的行政检验职能，是针对已进入市场的婴幼儿奶粉进行的。该产品标明的生产者为B公司，其进入市场销售也是B公司组织实施的。因此，B公司应对国检中心所作的婴幼儿奶粉质量不合格的检验结论承担责任。

【实务指南】

验收既是接收标的物一方的权利，也是其义务。《民法典》第六百二十条规定："买受人收到标的物时应当在约定的检验期限内检验。没有约定检验期限的，应当及时检验。"第七百八十条规定："承揽人完成工作的，应当向定作人交付工作成果，并提交必要的技术资料和有关质量证明。定作人应当验收该工作成果。"第八百三十一条规定："收货人提货时应当按照约定的期限检验货物……"第九百零七条规定："保管人应当按照约定对入库仓储物进行验收……"接收人对接收的标的物如果没有及时进行验收，没有履行应尽的合同义务，需对产生的法律后果承担责任。

当然，在将标的物交付后，交付方也存在一个通知验收的义务，其通知中应给接收人一个合理的验收期限，超过这个合理的验收期限，视为接收人对标的物的质量、数量异议权利的放弃，也失去了相应的抗辩权，交付人对交付的标的物的数量和质量就不应再负责了。通知验收，在实践中是交付方一项很重要的义务，对划清自己的质量责任界限有着重要的法律意义，是一个不容忽略的履行合同环节。

（四）验收的时间与期限

验收的时间与期限，是司法实践中最易发生争议的地方。验收的义务在标的物接收人接收标的物时开始，这点是没有争议的，问题在于验收工作应当在何时进行完毕，或者说验收工作的期限应如何确定。对于验收期限，如果双方在合同中有约定，固然容易处理，但当事人往往在合同中将这一重要条款给

“漏”了。法律对验收期限的规定比较模糊，使用的是“约定的期限内检验”或“及时检验”的字眼，缺乏具体的期限规定。根据交易惯例，一般标的物的数量和质量验收期限有以下几种类型：

1. 即时验收

此处所讲的“即时”，是指在标的物交付时验收工作随即就应进行的情况，属于标的物数量、质量风险须立即转移的情况。比如，仓储合同中的仓储物入库，保管人须在仓储物入库时马上对入库的仓储物进行核对检验，因为仓储物一旦入库，进入保管阶段，其数量和质量风险就转移到保管人这方。同时从民法上讲，当仓储保管物交付给保管方后，保管物的灭失风险责任也转移到了保管方。自然产生的品种、数量、质量责任由保管人承担。同样情况的还有运输物品的交付与验收，也属于“即时”进行的。通常在取货人提取货物时，发货人（承运人）要求取货人在提货单上签名，就是表示“验收无误”。银钱的交付，是最典型的“即时验收”。市面流行“银钞当面点清，出门概不负责”的说法，就是要求接收方即收即验。因为钞票是个特殊的有价种类物，其数量和质量（真假）是个敏感问题，转手之间就可能有变化，所以要求交易者（银钞的接收者）必须“当面点清”，及时验收。

2. 及时验收

有些交付与验收的衔接，虽不与前面的“银钱当面点清，出门概不退换”的即时验收那么紧凑严格，但仍需接受方在短期内马上进行验收，否则由接收人自己承担标的物的质量和数量损害变化风险。这一类交付主要有这样几种情况：一是交付标的物为容易发生质量变化的物品，比如，农副产品中的鲜活产品，不及时验收，质量发生变化后责任难以判断。又如，一些电子类的中间加工产品，在不恰当的保管环境中焊接点会发生氧化等，因此需要及时验收。二是在加工承揽合同中前工序的质量验收，如印刷业中对“版”的确认。这一类标的物的问题主要在于前后工序质量的关联，后工序质量受前工序质量的制约，前工序的中间工作成果不及时确定会影响后工序的生产，所以必须及时验收、确认。另外，建筑工程中的“隐蔽工程”等也需及时检验。《民法典》第七百九十八条规定：“隐蔽工程在隐蔽以前，承包人应当通知发包人检查。发包人没有及时检查的，承包人可以顺延工程日期，并有权请求赔偿停工、窝工等损失。”

3. 合理期间验收

这也是一个极富弹性的规定，多长的期限是为合理，也只能根据交易习惯和参考一些规定来确定。一般将交付物的质量分为外在质量和内部质量。外在质量，是指对交付物可以直接观察到的质量标准，如外形尺寸、规格品种、颜色包装等，由于这类不需要借助专门的仪器进行复杂的检测或需要经过一定时间的试验就能确定，期限上比较短。而必须经过运行使用后才能确定质量的机器设备等标的物的验收则有比较长的验收期。以前的《工矿产品购销合同条例》

第十五条规定，对产品的外观和品种、型号、规格、花色的质量验收，“需方应在货到后十天内（另有规定或当事人另行商定期限者除外）提出书面异议”。“对某些必须安装运转后才能发现内在质量缺陷的产品，除另有规定或当事人另外商定提出异议的期限外，一般从运转之日起六个月以内提出异议”。虽然《工矿产品购销合同条例》因《合同法》的颁布而作废，但笔者认为，其关于质量验收期限的规定，在实践中仍有一定的参考意义。

4. 验收与物的质量保证的区别

在谈到验收期限的问题时，我们应将验收与物的质量保证加以区别。验收是以交付标的物的数量、质量是否符合合同约定为目的，它解决的是合同交付义务方是否如约履行合同的主要义务问题，随之而来的是合同的另一接收方的义务的履行，如支付货款、支付加工费、支付运输费，或者是仓储保管义务的开始等。而质量保证责任是后合同义务，属法定的合同附随义务。在质量验收中，交付人承担的是双方约定的主合同义务的履行责任，是约定义务。在保修期内，交付人是对交付产品的质量问题的法定瑕疵担保责任，属法定义务，两者在法律性质上是不同的。

（五）几种视作验收的情况

如前所述，验收是合同交付方完成合同义务的标志，而在发生合同纠纷时，接收方往往以没有验收、质量不合格作为抗辩理由。“验收”是一种特定的法律行为形式，但该形式的欠缺并非因标的物质量验收确认的行为就不存在了。

在司法实践中，下列几种情况可视为验收：

1. 放弃质量异议

在合同约定或者法定的验收期限内没有对标的物的数量、质量提出异议的（也没有答复无异议），视作默认质量合格。实际上，这是接收方放弃自己的验收权利。如果合同没有约定验收期限，但在交付标的物后，交付方向接收方发出验收通知并指定了验收期限，如果这个期限是“合理的”，那么在交付方通知限定的合理期限内接收方没有提出质量异议的，也视为质量合格。

2. 投入使用

在买卖合同中，买受人接收标的物后投入使用视为对标的物的验收，对标的物质量合格的默认。但如果必须是使用（运行）后才能发现质量问题的标的物除外。

值得注意的是，《最高人民法院关于审理建设工程施工合同纠纷案件适用法律问题的解释（一）》第十四条对建设工程的验收的规定：“建设工程未经竣工验收，发包人擅自使用后，又以使用部分质量不符合约定为由主张权利的，人民法院不予支持；但是承包人应当在建设工程的合理使用寿命内对地基基础工程和主体结构质量承担民事责任。”这一规定不仅依照常规对实际使用视为验收作出了合理的界定，同时根据建设工程的特点规定了建设方应对工程的基础工程和主体结构质量（实际为在整个使用期内）特定的保证责任。

接收定作物后，进行转手销售或者进行下一工序的安装制作或加工也被视为对标的物的验收。比如，在买卖合同中，买受人将货物转手销售，等同于其认定货物质量合格。在一些委托加工的中间产品，委托人接收该中间产品后，又委托另一加工单位进行后一工序的加工，其后再发生质量问题，前一工序的承揽人自然免除责任。

案例：建设工程未经验收、擅自使用的法律后果

【基本案情】

2006年2月，原告（承包人）与被告（发包人）签订了一份《建设工程施工合同》。合同约定：原告以3140万元的价款包干承揽了被告联合厂房钢结构加工、制作、安装工程。工程工期：自承包人收到发包人20%的定金之日起130天内竣工交付发包人使用。合同还约定：发包人按施工进度付款，工程竣工之日付至工程总价的70%；下余30%工程款，待发包人验收合格后一年内付清；发包人应在承包人提交验收资料后28日内组织验收，若发包人在收到承包人送交的竣工验收报告后28天内不组织验收或验收后14天内不提出修改意见，视为竣工验收报告已被认可；工程未经竣工验收或竣工验收未通过的，发包人不得使用；若发包人强行使用，由此发生的质量问题，由发包人承担。2006年10月，承包人向发包人提交了竣工验收报告，发包人接到竣工验收报告后，和监理公司对工程进行了验收，并提出诸多问题，要求承包人返工修复；承包人经过返工整修后，再次向发包人提出竣工验收，但发包人迟迟不组织验收。2021年1月，发包人在工程未经竣工验收的情况下使用该工程，所欠承包人的1100万元工程款也未支付。当承包人向发包人索要下欠工程款时，发包人以该工程未经验收，不符合付款条件为由，拒绝支付下欠1100万元工程款，承包人为此提起诉讼。

庭审中，被告对下欠工程款数额没有异议，但主张原告对工程修复合格前，无权要求支付工程款。同时，被告以原告使用的阳光板不符合合同约定，工程存在屋顶漏雨、塑钢窗损坏等质量问题为由提出反诉，要求原告更换阳光板、支付违约金，并向法庭申请对工程质量进行鉴定，要求对工程质量是否合格、原告使用的阳光板是否符合合同约定、屋面漏雨修复费用三项进行鉴定。

原告则以双方合同约定“工程未经竣工验收或竣工验收未通过的，发包人不得使用；若发包人强行使用，由此发生的质量问题，由发包人承担”；以及《最高人民法院关于审理建设工程施工合同纠纷案件适用法律问题的解释》（2005年1月1日起施行，现已失效）第十三条规定，发包人擅自使用未经验收

的建设工程，又对质量问题主张权利的，不予支持为由，坚决不同意进行鉴定。

【法律分析】

本案涉及以下两个问题：发包人擅自使用未经验收的建设工程后，究竟丧失了哪些权利？如果发包人“擅自使用的工程”确实出现了质量问题，应如何处理？

1. 现有法律、法规关于建设工程未经验收不得提前使用的规定

《民法典》第七百九十九条规定：“建设工程竣工后，发包人应当根据施工图纸及说明书、国家颁发的施工验收规范和质量检验标准及时进行验收。验收合格的，发包人应当按照约定支付价款，并接收该建设工程。建设工程竣工经验收合格后，方可交付使用；未经验收或者验收不合格的，不得交付使用”。

《城市房地产管理法》第二十七条第二款规定：“房地产开发项目竣工，经验收合格后，方可交付使用。”

《建筑法》第六十一条规定：“交付竣工验收的建筑工程，必须符合规定的建筑工程质量标准，有完整的工程技术经济资料和经签署的工程保修书，并具备国家规定的其他竣工条件。建筑工程竣工经验收合格后，方可交付使用；未经验收或者验收不合格的，不得交付使用。”

国务院《城市房地产开发经营管理条例》（2019 修正）第十七条规定：“房地产开发项目竣工，依照《建设工程质量管理条例》的规定验收合格后，方可交付使用。”

国务院《建设工程质量管理条例》第十六条第一款规定：“建设单位收到建设工程竣工报告后，应当组织设计、施工、工程监理等有关单位进行竣工验收。”同时第三款规定：“建设工程经验收合格的，方可交付使用”。

从上述法律法规可知，建设工程必须经过竣工验收后方可交付使用。但前述仅规定了工程经验收合格方可交付使用，未就建设工程提前使用的原因及建设工程提前使用所产生的法律后果作出具体的规定。

2. 关于工程未经验收提前使用后质量问题责任承担的不同观点

针对工程未经验收发包人提前使用后，建设工程所出现的质量问题责任划分，目前法律实践中有两种具有代表性的观点：

一种观点认为，发包人未经工程验收，提前使用建设工程出现的质量问题，由发包人自行承担责任。具体理由是：我国立法上已明确规定建设工程竣工验收合格后，方可交付使用；未经验收或者验收不合格的，不得交付使用。建设工程竣工后进行验收是法律的强制性规定。这一规定既是对发包方权利的限制，也是维护发包方的最终利益，发包方在明知法律、法规禁止提前使用未经验收工程的情况下，仍提前使用未经验收工程，属于发包人对自己权利的放弃，主观存在过错，随之产生的法律后果也应自工程使用之时起，由发包人自行承担工程质量责任风险。

另一种观点认为，发包人提前使用未经验收的工程确应承担相应责任，但并不能免除承包人对工程质量应承担的法律责任。具体理由是：《民法典》及《建筑法》只是规定了禁止交付使用未经验收或验收不合格的工程，并没有对未经验收的原因及提前使用的法律后果作出明确规定。实践中，建设工程未经验收便投入使用的情况比较复杂，既有发包方的原因，也有承包方的原因。比如，在承包方以必须付清全部工程款为要挟拒不进行验收，发包方为履行与别人的购房合同避免损失的扩大而提前使用工程的情况下，仍将所产生的质量问题全部由发包方承担，有失公平，应根据过错原则，确定双方责任，而不能完全由发包方承担。

分析前两种观点，笔者认为，提前使用未经验收的建设工程出现质量问题后，不能完全免除承包人的责任，应根据质量产生的原因以及未经验收的原因等具体情况区别对待。

尽管现有法律已规定建设工程未经验收不得提前使用，但笔者认为，建设工程质量问题产生的原因是错综复杂的，并不能单纯地以建设工程是否验收合格或者以发包方是否提前使用作为确定质量责任风险承担的标准，而应综合考虑工程未进行验收的原因以及具体的质量问题类型、质量问题产生原因等情况来确定发包方和承包方应承担的责任。对于下列几种情况，不能免除承包人的责任：

（1）对于在建设工程的合理使用寿命内，地基基础工程和主体结构所产生的质量问题

建筑物的地基，是指支承由基础传递的上部结构荷载的土体或岩体。建筑物的主体结构，是指在建筑中由若干构件连接而成的能起承受作用的平面或空间体系。建筑物的地基基础工程和主体结构工程是建筑工程的重要基础和主体，如果一项建筑工程在地基基础工程和主体结构出现质量问题，即使其他部分施工质量再好也难以保证整个建筑的工程质量。

《建筑法》第六十条第一款规定："建筑物在合理使用寿命内，必须确保地基基础工程和主体结构的质量。"从该规定可知，确保地基基础工程和主体结构质量在建筑物合理使用寿命内不能出现问题，是承包人依照法律规定必须履行的工程质量保证义务，如果出现问题，承包人必须承担民事责任。

《最高人民法院关于审理建设工程施工合同纠纷案件适用法律问题的解释（一）》第十四条对建设工程的验收进行了规定："建设工程未经竣工验收，发包人擅自使用后，又以使用部分质量不符合约定为由主张权利的，人民法院不予支持；但是承包人应当在建设工程的合理使用寿命内对地基基础工程和主体结构质量承担民事责任。"该解释也明确表明，即使发包人提前使用建设工程，承包人也应当在建设工程的合理使用寿命内对地基基础工程和主体结构承担民事责任。

关于合理使用寿命问题，目前我国法律还没有统一规定，具体各类建设工程的合理使用年限要根据建筑物的使用功能、所处的自然环境等因素，由相关技术部门作出判断。根据《民用建筑设计通则（试行）》一般认为，按民用建筑主体结构确定的建筑耐久年限分为四级：一级耐久年限为100年以上，适用于重要的建筑和高层建筑（指10层以上住宅建筑、总高度超过24米的公共建筑及综合性建筑）；二级耐久年限为50—100年，适用于一般建筑；三级耐久年限为25—50年，适用于次要建筑；四级耐久年限为15年以下，适用于临时性建筑。耐久年限即为工程合理使用年限，建筑单位如有地基和主体结构发生质量缺陷，是否在合理使用寿命内引起争议，应首先确定该建筑物的合理使用寿命。已有确定年限的，以该年限为准；无确定年限的，由原设计单位或有权确认的部门确定，并按此确定的年限为准。

（2）对于承包人在施工过程中存在偷工减料、欺诈等行为所产生的质量问题

《建筑法》第五十八条第二款规定："建筑施工企业必须按照工程设计图纸和施工技术标准施工，不得偷工减料……"第五十九条规定，"建筑施工企业必须按照工程设计要求、施工技术标准和合同的约定，对建筑材料、建筑构配件和设备进行检验，不合格的不得使用。"

《建设工程质量管理条例》第二十八条第一款规定："施工单位必须按照工程设计图纸和施工技术标准施工，不得擅自修改工程设计，不得偷工减料"。第二十九条规定："施工单位必须按照工程设计要求、施工技术标准和合同约定，对建筑材料、建筑构配件、设备和商品混凝土进行检验，检验应当有书面记录和专人签字；未经检验或者检验不合格的，不得使用。"

前述法律、法规规定了施工企业在工程施工过程中最基本的质量保证义务和施工义务，即不得在施工过程中偷工减料，对于需检测的建筑材料、设备等未经检验合格不得使用。由于房屋建筑是较永久性的建设项目，建筑质量问题错综复杂，因此发包人提前使用未经验收工程所产生的质量问题也是多方面的。对于施工企业严格按设计规范及施工规范施工所产生的质量问题，如果并非地基基础工程和主体结构质量问题，发包人应对其提前使用房屋这一过错承担责任。但如果质量问题是内在的质量瑕疵，是因施工企业在施工过程中偷工减料、未按设计要求和施工规范进行施工，或使用不合格产品、劣质材料、假冒伪劣产品等欺诈行为而导致，则应由承包人承担责任。虽然前述司法解释没有明确规定此种情况下由承包人承担责任，但笔者认为，不得偷工减料、按设计要求和施工规范进行施工，使用合格产品系承包人在施工过程中所承担的基本义务，根据诚实信用的原则，如承包人违背该基本义务，即使发包人有提前使用的行为，也不能免除承包人的责任，决不能因发包人未经验收提前使用工程就将原来依法应由承包人承担的法律责任全部转嫁到发包人身上。

（3）对于因承包方原因导致发包方被迫提前使用工程

众所周知，实践中一项工程未经验收便投入使用的原因是多方面的，既有发包人的原因，也有承包人的原因。如因发包人为逃避竣工结算付款而提前使用或在施工单位不存在违约行为的情况下擅自使用，将所产生的质量问题由发包人承担则无可厚非。但如未经验收而提前使用的原因，是承包人在未达到合同约定的付款条件下以结清全部工程款相要挟，或施工企业弃施工现场于不顾，或施工企业拒不进行验收等原因，导致发包人无法组织竣工验收，发包人为了避免损失的继续扩大而将工程提前使用的，笔者认为则不能免除承包人的质量责任。笔者担任顾问的一家建设单位，将厂房的土建等工程承包给了一家施工企业，发包人已按合同约定按时支付了工程款，但在工程完工后，发包人要求组织工程竣工验收时，承包人却拒不验收，并声称其施工出现亏损，仍拖欠农民工工资，要求发包人必须将工程款全部结清，否则不能进行验收。后经双方协商无果，承包人的项目经理干脆携带工程资料不辞而别，留有一些农民工占有已完工厂房。而该企业按原计划已从国外进口了一批生产设备，急需安装使用，无奈先行垫付资金支付了农民工工资并提前使用了工程，工程使用不到一年，该厂房多处出现屋面、墙面渗漏问题。此种情况下，如因发包人提前使用未经验收的工程，便由发包人承担全部质量责任，则有失公平。

最高院的前述司法解释，仅是规定发包人擅自提前使用未经验收的工程时，承包人对地基基础工程和主体结构质量承担责任，而对于其他质量问题，没有区分工程未经验收的原因，而将其他质量问题的责任归咎于发包方，未免是一个遗憾。笔者建议，有关立法部门应结合实际情况，尽快作出相应规定，以区分工程未经验收的原因，对因承包方原因导致发包方不能组织验收而提前使用，承包人的质量责任不能免除。

（4）对于发包人未使用部分工程，承包人仍应承担责任

发包人与承包人所签订的施工合同，有的是建设一幢楼，有的是几幢楼，有的是建设一个小区，有的是建设多个小区。而发包人在未经验收提前使用时，对于承包人施工的工程，有的发包人并未全部使用，有的只使用了小区的几幢，甚至有的只使用了一幢楼的几层，此种情况下，如产生质量问题，笔者认为不能要求发包人对于全部工程承担责任，对于未使用部分，承包人仍应依法承担质量责任。根据我国建筑有关法律规定，建筑工程质量责任应由施工单位负责，对发包人应承担的质量责任应作严格限制，不能让发包人对其未使用部分的质量问题也承担责任，否则将使本应由第一责任人施工企业承担的责任转嫁到建设单位，明显不公平、不合理。而且最高人民法院的前述司法解释中也明确规定，发包人仅对其“擅自使用”部分承担工程质量风险责任，对于未使用部分，则仍应由施工企业承担。

【实务指南】

本案涉及一个问题，即发包方如何避免提前使用建设工程而产生的不利后果？

虽然现有法律、法规均明确规定建设工程未经验收不得提前使用，但实践中，发包人为了履行与他人的购房合同或为急于生产等原因，未经验收提前使用的情况时有发生。因此，为避免因提前使用未验收工程而产生的不必要争议，笔者建议发包人在实践中应做到如下几个方面：

第一，国务院《建设工程质量管理条例》以及建设部《房屋建筑和市政基础设施工程竣工验收规定》（建质〔2013〕171 号）等法律法规均明确规定了工程竣工验收的条件和程序，而且目前建设市场广泛使用的《建设工程施工合同示范文本》（GF-2017-0201），其通用条款也对工程竣工验收的程序作出了明确的约定。因此，作为发包人首先应严格遵守相关法律、法规及合同的规定，尽量做到不提前使用工程，只有这样才能从根本上避免因提前使用工程而产生的质量责任风险。

第二，最高人民法院的前述司法解释强调的是在“擅自使用”的情况下，发包人应自行承担责任。因此，在承包人拒不提交竣工资料进行验收的情况下，如为履行与他人的合同而必须提前使用工程时，建议双方应在《建设工程施工合同》中明确约定即使发包人提前使用也仍由承包人承担质量责任的情况。比如，可考虑约定存在下列情况之一的，发包人虽然使用已完工程的，承包人仍应当对工程质量承担全部责任，除非承包人能够证明是发包人或实际使用人造成的质量问题：

• 发包人在签发竣工验收合格证前临时使用已完工程的。

• 经发包人许可的装饰装修等施工单位或广告发布单位进行装饰装修等后续施工的。

• 无论何方原因造成的延期，在合同确定的竣工日之后，发包人为履行与他人的买卖合同或租赁合同，减少损失而将工程或其部分交付买方或承租方使用的。

• 承包人施工过程中存在偷工减料、使用不合格、假冒伪劣产品等行为的。

• 承包人未按建筑设计要求或建筑工程施工规范进行施工的。

• 发包人有证据证明该质量问题确系承包人原因造成的。

同样约定，即使发包人无奈之下提前使用未验收的工程，因合同中已有明确约定，不能算作是“擅自使用”，此时承包人仍应当承担工程不符合法律、法规规定或合同约定的责任，而不能予以免责。

二、关于违约金、赔偿损失、定金的适用问题

违约金、赔偿损失、定金是司法实践中常用的违约民事责任的承担方式，

因三者的性质、作用及适用的法定条件不同，在实践中，经常出现并存的问题。

（一）关于违约金的性质、作用及适用方法

违约金是违约责任中常见的责任形式，它是指一方当事人违反合同约定或者法律规定向对方支付一笔金钱的责任。违约金在本质上是法律强制违约方向非违约方支付一笔金钱，它的适用不以造成实际损失为要件，即使违约的结果并未发生任何实际损失，也不影响对违约方追究违约责任。例如，因一方当事人迟延履行合同，违约方在向非违约方承担迟延履行义务违约金后应继续履行合同。因此，合同的违约责任通常采用的是严格责任，只要一方违约就应承担违约责任。

关于违约金的性质和作用。对于违约金具有补偿性和惩罚性功能，这基本无异议。在此基础上存在不同的观点，一种观点认为，违约金的性质是以补偿性为主，惩罚性为辅；另一种观点则认为，违约金的性质是以惩罚为主，补偿为辅。对于以上两种观点，笔者认为，应根据不同的违约事实和具体情况加以确定，不能简单地认为违约金在补偿性和惩罚性上的主次之分。违约金是合同违约责任中主要的、常用的责任方式，这种责任方式产生的前提是合同当事人须在合同中作出明确的约定，法律赋予当事人的意思自治，由当事人自愿约定。因在合同履行过程中一方违约并不必然会给另一方造成实际损失，只要违约即使没有造成损失也应向对方支付违约金，在这种情况下，违约金具有惩罚性功能，是对违约方违反合同的一种惩罚，目的是维护交易合同，提高合同的履约率，预防违约，与《民法典》的立法精神一致。如因违约方的违约行为使非违约方遭受经济损失，且超过违约金的数额时，违约金实际起到了弥补非违约方损失的作用，突出了违约金补偿性的功能，同时使违约方对其违约行为付出经济上的代价，也起到了惩罚的作用。如损失不超过违约金时，违约金突出惩罚作用的同时又弥补了非违约方的损失。

违约金在具体适用时，应从以下几个方面合理确定违约金数额：

- 在违约行为没有造成损失时，应按照约定的违约金数额予以确定。
- 迟延履行违约时，违约方在支付约定的违约金后，还应继续履行合同，除非权利人提出解除合同。
- 违约行为造成损失时，就存在违约金与赔偿损失并存的问题，笔者将在下文加以分析。

（二）关于赔偿损失的性质、作用及适用方法

损害赔偿，是指违约方不履行合同时依法赔偿对方所遭受损失的责任。赔偿损失是民事责任中最常见的责任形式，其实质是法律强制违约行为人向另一方支付一笔金钱，目的在于弥补另一方因违约所造成的财产损失，原则上体现

了民事责任的补偿性质，但以惩罚性为主的例外。《消费者权益保护法》第五十五条规定，经营者有欺诈行为的，应加倍赔偿消费者的损失，体现了赔偿损失的惩罚性。

对于赔偿损失的计算，应以违约所造成的实际损失，包括履行合同后可以获得的经济利益为标准，即赔偿损失的数额要与实际损失相当，不应超过实际损失。

对于赔偿损失范围的确定，通常有两种情况：一是双方当事人在合同中约定损失赔偿的数额，包括损失的计算方法，也就是违约损害赔偿的约定。二是合同对损失没有约定或约定不明的，由法律予以确定。对于以上两种情况，应当优先适用违约损害赔偿的约定，但违约损害赔偿约定适用的原则是，只有在约定有效的情况下才能适用，否则不能适用。在没有违约损害赔偿约定的情况下适用法定赔偿。

（三）关于定金的性质、作用及适用条件

定金，是指合同当事人约定，为确保合同的履行，由一方当事人在法律规定的范围内预先向对方交付一定数额的金钱。定金是担保合同债务履行的方式，给付定金的一方不履行约定义务的，致使不能实现合同目的的，无权要求返还定金；收受定金的一方不履行约定义务的，致使不能实现合同目的的，双倍返还定金。因此，定金的效力主要表现在定金罚则方面，是一种惩罚性规定。

定金的适用条件有以下几种：

• 双方当事人中的任意一方不履行约定的义务。不履行包括全部不履行和部分不履行。如果部分不履行的，应当比照不履行的部分占全部数量的比例确定适用定金罚则；如果是履行不当，则属于违约行为，应按照相应的违约责任予以追究，而不能适用定金罚则。

• 一方不履行合同致使不能实现合同目的。这意味着一方不履行义务必须是致使合同主要目的、直接目的无法实现，即构成根本违约时才可以适用定金罚则。

• 一方不履行义务必须无免责事由，如不可抗力。由于定金种类不同，在适用定金责任时应根据不同性质的定金和作用加以适用。

（四）定金合同常见失误的法律救济方案

在签订定金合同时，当事人双方可以利用下列法律手段进行救济：

第一，在订立合同时，如果双方约定定金担保的，建议明确定金担保的性质。从《民法典》第五百八十七条来看，若无明确约定，定金往往被推定为违约定金，在合同中对定金性质进行明确，这样做既能使合同内容明确，又能确定当事人的权利义务。

第二，在定金合同签订后，给付定金的一方应当依约给付定金，接受定金

的一方也应当及时催告。不同性质的定金有不同的交付时间，除当事人约定外，定金的交付以不影响定金功能的发挥为前提。

因此，证约定金和违约定金于合同签订前后、合同履行前交付即可，立约定金则应在定金合同签订以后、主合同签订以前交付，成约定金则应于主合同订立之时交付最为恰当，解约定金在主合同签订后交付亦无不可。总之，无论何种形式的定金都是定金合同的生效要件，希望通过定金担保债权的当事人尤其要注意，定金的交付是决定其是否能受到定金的救济的前提。

第三，当事人双方约定的定金为违约定金的。履行义务的一方可以对不履行义务的一方适用定金罚则。应当注意的是，这时的“不履行”不仅包括不能履行、拒绝履行，而且包括一方迟延履行或者其他违约行为。致使合同目的“不能实现”的情况，当事人一方不完全履行合同的应当按照未履行部分所占合同内容的比例，适用定金罚则。因此，对于不完全履行、迟延履行导致合同目的落空的情况，当事人都可通过定金罚则寻求救济。

第四，在因不可抗力、意外事件导致主合同不能履行的场合，合同的违约方可主张免责，但是如果因第三人的过错致使主合同不能履行的，根据合同之相对性，违约方仍接受定金罚则的惩罚。受定金处罚的当事人可因此获得对第三人的求偿权，也可因此寻求救济。

第五，在当事人约定解约定金的情况下，如一方放弃定金或双倍返还定金解除主合同，另一方可以根据《民法典》第五百六十六条的规定：“合同解除后，尚未履行的，终止履行；已经履行的，根据履行情况和合同性质，当事人可以请求恢复原状或者采取其他补救措施，并有权请求赔偿损失。”通过行使这些请求权获得法律的救济。

（五）关于违约金、赔偿损失和定金并存时如何适用的问题

违约金、赔偿损失和定金在司法实践中经常会出现并存的现象，对于三种方式并存时能否并用各方认识不一，笔者认为应从以下几方面来具体把握：

1. 违约金与赔偿损失并存时如何适用

根据《民法典》第五百八十三条规定：“当事人一方不履行合同义务或者履行合同义务不符合约定的，在履行义务或者采取补救措施后，对方还有其他损失的，应当赔偿损失。”第五百八十五条第一款规定：“当事人可以约定一方违约时应当根据违约情况向对方支付一定数额的违约金，也可以约定因违约产生的损失赔偿额的计算方法。”在适用时应区分不同的情况来适用：

- 损失低于违约金时，由当事人选择适用一种方式予以支持，如果当事人没有选择的，应当优先适用违约金，此时两种方式只能由当事人选择一种，不能并用，因为合同中约定的违约金应被视为对损害赔偿额的预先确定，违约金已足以弥补非违约方的损失。

●约定的违约金过分高于造成的损失的，人民法院或者仲裁机构可以根据当事人的请求予以适当减少。

●约定的违约金低于造成的损失的，人民法院或者仲裁机构可以根据当事人的请求予以增加。当然，也可以根据《民法典》第五百八十五条第一款的规定，在合同签订时约定违约产生的损失赔偿额的计算方法。据此，两种方式可以并用，目的就是弥补非违约方的损失。

●《最高人民法院关于审理商品房买卖合同纠纷案件适用法律若干问题的解释》第十二条规定："当事人以约定的违约金过高为由请求减少的，应当以违约金超过造成的损失30%为标准适当减少；当事人以约定的违约金低于造成的损失为由请求增加的，应当以违约造成的损失确定违约金数额。"根据上述司法解释规定，当事人约定的违约金超过造成损失的30%的，一般可以认定为《民法典》第五百八十五条第二款规定的"过分高于造成的损失"。这个标准体现了违约责任的惩罚性。同时基于上限的规定，可以理解此规定对违约金的惩罚性进行了限制，违约金已不具备赔偿损失的功能，因此，该情形下违约金和赔偿金可以并用，否则对守约方来说显失公平。

2. 违约金和定金并存时的适用问题

由于《民法典》规定的定金在性质上属于违约定金，具有违约定金的性质，根据《民法典》第五百八十八条规定，当事人只能选择一种方式适用，而不能并用。但本条规定是针对同一违约行为同时存在违约金和定金责任的情形，由于定金分为立约定金、解约定金、证约定金、成约定金和违约定金，《民法典》只对违约定金与违约金并存时的适用作出限制。因此，如果合同中约定的违约金和定金是针对不同的违约行为，在一方实施不同的违约行为形态时，两种责任方式可以并用。

3. 定金与赔偿损失并存时的适用问题

定金与赔偿损失并存时如何适用存在两种不同的意见：第一种意见认为，定金具有惩罚性质，与是否损失无关，且定金和赔偿损失的性质、作用及适用法定条件不同，法律并没有明确禁止，因而是独立于损害赔偿的，在适用定金罚则后，对于损失可单独提出，两种方式可以并用，但总值不得高于全部货款总值。第二种意见认为，根据损益相抵原则，定金和赔偿损失不能并用，两者只能选择其一，因为定金本身起到预防和补偿损失的作用。

依据相关的法学理论，定金是债权的担保。给付定金的一方不履行约定债务的，无权要求返还定金，收受定金的一方不履行约定的债务的，应当双倍返还定金。而赔偿损失是当事人一方违约的法律后果。《民法典》第五百七十七条规定："当事人一方不履行合同义务或者履行合同义务不符合约定的，应当承担继续履行、采取补救措施或者赔偿损失等违约责任。"第五百八十三条规定："当事人一方不履行合同义务或者履行合同义务不符合约定的，在履行义务或者采取补救措施后，对方还有其他损失的，应当赔偿损失。”第五百八十八条规定：“当事人既约定违约金，又约定定金的，一方违约时，对方可以选择适用违约金或者定金条款。定金不足以弥补一方违约造成的损失的，对方可以请求赔偿超过定金数额的损失。”

可见，定金罚则的运用不以实际发生损失为前提，定金责任的承担不能替代损害赔偿责任，因此在定金不足以弥补守约方实际损失的情况下，二者可以并用，但定金和损失赔偿的数额总和不应高于因违约方违约造成的损失，也不再区分定金的性质（违约定金或者解约定金）。之所以强调在同一个诉讼中，考虑的是同一合同的履行问题，给付定金和赔偿损失有牵连；而且从减少诉累和便于查明事实角度出发，也应在一个诉讼中解决。

4. 关于违约金、赔偿损失和定金同时并存时如何适用

根据以上分析，因违约金和定金是合同当事人在自愿的基础上达成的意思表示，根据合同自由原则，应当予以尊重，首先由当事人选择适用违约金还是定金，在当事人选择的基础上分别加以确定。如果当事人选择违约金，那么存在违约金和赔偿损失并存的情形；如果当事人选择定金责任，存在定金和赔偿损失并存情形。两种情形在适用方法上，分别按照上述并存时的情形加以适用。

三、关于附随义务的履行

（一）附随义务的含义

附随义务，是指在法律无明文规定，当事人之间亦无明确约定的情况下，为了确保合同目的的实现并维护对方当事人的利益——主要是人身和财产利益，遵循诚实信用原则，依据合同的性质、目的和交易习惯所承担的作为或不作为的义务。这表明附随义务以当事人之间的合同关系为前提，以诚实信用原则为依据，其目的在于确保合同目的的实现，并维护合同当事人的利益；其内容也并非自合同关系之始就已确定，而是根据合同的性质、目的和交易习惯，随着合同关系的进展逐步得以确立的。

（二）附随义务的内容

我国《民法典》第五百零九条规定：“当事人应当按照约定全面履行自己的义务。当事人应当遵循诚信原则，根据合同的性质、目的和交易习惯履行通知、协助、保密等义务。”从这一条可以看出，附随义务至少具有三个方面的内容，即通知义务、协助义务与保密义务。下面将分别阐述这三种义务以及其他附随义务。

1. 通知义务

通知义务又称告知义务，是指债务人负有对有关债权人利益的事项的通告，使其知晓的义务。合同的履行及合同目的的实现，需要当事人通力配合，其中需要双方互通信息的情形多有所在。如果依据诚信原则，当事人应当主动地通知对方，此时便可认为有通知义务存在。《民法典》中关于通知义务有很多明确的规定，比如《民法典》第七百二十六条规定："出租人出卖租赁房屋的，应当在出卖之前的合理期限内通知承租人……"第七百七十五条第一款规定："……承揽人对定作人提供的材料应当及时检验，发现不符合约定时，应当及时通知定作人更换、补齐或者采取其他补救措施。"第七百九十八条规定："隐蔽工程在隐蔽以前，承包人应当通知发包人检查……"第八百三十条规定："货物运输到达后，承运人知道收货人的，应当及时通知收货人……"第九百零七条规定："保管人应当按照约定对入库仓储物进行验收。保管人验收时发现入库仓储物与约定不符合的，应当及时通知存货人……"等等。综合来说，通知义务包括：说明义务，如出卖人在交付标的物时，应如实向买受人说明有关标的物的使用、维修及保养方法等；忠实报告义务，如代理人应及时向被代理人报告被代理事务的情况；瑕疵告知义务，如赠予有瑕疵物品时，应将标的物的瑕疵如实告知受赠予人；此外，还有迟到告知义务、提存地点及其方式的通知等。

2. **协助义务**

协助义务又称协作义务，是指合同当事人应互为对方行使合同权利，履行合同义务提供照顾和便利，促使合同目的圆满实现。它要求当事人在缔约过程中承担协力义务。在履约中，当事人应当顾及另一方及其标的物的状况，最大限度地运用其能力和一切可以运用的手段实现对方的正当愿望，以利于合同的适当履行。合同关系终止后，当事人应当协助对方处理与合同相关的事务。如《民法典》第七百四十一条关于融资租赁中承租人行使索赔权规定："出租人、出卖人、承租人可以约定，出卖人不履行买卖合同义务的，由承租人行使索赔的权利。承租人行使索赔权利的，出租人应当协助。"第七百七十八条规定："承揽工作需要定作人协助的，定作人有协助的义务。定作人不履行协助义务致使承揽工作不能完成的，承揽人可以催告定作人在合理期限内履行义务，并可以顺延履行期限；定作人逾期不履行的，承揽人可以解除合同。"

3. **保密义务**

保密义务，是指当事人一方对于知晓的对方的商业秘密或要求保密的信息、事项不得对第三人泄露。《民法典》第五百零一条对此作了规定："当事人在订立合同的过程中知悉的商业秘密或者其他应当保密的信息，无论合同是否成立，不得泄露或者不正当地使用；泄露、不正当地使用该商业秘密或者信息，造成对方损失的，应当承担赔偿责任。"保密义务在技术合同中的地位显得尤为重要。保密义务是一种消极义务，只要求义务人消极地不作为，而不要求义务人积极地作为。因此，保密义务的履行通常不会给义务人带来额外的负担。

4. **其他附随义务**

《民法典》第五百零九条第二款的列举并未穷尽全部的附随义务，故以

“等”字表示仍可以有其他的附随义务。这也反映出，附随义务的类型及内涵尚在发展中。下面将阐述其中的几种：

（1）注意义务

注意义务是对债务人在履行债务时的一般要求，即债务人应尽到如同管理自己事务的注意义务。债务人的注意程度因其地位、职业、判断能力及债务的性质而有所不同。一般而言，当事人应作一个善良管理人，并像管理自己事务那样做到尽职尽责，以尽到保护对方合法权益的义务。

（2）保护义务

保护义务是指在由于合同接触（准备交涉、履行、受领等）而有发生侵害对方生命、身体、财产的可能性的场合，对于诸此法益不予侵害的义务。附随义务中的保护义务，论其性质实际相当于《侵权责任法》上的社会安全义务，与给付义务的关系较远。就此类义务的定位，涉及民事责任制度的变革及发展，学者间素有争论。德国学者认为在债之关系上保护义务是一种应当与给付义务相对置的概括性的义务。从这种立场出发，将以保护给付以外法益（对方的财产、人身）免受损害的一系列附随义务（照顾、保护、指示、说明等）为内容的总括的义务，统称为保护义务。应该看到，保护义务与给付义务确实有着相当的独立性，比如保护义务在合同缔结阶段就可能既已发生，其违反可能构成缔约上的过失，而在合同存续和履行阶段，保护义务依然存在，且与合同缔结阶段的保护义务可以认定为具有连续性。其所要保护的法益，不是给付利益，而是相对人的维持利益或者固有利益。我国《民法典》第八百二十二条规定：“承运人在运输过程中，应当尽力救助患有急病、分娩、遇险的旅客。”在审判实务中，也肯定了保护义务作为一种附随义务的存在。

（三）在合同履行中违反附随义务的责任如何承担

违反附随义务应承担怎样的合同责任，需根据合同关系发展的进程来分析。

1. 违反先合同义务的法律责任

一般认为，当事人违反先合同义务承担的是缔约过失责任。《民法典》第五百零一条在规定当事人的保密义务时，明确“无论合同是否成立”，而在第五百条关于缔约过失的规定中虽然并无该表述，但是本条同样应适用已经成立甚至生效的合同。首先，从字面上理解，本条并未将合同成立后造成的对方损失排除。其次，关于合同成立后有义务申请批准或登记义务的当事人违反义务的承担的应是缔约过失责任。最后，先合同义务虽然只能在合同生效前存在和违反，但违反先合同义务给对方造成的损失完全可能发生在合同成立或生效后，如果该损失仅因为合同成立或生效而无法得到赔偿，显失公平。因此，当事人承担违约责任还是缔约过失责任并非根据合同是否成立来判断，而是根据违反的合同义务的性质来判断，违反先合同义务承担缔约过失责任，违反合同义务承担违约责任。

2. 违反合同履行中的附随义务的法律责任

违反合同履行中的附随义务构成不适当履行合同，即债务人虽然履行了义务，但其履行有瑕疵或给债权人造成了损失。合同义务人未履行附随义务而使权利人未实现履行利益或造成履行利益之外的其他利益的损失时称为加害给付。在此情况下，债权人可以义务不履行为由就产生的损害请求损害赔偿。但这种责任又不完全等同于违约责任。第一，它不同于违约责任的无过错责任，实行的是过错责任。第二，从责任形式来看，主要是赔偿损失，一般不发生强制实际履行。在合同履行过程中，债务人不履行给付义务时，债权人可以解除合同，但债务人不履行附随义务时，原则上不得解除合同，而只能就所受的损害请求损害赔偿。这也是附随义务的一个显著特点。

3. 违反后合同义务的法律责任

对这个问题，学界尚存在争议。有人认为，违反后合同义务是对债务的不完全履行或对其他义务的违反，它是一种结果损害，应承担违约责任。违反后合同义务的责任的性质不同于违约责任，二者产生的基础不同。前者为附随义务，后者为给付义务，因此不应混用。对于违反后合同义务，应承担的责任性质，可以参照先合同责任理论独立构建，与其相对应的称为后合同责任。后合同责任承担与否的关键在于义务人是否违反了后合同义务。合同终止后，若当事人之间仍存在合理的信赖利益，那么法律仍有维持这种信赖利益的必要，要求当事人一方履行通知、协助、保密等义务，如果一方违反了该义务就要承担后合同责任。当然，后合同义务并不是永久性的，而是有时间限制的，通常应根据合同类型，终止于合同履行利益完全实现，且当事人之间没有再维持某种特殊信赖利益时。承担后合同责任的方式应不限于赔偿损失，如果权利人要求义务人继续履行某些附随义务，义务人应当继续履行。

违反附随义务承担损害赔偿责任时，赔偿的范围应以履行利益为限。履行利益是合同当事人依合同履行本可实现的利益。在合同存在的情况下，违反给付义务的损害赔偿因其对给付利益造成损失固然应以履行利益为限，对于违反附随义务也应该如此。因为附随义务的不履行使当事人依合同可实现的某些利益（如防止自身秘密泄露、履行的协助、某些事项的通知）落空，造成损害，相对方所受到的损失与义务人义务的不履行之间存在因果关系。虽然有些附随义务可以用强制履行来救济，但是对于已经发生的损害仍然无法弥补。所以，受害人可以以履行利益为限，请求对方当事人赔偿其因未履行附随义务造成的损失。

（四）附随义务的法律风险防范

一般而言，附随义务条款法律风险不是评估重点，有时甚至可以予以忽略。

这类条款在合同中也常常出现，有时是因为当事人表述的问题，导致本来较为重要的条款被认定为次要义务条款。比如，双方在有偿合同中约定某项物品或服务为免费提供，一旦因该物品或服务发生争议，很容易被法院认定为次要义务或附随义务，判定该义务的违反不影响合同继续履行。

另外，不同性质的合同其附随义务的侧重点也不完全相同，相关规定散见于《民法典》总则及分则中。根据《民法典》第五百零九条关于附随义务的规定，其履行根据是“合同的性质、目的和交易习惯”，具有不确定性。因此，在实践中，为解决附随义务的问题，当事人不应当依赖于法律对于附随义务条款的明确，最好直接将重要的“通知、协助、保密等义务”约定在合同条款中，将不确定的附随义务转化为确定的合同义务，以避免争议的发生。

案例：合同履行中如何应对附随义务

【基本案情】

2011 年 6 月 12 日，李某与某汽车销售公司签订了《购车合同书》，约定购买大众车一辆，购车价为 12.8 万元，付款方式为按揭，公司附加服务为代为购买保险，代为上牌。当月 18 日，李某向该公司交付了首付款、保险费、上牌费用等 7 万元后，取得了大众轿车一辆。8 月 22 日，李某驾驶该车时，由于操作不当，发生翻车事故造成车辆损坏，花去修理费 3.7 万多元。事故发生后，李某通知公司要求保险理赔，公司方却称，由于事故发生时车辆未上户故未办保险，无法理赔。双方发生纠纷，李某将公司起诉至法院，诉请法院依法判令公司赔偿自己的财产损失 3.7 万多元。庭审中，李某称，既然双方约定了代买保险的附加服务，自己也支付了费用，公司应当在自己取得车辆后及时完成相关手续。本次事故系由于公司怠于履行相应的义务，致使李某在发生交通事故后财产损失得不到保险理赔，公司应当承担赔偿责任。而汽车销售公司辩称，发生交通事故是李某自身责任造成，公司无过错不应当承担责任。

【法律分析】

虽然《购车合同书》对代为购买保险的时间和具体险种未作出明确约定，但该公司作为汽车销售专业公司，应当知道购买保险是汽车上路行驶的前提条件之一，且公司在 6 月 18 日收取李某 7 万元中包含了代购保险费用，具备了代购保险的条件，故公司在将车辆交付给李某时就应当履行代为购买保险的义务。公司怠于代购保险的行为构成违约，应当承担相应的违约责任。

【实务指南】

本案涉及一个关键问题，即在合同履行中如何应对附随义务？

实践中，合同附随义务既是履行合同的必要，又为我国《民法典》所认可。我们在合同的履行过程中不能只盯着合同中的权利义务，也要做到为实现合同中的权利义务而尽所应该做到的努力，本着诚信的原则，为合同的顺利履行创造必要的条件。在合同履行过程中，对于某些细节问题，如标的物在保管或安装中的注意事项、对于迟到的承诺是否生效的通知、对于因无法履行合同而向对方发出的通知等，如果未能通知，则很有可能造成对方损失，而对方也很可能援引附随义务条款追究未尽义务方的责任。

四、关于接收和出具票据的法律风险防范

随着经济的发展，在合同履行过程中，票据越来越多地成为交易和结算的工具。正因为票据的广泛使用，也产生越来越多的票据纠纷，如票据欺诈、票据失效、票据毁损等，因此，有必要对票据的交易过程可能存在的风险进行分析，以探求可能的规避风险的方法以及发生风险后的救济方法。

（一）支票的交易流程及风险分析

支票是出票人签发的，委托办理支票存款业务的银行或者其他金融机构在见票时无条件支付确定的金额给收款人或者持票人的票据。支票可以分为现金支票和转账支票，现金支票只能用于支取现金，不能转账结算；转账支票不能支取现金，而只能用于转账结算；普通支票可以用于提取现金也可以用于转账。下面就支票的不同种类进行分析：

1. 现金支票的风险防范

现金支票的结算过程十分简单，一般不存在与其他单位的票据纠纷。但在签发票据时，应当注意以下问题：

- 签发现金支票时必须写明收款单位名称或收款人姓名，并只准收款方或签发单位持票向银行提取现金，不得将现金支票流通。
- 签发现金支票首先必须查验银行存款是否有足够的余额，签发的支票金额必须在银行存款账户余额以内，否则银行不会向收款人支付相应的金额。
- 签发现金支票不得低于银行规定的金额起点，金额起点为 100 元，但结清账户时，可不受其起点限制。
- 要及时从银行提现，不能超过现金支票的有效期而使现金支票作废。《票据法》第九十一条规定：“支票的持票人应当自出票日起十日内提示付款。”因此，在票据签发日期的十天内，持票人必须向银行支取该款项。
- 在实际经济交往过程中，也的确存在业务往来双方直接将现金支票交付给对方来结清款项的情况。收款人自己持现金支票去付款银行提现，此时应当注意如下法律风险：

第一，怎样确保收款人真实地收到该笔款项？付款人无论通过何种方式支付款项，都应当确保收款人收到。当发生法律纠纷时，如果付款人能够举证证明收款人已经收到该笔款项，那么付款人就可以免除付款责任。通常来说，如

果通过银行转账支付款项，那么转账金额就会在第三方（银行）留下记录，因而比较容易举证收款人已经收到款项；相反，如果通过现金支付款项，交易只在收款人和付款人之间发生，因而必须确保有足够的证据来证明收款人已经收取该笔款项。

第二，发生现金支票遗失的法律风险如何承担？现金支票发生遗失，发生损失的可能性相当大。因为持有现金支票可以直接到相应的银行提取款项，只要银行存款余额足够支付支票的记载金额，银行见票即付。所以如果发生损失，风险的承担应当以现金支票的转移交付来判断风险的承担。

第三，发生现金支票空头或现金支票无效时如何救济？现金空头支票，是指出票人的银行存款余额低于其所签发的现金支票金额，从而使银行拒绝支付该笔款项的情况。现金支票无效，是指因支票不具备合法的记载条件而使银行拒绝付款的情况，如支票过期、大小写金额不符、出票人名称不正确，等等。凡是发生以上情况，由于付款没有得到真正的实现，收款人应当退回现金支票，要求其他的付款履行方式。

通过以上有关风险问题的分析，不难看出对于现金支票转移而应当采取的规避法律风险的手段，下面通过付款人和收款人两方面来说明：

（1）对于付款人来说

主要确保收款人能够真实地收到该笔款项，且在发生现金支票遗失时，能够举证证明自己已经履行了约定的付款义务，从而规避自己的法律风险。这些措施包括：其一，付款人必须开具真实有效的现金支票给收款人。其二，付款人将现金支票交与收款人时，如果收款人为单位，应当由收款人开立收据，收据上应当写明支票号码和金额，并加盖收款人印章。如果收款人为个人，则应当要求收款人在现金支票存根联上签收并写明身份证号码。其三，如果因为自身的问题发生现金支票无效，应当积极配合通过其他方式履行付款义务。即使因为收款人的问题而产生现金支票无效，也应当根据诚实信用的原则再次履行付款义务。其四，如果发生现金支票遗失，无论是不是自己的责任，都应当积极向银行挂失止付，避免损失的发生。

（2）对于收款人来说

主要确保款项能够及时收到，在发生款项不能收到时及时采取措施。相关的控制措施包括：其一，在收到现金支票时，妥善保管，如用支票夹保管，避免损坏。其二，立即向银行提取款项，避免付款人因银行余额不足无法收到款项。其三，发生现金支票毁损时，虽然现金支票已经无效，但并不丧失实体权利，因而可以向付款人说明情况，并重新要求付款。其四，发生现金支票遗失时，立即通过与出票人联系进行挂失止付。但如果此时现金支票已经被他人从银行提现，收款人只能采取其他救济措施来追回款项。

正因为存在上述很多麻烦的问题，付款人除自己使用现金支票取现外，一般不应当采用现金支票的方式来向收款人支付款项。

2. 转账支票的法律风险防范

相对于现金支票，转账支票的交易流程更为复杂，而且转账支票可以背书转让，从而增加了交易中的法律风险。转账支票的结算流程如图 5 所示①：

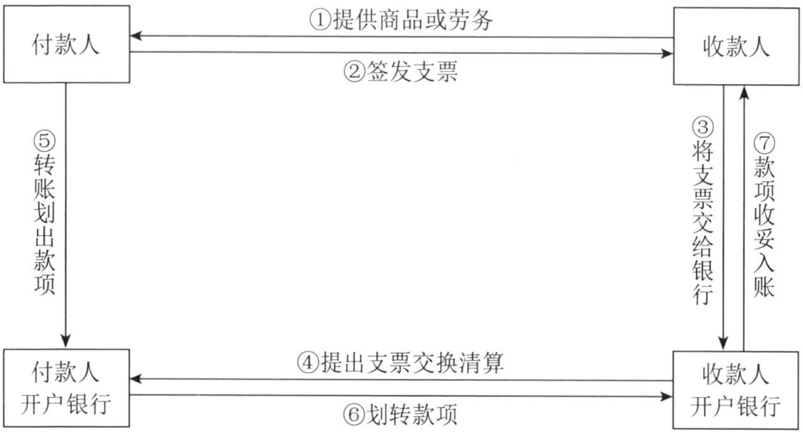

图 5 转账支票的结算流程

第一步，提供商品或劳务。根据我国《票据法》第十条第一款规定："票据的签发、取得和转让，应当遵循诚实信用的原则，具有真实的交易关系和债权债务关系。"因此，签发支票时，应当以真实的业务交易和债务债权关系为基础，所以提供商品或劳务是转账支票处理流程的第一步。

第二步，签发转账支票。在实际的债权债务交易发生后，就涉及付款。付款人签发支票，将支票交给收款人，履行付款义务。

第三步，收款人收取支票并将支票交给银行。收款人在收取支票时应当认真进行审查，以免收进假支票或无效支票。

第四步至第七步为银行内部结算流程，如果不存在上述问题，不会产生纠纷，这里不再赘述。

转账支票的交易过程涉及出票、背书转让、提示付款、银行结算等多个流程，票据风险也比较大。与现金支票相比较，对于出票人来说，可以确保款项的支付在银行留下记录而比较容易证明对款项的支付真实和有效，其票据风险主要来源于：

（1）支票无效的风险

出票人应当签发记载事项完整有效的支票，通常应当注意如下问题：收款人的名称正确；支票日期为签发当日，不得签发远期支票；印章齐全、清晰，

① 袁小勇、邵军主编：《会计实务》，中国首都经济贸易大学出版社 2004 年版，第 231 页。

与签发人在银行的预留印鉴相一致；金额大小写一致；确保银行账户有足够的资金用于支付，不得签发空头支票。

（2）由于票据伪造、变造而遭受损失

它是指他人伪造或变造票据金额、签章等票据必要记载事项，在向银行提交后，银行从付款人支票账户扣除相应金额，从而使支票付款人支付了没有签发的支票或多支付了一定金额。支票伪造和变造是一种票据欺诈行为，一旦发生，往往会给付款人带来较大损失。虽然付款人对付款银行及支票伪造和变造人可以追究法律责任，但往往无法挽回全部财产损失，所以应当积极采取措施避免这种情况的发生。特别是当前国内正在推广支票异地使用，支票验证就显得更加重要，一个很好的办法就是使用支票密码支付系统，这样可以很好地防止伪造支票的发生。

（3）由于空头支票而引发纠纷和银行罚款

出票人在签发支票前应当准确核定银行余额，确保支票签发后有相应的资金支付。支票的出票人所签发的支票金额不得超过其付款时在付款人处实有的存款金额。根据《票据法》第八十七条第二款规定："出票人签发的支票金额超过其付款时在付款人处实有的存款金额的，为空头支票。禁止签发空头支票。"1997 年 12 月，中国人民银行发布的《支付结算办法》第一百二十五条也规定："出票人签发空头支票、签章与预留银行签章不符的支票、使用支付密码地区，支付密码错误的支票，银行应予以退票，并按票面金额处以百分之五但不低于 1 千元的罚款；持票人有权要求出票人赔偿支票金额 2% 的赔偿金。对屡次签发的，银行应停止其签发支票。"通常企业并不是故意签发空头支票，而是资金的预测和调配不及时造成的，常用的办法是加强财务的资金管理和监控来解决这个问题。

（4）由于支票转让而产生的风险

支票被背书转让后，如果支票记载的直接收款人发生不履行约定义务的情况，则支票出票人无法对抗其他支票持票人。《票据法》第十三条第一款规定："票据债务人不得以自己与出票人或者与持票人的前手之间的抗辩事由，对抗持票人。但是，持票人明知存在抗辩事由而取得票据的除外。"因此，如果支票转让后，出票人将承担无条件支付支票金额的风险。通常许多公司的财务制度都规定，使用支票时应当使用划线支票，或在背书栏记载"不允许转让"的字样。

（5）空白支票的风险

使用支票的一个方便之处，就是支票可以在签发后补记某些必要记载事项，如金额、收款人。在实际业务交往中，甚至支票日期也可以不在支票签发时登记，而在事后进行补记。根据《票据法》第八十五条、第八十六条的规定，支票上的金额可以由出票人授权补记，未补记前的支票，不得使用。之所以有这项规定，是因为很多业务交易需要现场才知道付款对象和准确的付款金额。但空白支票带给出票人的风险是多付超过真实业务交易的款项，而且空白支票如果转让风险会增大。因此，对空白支票的使用应该有严格的控制。

那么，对于支票受让人来说，由于银行并不保证对支票的支付，其风险是显而易见的。

其一，支票是否真实有效？只有支票真实有效，持票人才享有支票上的权利，因此，支票受让人在收到支票后，应对支票进行形式审查，包括：支票填写是否清晰，是否用墨汁或碳素墨水填写；支票的各项内容是否填写齐全，是否在签发单位盖章处加盖单位印鉴，大小写金额和收款人有无涂改，其他内容如有改动是否加盖了预留银行印鉴；支票收款单位是否为本单位；支票大小写金额填写是否正确，两者是否相符；支票是否在付款期内；背书转让的支票其背书是否正确，是否连续。①

其二，支票出票人是否能够有足够资金支付款项？对于持票人来说，只有将支票提交银行收款后，才知道支票付款的真实性，因而持票人在接受支票后，应当尽快向银行提示付款，而且支票本身有相应的有效期限。根据《票据法》第九十一条规定，支票的持票人应当自出票日起 10 日内提示付款。一旦款项收到，则所有风险相应解除。

（二）银行承兑汇票的交易流程和风险分析

1. 汇票及其种类

汇票是出票人签发的，委托付款人在见票时或者在指定日期无条件支付确定的金额给收款人或者持票人的票据。汇票分为银行汇票和商业汇票。银行汇票是银行以自己的名义签发的汇票，并由银行保证支付，因而具有较高的信誉，收款人持有银行汇票，可以安全及时地到银行支取款项。而商业汇票由于需要承兑，并根据承兑人的不同分为商业承兑汇票和银行承兑汇票。在我国，由于商业信用还欠发达，流通的汇票主要是银行汇票和银行承兑汇票。

2. 银行承兑汇票的流程及风险

相对于银行汇票来说，由于银行承兑汇票的风险较大，下面仅就银行承兑汇票的流程进行分析，银行承兑汇票结算的基本程序如图 6 所示②：

第一步，付款人签发银行承兑汇票。银行承兑汇票应当逐项填写银行承兑汇票签发日期，收款人和承兑申请人（付款单位）的单位全称、账号、开户银行，汇票金额大小写，汇票到期日，交易合同编号等内容。

第二步和第三步，办理银行承兑。银行接到银行付款人签发的承兑汇票申请后，需要对付款人的资信进行审核，然后与申请人签订承兑协议，经银行承

---

① 袁小勇、邵军主编：《会计实务》，中国首都经济贸易大学出版社 2004 年版，第 231 页。

② 同上书，第 221 页。

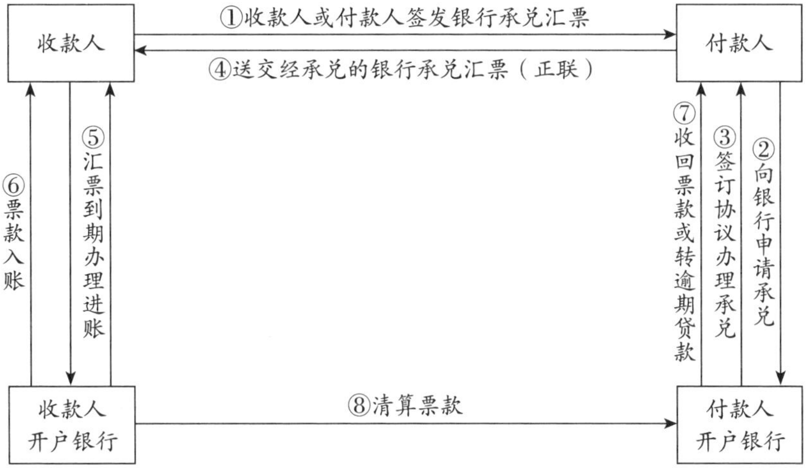

图 6　银行承兑汇票结算基本程序

兑的商业汇票，银行具有保证支付的责任。

第四步，付款人将经银行承兑的汇票交给收款人。收款人在收到银行承兑汇票时，应当注意以下问题：收款人或背书人是否确为本单位；银行汇票是否在付款期内，日期、金额等填写是否正确无误；印章是否清晰，压数机压印的金额是否清晰；银行汇票有无毁损；汇款人或背书人的证明或证件是否有误，背书人证件上的姓名与其背书是否相符；如果汇票转让，背书是否连续；汇票是否真实。

第五步，持票人到期提示付款。持票人在将银行承兑汇票交给银行时应当注意如下问题：提示付款必须在票据到期日前；填写委托收款的内容必须与银行汇票上记载的信息一致；必须在银行汇票背部加盖收款人的银行预留印鉴。

第六步至第八步只是银行的一个结算信息的传递过程，相关的法律风险已经不大，这里不再赘述。

3. 银行承兑汇票对于出票人的风险

银行承兑汇票对于出票人的风险包括票据伪造、变造的风险，因票据转让而产生的风险，这些与支票出票人风险相同，这里不再赘述。除此之外，出票人应当注意在付款日到期前，确保银行余额不低于付款金额，否则根据与银行的约定，银行会将垫付的资金作为短期贷款，计收利息，从而增加财务负担，对于那些有足够资金的付款人来说，这笔支出是没有必要的，因而应当多加注意，可以通过专门的应付票据登记簿来记录和监控到期需要支付的银行承兑汇票。

4. 银行承兑汇票对于持票人的风险

对于持票人来说，银行承兑汇票可能被银行拒付。那么，在什么情况下，银行有可能拒付银行汇票或拒绝承兑呢？下面列示一些通常情况：

- 伪造、变造（凭证、印章、压数机）的银行承兑汇票。
- 非总行统一印制的全国通用的银行承兑汇票。
- 超过付款期的银行承兑汇票。
- 缺汇票联或解讫通知联的银行承兑汇票。
- 汇票背书不完整、不连续的。
- 涂改、更改汇票签发日期、收款人、汇款大写金额的。
- 已经银行挂失、止付的现金银行汇票。
- 汇票残损、污染严重无法辨认的。[①]

相对于支票来说，银行承兑汇票由付款银行保证支付，因而只要银行承兑汇票真实有效，行使付款请求权并取得款项相对而言是安全的。

（三）银行本票的交易流程和风险分析

1. 本票的含义

本票是出票人签发的，承诺自己在见票时无条件支付确定的金额给收款人或者持票人的票据。本票的出票人必须具有支付本票金额的可靠资金来源，并保证支付。在我国主要是指银行本票。银行本票一律记名，允许背书转让。银行本票见票即付，不予挂失。银行本票在指定城市的同城范围内使用。

2. 本票的流程及风险

银行本票的结算流程如图 7 所示[②]：

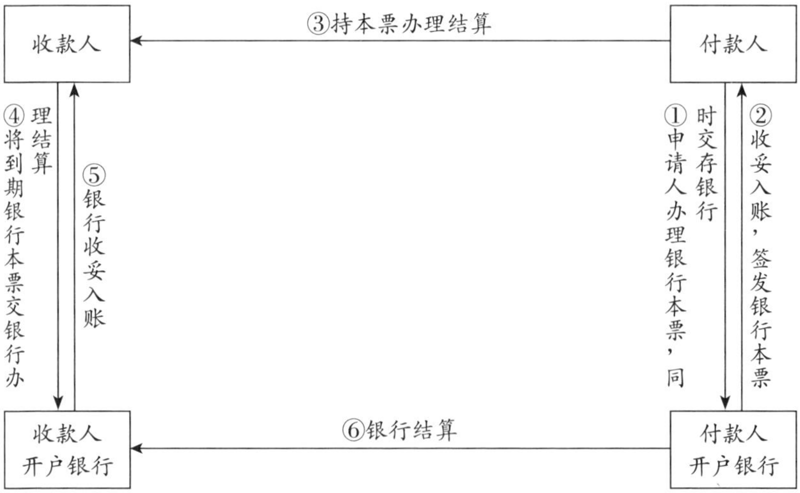

图 7 银行本票的结算程序图

① 袁小勇、邵军主编：《会计实务》，中国首都经济贸易大学出版社 2004 年版，第 210 页。
② 同上书，第 225 页。

第一步，委托银行办理银行本票。由于本票为银行签发，且由银行直接支付，因此在办理本票时，申请人应有足够的资金在银行，否则银行会拒绝办理。申请人应将相关信息准确地提供给银行，如收款人的名字、申请办理的金额；申请办理的汇票金额是否与业务交易金额的大小相适应。

第二步，银行签发本票。银行签发本票时，应当注意以下几点：签发的金额是否与申请金额一致；审核申请人的账户资金是否足够并从中扣除本票的金额；收款人的名字与汇票申请书上的名字是否一致；印章是否清晰和齐全；大小写金额是否一致；等等。

第三步，付款人持本票办理付款。收款方在接受银行本票时应当注意以下问题：本票是否真实；本票的出票是否过期，日期、金额等填写是否正确无误；印章是否清晰，压数机压印的金额是否清晰；本票有无毁损；如果本票转让，背书是否连续；等等。

第四步，持票人将银行本票交给其开户银行入账。持票人需要填写一式两联的“进账单”，并在银行本票背面加盖单位预留银行印鉴，将银行本票连同进账单一并送交开户银行。

第五步，持票人开户银行将资金划入持票人账户。由于本票见票即付，因此银行在收到本票后，只要本票有效，马上就将本票上的金额支付给持票人。这里需要注意的一点就是必须在本票的有效期内将本票交给银行，对于过期本票，银行将不予受理。

第六步，银行结算。即持票人开户银行在将本票金额支付给持票人后，要求出票银行将资金划转给付款银行的过程。

对于银行本票来说，由于其信誉度高且无须承兑，因而对于业务交易双方产生的交易风险比较小，其相关的法律风险可参考支票和银行承兑汇票的有关论述。

3. 出票人防止票据交易法律风险的控制手段

（1）严格管理空白支票的签发

空白支票是指加盖了真实银行印鉴，在签发时不登记支票金额或收款人的支票。空白支票会带给出票人不确定付款金额的风险，因此出票人一般应禁止签发空白支票。但在有些情况下，如不知道收款人名称或不确定付款对象、不确定具体的付款金额，此时出票人不得不签发空白支票。

（2）严格管理空白支票的使用

在使用空白支票时，应当采用如下规避风险的措施：

首先，对空白支票作限额处理。通常来说，可以在估计金额的前一位数字加上人民币的符号“￥”，从而对最高可能付款金额作出限制。

其次，空白支票应当由自己公司的人员保管，而不能将空白支票直接交给收款人填写，避免收款人恶意填写超额款项。

再次，空白支票应当被禁止转让，减少流通环节的可能性。

最后，空白支票应当在出票时登记备案并及时跟踪，保证空白支票使用后，相关存根及时回到出票人财务部门登记付款金额，避免发生空头情况。

（3）禁止背书转让

签发票据，最好禁止背书转让。禁止背书转让的意义主要在于可以在必要时进行票据权利抗辩。如果票据被背书转让，那么在持票人行使付款请求权时，出票人不能行使票据抗辩的权利，而只能履行付款的义务。在票据转让的过程中，很容易产生票据变造、票据毁损，从而引发票据纠纷，票据被转让的次数越多，产生法律问题的风险也越大，禁止背书转让，就可以避免这些风险。

禁止背书转让的法律效力使票据丧失了可背书性，这时票据权利仅转移给其指定的收款人，票据权利人不能将票据继续转让，如果继续背书转让，受让人也不能有效取得票据权利。

禁止票据背书转让的方式主要包括支票进行划线，或者在票据背面第二背书栏加盖“禁止背书转让”字样。

（4）确保足够的资金用于支付票据

票据的产生是为了促进业务的交易方便，提高交易效率，无论什么票据，对付款人来说最终都要负担付款义务。因此，付款人必须保证有相应的资金支付。如果没有资金保证支付，则会产生票据纠纷和诉讼，付款人会因此承担相应的法律责任。

票据上记载的付款金额成功支付以后，所有与票据签发、转让、承兑、付款、收款等权利义务即告实现，则相关票据权利人与票据义务人的关系解除。

（5）使用支付密码

在我国很多城市，为了避免票据被他人伪造，使用了密码支付的防范系统。一个典型的例子就是支票密码支付系统，它是由付款人在签发支票时同时使用支票密码器进行加密。支付密码器系统由银行端的后台核验系统、前台管理系统和用户手中的支付密码器三部分组成。用户签发支票时，使用支付密码器根据出票人账号、票据类型、票据号码、票面的金额及日期等关键要素，计算出一组 16 位的密码数字。① 算出的支付密码与票据上的关键要素均密切相关，任何要素的改变都不能通过核验，彻底杜绝了因伪造印鉴、涂改票据内容给银行和存款人的票据结算带来的资金风险。

使用支票密码，一个很大的意义在于可以使支票通行全国。2007 年 6 月 25 日，由中国人民银行推出的全国支票影像交换系统在全国范围内上线运行，这套系统的运行，意味着银行支票告别了同城范围使用历史，客户签发的任何一张支票均可以在我国境内任何地区使用，真正实现了“一票在手，走遍神州”。

---

① 雅文：《支付密码器：促进社会诚信体系建设营造安全支付环境》，载《金融时报》2007 年 9 月 19 日第 5 版。

有了这一系统，收款人可以接受异地支票，收款银行收到收款人提交的异地支票后，通过影像交换系统将支票影像传输给付款银行，实物支票在收款银行被截留，不再返回付款银行。付款银行收到收款银行的支票影像后对密码进行核验，通过后予以付款。

由此可见，支付密码对于保护票据付款人有很大的好处，如果出票人能设置相应的内部控制系统，将票据密码、票据本身和票据印鉴分开保管，可以在根本上杜绝票据伪造和变造所引起的法律纠纷。支票密码的使用也可以为其他票据设置密码带来借鉴，从而大大提高经济业务交易的诚信度和社会效率。

（6）合理行使票据抗辩权利

票据的抗辩权，是指由票据出票人享有的，在一定合法事由的情况下拒绝债权人行使票据权利的权利。[①] 票据抗辩权具有三个特征：第一，票据抗辩权只能针对票据请求权来行使。第二，票据抗辩权的法律效力在于阻却票据请求权的效力，从而使得票据债务人能够拒绝履行票据债务。第三，对真实有效票据的抗辩权只能针对与债务人有真实业务交易的直接关系人。根据票据抗辩权内容的性质，可以将其分为三类：

第一，无效票据的抗辩权。票据无效主要是指伪造的票据，如票据毁损无法辨认，票据法定必要记载事项错误、票据已经过期等情况，在这些情况下，票据债务人可以对任何持票人进行抗辩，从而不履行票据记载的义务。

第二，票据未到期抗辩权。票据是真实的，但票据权利人早于票据约定的权利履行时间而请求付款，票据债务人可以拒绝履行，这种权利也是可以针对任何票据权利人的。

第三，票据权利排除的抗辩权。它是指票据到期时，票据债务人因为与其直接发生关系的债权人没有履行相关义务而拒绝票据的付款请求权的权利。这种抗辩权不能针对其他善意第三人，一旦票据被合法有效地背书转让，那么票据债务人就不能对抗已经被背书转让的票据持票人，除非持票人明知存在抗辩事由而仍然取得该票据，或者票据持票人以欺诈、偷盗或者胁迫等手段恶意取得票据。

通过对票据抗辩权的行使，票据债务人可以有效保护自己的利益。

（7）避免签发空头支票和远期支票

空头支票，是指支票持有人请求付款时，出票人在付款人处实有的存款不足以支付票据金额的支票。[②] 远期支票，是指签发当日以后日期的支票。因为签发远期支票容易造成空头支票，所以银行禁止签发远期支票。

《票据法》规定支票出票人所签发的支票金额不得超过其在付款人处实有的

---

① 刘家琛主编：《票据法原理与法律适用》，人民法院出版社 1996 年版，第 256 页。

② 叶永禄：《空头支票和签发空头支票的法律责任》，载《上海交通大学学报（社科版）》1998 年第 4 期。

存款金额，即不得签发空头支票，这就要求出票人自出票日起至支付完毕止，保证其在付款人处的存款账户中有足以支付支票金额的资金。签发空头支票或者签发与其预留的签章不符的支票，不以骗取钱财为目的的，持票人有权要求出票人赔偿支票金额2%的赔偿金。对签发空头支票骗取财物的，要依法追究刑事责任。如果签发空头支票骗取财物的行为情节轻微，不构成犯罪，《票据法》规定要依照国家有关规定给予行政处罚。正因为签发空头支票不仅会引发票据纠纷，而且会导致银行罚款，所以加强财务管理和资金余额监控，避免空头支票发生就显得非常重要。

4. 票据权利人防止票据交易法律风险的手段

（1）确认票据的真实性，避免票据诈骗

确认票据的真实性主要是指票据在连续背书以后，对于票据的最初出票人的真实性进行审查，以避免票据属于伪造而无法实现票据权利，给持票人造成损失。确认票据的真实性通常通过如下手段：

第一，直接向出票人查询：这主要是针对支票、商业承兑汇票，通过电信或网上查找出票人名称和电话，然后致电出票人确认该票据的真伪。

第二，向出票银行查询：无论是何种票据，票据上一般都会记载付款银行，因而向付款银行查询是一种有效的方法。如果是银行直接签发的票据，如本票和银行汇票，可以直接致电该银行查询真伪。如果是企业或单位签发，如商业汇票和支票，也可以致电银行查询该企业是否在该银行真实存在和是否为有效开户。

第三，通过自己的开户银行查询：对于银行签发的票据，如本票和银行汇票，持票人也可以将该票据交给自己的开户银行，由其帮助查询该票据的真伪。

（2）确认票据的有效性

在确保票据本身真实的情况下，需要确认票据的有效性，即票据的必要记载事项正确无误。包括如下要点：票据是否过期；日期、金额等填写是否正确无误；金额大小写是否相符；印章是否清晰，压数机压印的金额是否清晰；票据有无毁损；票据如果转让，背书是否连续；背书印鉴是否齐全；有无不能转让的禁止性字样；票据是否已经被拒绝付款或拒绝承兑。

（3）及时提示付款和承兑

持票人持有真实有效的票据以后，必须在规定时间内向开户银行提示付款或承兑，否则可能因票据过期而丧失票据权利。对于票据期限应当注意以下几点：

第一，见票即付的汇票，自出票日起一个月内向付款人提示付款；定日付款、出票后定期付款或者见票后定期付款的汇票，自到期日起10日内向承兑人提示付款。

第二，本票自出票日起，付款期限最长不得超过二个月。

第三，支票限于见票即付，不得另行记载付款日期。另行记载付款日期的，该记载无效。支票的持票人应当自出票日起 10 日内提示付款；异地使用的支票，其提示付款的期限由中国人民银行另行规定。

5. 发生票据纠纷的救济方法

在商业实践中，经常会发生票据纠纷或票据遗失、被盗、灭失等情况，作为票据权利人，应当怎样运用法律手段保护自己的正当权益呢？通常运用的救济手段包括公示催告、票据挂失、票据诉讼，下面就这几种救济手段进行简单的介绍。

（1）公示催告

公示催告，是指人民法院根据当事人的申请，以公示的方式催告不明的利害关系人在一定期间内申报权利，如果逾期无人申报，根据申请人的申请，依法作出除权判决，它只适用于可以背书转让的票据被盗、遗失或灭失的情况，其他票据或票据纠纷不能申请公示催告。

这里必须注意，当可以背书转让的票据遗失或被盗后，是提起票据诉讼，还是申请公示催告，取决于以下两点：第一，有无明确的利害关系相对人。如果已经找到了相对人，就不能申请公示催告。第二，丢失的票据的权利是否已实现。如果经调查明确票据权利已经实现，并无申请公示催告的必要，只能对由此产生的权利纠纷提起票据诉讼。

（2）票据挂失

我国《票据法》和新的《支付结算办法》对票据挂失作出明确规定，票据丧失后，失票人可以及时通知付款人（或代理付款人）挂失止付，付款人应当立即暂停支付。但是票据挂失有很多限制：第一，严格的时效性。持票人应当在通知挂失止付后 3 日内向法院申请公示催告或提起诉讼，否则挂失失效；付款人（或代理付款人）自收到挂失止付通知书之日起 12 日内没有收到人民法院止付通知的，自第 13 日起，持票人提示付款并依法向持票人付款的，不再承担责任。第二，有限的适用范围。票据挂失只限于已承兑的商业汇票、支票、填明“现金”字样和代理付款人的银行汇票以及填明“现金”字样的银行本票，其他票据不得挂失止付。从法律规定来看，票据挂失与申请公示催告在程序上有前后衔接的关系。

（3）票据诉讼

票据诉讼的提起以票据纠纷为基础，票据纠纷既可能由票据转让、支付、保证等事由引起，也可能由票据被盗或遗失引起。票据诉讼的适用范围较广，适用于各类票据的纠纷，不限于可以背书转让的票据纠纷。另外，票据纠纷必须以有明确的利害关系相对人为前提，否则无法提起诉讼。票据诉讼主要可以分为因票据关系发生纠纷而引起的诉讼和因票据法上的非票据关系发生纠纷而引起的诉讼两大类。① 票据诉讼请求主要包含如下情况：

① 叶永禄：《票据诉讼解析》，载《法学评论》2005 年第 3 期。

一是付款请求权诉讼。是指票据的最后持票人提起的、要求法院判令票据的主债务人根据票据的记载支付票面金额的诉讼。付款请求权来源于票据是无因证券，票据的最后持票人既可以对出票人（主债务人）行使这项权利，也可以对任何一个其前手请求付款，如果票据的最后持票人无法行使其付款请求权，其可以直接向人民法院提起付款请求权诉讼，要求相关票据主债务人支付票面上所确定的金额。

二是追索权纠纷诉讼。是指当事人之间因追索权的行使发生争议而向人民法院提出要求确认并保护的诉讼。追索权，是指持票人在票据到期不获付款，或者期前不获承兑，或有其他法定原因时，在依法行使了或保全了票据权利后，向其前手请求偿还票据金额、利息及其他法定款项的一种权利。追索权是一种期待权，它是为了补充票据上第一次权利即付款请求权而设立的，它以付款请求权不获实现为其行使的前提。持票人可以自由选择追索对象行使追索权，且不受承担票据债务的前后顺序的限制，也可以选择前手中任何一人、多人或者全部债务人行使追索权。承担了赔付义务的被追索人，可以继续向其前手行使追索权。

（4）避免遗失声明

另外，在商业实践中，许多公司大量运用遗失声明这种方法来进行救济。一些经营者认为票据遗失后，通过新闻媒介公开声明遗失票据无效就可免除法律责任，这种想法是错误的，是没有任何法律依据且不具有法律效力的，不得对抗第三人，票据债务人仍应无条件承担票据义务。但是这种手段在商业习惯中被大量运用，它对社会其他经营者还是有一定的警示作用和防范意义，不失为一种有限的救济手段。

五、关于出具欠条、收据时的注意事项

在合同履行过程中，经常会被要求出具欠条、收据等字据，欠条、收据是证明债权债务关系、实现债权、债务清偿的主要证据，为预防引发事后纠纷，必须真实地、明确地记载当事双方的真实身份以及具体事项（如借款的欠条应具体、清晰地写明金额、用途、利息、借款时间和还款时间等）。

经营过程中如果对方要求先出发票并挂账，应当让对方出具收条，并一定要在收据中注明“以上款项未付”。这样做，该张收据就同时具有欠款确认书的作用。对于其他的收据也应将有利的相关信息都包含进去。

在实践中，由于欠条、收据等写作不规范，许多案件双方当事人的陈述真假难辨，法官只能依据法律事实、证据规则或者经验法则来定案，但究竟真相如何，局外人不可得知。

只有欠条、收据等字据实现了规范写作，才能有效防范字据本身潜在的法律风险。事前预防优于事后解决，未雨绸缪远胜亡羊补牢。只有规范、缜密、明确，才会更加放心。

案例：如何防范书写欠条、收据等字据的法律风险

【基本案情】

A 公司给 B 公司开出了发票，B 公司出具了以下收据："今收到北京 A 公司发票 NO123456 号，壹份金额 5 万元。B 公司。张三。2002 年 12 月 31 日。"

【法律分析】

这张收据的书写内容存在严重的缺陷，遗漏了相关信息，如相对应的合同；款项是否已经支付；公司的公章。

【实务指南】

如何规范写作收据、欠条，防范法律风险？我们认为应当关注以下几个方面：

1. 要求书写字据，注意妥善保存

根据《最高人民法院关于审理民间借贷案件适用法律若干问题的规定》（2020 年第二次修正）第二条第一款的规定："出借人向人民法院提起民间借贷诉讼时，应当提供借据、收据、欠条等债权凭证以及其他能够证明借贷法律关系存在的证据。"由此可见，出借双方书写相关字据很有必要。空口无凭，立据为证，如若都能善意依约履行，善莫大焉，若有一方不能依约履行，另一方举证不能，则会陷入被动。因此，字据不仅要立，而且要立得规范，并妥善保存。

注意保存字据的完整，缺角或缺字的字据其证据效力就可能有所减弱。为维护自身合法权益，要注意保全证据，一般情况下要保存好字据原件及复印件。若对方骗取字据后，立即销毁会导致事实难以说清的结局。如遇对方抢夺或者暴力抢夺字据，而后将其撕毁，以达到不履行债务之目的，应当及时报案，对方涉嫌抢夺罪、抢劫罪，如此，公安部门办案人员可立即做笔录，从而对字据的事实起到证明作用。偷窃欠条，亦可能涉嫌盗窃罪。

2. 格式应规范、清晰

建议使用欠条、收据等字据的规范格式。一个完整的欠条主要包括以下几个要件：债权人、债务人、欠款内容以及归还时间，当然还包括签名及写字据的时间等内容。收据则应包括以下几个要件：交纳人、收取人、交付理由、交付内容以及交付时间。正规制作、填充式的字据（商店有售）一般都能反映上述内容，使人一目了然，当事人双方的权利义务关系十分明确。

3. 形式注意事项

书写字据，字里行间，不宜有空格空行，否则容易被持据人增写其他内容。不要用易褪色、变色的笔书写，钢笔最好用黑墨水或者蓝黑墨水，黑色水笔亦可。如用铅笔、圆珠笔或其他易褪色的墨水写字据，若遭遇保存不当，如受潮或水浸时，字迹会变得模糊不清，亦可能为别有用心者利用化学制剂涂改制造机会。

4. **标的物、金额应写清楚**

借款、还款，借物、还物，皆应写清楚金额、数量，最好使用大写数字，以防止涂改和伪造。是财、是物，要分清，不要模糊、混淆。涉及数字部分，宜用大写，大小写兼而有之则更好。有小写而没有大写，大小写不一致，数字前头有空格，小数点位置不准确等，这些都便于持据人添加数字或修改，进而引发纠纷。

5. **内容表述要清晰**

语句不可大意，顺序不能颠倒，“借到张三”与“张三借到”便有天壤之别；不要将“欠条”与“收据”相互改制，相关涂抹会为纠纷埋下伏笔。不要把“欠条”变为“借条”，有些企业拖欠员工工资，向民工出具借款“借条”而非公司拖欠工资的“欠条”，如此，一字之差，劳资纠纷瞬间转变成民事借贷纠纷。例如，李三借钱给张四人民币 32 万元，张四立字据“今收李三人民币 32 万元整”。如此，极易引发争议，争议点在“收”字上，这个“收”既可以理解为“张四收到李三的还款人民币 32 万元整”，又可理解为“张四收到李三的借款人民币 32 万元整”，收到的是借款还是还款，难以分清，李三陷入官司的被动。有的字据将“买”写成“卖”、“收”写成“付”等，虽只是一字之差，但都极易颠倒是非。多音字“还”也时常引发争议，如借条一份：“霍某借柳某现金 50000 元，现还欠款 5000 元”。这里的“还”字因有两个读音，既可理解为“huán，归还”，又可解释为“hái，尚欠”。

6. **签名盖章不可小视**

署名要署真名，化名、代号、名字谐音都不规范，最好以身份证上姓名为准，免得引发纠纷。由别人代笔书写字据或代笔签名，而本人只在上面按一个手印，也容易引发纠纷。有些人习惯于盖章，但盖私章在法律上的效力并不高，没有备案的私章谁都能刻，但笔迹却是各具特色。时常见香港人以一个或者几个英文字母简易签名，使他人难以认清，因此在与香港人进行商业往来时，最好让其签全名。单位应注明单位名称，并加盖单位公章。单位印鉴应当规范，字据上最好加盖最高效力的公章，若加盖“某公司行政专用章”“收欠款专用章”“仓库专用章”或者其他小章，要严密关注，谨防对方拒绝承认拥有这些部门章、小章。个人、单位应写全称，而不宜用简写、代号、化名。如“今欠司马先生货款 2000 元”中“司马先生”指称不明；再如“今欠长城公司材料款 38 万元”中的“长城公司”指称不明。签字、盖章要各方当事人皆在现场，以防被人冒充、替换。

7. **时间应写清**

出具字据的时间，行使权利、履行义务的时间，都应当清晰、明了。同时，书写年月日时要注意技巧，谨防被人修改，如“1997 年”可能被修改为“1999 年”，“7 月”亦可能被修改为“2 月”或“9 月”。曾看到认真的当事人书写字据落款日期，遵守《正确填写票据和结算凭证的基本规定》中关于票据出票日期的书写规定，值得提倡。不署日期的字据一旦发生纠纷，事实真相难以查清，对诉讼时效的确定也容易造成困难。对约定有履行义务期限的字据，要在应履行义务之日起一定期限内向人民法院起诉主张权利，若无诉讼时效中止、中断、延长情形的，就会丧失胜诉权。

8. 利率要注明

第一，《民法典》第六百八十条第二款、第三款规定："借款合同对支付利息没有约定的，视为没有利息。借款合同对支付利息约定不明确，当事人不能达成补充协议的，按照当地或者当事人的交易方式、交易习惯、市场利率等因素确定利息；自然人之间借款的，视为没有利息。"借贷双方没有约定利息，出借人主张支付利息的，人民法院不予支持。自然人之间借贷对利息约定不明，出借人主张支付利息的，人民法院不予支持。除自然人之间借贷外，借贷双方对借贷利息约定不明，出借人主张利息的，人民法院应当结合民间借贷合同的内容，并根据当地或者当事人的交易方式、交易习惯、市场报价利率等因素确定利息。

第二，根据《最高人民法院关于审理民间借贷案件适用法律若干问题的规定》（2020年第二次修正）第二十五条规定："出借人请求借款人按照合同约定利率支付利息的，人民法院应予支持，但是双方约定的利率超过合同成立时一年期贷款市场报价利率四倍的除外。前款所称'一年期贷款市场报价利率'，是指中国人民银行授权全国银行间同业拆借中心自2019年8月20日起每月发布的一年期贷款市场报价利率。"也就是说，民间借贷的利率可以适当高于银行利率，但最高不得超过合同成立时一年期贷款市场报价利率四倍，超出此限度的，超出部分的利息不予保护。

第三，借据、收据、欠条等债权凭证载明的借款金额，一般认定为本金。预先在本金中扣除利息的，人民法院应当将实际出借的金额认定为本金。出借人不得将利息计入本金谋取高利，借贷双方对前期借款本息结算后将利息计入后期借款本金并重新出具债权凭证，如果前期利率没有超过合同成立时一年期贷款市场报价利率四倍，重新出具的债权凭证载明的金额可认定为后期借款本金。超过部分的利息，不应认定为后期借款本金。按前款计算，借款人在借款期间届满后应当支付的本息之和，超过以最初借款本金与以最初借款本金为基数、以合同成立时一年期贷款市场报价利率四倍计算的整个借款期间的利息之和的，人民法院不予支持。

第四，借贷双方对逾期利率有约定的，从其约定，但是以不超过合同成立时一年期贷款市场报价利率四倍为限。未约定逾期利率或者约定不明的，人民法院可以区分不同情况处理：其一，既未约定借期内利率，也未约定逾期利率，出借人主张借款人自逾期还款之日起参照当时一年期贷款市场报价利率标准计算的利息承担逾期还款违约责任的，人民法院应予支持。其二，约定了借期内利率，但是未约定逾期利率，出借人主张借款人自逾期还款之日起按照借期内利率支付资金占用期间利息的，人民法院应予支持。

第五，出借人与借款人既约定了逾期利率，又约定了违约金或者其他费用，出借人可以选择主张逾期利息、违约金或者其他费用，也可以一并主张，但是总计超过合同成立时一年期贷款市场报价利率四倍的部分，人民法院不予支持。

因此，在民间借贷中，对利息的约定应当慎重。在约定明确的同时，要符合相关法律规定，不要因系亲朋好友，碍着面子口头约定而不书面写明收取利息及利息标准。利率和利息是两个不同的概念，将 2 分利率写成 2 分利息、0. 2 分利息或 0. 2%利息，都是不恰当的。利率是利息和本金的比率，主要表示方法有：其一，年利率用“%”表示。其二，月利率用“‰”表示。其三，日利率用“/万”表示。无论是银行还是民间借贷约定利息时，文字表述均应用“利率”，银行放贷利率通常按月计算，即用“‰”表示，2 分的利率就是 20‰（2%），月利率五厘六即为 5. 6‰。

9. 注意认真核对字据

在书写字据后，双方应当认真核对，如有漏洞或者差错，应当立即修正，最好是先写好草稿，而后照定稿抄写。必要时，可找第三人对字据字斟句酌，切忌稀里糊涂就签字、盖章。

10. 商业交往特别注意

业务往来手续不清，易起事端，常见情况是，对方未付钱，己方无完善字据，亦无其他价目表或者价格清单。每批货物交付后，应当立即填写《送货单》《进料验收单》等字据，并要求对方签字盖章。送货物后，应当即时结算，在把所有款项算清后，应当尽快制作结账单，当场不能给付报酬的，结账手续做完后，应立即书写新的字据。此时，切记要将结账前发生的收条、欠条、收据予以收回，一时不能收回的，结账单上注明“在此之前一切字据均作废”。

11. 善后处理

还款时，要记着索回欠条，如对方称一时找不到欠条，应让其写一张收据留存，并注明“此前欠条作废”，这样才不会给日后留下隐患。债权债务关系终结后，相关字据应或者销毁，或者存档。

六、关于电子信息产品的交付方式

随着电子信息技术发展，电子信息产品买卖合同已经非常普遍。与传统买卖合同的标的物不同，电子信息产品既可以依托于实物载体，也可能完全脱离实物载体。对于无须以实物载体交付的电子信息产品，其交付规则具有一定的特殊性。

《最高人民法院关于审理买卖合同纠纷案件适用法律问题的解释》（2020 年

修正）第二条对电子信息产品的交付方式作出专门规定。该解释规定：“标的物为无需以有形载体交付的电子信息产品，当事人对交付方式约定不明确，且依照民法典第五百一十条的规定仍不能确定的，买受人收到约定的电子信息产品或者权利凭证即为交付。”

此外，需注意的是，根据交易实践，电子信息产品主要有两种交付方式：一是交付权利凭证。二是以在线网络传输的方式接受或者下载该产品，该种方式的传输过程包括出卖人发出电子信息产品和买受人接收电子信息产品两个阶段。考虑到出卖人在制作和传输电子信息产品方面的优势，该解释以买受人收到电子信息产品作为完成交付的标准。

七、关于多重买卖合同的效力与履行规则

（一）多重买卖合同的效力

在一物多卖时，只能有一个合同的当事人取得合同标的物的所有权。对于“一房数卖”“一地数转”“一地数包”这类现象中数个合同的效力如何认定，最高人民法院的司法态度也经历了一个转变的过程。1995 年 12 月 27 日，最高人民法院在《关于审理房地产管理法施行前房地产开发经营案件若干问题的解答》（已失效）中规定，未办理土地使用权变更登记手续的，一般应当认定各合同无效；在未办理房屋所有权证登记的，后一个房屋预售合同无效。2005 年 6 月 18 日，最高人民法院在《关于审理涉及国有土地使用权合同纠纷案件适用法律问题的解释》中认可了就同一出让土地使用权订立的数个转让合同的效力并无差别，当事人因履行其中一个协议而对另一个协议中的对方当事人构成违约的，应承担违约责任。

事实上，在债法领域中，债权行为不适用物权法中的在先即享有优先权的原则。债权行为除其目的自始客观不能、无从确定、违反法律强制性规定、违反公序良俗及其他法律特别规定外，其他均应确认为有效。多重买卖合同中的每个合同，只要符合上述要求，都应是有效的。

《最高人民法院关于适用〈中华人民共和国合同法〉若干问题的解释（二）》（已失效）第十五条对此作出了具体规定：“出卖人就同一标的物订立多重买卖合同，合同均不具有合同法第五十二条规定的无效情形，买受人因不能按照合同约定取得标的物所有权，请求追究出卖人违约责任的，人民法院应予支持。”因此，不能以能否得到实际履行为标准确认多重买卖合同中除第一个合同以外其他合同无效。由于买卖合同在双方产生的是债权债务关系，债权原则上并无对抗第三人的效力，因此在发生多重买卖情形时，除非存在《合同法》第五十二条规定的情形，否则各个买卖合同皆应有效。但由于标的物的所有权只能归由一个买受人取得，因此除当事人另有约定或者法律另有规定外，先接

受标的物交付或完成登记的买受人应取得标的物的所有权，对于不能取得标的物所有权的其他买受人，则应由出卖人承担违约赔偿责任。

（二）多重买卖合同的履行规则

至于在多重买卖合同中，买受人均要求实际履行合同的，应当如何处理？《最高人民法院关于审理买卖合同纠纷案件适用法律问题的解释》（2020 年修正）第六条、第七条对此作了相应规定，应当遵循以下规则：

1. 普通动产多重买卖合同

出卖人就同一普通动产订立多重买卖合同，在买卖合同均有效的情况下，买受人均要求实际履行合同的，应当以交付、付款、合同成立先后的顺序确立归属规则，具体按照以下情形分别处理：

- 先行受领交付的买受人请求确认所有权已经转移的，人民法院应予支持。
- 均未受领交付，先行支付价款的买受人请求出卖人履行交付标的物等合同义务的，人民法院应予支持。
- 均未受领交付，也未支付价款，依法成立在先的合同的买受人请求出卖人履行交付标的物等合同义务的，人民法院应予支持。

2. 特殊动产多重买卖合同

出卖人就同一船舶、航空器、机动车等特殊动产一物数卖情形，在买卖合同均有效的情况下，鉴于特殊动产存在登记制度，应当以交付、登记、合同成立先后的顺序确立归属规则。

- 先行受领交付的买受人请求出卖人履行办理所有权转移登记手续等合同义务的，人民法院应予支持。
- 均未受领交付，先行办理所有权转移登记手续的买受人请求出卖人履行交付标的物等合同义务的，人民法院应予支持。
- 均未受领交付，也未办理所有权转移登记手续，依法成立在先的合同的买受人请求出卖人履行交付标的物和办理所有权转移登记手续等合同义务的，人民法院应予支持。
- 出卖人将标的物交付给买受人之一，又为其他买受人办理所有权转移登记，已受领交付的买受人请求将标的物所有权登记在自己名下的，人民法院应予支持。

3. 土地使用权多重买卖合同

根据《最高人民法院关于审理涉及国有土地使用权合同纠纷案件适用法律问题的解释》（2020 年修正）第九条的规定，土地使用权人作为转让方就同一出让土地使用权订立数个转让合同，在转让合同有效的情况下，受让方均要求履行合同的，按照以下情形分别处理：

- 已经办理土地使用权变更登记手续的受让方，请求转让方履行交付土地等合同义务的，应予支持。

● 均未办理土地使用权变更登记手续，已先行合法占有投资开发土地的受让方请求转让方履行土地使用权变更登记等合同义务的，应予支持。

● 均未办理土地使用权变更登记手续，又未合法占有投资开发土地，先行支付土地转让款的受让方请求转让方履行交付土地和办理土地使用权变更登记等合同义务的，应予支持。

● 合同均未履行，依法成立在先的合同受让方请求履行合同的，应予支持。

● 未能取得土地使用权的受让方请求解除合同、赔偿损失的，依照《民法典》的有关规定处理。

4. 土地经营权多重承包合同

根据《最高人民法院关于审理涉及农村土地承包纠纷案件适用法律问题的解释》（2020 年修正）第十九条的规定，发包方就同一土地签订两个以上承包合同，承包方均主张取得土地经营权的，按照下列情形，分别处理：

● 已经依法登记的承包方，取得土地经营权。

● 均未依法登记的，生效在先合同的承包方取得土地经营权。

● 依前两项规定无法确定的，已经根据承包合同合法占有使用承包地的人取得土地经营权，但争议发生后一方强行先占承包地的行为和事实，不得作为确定土地经营权的依据。

八、关于可得利益损失的认定规则

可得利益损失的认定规则系合同领域的难题。《民法典》虽明确规定可得利益损失应获赔偿，但未规定具体认定标准。《民法典》第五百八十四条规定："当事人一方不履行合同义务或者履行合同义务不符合约定，造成对方损失的，损失赔偿额应当相当于因违约所造成的损失，包括合同履行后可以获得的利益；但是，不得超过违约一方订立合同时预见到或者应当预见到的因违约可能造成的损失。"因此，司法实践中缺乏统一适用标准，一些法院甚至对该损失不予支持。

《最高人民法院关于审理买卖合同纠纷案件适用法律问题的解释》（2020 年修正）对可得利益损失的认定作出了具有可操作性的规定。根据《民法典》及该解释第二十二条的规定，可得利益损失计算应运用可预见规则、减损规则、混合过错规则和损益相抵规则。该解释第二十二条规定：买卖合同当事人一方违约造成对方损失，对方主张赔偿可得利益损失的，人民法院在确定违约责任范围时，应当根据当事人的主张，依据《民法典》第五百八十四条【损害赔偿范围】、第五百九十一条【减损规则】、第五百九十二条【双方违约和与有过失】、本解释第二十三条【损益相抵规则】等规定进行认定。其中第二十三条规定："买卖合同当事人一方因对方违约而获有利益，违约方主张从损失赔偿额中扣除该部分利益的，人民法院应予支持。”《民法典》第五百九十一条规定：“当事人一方违约后，对方应当采取适当措施防止损失的扩大；没有采取适当措施致使损失扩大的，不得就扩大的损失请求赔偿。当事人因防止损失扩大而支出的合理费用，由违约方负担。”第五百九十二条规定：“当事人都违反合同的，应当各自承担相应的责任。当事人一方违约造成对方损失，对方对损失的发生有过错的，可以减少相应的损失赔偿额。”

就可得利益损失相关的举证责任问题，根据最高人民法院的指导意见，违约方一般应当对非违约方没有采取合理减损措施而导致损失扩大、非违约方因违约而获得利益及非违约方亦有过失承担举证责任；非违约方应当对其遭受的可得利益损失总额、必要的交易成本承担举证责任。对于可以预见的损失，既可以由非违约方举证，也可以由法院根据具体情况予以裁量。

第四节　合同履行的过程管理及注意事项

一、企业内部合同履行管理制度及法律风险

（一）合同履行阶段管理制度

1. 合同交付执行及履行情况确认

合同签订后，合同管理部门应当将签署合同交付执行部门执行，办理交付手续。同时，执行部门应将合同执行情况反馈合同管理部门，以便管理部门及时发现问题的苗头，及时采取适当措施。强化合同交付执行及履行情况确认程序，对于克服合同管理脱节，及时有效保障企业权益具有重要意义。

（1）合同执行应当由专人负责、不同部门统筹协调

在实践中，合同的谈判、签订与合同的执行往往由不同的部门或人员负责。例如，一般购销合同的谈判、签订会由采购部门或者业务员进行，而合同的执行则需要生产、运输、财务等各个部门的人员各司其职、密切配合。因此，为避免因为各部门职能不协调或者信息不对称造成合同履行不当，应针对每个特定合同指定合同执行负责人，负责统筹协调企业内部的履约行为，以保证合同的顺利履行。

（2）应当明确履行内容，做好合同履行跟踪工作

由于合同的履行是一个复杂的、不断变化的过程，并且合同的执行者往往并没有参与合同的谈判和签订，对合同的具体履行内容往往没有全面地掌握，因此，合同的执行者应当在拿到生效合同文本后，仔细阅读合同内容，全面理解合同的权利义务，最好在合同履行开始时就合同履行时间、地点、方式、凭证等建立合同履行跟踪台账，便于执行过程中跟踪检查。

（3）应当保证资金安全，及时解决纠纷

此外，在合同履行过程中应当加强财务收支管理、客户信用分级管理、定期对账与应收账款催收管理、供应商索赔管理等措施，并将执行情况及时向管理部门反馈，以便管理部门采取得当措施。

2. 合同履行情况监督及其处理

合同执行部门适时全面履行合同，合同管理部门根据执行部门的合同履行情况及时反馈发现的问题并针对问题作出适当反应，在纠纷发生前有效预警，使企业能够尽可能采取措施预防纠纷发生，或者在纠纷发生时能够及时、有效、从容应对。对于不适应具体情况应当变更的合同条款要及时按程序办理合同变更手续；对于已不需要标的物的合同依法办理合同权利义务的转移；对于存在纠纷的合同应组织相关部门进行评估，并在必要时采取相应的措施，比如行使合同履行抗辩权、合同保全、履约担保等以消除隐患。

（二）企业内部合同履行管理存在的法律风险

企业与其他经营者签订合同后，需要全面履行合同义务，企业内部各部门在合同履行时，存在相互协调，共同完成内部流程的过程。企业法人被法律拟制为民事主体，在法律上将其看作一个整体，即法律不考虑企业内部能否进行正常的信息流动，只要该信息到达企业，则视为企业所有相关人员都已经了解有关内容。

合同履行过程的法律风险，同样存在外化的企业行为的法律风险，如不当变更合同、未按合同履行义务等，但这些外化行为本身只有实际发生时才能够识别，任何人都不可能预见企业会不按合同约定从事活动。而且从外化行为看，企业不按合同履行义务具有极强的主观性，企业已经充分认识到不利后果而选择从事的行为即使可能导致损害结果，也不能认为是法律风险，或者说企业的自甘冒险行为不属于法律风险评估调整的范畴。

一般而言，企业内部合同履行管理中可能会存在以下法律风险：

1. 部门职能不协调使得履行行为低效

企业内部各部门履行合同不同部分的义务，这些义务共同构成合同约定的企业行为，若部门之间行为存在冲突或相互影响，则必然需要从合同整体行为角度考虑如何解决冲突和协调行为。

企业内部的合同履行流程并非越紧密越完善，太过细致可能导致反应速度降低。一套有效的流程，必须满足企业能快速作出反应，并且能够完成各种信息传递和收集工作。信息的甄别多数时候还涉及法律问题，比如某项履约困难是否属于不可抗力，合同中是否约定有相应的补救途径，是否需要与对方洽谈补充协议等。不少企业在自己的主管业务上都存在这样的流程，但对于其他不常用合同的履行，则比较欠缺。

2. 信息流通不畅导致履约过失

该职能是为了保障企业内部正确履行合同义务所必需的，一份合同所包含的信息很多，在企业中各部门需要了解的信息各不相同。在法律服务实践中，我们发现一个规范的企业由于存在着部门分工，部门信息协调就成为管理环节的重要问题，当信息流通不畅，就可能给企业带来一些违背初衷的决策。

3. 合同资料保管疏忽造成履约证据缺失

合同资料保管，是企业合同管理的一个重要环节。通过对合同资料的管理，可以保存与合同有关的证据材料，一旦发生纠纷，可以及时运用档案记录的内容，依法维护公司的权益。

在合同资料收集、整理、归档过程中，必然存在对资料信息的及时掌握和分析，若信息本身对合同履行有影响，则能够保障企业及时作出反应。

4. 合同履行管理不规范滋生企业风险行为

绝大多数的法律风险都与企业行为的不规范有着联系，企业行为并不像自然人行为那样只能外化进行衡量和评判，企业内部流程决定着行为如何形成并作出。不规范的内部流程必然导致企业行为产生不符合规范，其结果是外化的企业行为导致了法律风险。

若法律或合同已经明确企业应当如何行动，而企业外化的法律行为却没有按照规定或约定，从外部观察只能认为企业自甘承担法律的不利后果，因此履行过程的法律风险无法从企业外化的法律行为进行衡量，应当从这些外化行为产生的过程和方式进行衡量。

二、合同履行过程管理中的“事中管控”

合同依法订立生效后，即具有法律效力，如无特殊情况，应当实际、全面地履行。合同的履行应由专人负责管理，经办人员须对合同的全面履行具体负责，履行中发现问题应立即上报并积极想办法解决好。经办人员发生变更时，应当办理移交手续。

对己方付款的采购类、建设工程类、承揽类等合同须严格按照约定的质量标准和规定的检验程序进行检验验收，检验结果须客观、真实、准确，严禁将不合格产品或工程验收合格。检验验收资料作为合同重要组成部分须妥善保管。

合同履行中遇履约困难、对方违约或其他纠纷等情况，经办人员应及时向部门负责人及公司总经理汇报。对方违约的，经办人员应采取适当措施防止损失的扩大，并及时按照业务部门负责人和公司总经理的要求向对方主张权利。在合同履行过程中，我方经办人不得擅自向对方出具任何书面资料或与对方签署补充协议，应增强自我保护意识。遇不可抗力因素导致我方不能按合同约定履行的，经办人员须及时向部门负责人和公司总经理汇报，并及时书面通知对方，根据实际情况积极与对方当事人协商延期履行或终止履行合同。如合同履行中因为我方原因导致合同变更或解除的，业务部门应及时与对方协商签署变更或解除合同的补充协议，以避免法律纠纷。

对方收款单位与合同对方当事人名称不一致的，对方当事人应向公司出具委托付款书，己方才能付款。对方付款单位与合同对方当事人名称不一致的，己方应当督促付款单位出具代付款证明。

三、合同履行过程中的证据管理

打官司其实就是打证据，在诉讼过程中一般是“谁主张，谁举证”，可以说，除了法律依据，双方履行权利义务的证据就成了决定案件胜负的关键因素。因此，合同签订及履行过程中须高度重视证据的收集和保管，应及时、全面、客观地收集证据。

1. 保留原始证据

证据尽量收集原件、原物，并妥善保管。除特殊情形外，合同应采用书面形式。证据的收集，包括合同对方主体证照、合同正本、副本及附件、告客户书、对方开户银行及银行账号资料、合同文本的签收记录、签证资料、合同当事人的往来函件、交货送货单据、检验验收资料、结算付款资料、变更和解除合同的协议及其他签订以及履行合同的相关资料（包括文书、传真、电子邮件等），尤其是能证明我方应享有某项权利、已经履行了某项义务的书面证据，以及能证明对方负有某项义务、应承担某项责任的书面证据。

2. 保留送达证据

除保留往来中形成的原始书证外，还需要对履行通知义务、协助义务等事实或行为保留证据。这些事实或行为往往难以证明，这就需要考虑用特殊的通知方式以便保留送达证据。例如，对于书面通知，许多当事人采用 EMS 等挂号邮寄方式投递，并在信封上注明内件的内容及份数，如“《解除红土镍矿购销合同通知函》一份”等，并在投递完成后将邮局提供的回单或将网上查询结果作为送达的依据。从目前的司法实践来看，法院一般都会认可这种通知方式，并将其视为已经履行通知义务，因为即使内件没有收到，但信封上已经注明内容为“解除红土镍矿购销合同”，所以可以视为完成了送达。

3. 利用公证保留证据

由于公证证据在效力上要强于普通证据，特别是目前的网络证据及电子合同等证据的固定大多只能通过公证的方式加以解决，因此证据公证是一种有效的证据保留形式。在实践中，电话录音等许多传统证据虽然具有证据效力，但常常由于无法确定确切的通话时间、通话人以及是否经过剪辑，往往无法被法院或仲裁机构采纳。而对通话过程进行公证则可以很好地解决这一问题，从而使经过公证的通话录音成为非常有力的证据。此外，公证证据还能更为有效地固化双方的权利和义务关系，比如赠予公证相对于普通赠予具有不可撤销性，遗嘱公证相对于普通遗嘱具有优先适用的效力，甚至某些公证书可以直接作为人民法院的执行依据，而不必经过诉讼，提升了证据效力。

4. 传真证据保留

通过传真方式签订合同的须注意传真件效果，如是传真专用纸应及时复印，传真原件及复印件须妥善保管。及时把双方口头达成的协议事项书面固定下来，并及时收集对我方有利的证据材料；不得擅自向对方出具对我方不利的书面资料。

5. 录音、摄像证据保留

录音、摄像是取得证据的一种重要形式。只要不是以侵害他人合法权益或者违反法律禁止性规定的方法取得的，都可作为认定案件事实的依据。因此，在合同签订及履行过程中，尤其是在发生合同纠纷后的协商谈判过程中须谨防对方通过谈话录音或电话录音来收集对我方不利的证据。当然，我方也可以通过这种谈话录音或电话录音的方式来收集对我方有利的证据，再与其他证据相互印证，构成完整的证据链后就能形成重要的证据。

6. 加强内部证据管理

公司及各业务部门应建立健全合同出借、领用等合同档案管理制度并严格执行，妥善保管合同资料，保证合同资料的完整性。业务部门和财务部门应根据合同编号建立合同台账，分别按业务进展情况和收付款情况一事一记，做到准确、及时、完整。经办人员应按公司的要求定期或不定期汇总各自工作范围内的合同订立及履行情况。

四、避免商业贿赂风险

在现代经济往来过程中，以各种名义送礼、回扣、手续费等行为比较常见。《刑法》（2020 年修正）第一百六十三条对非国家工作人员受贿罪规定："公司、企业或者其他单位的工作人员，利用职务上的便利，索取他人财物或者非法收受他人财物，为他人谋取利益，数额较大的，处三年以下有期徒刑或者拘役，并处罚金；数额巨大或者有其他严重情节的，处三年以上十年以下有期徒刑，并处罚金；数额特别巨大或者有其他特别严重情节的，处十年以上有期徒刑或者无期徒刑，并处罚金。公司、企业或者其他单位的工作人员在经济往来中，利用职务上的便利，违反国家规定，收受各种名义的回扣、手续费，归个人所有的，依照前款的规定处罚……"《最高人民法院、最高人民检察院关于办理贪污贿赂刑事案件适用法律若干问题的解释》第十一条规定："刑法第一百六十三条规定的非国家工作人员受贿罪、第二百七十一条规定的职务侵占罪中的'数额较大''数额巨大'的数额起点，按照本解释关于受贿罪、贪污罪相对应的数额标准规定的二倍、五倍执行……"即按上述解释规定，该"数额较大"为"大于等于 6 万元，小于 100 万元"，也就是说，如果违反国家规定，收受各种名义的礼金、回扣、手续费私自归个人所有的，累计金额达到 6 万元，即构成“非国家工作人员受贿罪”，将处三年以下有期徒刑或拘役并处罚金；“数额巨大”为“大于等于 100 万元，小于 1500 万元”，或者“大于等于 20 万元，小于 100 万元且具有其他严重情形”，量刑为三年以上，十年以下有期徒刑并处罚金；“数额特别巨大”为“大于等于 1500 万元”，处十年以上有期徒刑或者无期徒刑并处罚金。

案例：如何识别和避免商业贿赂

【基本案情】

案例一：是折扣还是回扣？

2004 年 4 月，四川省华某公司与该县的某火锅店签订了《联合销售协议》，约定某火锅店专销华某公司经营的啤酒，华某公司返利给某火锅店，除一次性付“专场费”2.5 万元，此后每月付“专场费”2500 元。但 2005 年 2 月，某火锅店停业转租他人。华某公司向法院提起诉讼，要求某火锅店退还未履行合同内容的款项和违约金。当地法院经审理，判决某火锅店给付华某公司违约金 1 万元，返还一次性专场费 4167 元。法院判决后，某火锅店以华某公司涉嫌商业贿赂、搞不正当竞争向当地工商局举报。工商局立案调查后认为，华某公司违反了《反不正当竞争法》第八条“经营者不得采用财物或其他手段进行贿赂以销售或者买卖商品”的规定，其行为属商业贿赂，处华某公司罚款 3 万元。华某公司不服，认为其支付的返利及“专场费”不是账外暗中操作，而是让利。

案例二：是佣金还是回扣？

2005 年 6 月，肇庆某工商分局经调查核实，芳满庭（化名）商店自 2004 年 12 月起，与肇庆、珠海、深圳等地 8 家旅行社签订合作协议，承诺对旅行社及其导游带团到其商店消费购物，按“人头费”每人 2 元和 30%—35%“购物提成”给予奖励。至案发时止，芳满庭通过上述方式，共获得销售收入 95 万多元，累计给予旅行社及其导游“人头费”10 余万元，“购物提成”35 万多元。芳满庭商店辩称自己所付旅行社的是合法佣金。工商分局认为，芳满庭商店的行为违反了《反不正当竞争法》关于“经营者不得采用财物或者其他手段进行贿赂以谋取交易机会或者竞争优势”的规定，构成商业贿赂行为，对其罚款 3 万元。

案例三：个人行为，公司是否免责？

一家保健品公司在公司内部实行承包责任制，业务员按照销售额提留 5%作为其工资及经营费用等，同时在内部承包合同中明确规定：业务员的违法经营责任自负。业务员李某为扩大销售业务，在没有告知公司领导的情况下，邀请某疗养所负责人一家外出旅游，所花的 1600 多元费用都由李某支付。最近，工商局认为这是公司实施商业贿赂的不正当竞争行为，该公司在不知情的情况下还要对李某的违法行为承担责任吗?

【法律分析】

案例一：折扣是一种商界通用的推销手段，为法律所允许；而回扣性质的商业贿赂往往以“中介费”“佣金”“介绍费”“劳务费”等名义付给对方，为明确禁止。回扣与折扣的区别在于：折扣是公开的，账面上在案的，而回扣是秘密进行的；折扣是给对方单位或集体的，而回扣是给交易相对方的工作人员、受交易相对方委托办理相关事务的单位或者个人，利用职权或者影响力影响交易的单位或者个人。本案例中，华某公司的返利行为并不是在账外秘密给个人的回扣，而是一种让利的折扣行为，不应当认定为商业贿赂行为。

案例二：芳满庭支付给旅行社和导游的“人头费”和“购物提成”不是合法佣金，而是非法回扣。根据《经纪人管理办法》和《关于禁止商业贿赂行为的暂行规定》，构成佣金有两个条件：一是接受佣金的人必须是具有从事中介活动经营资格的“中间人”，即经纪人。二是佣金必须由中介合同约定，且不得违反法规和政策规定。本案领取“人头费”和“购物提成”的旅游公司根本不具备中介活动经营资格，且原告与旅游公司并没有订立中介合同约定佣金事项。

案例三：李某的行为构成商业贿赂，虽然属于其个人行为，并没有公司的授权，但李某是公司的员工，对外开展业务也是以公司的名义实施的，公司即使在不知情的情况下也有义务对李某的违法行为承担责任。虽然公司和李某在内部承包合同中明确规定业务员的违法经营责任自负，但这并不影响公司对李某的违法行为承担责任。公司应当承担责任以后，再追究李某的责任，根据公司的规定对其进行处罚。《反不正当竞争法》（2019 年修正）第七条第三款规定：“经营者的工作人员进行贿赂的，应当认定为经营者的行为；但是，经营者有证据证明该工作人员的行为与为经营者谋取交易机会或者竞争优势无关的除外。”

【实务指南】

企业在商业活动中，经常会涉及回扣、折扣、佣金等商业行为，然而这里面存在着商业贿赂的陷阱。作为企业的领导和工作人员，特别是销售人员，有必要了解正常的经营活动与商业贿赂的灰色边界，防范可能出现的法律风险。

商业贿赂，是指发生在经济活动中，经营者违反法律规定，为获取经济利益采用财物或者其他手段进行贿赂，以及对方单位或者个人收受贿赂的行为。回扣是指在商品购销中，卖方明确标价应支付价款外，账外暗中向买方退还钱财及其报偿以争取交易机会和交易条件的行为，是一种很典型的商业贿赂行为。这里账外是指不入正规财务账，暗中是指不在合同、发票中明确表示。折扣，即商品购销中的让利，是指经营者在销售商品时，以明示并如实入账的方式给予对方的价格优惠。佣金，是指经营者在市场交易中给予为其提供服务的具有合法经营资格的中间人的劳务报酬。

折扣与回扣虽然在形式上有相似之处，但两者却有本质上的不同，按照《反不正当竞争法》的规定，“明示并如实入账”即为折扣，“账外暗中”即为回扣。《反不正当竞争法》第七条第二款规定：“经营者在交易活动中，可以以明示方式向交易相对方支付折扣，或者向中间人支付佣金。经营者向交易相对方支付折扣、向中间人支付佣金的，应当如实入账。接受折扣、佣金的经营者也应当如实入账。”据此，折扣、佣金是企业正常的商业促销行为，受法律的规范和保护；回扣是一种典型的商业贿赂行为，法律严格禁止。需要注意的是，法律所允许的折扣、佣金是有条件的，即必须“如实入账”，是否如实入账是折扣、佣金与回扣合法与非法的边界。

第七章
合同撤销、变更、解除的法律风险控制

本章提示

随着我国社会主义市场经济的不断发展，合同成为联结生产、流通、消费的关键纽带，不仅是经济合作、技术交流、贸易往来的法律形式，更是维护商业信用的法律保障。

随着经济生活的深入，在合同订立、履行的过程中，有时候会出现一些不和谐的现象，一些当事人在欺诈、胁迫或其他违背了诚实信用原则的条件下所签订的合同违背了自己的真实意思表示，侵害了一方当事人的合法利益，也严重违背了法律追寻的平等、公平、正义的价值和精神。

合同的撤销权、变更权、解除权作为重要的民事权利对维护正常的经济秩序、实现公平正义的法律价值、保护合同当事人的合法权益发挥着重要的作用。本章结合实际，探讨了合同撤销、变更、解除中的具体权利行使方法和实践中存在的误区，提出了具体的法律风险控制方案。

第一节　合同的撤销

合同撤销权，即可撤销合同的权利，它是指因合同欠缺一定生效要件，而导致一方当事人享有的以其单方意思表示撤销已成立的合同的权利。合同撤销权，不仅是保障意思表示有瑕疵的当事人利益的重要法律手段，而且是一项重要的民事法律制度。

我国《民法典》第一百四十七条至第一百五十二条对于撤销权进行了规定，合同撤销权行使的法定情形主要包括重大误解、显失公平、欺诈（包括受合同相对方欺诈和受第三人欺诈）、胁迫（包括受合同相对方和受第三人胁迫），即当事人一方认为自己签订合同时处于此五种情形之一的条件下，可在合同订立后通过行使合同撤销权，维护意思表示具有瑕疵的己方利益。在经济生活中，这项权利为处于相对弱势或信息相对封闭的当事人提供了补救和挽回损失的机会。

《民法典》第一百四十七条规定了基于重大误解实施的民事法律行为效力："基于重大误解实施的民事法律行为，行为人有权请求人民法院或者仲裁机构予以撤销。"

《民法典》第一百四十八条和第一百四十九条分别规定了基于合同相对方欺诈和受第三人欺诈的民事法律行为效力："一方以欺诈手段，使对方在违背真实意思的情况下实施的民事法律行为，受欺诈方有权请求人民法院或者仲裁机构予以撤销。""第三人实施欺诈行为，使一方在违背真实意思的情况下实施的民事法律行为，对方知道或者应当知道该欺诈行为的，受欺诈方有权请求人民法院或者仲裁机构予以撤销。"

《民法典》第一百五十条规定以胁迫手段实施的民事法律行为的效力："一方或者第三人以胁迫手段，使对方在违背真实意思的情况下实施的民事法律行为，受胁迫方有权请求人民法院或者仲裁机构予以撤销。"

《民法典》第一百五十一条规定了显失公平的民事法律行为的效力："一方利用对方处于危困状态、缺乏判断能力等情形，致使民事法律行为成立时显失公平的，受损害方有权请求人民法院或者仲裁机构予以撤销。"

《民法典》第一百五十二条对于撤销权的消灭进行了规定："有下列情形之一的，撤销权消灭：（一）当事人自知道或者应当知道撤销事由之日起一年内、重大误解的当事人自知道或者应当知道撤销事由之日起九十日内没有行使撤销权；（二）当事人受胁迫，自胁迫行为终止之日起一年内没有行使撤销权；（三）当事人知道撤销事由后明确表示或者以自己的行为表明放弃撤销权。当事人自民事法律行为发生之日起五年内没有行使撤销权的，撤销权消灭。"

案例：如何行使合同撤销权

【基本案情】

案例一：小有积蓄的李女士退休后想搞投资，经人介绍与某酒业公司北京销售分公司经理签订了为期一年的奶酒经销协议书，约定该分公司同意李女士向该公司订购奶酒，并取得在北京某地区的经销权。双方确定了李女士的年度总任务销量和提货额，并约定李女士向分公司预交市场秩序保证金1万元，协议到期后退还李女士。签订合同后，李女士交付了保证金并提货5万元。而后李女士依照合同约定开始酒业销售活动，但不久她发现该分公司在与她签约3个月后就向工商局办理了注销登记。气愤的李女士认为该酒业公司与其签订该协议的目的是恶意套取自己手中的资金，故以欺诈为由将某酒业公司起诉至法院，要求撤销双方签订的经销协议。

案例二：2004年3月，张先生在自己工作的某设备租赁公司施工时，从六楼摔到地面致伤。8月，张先生和公司就赔偿问题签订协议，约定双方确认张先生的骨折治疗终结，从签约时起，张先生自愿离开该公司另谋职业，并不再以以下理由或其他各种理由向公司要求赔偿或要求解决工作或解决其他问题的请求：1. 伤病未经鉴定。2. 需要继续治疗。3. 签约时没有认识到伤病会再次发作。4. 签约时有重大误解，显失公平等。公司一次性支付给张先生人民币7万元作为综合性补偿或赔偿，张先生则充分认识到公司的补偿是基于劳动保险、工伤保险等其他有关规定下的所有补偿或赔偿，张先生不会向公司提出任何工资、医疗费、误工费、交通费、鉴定费、残疾者今后护理费等与该事件有关或无关的各种费用的赔偿或补偿。双方签订协议后又经过了公证。

2005年5月，北京市某区劳动和保障局的认定张先生为工伤。6月，张先生被北京市某区劳动能力鉴定委员会认定为伤残三级。张先生认为，自己的伤残情况根据《工伤保险条例》，应得到一次性的伤残补助金66万多元，远超当初公司的7万元赔偿款。当初签订的协议对自己来说显失公平，故将该租赁设备公司诉至法院，要求撤销2004年8月与该公司签订的协议书。

案例三：建筑公司甲称，建筑公司乙煽动和组织了大量民工以我公司未支付工程款为名，恶意围堵公司大楼，限制我公司员工的人身自由，在乙公司的这种非法胁迫下，我公司违背自己的真实意思，与其签订了违背客观事实的工程结算协议，故起诉至法院要求依法撤销。

而乙公司称，协议的签订并不存在胁迫因素，是双方在平等自愿、互谅互让的基础上，各做让步的结果，并经见证人签字确认，且甲公司已于合同签订一个月后按照结算协议的数额将工程款付清。

【法律分析】

案例一中，该酒业公司北京分公司作为领取营业执照的分公司，要履行注销手续，须由隶属企业法定代表人签字并加盖公章。该酒业公司作为北京分公司注销后权利义务的承担者，在注销分公司时，以该公司没有经营及债权债务处理完毕作为意见，隐瞒了北京分公司与李女士签订的协议尚在履行过程中的情况，其也未对正在履行期内的协议有明确的清理意见，应认定北京分公司与该酒业公司在注销过程中存在故意，对于协议一方的李女士隐瞒了真实情况，构成欺诈，故李女士与该酒业公司签订的奶酒经销协议书可撤销。李女士行使合同撤销权，成功维护了自己的合法权益。

案例二中所述协议，虽然双方当事人均签字盖章，但签订协议时，显然被告公司处于优势。张先生在接受被告公司履行的 7 万元数额后才进行的工伤及伤残认定。经鉴定为三级伤残后，其才可以确定 7 万元对于其今后的治疗费及生活费用显失公平。故原告张先生与被告设备租赁公司于 2004 年 8 月签订的协议可撤销。

案例三中，法院应当驳回建筑公司甲要求撤销结算协议的诉讼请求。理由是，虽然被告乙公司的劳务工人聚集在原告甲公司的办公楼催要工资确实影响了甲公司的意思表示，但在签订其真实意思表示存在瑕疵的结算协议后，甲公司在一个月后已经依据协议约定支付了工程款，协议已经履行完毕，即可视为甲公司以自己的行为表明了其愿意接受协议的约束，放弃了按照法律规定其应当享有的撤销权，其在撤销权消灭后，已经无权行使合同撤销权。

【实务指南】

1. 应当主动及时行使撤销权

根据《民法典》的规定，撤销权是否行使，当事人有选择和决定的权利。法律之所以这样规定，是因为可撤销合同往往涉及当事人一方意思表示不真实的问题，如果当事人自愿接受这种行为的后果，放弃行使合同撤销权或者长期不行使撤销权，人民法院对此应该是“不告不理”，承认合同的效力。因此，合同的撤销必须通过撤销权人主张撤销权来实现，可撤销行为于撤销前则属有效。如果当事人在违背真实意思表示签订合同后，在明确知道撤销事由的情况下，没有及时主动地行使自己的合同撤销权，而是按照合同约定履行了义务，构成了法律规定的撤销权消灭的情形，必将承担不利后果。可以说，合同撤销权作为一项保护受损害方或不利方的重要法律手段，必须严格依照相关法律规定行使和运用，才能正确、及时地实现权益，避免损失的发生。

2. 行使撤销权的注意事项

在实践中，合同撤销权的行使必须注意四大要点：

（1）撤销权行使的法定条件

签订合同时必须具备受合同相对方欺诈、受第三人欺诈、合同相对方胁迫、受第三人胁迫、重大误解、显失公平这六种情形之一，方能在合同签订后向人民法院或仲裁机构提出撤销申请。

（2）撤销权的行使主体

根据《民法典》的规定，行使撤销权的主体为违背自己真实意思的行为人或受害方，其中违背自己真实意思的行为人指基于重大误解实施民事行为的行为人，受害方包括受欺诈方、受胁迫方、受损害方。

（3）撤销权的行使方式

一种观点认为，合同撤销权的行使，必须由享有撤销权主体资格的人以自己的名义向人民法院或仲裁机关提起请求，由人民法院或仲裁机构依法立案、审理并作出撤销合同的裁判。另一种观点认为，合同撤销权的行使，不一定必须通过诉讼、仲裁的方式。如果撤销权人主动向对方作出撤销的意思表示，而对方未表示异议，则可以直接发生撤销合同的后果。如果对撤销问题双方产生争议，则必须提起诉讼或仲裁，要求人民法院或仲裁机关予以裁决。因为合同撤销权在性质上也属于一种形成权，所以根据形成权的特点，撤销权的行使，为撤销权人单方的行为，无须相对人表示同意。《民法典》规定的“有权请求人民法院、仲裁机关予以撤销”并不能等同于“应当或必须请求人民法院、仲裁机关予以撤销”，前者是授权性规范，后者是强制性规范，“有权请求人民法院或仲裁机构”撤销，并不排除撤销权人可以直接向相对人行使撤销权，并能产生撤销权的效力。

笔者认为，《民法典》第一百四十七条至第一百五十一条规定的撤销权需以“请求人民法院或仲裁机构”的方式行使。对于撤销权的提出方式有两种：一种是非诉讼或者仲裁方式，如与限制民事行为能力人签订合同时，善意相对人在限制民事行为能力人的法定代理人追认前有撤销的权利，以通知的方式即可。另一种要求撤销权的行使必须以诉讼或者仲裁方式。二者的区别在于交易标的是否重大、撤销权的行使是否容易发生争议。就第一种撤销权而言，交易标的一般不大，且撤销权的行使不容易发生争议，如前述案例，善意相对人只要证明自己是善意的，证明对方是限制民事行为能力人即可。如果交易标的较大，或者撤销权的行使容易发生争议，就应当交由法院或者仲裁机构裁决，基于重大误解、显失公平、欺诈、胁迫实施的民事法律行为，显然撤销权的行使容易发生争议。

（4）撤销权的行使期限

《民法典》为了平衡和保护合同双方当事人的利益，以及维护市场交易的安全与社会经济秩序的稳定，赋予了当事人撤销权，但撤销权的行使并非无时间限制的权利，它有着法律规定的行使期间。根据《民法典》第一百五十二条的规定，当事人自知道或者应当知道撤销事由之日起一年内、重大误解的当事人自知道或者应当知道撤销事由之日起九十日内行使撤销权；当事人受胁迫，自胁迫行为终止之日起一年内行使撤销权。如果撤销权人在该期间内未行使撤销权，则其撤销权消灭，当事人不得再以存在撤销事由为名，请求人民法院或仲裁机构撤销合同。当事人自民事法律行为发生之日起五年内没有行使撤销权的，撤销权消灭。另外，根据《民法典》第一百五十二条的规定，如果当事人知道撤销事由后明确表示或者以自己的行为表明放弃撤销权的，撤销权也消灭。《民法典》之所以这样规定，是因为撤销权属于民事权利，其是否行使取决于权利人，权利人当然可以放弃其撤销权。

需要注意的是，撤销权行使的期间是除斥期间、不变期间，不发生任何中止、中断或者延长的后果。

3. 行使撤销权后所引起的法律后果

根据《民法典》第一百五十五条规定，撤销权人行使合同撤销权后，被撤销的民事法律行为自始没有法律约束力，处于无效状态。需要注意的是，合同被撤销后并不是不产生任何法律后果。根据《民法典》第一百五十七条的规定："民事法律行为无效、被撤销或者确定不发生效力后，行为人因该行为取得的财产，应当予以返还；不能返还或者没有必要返还的，应当折价补偿。有过错的一方应当赔偿对方由此所受到的损失；各方都有过错的，应当各自承担相应的责任。法律另有规定的，依照其规定。"合同被撤销后，当事人也要承担返还财产、折价补偿、赔偿损失、各自承担责任的民事责任。

第二节　合同的变更与转让

一、合同的变更

（一）合同变更的含义

《民法典》第五百四十三条规定："当事人协商一致，可以变更合同。"第五百零二条规定，依照法律、行政法规的规定变更合同应当办理批准、登记等手续的，依照其规定。

合同的变更有广义和狭义之分。广义的合同变更，包括合同内容的变更与合同主体的变更。合同内容的变更，是指当事人不变，合同的内容予以改变的现象。合同主体的变更，是指合同关系保持同一性，仅改变债权人或债务人的现象。不论是改变债权人，还是改变债务人，都发生合同权利义务的移转，移转给新的债权人或者债务人，因此合同主体的变更实际上是合同权利义务的转让，分为合同权利的转让、合同义务的转让、合同权利义务的概括转让。我国《民法典》的合同变更，是指合同内容的变更，即通常所谓的狭义的合同变更。

（二）合同变更的类型

合同的变更主要有以下类型：

第一，基于法律规定变更合同。例如，根据《民法典》第五百八十六条第二款的规定："定金的数额由当事人约定；但是，不得超过主合同标的额的百分之二十，超过部分不产生定金的效力。实际交付的定金数额多于或者少于约定数额的，视为变更约定的定金数额。"

第二，当事人各方协商同意变更合同。

第三，当事人在合同中具有形成权，其行使形成权使合同变更。

第四，在情势变更使合同履行显失公平的情况下，当事人诉请变更合同，法院或仲裁机构依职权裁决变更合同。根据《民法典》第五百三十三条的规定："合同成立后，合同的基础条件发生了当事人在订立合同时无法预见的、不属于商业风险的重大变化，继续履行合同对于当事人一方明显不公平的，受不利影响的当事人可以与对方重新协商；在合理期限内协商不成的，当事人可以请求人民法院或者仲裁机构变更或者解除合同。人民法院或者仲裁机构应当结合案件的实际情况，根据公平原则变更或者解除合同。"

（三）合同变更的条件

合同变更的条件主要有：

第一，存在合法有效的合同关系。

第二，合同内容发生变化，如上所述，狭义的合同变更即指合同内容的变化而不包括合同主体的变化。根据《民法典》第四百七十条的规定，合同的内容一般包括标的等八项内容，这些内容的变化即可认为是合同的变更，当然合同的内容可以由当事人自由约定，因此合同其他内容的变化亦可认为是合同变更。但是合同的变更，不得全部改变合同内容或者改变合同的主要内容，否则就不再是合同的变更，而是合同的更新。

第三，合同的变更须依当事人协议或直接规定及法院裁决，有时依形成权人的意思表示。如果是双方当事人协商同意变更合同，则必须遵循有关民事法律行为的规定，符合民事法律行为的生效要件；如果是根据法律规定变更合同，则必须根据法律规定的程序和方法变更合同。

第四，合同的变更须遵守法律要求的方式。对合同的变更，法律要求采取一定方式的，必须遵守这种要求。如《民法典》第五百三十三条的规定，必须经过法院或仲裁机构的裁决。如果当事人在合同中约定了合同的变更须采取特定的方式，如书面形式，当事人必须遵守这种约定。《民法典》第五百零二条第三款规定，法律、行政法规规定变更合同应当办理批准、登记等手续的，依照其规定。对于变更合同的形式没有作出明确要求的，对此应当遵循原合同既有属性，当然从减少纠纷的角度来讲，笔者倡导当事人就变更合同采取书面形式，这有利于明确双方的权利和义务，在发生纠纷时也有据可循。

（四）合同变更的效力

合同的变更原则上向将来发生效力，未变更的权利义务继续有效，已经履行的债务仍然有效。

合同的变更以原合同关系的存在为前提，变更部分不超出原合同关系之外。原合同关系有对价关系的仍保有同时履行抗辩权，原合同债权所有的利益与瑕疵仍继续存在，只是在增加债务人负担的情况下，非经保证人或物上担保人同意，保证不生效力，物的担保不及于扩张的债权价值额。

合同的变更不影响当事人要求赔偿损失的权利。在合同变更以前，由于一方的过错而给另一方造成的损失，如果双方当事人没有对此另有约定，在合同变更以后，受损失的一方仍然有权请求过错方进行损害赔偿。

根据《民法典》第五百四十四条的规定："当事人对合同变更的内容约定不明确的，推定为未变更。"

案例：合同的补充及变更实务操作技巧

【基本案情】

2007年以来，宁波某工艺品进出口有限公司（以下简称甲企业）与宁波某物流中心（以下简称乙企业）一直存在仓储保管合同关系。2008年1月，双方签订的一份《仓储保管合同》约定：储存物品名称为进口棉花，储存量为全年，储存场所为乙企业下属仓库，货物的出库条件是乙企业仓库需根据甲企业的提货单正本放货，双方还约定了收费标准以及结算方式等其他事项。

2008年9月18日，甲企业代理丙企业进口美产棉净重496吨，并将该批货物存放于合同所约定之乙企业仓库，乙企业在甲企业制作的入库通知单上加盖公章予以确认，甲企业也在乙企业的入库手续上加盖了其公司的长扁形印章并由其业务员马某签名确认。

2008年9月24日，马某将其制作的三处加盖甲企业长扁形印章的编号为0001945提货单传真给乙企业，并由马某手写说明由丙企业提取美产棉80吨，同时注明正本件后补。乙企业收到该传真后即将相应货物出库交付给丙企业。同年10月，乙企业根据同样的程序，将5笔美产棉出库交付给丙企业。该5份提货单合计要求提货498吨，已由丙企业实际收到，且甲企业已向丙企业开具发票。

2009年1月19日，甲企业对马某的代理行为及传真不予追认，以物流中心未凭正本提单发货属于违反仓储保管合同约定，导致货物被他人无正本提单提走，造成货款损失为由，要求乙企业承担赔偿责任。

乙企业物流中心提供证据表明，自2007年至今，甲企业通过马某已多次采取案涉传真形式变更仓储合同约定，并均由甲企业指定的收货人实际收取货物，马某具有表现代理形式和实质要件，货物交付方式以此实际变更，物流中心没有违约，甲企业货款损失应依其与丙企业之间形成的法律关系另案处理。

法院经审理查明后，确认了乙企业提交证据所形成证据链之效力，判决支持乙企业的答辩请求，驳回甲企业要求物流中心承担其货款损失责任的诉讼请求。

【法律分析】

在本案中，乙企业的诉讼目的是向审理法院提交有效证据，并由审理法院认定物流中心没有违约，判决物流中心不承担甲企业认为其违约而应承担的甲企业货款损失责任。

我们看到，乙企业要想实现其抗辩请求，就要提交有效的证据来最大限度地证明案件事实，并能使这些证据证明的事实形成法律上的逻辑链条，使处于中立地位的法官作出支持乙企业的裁判。

乙企业形成了如下证据链：

1. 马某有权代表甲企业传真要求物流中心向丙企业发货

本案中，因甲企业没有对于马某传真要求物流中心发货的行为作出专门授权，甲企业即主张业务人员马某的有关行为属于无权代理，且物流中心不是善意无过失。

本案中，物流中心举证，2007年以来，甲企业与物流中心之间包括合同订立、履行一直都是由马某代表甲企业谈判、签字和实际操作的，且本案马某发来的传真件上盖有甲企业的长扁形印章，与甲企业的入库通知单上的印章一致，与以往传真形式发货文件上的印章一致。因此，物流中心有理由相信马某有权代理甲企业与乙企业间合同履行形式之变更，马某的行为构成表见代理，其代理行为应属有效。

2. 甲企业一直以实际行为认可本案中传真指示物流中心变更交货的方式

物流中心举证，2007年以来的传真形式变更交货方式的证据资料，且无错误交付之问题，也均未造成甲企业损失，甲企业对此也未提出过任何异议。

3. 物流中心向丙企业交付货物未发生错误交付问题

依据甲企业与丙企业形成的代理合同关系，向丙企业交付货物是甲企业的合同义务，也是甲企业的真实意思。

4. 甲企业货款损失应由丙企业承担其双方合同违约责任，与乙企业无关

根据甲企业提交证据，物流中心依马某传真交货指令向丙企业交货，是甲企业忠实履行其与丙企业合同的约定义务，丙企业拖欠甲企业货款，是造成甲企业无法及时收回货款并产生损失的直接原因。

【实务指南】

1. **合同变更应当注意保留证据**

我们认为，合同是法院判案的重要证据。实践中，企业应做好将合同履行中的任何材料留存形成档案的工作，并能使归档的材料符合证据要件，建立证据逻辑链条。遇到合同确需变更的情形时，应该像案例中乙企业一样，能够提出有效且足以形成证据锁链之证据，以减少或者避免发生一些重大损失。

第一，如果合同的履行期限、履行方式、履行内容、交付条件、交易价款等发生了变更，应当及时与对方签订补充合同或补充协议。这样可以在发生纠纷时保护自己的权益，也能起到证据作用。

第二，如果对实际履行有异议，应当在知道或者应当知道事实情况的条件下，在法定时效内向法院起诉；可以通过发函、告知、公证等方式来证明自己曾与对方交涉。

2. **合同的补充及变更方式及注意事项**

合同的补充或变更一般通过“补充合同”或“补充协议”的方式完成，有时也会以“协议书”或者“备忘录”的形式完成。无论采用哪一种形式，均应注意以下几个方面：

（1）采用重签代替补充的形式时应当避免阴阳

补充后的合同一般包括原合同和补充合同，存在多个合同文本，在合同履行时需要将原合同和补充合同对照使用，往往比较麻烦。因此，在实践中，有的当事人采用重签代替补充的形式，直接签订一份新合同，并在新合同中约定原合同终止。

采用这种方式应当避免形成事实上的阴阳合同。如果重签的新合同与原合同的内容不同，甚至新合同与原合同在权利义务的分配上存在巨大的差异，而新合同中又没有体现出原合同，也没有明确约定原合同终止，则新合同与原合同构成阴阳合同，面临更多的法律风险。关于阴阳合同存在的法律风险及应对措施详见本书关于黑白合同的相关内容，在此不再赘述。

（2）在补充合同中应当明确原合同的内容和效力交接

由于补充合同是基于原合同并对原合同条款内容的补充或者变更，因此，补充合同中应当体现出其所依附的原合同。如果在签订补充合同之前已经另行签订其他多份补充合同，也应当在本次补充合同中加以引述，以体现本补充合同与以前补充合同和原合同的传承关系。

同时，补充合同的签订，还涉及原合同与补充合同内容和效力的衔接问题，包括合同变更生效的时间、因变更而引起的补充合同与原合同的内容发生冲突如何处理，特别是对于合同变更前已经履行的部分如何了结，已经开始履行但尚未履行完毕的部分如何处理等问题。为了尽可能避免合同补充或者变更之后在后续履行和争议解决方面留下重大隐患，应当在补充合同中明确原合同项下的权利义务履行到何时为止及如何结算、已经履行完毕部分的后续责任如何承担、新的约定何时生效、跨越补充合同和原合同的行为如何界定、补充合同条款与原合同条款内容如何搭配、因合同变更所引起的费用和损失如何界定、由谁承担，以及因此而增加的审批手续如何办理等问题。

二、合同的转让

（一）合同转让的含义和特点

1. 合同转让的含义

合同的转让，实际上是合同权利义务的转让，是指合同当事人一方依法将合同权利义务全部或部分转让给第三人。它包括合同权利的转让、合同义务的转让和合同权利义务的概括转让。

2. 合同转让的特点

- 合同的转让并不改变合同原有的权利义务内容；
- 合同的转让发生合同主体的变化；
- 合同的转让涉及原合同当事人双方之间的权利义务关系、转让人与受让人之间的权利义务关系。

（二）合同转让的要件

首先，必须存在合法有效的合同关系。

其次，合同的转让必须符合法律规定的程序。根据《民法典》第五百四十六条、第五百五十一条的规定，合同的转让应当通知对方或者经过对方同意才能产生法律效力。债权人转让合同权利的，应当通知债务人，未经通知，该转让行为对债务人不发生效力；而债务人将合同义务全部或者部分转让给第三人的，应当经债权人同意。

最后，合同的转让必须合法且不得违反相关法律、行政法规的规定。

（三）合同权利的转让

1. 合同权利转让的含义

根据《民法典》第五百四十五条的规定，合同权利的转让是指债权人将合同的权利全部或者部分转让给第三人。合同权利的转让可以分为全部转让和部分转让。在后者场合，受让的第三人加入合同关系，与原债权人共享债权，因此，原合同债变为多数人之债。按照转让合同约定，原债权人与受让部分合同权利的第三人或者按份分享合同债权，或者共享连带债权。如果转让合同无此约定，以共享连带债权。

2. 合同权利转让的原因

（1）依法律规定而转让

例如，依继承编的规定，继承开始后，继承人承受被继承人财产上的一切权利义务，包括合同权利。依合同编关于保证的规定，保证人代为履行后取得债权人的地位，享有债权人对债务人的债权。

（2）依法律行为而转让

合同权利的转让有基于单方法律行为的，如以遗赠将合同权利转让给受遗赠人，但大多数基于合同，该合同叫作转让合同或让与合同。

3. 合同权利转让的要件

第一，须存在合法有效的合同权利，且转让不改变该权利的内容。合同权利的有效存在是合同权利转让的根本前提，以不存在、无效或者已消灭的合同权利转让的，即为标的不能，转让合同无效。转让合同权利不得增加债务人的负担，否则转让无效。即使免除债务人的部分合同义务，也不能由让与人和受让人自行在转让合同中约定，而应直接向债务人作出免除的意思表示。总之，转让不得改变该权利的内容。

第二，转让人与受让人须就合同权利的转让达成协议。

第三，被转让的合同权利须具有可让与性。《民法典》第五百四十五条规定了不具有让与性的情况：

- 根据合同性质不得转让，通常有两种：一是根据个人信任关系而必须由特定人受领的债权，比如因雇佣合同而产生的债权。二是以特定的债务人为基础而发生的合同权利，比如演员的表演合同。

- 按照当事人约定不得转让，但当事人约定非金钱债权不得转让的，不得对抗善意第三人。当事人约定金钱债权不得转让的，不得对抗第三人。如果债权人不遵守约定，将权利转让给了第三人，使第三人在不知情的情况下接受了转让的权利，该转让行为有效，第三人成为新的债权人。转让行为造成债务人利益损害的，原债权人应当承担违约责任。

- 依照法律规定不得转让。如果相关法律对于债权转让作出了禁止性规定，应当遵守这些规定，违反相关禁止性规定的，转让债权的应当认定为无效。比如，《文物保护法》（2017 年修正）第二十五条第一款规定：“非国有不可移动文物不得转让、抵押给外国人。”民事主体违反这一规定将文物买卖合同中的权利转让给外国人的，其转让所有权的行为是无效的。

第四，转让合同权利按照法律、行政法规的规定需要办理批准、登记等手续的，办妥这些手续方能生效。根据《民法典》第五百零二条第三款规定，法律、行政法规规定转让等情形应当办理批准、登记等手续的，依照其规定。

第五，合同权利转让须通知债务人，始对债务人发生效力。

根据《民法典》第五百四十六条规定：“债权人转让债权，未通知债务人的，该转让对债务人不发生效力。债权转让的通知不得撤销，但是经受让人同意的除外。”

债权转让仅涉及债权行使人的变更，不影响转让人继续履行合同义务。例如，承揽合同的承揽人将价款请求权转让给第三人后，仍需履行承揽合同的义务，仍需完成承揽工作，只不过价款请求权的主体有所变更而已。因此，债权转让不需经过债务人的同意，只需将转让行为通知债务人即可。然而，通知债务人是债权人的一项法定义务。债权人如不履行这项义务，则债权转让行为对债务人来说便不成立。因此，为保证债权转让有效成立，债权受让人应在转让合同中明确规定债权人的通知义务，以及违反通知义务的违约责任，并注意督促债权人履行通知义务。

4. 合同权利转让的效力

在转让合同权利的合同成立并且债权人履行了通知义务后，合同权利转让将产生一定的法律效力。合同权利转让的效力可以分为对外效力和对内效力。

（1）合同权利转让的对内效力

所谓合同权利转让的对内效力，是指合同权利转让在转让双方即转让人（原债权人）和受让人（第三人）之间发生的法律效力。主要表现在以下几点：

- 合同权利由让与人转让给受让人。如果是全部转让，则受让人将作为新的债权人而成为合同权利的主体，转让人将脱离原合同关系，由受让人取代其地位。如果是部分转让，则受让人将加入合同关系，成为与原债权人共享合同权利的新债权人。
- 合同权利转让时，受让人不仅取得债权，而且取得与债权有关的从权利，但该从权利专属于债权人自身的除外。
- 让与人应将合同权利的证明文件全部交付受让人，其证明文件包括债务人出具的借据、票据、合同文件、往来电报信函等。
- 让与人对转让的债权负瑕疵担保责任。让与人应当担保其让与的合同权利不存在瑕疵，如果让与的权利存在瑕疵并因此给受让人造成损失的，让与人应向受让人承担损害赔偿责任。

（2）合同权利转让的对外效力

所谓合同权利转让的对外效力，是指合同权利转让对债务人所具有的法律效力。

首先，让与人（原债权人）与债务人之间的效力表现在：如果是全部转让，因转让通知，双方完全脱离合同关系，让与人不得再受领债务人的履行，债务人也不得向让与人履行原来的债务。如果是部分转让，让与人与受让人要么按份共享债权，要么连带共享债权，债务人履行债务要按照相关规定进行。

其次，受让人与债务人之间的效力表现在：债务人在收到转让通知后，即应当按照是全部转让还是部分转让的具体情况，将受让人作为债权人而履行其债务。债务人在合同权利转让时就已经享有的对抗原债权人的抗辩权，并不因为合同权利的转让而消灭。我国《民法典》第五百四十八条规定：“债务人接到债权转让通知后，债务人对让与人的抗辩，可以向受让人主张。”

如果债务人对让与人享有债权，并且债务人的债权先于转让的债权到期或者同时到期的，或者债务人的债权与转让的债权是基于同一合同产生的，债务人可以向受让人主张抵销。

（四）合同义务的转让

1. 合同义务转让的含义和原因

合同义务的转让，是指不改变合同的内容，债务人将其合同义务全部或部分地转移给第三人。

能够引起合同义务转让的原因与合同权利的转让一样，有直接基于法律规定，有基于法律行为，包括单方法律行为和双方法律行为。

2. 免责的债务承担

（1）免责的债务承担的含义

债务人将其全部合同义务转让给第三人，由该第三人取代债务人的地位，叫作免责的债务承担。债务承担实际上是合同义务的移转，与第三人代为履行不同，第三人代为履行并不是合同义务的移转，第三人并未与债权人、债务人达成转让债务的协议，并成为合同当事人，只是自愿代替债务人履行债务。在债务承担中，第三人成为合同的当事人。

（2）免责的债务承担的特点

一是债务的全部移转是新债务人对原债务人的全部债务的承担，新旧债务在内容上是完全相同的。

二是在债务全部移转的情况下，原债务人已经脱离了原来的合同关系，新的债务人代替了其地位。原合同关系消灭，产生了新的合同关系。

免责的债务承担分为第三人与债权人订立债务承担合同和第三人与债务人订立债务承担合同两种方式。

第一，第三人与债权人订立债务承担合同。第三人与债权人订立债务承担合同时，债务于债务承担合同成立时移转于该第三人。该第三人成为债务人，原债务人则脱离合同关系，不再向债权人承担债务。

第二，第三人与债务人订立债务承担合同。第三人与债务人订立的债务承担合同，自债务人与第三人达成关于移转债务于第三人的合意时成立。

（3）免责的债务承担的成立条件

第一，须有有效的债务存在。

第二，债务承担合同的标的应具有让与性。法律规定不得移转的债务、性质上不能移转的债务以及当事人约定不得移转的债务不具有让与性。

第三，须有以债务承担为内容的合同。债务承担合同以债务移转为其内容及目的，因而与第三人代为履行不同。

第四，债务承担须经债权人同意，此为债务承担合同生效的最主要要件。根据《民法典》第五百五十一条规定：“债务人将债务的全部或者部分转移给第三人的，应当经债权人同意。债务人或者第三人可以催告债权人在合理期限内予以同意，债权人未作表示的，视为不同意。”

第五，法律、行政法规规定转让权利或者转移义务应当办理批准、登记等手续的，依照其规定。

（4）免责的债务承担的效力

第一，债务人脱离合同关系，而由承担人直接向债权人承担债务。嗣后承担人不履行债务，债权人即可向承担人请求债务不履行的损害赔偿或者请求法院对承担人强制执行。原债务人不担保承担人的履行。

第二，债务人基于合同关系所享有的对于债权人的抗辩权移归承担人。根据《民法典》第五百五十三条规定：“债务人转移债务的，新债务人可以主张原债务人对债权人的抗辩……”债务承担以债务转移时的状态移转于承担人，故承担人可以承担债务时已经存在的事由对抗债权人。例如，债务具有无效原因，承担人可向债权人主张无效。但专属于合同当事人的解除权和撤销权，只能由原债务人行使，承担人不得享有。另外，债务承担为无因行为，因而承担人不得以承担债务时的原因事由对抗债权人。

第三，从属于主债务的从债务，移归承担人负担，但该从债务专属于原债务人自身的除外。根据《民法典》第五百五十四条规定：“债务人转移债务的，新债务人应当承担与主债务有关的从债务，但是该从债务专属于原债务人自身的除外。”例如，附随于主债务的利息债务，即随着主债务的移转而移转承担人。但他人为原债务人提供的保证有所不同，债务承担未取得保证人同意的，保证人的保证责任消灭。

3. 并存的债务承担

债务人将其合同债务部分转让给第三人，如果该债务人与第三人连带地向债权人负责，叫作并存的债务承担。如果该债务人与第三人各自按份负其责任，则按按份之债的规则处理。因此，并存的债务承担又称债务加入，债务人并不脱离合同关系而由第三人与债务人共同承担债务。并存的债务承担成立后，债务人与第三人成为连带债务人。

并存的债务承担以原已存在的有效的债务为前提。原来的合同关系虽有可撤销或解除的原因，但在撤销或解除以前，仍可成立并存的债务承担。第三人所承担的债务应与承担时的原债务具有同一内容，不得超过原债务的限度。承担后发生的利息及违约金、损害赔偿等应一并承担。第三人加入债的关系后，得以原债务人对抗债权人的事由对抗债权人。

并存的债务承担成立后，债务因原债务人或者第三人的全部清偿而消灭。债务的消灭系因第三人的清偿或其他方式引起时，在第三人与债务人之间可能发生求偿关系。

（五）合同权利和义务的概括移转

1. 合同权利和义务的概括移转概述

合同权利和义务的概括移转，是指合同当事人一方将其合同权利和义务一并移转给第三人，由该第三人概括地继受。根据《民法典》第五百五十五条规定：“当事人一方经对方同意，可以将自己在合同中的权利和义务一并转让给第三人。”

在合同权利和义务的概括移转的情形中，债权债务的承受人完全取代原当事人的法律地位，成为合同关系的当事人。因此，依附于原当事人的全部权利义务均移转于承受人，包括在合同权利转让或合同义务的转让中，与原债权人或者原债务人的利益不可分割的权利，如撤销权、解除权，也一并移转。

和合同权利的转让、合同义务的转让一样，合同权利义务的概括转让也可以分为全部的概括转让和部分的概括转让。部分的概括转让，可以因对方当事人的同意而确定原当事人和承受人的份额。如无明确约定，在原当事人和承受人之间发生连带关系。合同权利和义务的概括移转可基于法律的规定而发生。例如，根据我国《民法典》第六十七条规定：“法人合并的，其权利和义务由合并后的法人享有和承担。法人分立的，其权利和义务由分立后的法人享有连带债权，承担连带债务，但是债权人和债务人另有约定的除外。”也可以基于当事人之间的合同行为而发生，如企业兼并。

根据《民法典》第五百五十六条规定：“合同的权利和义务一并转让的，适用债权转让、债务转移的有关规定。”因此，合同权利和义务的概括移转适用关于合同权利转让和合同义务转让的规定。

合同当事人一方经对方同意将其在合同中的权利义务一并转让给受让人，对方与受让人因履行合同发生纠纷诉至人民法院，对方就合同权利义务提出抗辩的，可以将出让方列为第三人。

合同权利和义务的概括移转通常有两种情形：一为合同承受，二为企业合并。

2. 合同承受

（1）合同承受的概念

合同承受，是指一方当事人与他人订立合同后，依照其与第三人的约定，并经过对方当事人的同意，将合同上的权利义务一并移转给第三人，由第三人承受自己在合同上的地位，享受权利并负担义务。

（2）合同承受的生效要件

第一，须有合法有效的合同存在。合同承受以存在有效的合同为前提，在可撤销合同，原则上可成立合同承受。但在合同承受时，原合同当事人享有的撤销权视为已经抛弃，承受人也不得因承受前的原因主张合同的撤销。

第二，承受的合同须为双务合同。单务合同中只能成立单纯的债权让与或债务承担，故不能成为承受合同的标的。

第三，须原合同当事人与第三人达成合同承受的合意，依照法律规定应当由有关机关批准的合同，其合同承受必须经过原批准机关的批准。

第四，须经对方当事人的同意。未经对方当事人同意，合同承受不发生效力。

（3）合同承受的效力

合同承受的效力首先在于承受人取得原合同当事人享有的一切权利和负担的一切义务，原合同当事人完全脱离合同关系。嗣后合同的履行或者不履行以及合同的变更或解除，概与原合同当事人无关。此外，因合同承受为无因行为，承受人对抗原合同当事人的事由，不得用以对抗对方当事人。

3. 企业合并

企业合并，是指原存的两个或两个以上的企业合并为一个企业。根据《民法典》第六十七条规定："法人合并的，其权利和义务由合并后的法人享有和承担。法人分立的，其权利和义务由分立后的法人享有连带债权，承担连带债务，但是债权人和债务人另有约定的除外。"

不论企业合并由何种原因引起，均会发生债权债务移转的法律效果。企业合并后，吸收合并中的被吸收企业或新设合并中的原企业主体资格消灭，依照我国法律规定，其债权债务应由合并后的企业概括承受。企业的合并属于企业变更，只需经过企业变更登记即为有效。此为公法上的事务，与他人的意思无关，不需要取得相对人的同意。

企业合并后，原企业债权债务的移转，依合并后企业的通知或者公告发生效力，不需取得相对人的同意。通知的方式可以是单独通知或者公告。以公告通知时，应当保证在通常情况下能够为相对人所知悉。通知到达相对人或公告期满时，债权债务的移转即发生效力。合并后的企业即成为原企业债权债务关系新的当事人，享有一切债权，承担一切债务。

案例：合同债权转让的风险防范

【基本案情】

2002 年 10 月，新某钢铁公司与安某经贸公司签订钢铁买卖合同，合同约定：新某钢铁公司出售钢材给安某经贸公司，总价 50 万元，货到付款。合同签订后，新某钢铁公司依约交货，但安某经贸公司未能按合同约定付款。新某钢铁公司多次向安某经贸公司催要，可对方总以种种借口不予支付。2003 年 1 月，新某钢铁公司将多年形成的多笔债权转让给某资产管理公司，其中包括安某经贸公司拖欠的50万元货款及利息形成的债权。由于安某经贸公司的下落已经无法查找，新某钢铁公司、某资产管理公司双方经协商后，于2003年3月15日在《人民法院报》上以公告的方式对债务人安某经贸公司进行债权转让通知。2003年5月5日，某资产管理公司将从新某钢铁公司收购的对安某经贸公司的50万元货款及利息形成的债权以1万元的价格出售给自然人李某喜。由于掌握了特殊线索，李某喜找到了新某钢铁公司和某资产管理公司久寻未果的安某经贸公司。李某喜向安某经贸公司追偿债务时发现，早在2003年4月30日，安某经贸公司已将拖欠的50万元钢材款和利息还给新某钢铁公司。李某喜遂一纸诉状将新某钢铁公司诉至法院。

【法律分析】

依照我国《民法典》的规定，债权人转让权利的，应当通知债务人。未经通知，该转让对债务人不发生效力。某资产管理公司通过《人民法院报》以公告的方式通知安某经贸公司债权已经转让，则转让依法生效。由此产生如下法律后果。一方面，安某经贸公司在债权转让通知之后的清偿是错误履行，安某经贸公司此时履行债务并不能产生消灭债权债务关系的效果，也就是说，此时李某喜仍旧享有对安某经贸公司的债权。另一方面，新某钢铁公司接受安某经贸公司债务履行的所得是一种不当得利，安某经贸公司对其享有索回的请求权。由于债权转让是有效的，并且债权债务关系并没有消灭，此时李某喜只能根据债权转让协议要求安某经贸公司清偿债务。因为李某喜与新某钢铁公司之间并没有直接的合同关系，李某喜不能直接起诉新某钢铁公司，而应起诉某资产管理公司。

某资产管理公司虽然向李某喜转让了债权，但是在安某经贸公司向新某钢铁公司履行债务时，债权的所有人是某资产管理公司。由于新某钢铁公司不正当地接受了安某经贸公司的履行，因而对某资产管理公司的权利造成了损害，因此，某资产管理公司具有对新某钢铁公司的损害赔偿请求权，新某钢铁公司赔偿的数额应当在新某钢铁对某资产管理的债权出售价格与债权账面价值之间。

新某钢铁公司对某资产管理公司负有的是一种侵权之债，同时也是一种合同之债，本案中，两种债是竞合关系。从侵权的角度讲，新某钢铁公司没有告知安某经贸公司债权已经转让的事实，而是接受了安某经贸公司的还款，这种行为损害了某资产管理公司的债权，给某资产管理的债权实现造成了不良影响，对这种后果，新某钢铁公司是明知的，其行为是故意的。此外，新某钢铁公司的行为直接造成了某资产管理公司债权损失的结果。因此，新某钢铁公司的行为构成侵权，应当承担赔偿责任。

【实务指南】

1. 债权转让人的法律风险

第一，表见让与，即当债权人将债权转让通知债务人后，即使让与合同未成立或未生效，但债务人基于对通知事实的信赖而向受让人履行仍然有效。在表见让与情况下，债务人向受让人清偿债务后，债权人无权再向债务人主张权利。

针对表见让与的风险，转让人应本着谨慎的原则，审查合同的生效条件，在未如数收到受让人对价的情况下，不向债务人送达债权让与的通知，这样也可以防范受让人与债务人恶意串通，损害债权让与人合法权益的风险。

第二，债务人与受让人恶意串通，如受让人与转让人签订分期支付转让对价的合同，并约定支付首期（很小数额对价）对价后若干日内，让与人将债权让与通知送达债务人，债务人立即向受让人履行全部债务，然后受让人玩失踪而损害让与人的利益。

2. 债权受让人的风险

债权与物权不同，物权的表现形式为对物的所有、占有、使用或控制；而债权的表现形式则是请求权，请求权的实现，有赖于被请求人为的或不为的行为。因此，债权与物权相比，有着更多的不确定性，这就决定了债权受让人比物权受让人有着更大的风险。债权受让人的风险，归纳起来主要有如下几点：

（1）所受让的债权不真实

由于受让债权的产生、成立与发展变化均是在债权人与债务人之间发生的，受让人较难了解到真实情况，因而，或因债权人的故意欺骗、隐瞒，或因受让人误解、疏忽，很容易发生所受让的债权不真实的情况。如债权因违法而不受法律保护，因过期而消灭等。因此，受让人在受让债权前，必须慎重审查债权是否真实存在并有效成立。除要求转让人提供债权所依据的合同外，还要审查转让人的履约证据，债务人的负债证据，债权的期限，等等。在债权真实存在的证据不足时，不应轻易受让债权。

（2）受让人的债权无法实现

这主要有两种情况：一是债务人失踪或死亡而无法定继承人；二是债务人无力偿债。前者因无人偿债而使债权无法实现，后者因无力偿债而使债权无法实现。这两种情况均使受让人得不到应有的利益而蒙受损失。因此，受让人在受让债权前，不但应审查债权是否真实存在，还应调查债务人是否有能力偿还债务，对无法实现或难以实现的债权，不应轻易受让。

（3）所受让的债权被抵销

《民法典》第五百四十九条规定：“有下列情形之一的，债务人可以向受让人主张抵销：（一）债务人接到债权转让通知时，债务人对让与人享有债权，且债务人的债权先于转让的债权到期或者同时到期；（二）债务人的债权与转让的债权是基于同一合同产生。”按此规定，如果债务人对转让人有大于或等于转让债权的债权，则受让人所受让的债权会被全部抵销，受让人将一无所得。即使债务人对让与人的债权比转让债权小，所受让的债权也会被部分抵销，从而大大减少受让人的收益。根据本条第二款的规定，在债务人的债权与转让的债权是基于同一合同产生时，债务人可以就此向受让人主张抵销权，这种情形在交易流转比较便捷的背景下会发生。这也符合抵销本身能够简化交易、降低成本的功能，该款规定仅强调债务人的债权与转让的债权基于同一合同，至于该债权是否已经届期或者两个债权是否属于同一种类则在所不问。因此，受让人在受让债权时，不但要核实债权情况，调查债务人情况，还要调查转让人的基本情况，特别是其与债务人的债权、债务情况。

（4）所受让的债权被否定

实践中常常会出现这样的情况：所转让的债权是存在的，但由于债权人违约在先，或有重大违约行为，致使债务人抗辩成功，债权被否定，从而使债权落空，受让人蒙受损失。因此，受让人在受让债权前，应了解债权人的履约情况，调查债务人可能提出的抗辩理由和事实，以保证债权不因被否定而落空。

（5）转让人与债务人串通

这主要表现为在债权转让后，债务人虽然接到通知，却不向受让人偿还债务，而仍然向转让人偿还债务，使债权转让合同形同虚设，并造成新的债权债务关系，受让人无法直接获得受让利益。因此，受让人在受让债权前，应真实了解转让人的转让诚意，并采取相应的措施，保证债务人直接向其偿还债务。

（6）债权人不当通知

根据《民法典》的规定，债权转让的，债权人应当通知债务人。然而，由于规定过于简略，实践中容易出现以下问题：

- 在法律对债权人通知债务人的期限没有作出规定、让与合同双方也没有约定的情形下，债权人有时不知将债权转让的事实通知债务人或者怠于履行通知的义务，致使债务人不知向受让人清偿债务，使债权超过诉讼时效，丧失胜诉权。

- 法律对于债权人采取何种形式通知债务人并未作出明确规定，通常债权人可采用口头、书面、公告等形式。采用口头通知的，如电话，因为不易留下证据，债务人为了达到拖延履行义务的目的，往往会否认收到了通知，受让人不能及时实现债权。此外，公告也是通知的一种形式，通常是在债务人下落不明或债权人无法找到债务人情况下采用。

3. 债权转让法律风险的防范

第一，针对表见让与的风险，让与人应本着谨慎的原则，慎查合同的生效条件，在未如数收到受让人对价的情况下，不向债务人送达债权让与的通知，由此防范受让人与债务人恶意串通，损害债权让与人合法权益的风险。

第二，受让人对债权让与法律风险的防范有以下几点：

• 避免签订已过诉讼时效或债务人下落不明的债权让与合同，受让人在与债权人进行谈判时，应尽量聘请律师参与谈判和调查，要求债权人提供催收债权的通知，以及债权人与债务人的往来信函，由律师判断该债权是否已过诉讼时效，从而确定是否签订合同。签订合同前受让人还应自行或聘请律师调查债务人的相关情况，如住所、财产状况等，如经调查发现债务人住所无法找到，同时其财产下落不明的，即使债权转让的对价很低，受让人也不应贪图纸上富贵而签订合同，避免利益受损。

• 对于债权人通知债务人的期限和形式，在转让合同中应作出明确约定，要求债权人须于合同签订后×日内通知债务人，并约定通知的形式。

第三，为防止受让瑕疵债权，受让人在受让债权前应进行充分的调查了解，包括债权人与债务人之间的债权债务关系等，并要求转让人对转让的债权承担瑕疵担保责任。

第四，为避免债权二重让与的情况发生，受让人必须注意落实以下防范措施：

• 设立债权人保证条款，如债权人明确声明合同项下的债权无任何第三人主张权利，且权利不受限制，即不存在被法院保全、查封或强制执行的情况或已设担保。在签订本合同之前，债权人没有与第三方签订过本合同项下债权让与合同，并约定相应的违约责任。

• 共同拟定债权转让通知回执的内容格式，载明："债务人于×年×月×日收到债权人×××将××（内容及金额）的债权让与受让人×××的债权转让通知，债务人声明，在签收本通知回执日之前，没有收到债权人将相同债权转让给第三人的通知。"据此证明本受让人受让的债权通知时间在先，同时也可避免债权人与债务人串通，将已让与的债权再行让与第三人时将通知回执的时间倒签。

• 双方共同将债权让与通知送达债务人签收，或公证邮寄转让通知给债务人。

第五，为抵偿债务而进行的债权转让对受让人有着多种风险，受让人在债权转让中应尽量多做调查核实工作，尽量多地采取保证措施，以防范各种风险，保护自己的合法权益。为此，还可以对债权转让采取如下保证措施：

• 债务人确认。债务人确认并不是债权转让成立的条件，按《民法典》的规定，债权转让只需通知债务人便有效成立。但是，所转让的债权，有赖于债务人清偿。因此，预先了解债务人的态度，有助于保证转让债权能够顺利实现。债务人确认不仅有助于确定转让债权是否真实存在，排除债务人的抗辩权，而且有助于防止转让人与债务人串通。

• 债权人担保。债权人担保是指债权人对转让债权的真实性和可实现性提供保证或财产抵押担保，一旦所转让的债权落空，受让人就转让债权所抵偿的债务恢复对转让人的请求权，并可从抵押财产中优先受偿。

• 落实从权利的转让。按《民法典》的规定，转让债权，与债权有关的从权利一并转让。但并不是所有的权利都可以自然转让，有些从权利，如留置权，可随债权自然转让；而有些从权利，如抵押权，则不能随债权自然转让，它必须履行变更抵押登记手续，转让才生效；还有些从权利，如保证，还需要保证人的认可，方能转让。因此，如所转让的债权附有抵押保证等从权利，受让人应切记及时办理变更抵押登记手续和取得保证人同意等事项。

• 通过法院确保债权转让的实现。如果所转让债权是由法院判决确认的债权，那么债权转让可向法院执行庭申请确认，并由法院将执行到的财产直接付与受让人。

第三节　合同的解除

一、合同的解除权

（一）合同解除权的含义

合同解除，是指合同有效成立以后，当具备合同解除条件时，因当事人一方或双方的意思表示而使合同关系，即当事人之间的权利义务关系，归于消灭的法律行为。谈到合同解除，必然涉及解除权问题，何谓合同解除权？简言之，合同解除权就是合同当事人依照合同约定或法律规定享有的解除合同的权利，它的行使直接导致合同权利义务消灭的法律后果。

（二）合同解除权的类型和得行使之情形

根据《民法典》的规定，合同解除权分为约定解除权和法定解除权：

1. 约定解除权

约定解除权是根据合同双方当事人的约定而发生的解除权。约定解除权既可约定由一方享有，也可约定由双方享有，既可在订立合同时约定，也可以另外订立一个合同约定。只有当约定的解除条件成就时，解除权人才能行使解除权，但约定的解除合同的条件发生，并不导致合同的自动解除，合同必须由解除权人行使解除权才能解除，也即在发生了约定的解除合同的条件以后，只有享有解除权的一方当事人根据自己的情况，作出解除合同的意思表示，合同的权利义务才得以终止。解除权人不作出解除合同的意思表示，即使发生了约定解除合同的条件，合同的权利义务也不得终止，合同继续有效。当解除条件成就，一旦解除权人作出解除合同的意思表示，合同的权利义务即告终止，无须获得对方同意。

2. 法定解除权

法定解除权是由法律规定而发生的解除权，即法律在一定情况下赋予当事人解除合同的权利。《民法典》规定当事人可以行使法定解除权的情形有以下五种：

（1）不可抗力致使不能实现合同目的

因不可抗力解除合同，是指因水灾、火灾、地震等自然灾害的发生或法律、政令的变化而导致合同的解除。由自然灾害造成合同不能履行的受灾一方可以通知对方解除合同，且不承担不履行合同的责任。订立合同时，法律没有设立禁止性规定，合同订立后，法律修订或新法颁布，出现禁止性规定，双方均可根据修订的或新颁布的法律的规定通知对方解除合同。需要注意的是，并非一旦出现不可抗力均可解除合同，只有在不可抗力已影响到合同目的的实现时，才能导致合同的解除，如果不可抗力只是导致合同部分不能履行的，一般情况下另一方当事人只能主张合同部分权利义务的变更，但如果部分履行严重影响当事人订立合同所欲实现的缔约目的时，应承认其享有解除合同的权利。

（2）预期违约

预期违约，是指当事人一方在合同规定的履行期限届满之前，明示、默示，或以自己的行为表示其将不履行主要债务。主要债务的履行，关系到债权人最重要权利的实现，关系到订立合同最主要目的的实现，当事人一方无正当理由表明不履行主要债务，即表明了自己不愿受合同约束的故意，合同对于该当事人已形同虚设，而另一方债权的实现就得不到保障。在这种情况下，另一方有权在解除合同或要求另一方继续履行之间作出选择，以保障自己的合法权益。

（3）迟延履行主要债务，经催告后在合理期限内仍未履行

在此规定下要行使合同解除权必须具备两个条件：

一是当事人一方迟延履行的是主要债务。即当事人迟延履行的是最重要的义务，而不是一些次要的、附属的义务。如果当事人一方按照约定履行了主要债务，虽然一些次要的、附属的义务没有履行，另一方也不能享有合同解除权。

二是债务人经催告后在合理期限内仍未履行主要债务。催告是债权人向债务人请求给付的意思表示。履行迟延以后，债权人不能马上行使解除权解除合同，而是要给债务人一个催告，给债务人一个合理的宽限期要求其履行合同，在合理的宽限期到来时，债务人仍不履行合同，债权人才有权解除合同。合同中无确定履行期限的，债权人要解除合同须经两次催告，第一次是履行合同的催告，债务人不满足催告的要求将负迟延履行责任，第二次才是解除合同的催告，债务人不满足催告的要求将导致债权人解除合同，两个条件缺一不可。

（4）根本违约

根本违约，即一方当事人迟延履行债务或者有其他违约行为而使另一方当事人订立合同的目的不能实现。违约的形式有很多，当事人一方有违约行为并

不必然导致另一方享有解除权，只有在一方违约致使合同目的不能实现，即根本违约时，另一方才享有解除权。

一般情况下，区分根本违约与非根本违约可以从以下几个层次考虑：

首先，从违约后果整体考虑，是否使对方当事人根据合同期待的利益丧失或失去了合同的目的，致使合同履行成为不可能或不必要。例如，顾客从糕点公司订购了一个生日蛋糕，但因糕点公司迟延履行，过了生日方为交付，而使合同履行成为不必要，糕点公司的行为就属根本违约。

其次，从违约事实的情节予以考虑，违约后果是否使对方丧失所期待的合同利益可以作为一般性的认定标准。违约方不履行合同义务即构成根本违约，违约方不完全履行合同义务则不能当然认定根本违约，而应视具体情况而定。

最后，对于不完全履行的情况，要根据不完全履行中存在瑕疵的部分在合同义务中的地位，结合不完全履行中有瑕疵的部分在事实上能否补救，或即使在事实上可以补救，但在对方当事人而言是否已丧失商业机会等因素考虑。比如，标的物权属受限制或处分能力受限制，如该标的物为特定物，显然可以认为构成根本违约，如标的物属种类物，则应视在合理时间内可否获得替代物来确定是否构成根本违约。标的物存在品质瑕疵无法修补或无法及时替换、修补的，可认定为根本违约，虽有瑕疵但不影响通常效用或合同规定的效用的，为非根本违约。

（5）法律规定的其他情形

这一点要从严掌握，必须是除以上四种情形外，法律有明文规定可以解除合同的，才发生解除权，才能解除合同，如法律无明文规定则无解除权。

案例：如何行使合同的解除权

【基本案情】

1999 年，京沪高速公路兴建期间，因奠基需要占用某地土地取土而形成了 30 余亩清水塘。2000 年年初，该地村委会研究决定将清水塘作为鱼塘发包给当地供销社主任王某。合同写明：每年 3 月按期缴纳承包费 1500 元，否则合同终止。合同签订后，王某对鱼塘进行了挖掘、改造，并盖了三间瓦屋。2004 年起，王某拖欠承包费不交。2005 年 3 月，王某将鱼塘转包。2006 年年初，鱼塘所属的鲍庄组村民多次上访，要收回鱼塘。王某同意补交三年承包费，但村委会未同意接收并提起诉讼。

新沂法院于 2006 年 7 月 19 日作出（2006）新民二初字第 108 号民事判决认为：本案被告已承包鱼塘多年，且有一定投入，承包合同宜认定为有效；被告擅自转包鱼塘也只能确认转包合同无效，并不因此导致承包合同的解除；但被告拖欠承包费用达二年之久，已构成严重违约，其违约情形虽可补救，因承包合同已明确约定此种违约情形可以解除合同，故判决承包合同予以解除，并限期被告交纳所欠承包费用。宣判后，被告不服提出上诉，徐州市中级人民法院于 2006 年 9 月 20 日判决维持原判。

【法律分析】

1. 被告和某地村委会签订的鱼塘承包合同是否有效

本案被告王某不具备村民资格，签订的承包合同虽经村委会成员集体研究，但未经过村民会议讨论，违反了我国的《村民委员会组织法》和《土地管理法》强制性规定，双方签订的承包合同应当无效。但本案被告承包鱼塘已经六年，做了大量投入，虽然发包方违背了民主议定程序，越权发包，但根据最高人民法院在 1999 年 7 月 8 日施行的《关于审理农业承包合同纠纷案件若干问题的规定（试行）》（已失效）精神，本案涉及的承包合同不宜作为无效合同处理。

2. 被告将鱼塘转包，能否导致合同解除

本案被告在承包期内，未经原告同意，将鱼塘短期转包给他人，该行为并没有违反承包合同规定。双方签订的承包合同对转包是否需要发包方同意、未经同意转包是否导致合同终止，没有作出明确规定。最高人民法院在《关于审理农业承包合同纠纷案件若干问题的规定（试行）》中第二十四条关于当事人有权请求终止承包合同情形中也不包括未经同意转包这一情形；2003 年 3 月 1 日施行的《农村土地承包法》对以其他方式承包的土地如何流转问题，同样没有作出未经发包方同意流转的可以终止合同的规定；2005 年 9 月 1 日起施行的《最高人民法院关于审理涉及农村土地承包纠纷案件适用法律问题的解释》第二十一条规定了承包方未依法登记取得土地承包经营权证书，即流转了土地承包经营权的，发包方请求确认流转无效的应予支持。该条司法解释明确规定了要求确认流转合同无效的，可以支持，但并没有同时规定发包方据此可以请求终止土地承包合同，收回土地。

因此，对原告要求以被告擅自转包为由终止合同的主张，法院不予支持。

3. 被告欠缴承包费用能否导致合同解除问题

有意见认为，本案被告在合同承包期内投资较大，且合同已履行多年，被告未按期缴纳承包费，确有违反合同规定的行为，应及时纠正。但被告迟延交付承包费，并没有导致本案合同订立主要目的的实现，如果判令解除合同，以后被告必然要对多年的投入请求原告补偿，从而引发新的矛盾，造成社会资源的浪费。从以上几个角度看，本案似也可以不解除合同。

但本案原、被告签订的合同明确规定了每年 3 月被告应当一次性交清当年承包费用 1500 元，如被告不能按期交清承包费，原告有权终止承包合同。该约定本质上是对合同解除权的事前约定。关于合同解除权，我国《民法典》第五百六十二条明确规定了当事人可以约定一方解除合同的条件成就时，解除权人可以解除合同。因此，一旦合同一方违反合同规定的主要义务，且符合解除条件，另一方即享有合同解除权。本案被告在合同签订后，拖欠两年承包费用经多次催收不交，故被告未按期缴纳承包费，违反了合同约定，原告依法行使合同约定解除权，应予支持。

【实务指南】

虽然上述案例发生时间较为久远，但对于诠释合同解除相关规定仍有一定的借鉴意义。

1. 合同解除权行使的方法

根据《民法典》的规定，当事人一方行使解除权，主张解除合同，只要通知对方即可。也就是说，解除权的行使，只要向对方当事人传达了自己的意思表示就可以发生解除合同的效力，而不需要以其他方式辅助。

对通知的形式，《民法典》未作特殊要求，因此它可以包括国际上惯用的声明、要求、请求，也可以根据具体情况采用任何适当的方式来传达自己的意图，如传真、电报、电子邮件、信函等，不管采取哪种方式，只要通知送达对方即可，对方接到通知后，合同即发生解除的效力，而无须被通知人同意。如果对方对解除合同有异议，根据《民法典》的规定，可以请求人民法院或者仲裁机构确认解除合同的效力。

法律、行政法规规定解除合同应当办理批准、登记等手续的，应当依照特别程序办理批准、登记手续后，才能产生合同解除的效力，这是与合同生效要件相对应的。某一合同的解除条件与程序应当与该合同的成立条件和程序保持一致。

2. 合同解除权的消灭

如上文所述，解除权由解除权人单方面行使，只要通知对方，就可以导致合同关系的消灭，因此它的存在与权利相对人的利益关系甚大。如果有权解除合同的一方，长期享有解除权，而不行使，会使当事人双方因合同产生的权利义务关系长期处于不确定状态，从而损害交易秩序，也损害权利相对人的利益。这就需要对该权利加以控制或限制。

我国《民法典》规定了合同解除权的消灭制度。根据《民法典》第五百六十四条第一款的规定："法律规定或者当事人约定解除权行使期限，期限届满当事人不行使的，该权利消灭。"合同解除权的消灭有两种情形：

第一种情形是期限届满消灭。无论是法定期限还是约定期限，在性质上都属于除斥期间，解除权于约定存续期间届满当然消灭。当事人行使约定解除权的期限，应明确地写入合同的解除权条款中。为充分保证合同自由原则的运用，在有法律规定的解除期限时，当事人之间可以通过约定解除权行使的期限来改变法定解除期限。法律没有规定或者当事人没有约定解除权行使期限，自解除权人知道或者应当知道解除事由之日起一年内不行使，或者经对方催告后在合理期限内不行使的，该权利消灭。

第二种情形是经催告后在合理期限内不行使而消灭。这是针对解除权的行使期限法律没有规定，当事人也没有约定而言的。解除合同的情况已经存在，解除权人没有行使该权利，权利的行使期限又不确定，这就会给权利相对人带来不利，这样权利相对人就要催告权利人行使解除权，解除合同，以消灭双方因合同产生的权利义务关系，维护自己的利益。但经催告后多长期限内权利人必须行使，否则解除权消灭，《民法典》未作具体规定，只规定为"合理期限"。对此，实践中应根据合同性质、交易目的和交易习惯来确定这个合理期限，具体情况具体分析，不能一概而论。《最高人民法院关于审理商品房买卖合同纠纷案件适用法律若干问题的解释》（2020年修正）第十一条规定："根据民法典第五百六十三条的规定，出卖人迟延交付房屋或者买受人迟延支付购房款，经催告后在三个月的合理期限内仍未履行，解除权人请求解除合同的，应予支持，但当事人另有约定的除外。法律没有规定或者当事人没有约定，经对方当事人催告后，解除权行使的合理期限为三个月。对方当事人没有催告的，解除权人自知道或者应当知道解除事由之日起一年内行使。逾期不行使的，解除权消灭。"

二、合同解除异议权

《民法典》第五百六十五条规定，"对方对解除合同有异议的，任何一方当事人均可以请求人民法院或者仲裁机构确认解除行为的效力"。《民法典》在原来合同法相关司法解释的基础上，进一步明确了可提起确认合同解除行为效力的当事人不仅为非发出解除合同通知的一方，还可以为解除合同通知发出人。在对方针对解除合同通知提出异议后，解除合同通知发出方也可以向法院提起诉讼或者仲裁机构申请仲裁，请求确认解除行为发生解除合同的效力。该制度设计，一方面可以防止解除权滥用，保护相对方的合法权益；另一方面也可以防止相对方对解除合同提出异议又怠于提起确认解除行为效力之诉，从而损害解除权人的利益。

三、合同解除在实践中存在的几个误区

由于受旧《合同法》理论和传统司法理念等因素的影响，人们对于《合同法》有关合同解除的规定，在理解上存在诸多认识误区，以致实践中出现一些习以为常却不符合合同解除原理的错误做法，从而严重妨碍了合同解除在实践中的正确实施，并影响到司法裁判的统一性和严肃性。为了正确理解和适用合同解除的有关法律规定，有必要对实践中存在的几个误区进行理论分析，澄清其缘由，指出其错误，以期对实践有所裨益。

（一）误认为单方解除只适用于法定解除

在传统合同理论中，根据解除的事由不同，合同解除被分为约定解除和法定解除；根据解除的主体不同，又被分为单方解除和双方解除。现代合同理论认为，严格意义上的合同解除仅限于单方解除，亦即合同解除是指合同有效成立后，在没有履行或没有完全履行前，当事人一方行使法定或约定的解除权，使合同的效力归于消灭。它具体包括法定解除和约定解除两大类。在大陆法系国家，对合同解除的概念采用狭义，即将合同解除仅视为一方当事人行使解除权的单方行为，而协议解除则被排除于合同解除制度之外。从我国《民法典》的规定来看，它既承认法定解除与约定解除，也承认协议解除。这种规定使一些人错误地认为，《民法典》第五百六十三条规定的法定解除为单方解除，《民法典》第五百六十二条规定的协议解除和约定解除为双方解除，故单方解除只适用于法定解除。这种理解在实践中比较普遍。笔者认为，合同解除严格来讲就是指单方解除，依解除的事由不同，又分为约定解除和法定解除。至于所谓的协议解除，在大陆法系中又称为合意解除、解除契约或反对契约，是一种无解除权的、当事人之间合意的结果，亦即它不以解除权的存在为必要，是以一个新的合同代替一个旧的合同，不是真正法律意义上的合同解除。

约定解除与协议解除虽然都体现了当事人的一种合意，但它们是两个不同的概念，具有本质上的区别：

- 约定解除是一方行使约定解除权的结果，是一种单方行为，须以约定解除权的存在为前提。而协议解除是双方当事人协商的结果，是一种双方行为，它不以解除权的存在为前提。
- 约定解除的行使往往是一方当事人违约的结果；而协议解除不以一方违约为前提，在没有违约的情形下，双方当事人亦可协商解除合同。
- 约定解除的效力由法律直接规定。而协议解除的效力完全听任当事人的意愿，法律不干预也没有必要干预。
- 约定解除权的行使导致合同消灭。而协议解除是以一个新的合同关系代替原来旧的合同关系，是对相互权利义务的重新安排、调整和分配。
- 从约定的时间来看，约定解除是一种事先约定。而协议解除是一种事后约定。

综上所述，约定解除不同于协议解除，它本质上是一种单方解除行为。因此，单方解除既适用法定解除，也适用约定解除。或者说，单方解除包括法定解除和约定解除。

（二）误认为只要违约就可以解除合同

合同解除制度设置的目的在于，因一方当事人的根本违约致合同履行利益不能实现，对方当事人为了防止合同在违约情形下给自己造成更大的经济损失而采取的一种补救措施，即享有解除权的当事人采取的一种自救措施，目的在于防止损失扩大，维护自身利益。因此，首先，合同解除一般只适用于单方违约的情形，在双方违约的情形下则比较复杂，要看哪一方的违约是根本违约，解除权的行使要视具体情况而定。其次，从自我保护意义来讲，并不是只要对方违约就要解除合同，而要判断这种违约是不是根本违约，是否不采取解除措施就可能给自己造成更大的损失。也就是说，合同解除权的行使要符合正当目的。最后，从交易成本角度来分析，合同解除意味着交易失败，如果一违约就解除合同，将给市场交易带来沉重的交易成本，并给市场交易秩序和安全带来冲击和破坏。正因如此，各国合同法均对合同解除的事由作出了严格规定。《民法典》第五百六十三条对合同解除的法定情形作出了明确规定，解除情形有五种之多，较过去《合同法》的规定要严格得多。在实务操作中，对于法定解除的适用应严格依法律规定办理，并对第五百六十三条第一款第（五）项即“法律规定的其他情形”之规定要从严解释，应以法律有明文规定为限。对于约定解除而言，双方在签订合同时，对解除事由的约定一定要慎重，不要将一般违约事项规定为解除事由，更不能将法律、法规禁止的事项规定为解除事由。双方当事人解除事由的约定，既要遵循诚实信用原则，也要遵循公平合理和社会公序良俗原则。

（三）误认为合同解除就是合同终止

在实践中，有人将合同解除与合同终止交替使用，在合同解除纠纷的判决主文中，常有“终止双方当事人签订的某某合同”之类的表述。这说明，他们将合同解除与合同终止误认为是同一概念。事实上，合同终止与合同解除是两个不同的概念。合同终止又被称为告知，是指继续性合同的当事人一方所作的合同效力向将来消灭的意思表示。合同的终止权与解除权虽然都表现为依一方当事人的意思表示使合同关系消灭的权利，在性质上均为形成权，且其产生都可依约定或法定两种途径，但二者在理论上存在不少差别：

首先，适用情形不同。合同终止适用于继续性合同，而合同解除还适用于非继续性合同。

其次，法律效力不同。合同终止仅使合同关系发生将来消灭的效力，不具有溯及既往的效力，因此不能产生恢复原状的法律后果。而合同解除使合同关系发生既往消灭的效力，具有溯及既往的效力，因而对已履行的合同可能产生恢复原状的后果。

再次，权利专属不同。合同终止权为非专属权，可随债权或债务一同移转第三人。而解除权为专属于债权人的权利，除可随同债权债务概括移转外，不得因单纯的债权让与或债务承担而移转给第三人。

最后，发生条件不同。法定终止权因合同种类不同而发生原因各异，而法定解除权的发生原因一般为不可抗力及债务不履行的各种情形。合同解除适用于所有合同，当它适用于继续性合同时，则表现为合同终止的一些法律特征，不具有溯及既往的效力，不产生恢复原状的法律后果。也就是说，我国《合同法》中的合同解除包含合同终止，二者表现为种属关系，合同解除可以代替合同终止，但合同终止不能代替合同解除来使用。

（四）误认为解除权在诉讼时效内的任何时候都可以行使

这种认识，实际上是将解除权的行使期间错误地理解为诉讼时效。事实上，解除权行使的期限，无论是法定期限还是约定期限，在性质上都属于除斥期间，即法律预定的关于解除权于存续期间届满时当然消灭的期间。诉讼时效与除斥期间都是因“时”的作用而引起权利变动，但诉讼时效的“时”是指一定事实状态即权利不行使的持续期间，它以该事实状态的发生为起算点。而除斥期间的“时”，是指一定权利的法定存续期间，它以该权利的取得为起算点。

两者因此而产生如下差别：首先，诉讼时效存在中断、中止和延长的情形，其期间因法定事由是可以变动的，而除斥期间是固定不变的。其次，诉讼时效的届满仅导致胜诉权的消灭，而并不消灭权利本身，而除斥期间的届满则导致权利本身的消灭。《民法典》第五百六十四条关于解除权行使期限的规定，其立法目的在于督促解除权人及时行使权利，以维护交易秩序的安全和稳定。当合同解除的事由成立时，解除权人可以在行使解除权和要求对方当事人实际履行之间作出有利于自己的选择。但不管作何种选择，都应及时确定，不能久拖不决。如果超过一定期限不行使解除权，则应视为解除权消灭，否则会使当事人双方的权利义务关系长期处于不确定状态，从而有损交易秩序的稳定和安全。我国法律对解除权行使期间的规定主要有三类形式：一是法定期间；二是约定期间；三是既无法定又无约定的，自解除权人知道或者应当知道解除事由之日起一年内不行使，或者经对方催告后在合理期限内不行使的，该权利消灭。其中，对于催告后合理期间《最高人民法院关于审理商品房买卖合同纠纷案件适用法律若干问题的解释》（2020 年修正）第十一条作出了规定，出卖人迟延交付房屋或者买受人迟延支付购房款，经催告后在三个月的合理期限内仍未履行，解除权人享有请求解除合同的权利。经对方当事人催告后，解除权人请求解除合同的权利行使合理期间为三个月。

（五）误认为合同解除权的行使方式等于起诉或申请仲裁

合同解除权属私力救济权，合同自通知到达对方时解除；通知载明债务人在一定期限内不履行债务则合同自动解除，债务人在该期限内未履行债务的，合同自通知载明的期限届满时解除。实践中，经常碰到有人认为通过起诉或申请仲裁才可解除合同。上述观点的错误，在于它没有正确理解合同解除权的性质。合同解除权的性质为形成权，不是请求权。根据形成权的法律特征，在通常情况下，形成权以单方需受领的意思表示方式行使。也就是说，实现形成权既不需要进行强制执行，也不需要向法院提出请求。

行使形成权之所以不需要法院的裁判，是因为旨在达成的效果“限制在权利世界中的变化”，不必担心出现像争夺某物占有时那样的私人暴力行为。在例外情况下，形成权只能通过司法途径来行使，此类形成权又被称为形成诉权，它主要出现在亲属法和公司法中，如婚姻关系的解除以及公司代表权限的剥夺、公司解散、开除股东等。①

当然，为了防止当事人滥用合同解除权，一方当事人行使解除权时，对方当事人有异议权。当双方当事人对合同解除形成争议时，主张解除的当事人可诉求仲裁机构或法院，要求确认合同解除有效，表现为确认之诉。反对解除的当事人则可诉请法院或仲裁机构，认为合同解除不符合法定或约定事由，要求宣布无效或撤销，形成撤销之诉。

另外，《民法典》第五百六十五条第二款对于未通知对方解除合同、直接通过诉讼或仲裁的方式依法主张解除合同的情形进行了明确的规定：“当事人一方未通知对方，直接以提起诉讼或者申请仲裁的方式依法主张解除合同，人民法院或者仲裁机构确认该主张的，合同自起诉状副本或者仲裁申请书副本送达对方时解除。”也就是说，未通知直接起诉时，若法院或仲裁机构确认解除权的，自起诉状或申请书副本送达对方时双方合同即解除，该规定进一步印证了合同解除权的形成权性质。

四、合同解除的法律风险防范

合同解除有两种情况：一是协议解除，二是法定解除。实践中，需要当事人准确把握这两种合同解除的情形，并在合同签订、履行过程中合理行使合同解除权，以避免不必要的失误，维护自身权益。

（一）合同解除的常见失误

1. 长效合同缺乏解除条件约定

一些履行期限很长的合同，在合同履行期内可能发生各种不同情况，一些情况将使合同订立基础改变。长效合同缺乏解除条件的约定，应当作为法律风险予以重视。

《民法典》第一百五十八条规定：“民事法律行为可以附条件，但是根据其性质不得附条件的除外。附生效条件的民事法律行为，自条件成就时生效。附

---

① ［德］迪特尔·梅迪库斯著：《德国民法总论》，邵建东译，法律出版社2004年版，第76页。

解除条件的民事法律行为，自条件成就时失效。”根据有关规定，当事人在长效合同中应当将一些合同订立的基础因素改为约定合同解除条件，如当事人一方资产状况严重恶化、一方企业性质发生重大变化等。

2. 合同解除通知义务履行不当

在合同当事人约定一方解除合同的条件或者根据法定解除条件解除合同时，解除与否仍然是当事人的权利，行使解除权必须通知对方（包括通过诉讼起诉状或仲裁申请书副本送达的方式），这种通知自达到对方当事人时产生解除合同的效力。但当事人通知义务履行不当同样会产生法律风险。

采用书面通知方式是一种有效的证据固定手段，若企业通过口头通知解除合同，则可能出现对方不予理会，继续要求履行合同，同时企业没有及时行使解除权，对方为履行合同的支出则可能要求企业赔偿。这种法律风险仍然属于法律监管的法律风险。为避免法律风险，应当采用书面形式通知，对方能够签收的尽量取得对方的签收。

3. 合同解除后续事项约定不明

合同解除并不像有些企业经营者想象的那样，合同一经解除就万事大吉了。通常合同解除后还有很多善后事项需要约定明确，在协议解除时，由于解除的情况千差万别，所以更需要特别注意。完全未进入履行的合同较为简单，若已经作出了准备活动或者合同已经部分履行时，双方关于合同之前履行情况的处置就必须与解除合同一并解决。若解除条件或解除权为事先约定，则此时应当积极对后续事项进行协商，达成解决方案。如果是事后协商解除合同，必须将有关条件谈妥后再签署解除合同协议，此时合同一定不能有待定条款出现。否则产生的各种不规范都属于企业法律风险。

在实践中，合同解除后因一些后续事项约定不明产生的纠纷占有一定比例，该法律风险并非个别现象。

（二）合同解除的实务操作方案

当事人在适用解除合同的措施时，必须按照法律规定的条件进行，根据不同的适用情况可采取以下几种不同的操作方案：

第一，为避免合同的履行风险，掌握解除合同的主动权，当事人在订立合同时，可以对合同履行过程中哪些事实的出现将导致合同解除的问题进行事先的约定。例如，在合同中明确约定，甲方出现哪些行为时，乙方有权解除合同；反之，乙方出现哪些违约情形时，甲方也有权解除合同。合同中有这样的明确约定，一方面可以对双方当事人及时、全面地履行合同起到积极的推动作用，另一方面，也可以有效地避免合同纠纷的产生，使合同当事人的责任更为明确。这一做法对那些标的数额比较大、履行期限比较长的合同尤为重要。

第二，在合同的履行过程中，如果确实出现一些不利于合同履行的客观情况，或当事人确实不愿再履行合同而又不属于约定解除、法定解除的适用情形时，要求解除合同的一方应当及时向对方作出解除合同的意思表示，及时将不能履行合同、要求尽快解除合同的意思以书面形式告知对方，以友好协商的方式取得对方的同情和理解。本着不给对方造成损失或尽量少给对方造成损失的初衷，就合同的解除以及解除的法律后果问题提出积极的解决建议，在征得对方的同意，最终达成解除合同的协议的基础上，力求通过协议的方式解除双方的合同关系，切忌对合同的履行不管不问或单方擅自撕毁协议。

第三，当出现不可抗力，对方严重违约等法定解除合同的适用情况时，主张解除合同的一方应当及时将解除合同的意思书面通知对方，合同自通知到达对方时解除。为了维护自己的合法利益，应对有可能出现的诉讼纠纷，还应注意取得、保留相关的证据，如不可抗力的证明、对方严重违约的证据、自己合理催告的证据，等等。

第四，注意单方有权解除合同的权利存续期间不是无限制的，如果属于法定解除或约定解除合同的适用情况，享有解除权的一方应当及时行使自己的权利。如果怠于行使自己的权利或错误地认为反正自己有权利，想什么时候行使就什么时候行使，将会“错失良机、自食苦果”。法律规定或者当事人约定解除权行使期限，期限届满当事人不行使的，该权利消灭。如果法律没有规定或当事人没有约定解除权行使期限的，自解除权人知道或者应当知道解除事由之日起一年内不行使的，该权利消灭。另外，特别应当注意对方所作出的催告时间，法律规定，经对方催告后在合理期限内不行使的，同样导致解除权的消灭。

第五，在单方面有权解除合同的情况下，接到解除通知的另一方如果有异议，认为对方没有权利单方解除合同的，应及时向被告住所地或合同履行地的人民法院起诉，也可以依据仲裁协议向仲裁机关提出请求，确认解除合同的效力。

第六，无论是通过何种形式解除的合同，在合同解除以后，对尚未履行的部分都不再履行。对已经履行的部分，根据履行的情况和合同性质，当事人可以要求恢复原状，采取其他补救措施，并有权要求赔偿损失。

第八章

合同纠纷处理的法律风险控制

本章提示

在现实生活中，出于各种各样的原因，使得合同在签订之后的履行过程中并不是一帆风顺的，总会出现各种各样的，或大或小的纠纷。因此，在合同签订和履行后的管理中，存在一个十分重要的问题，即正确、及时地处理合同纠纷。

本章在介绍合同纠纷处理原则的基础上，提出了合同纠纷的处理方案，具体阐述了合同纠纷处理的途径，并深入分析了合同纠纷的相关管理工作和注意事项，让读者对合同纠纷的处理思路和实务操作技巧有一个直观清晰的了解。

第一节　合同纠纷概述

合同纠纷，是指因合同的生效、解释、履行、变更、解除等行为而引起的合同当事人的所有争议。合同纠纷的范围广泛，涵盖了一项合同从成立到终止的整个过程。具体说来，合同的纠纷有：合同是否有效之争议；合同文字语言理解不一致之争议；合同是否已按约履行之争议；合同违约责任应当由何方承担及承担多少之争议；合同是否可能单方解除之争议……合同当事人签订合同之后，理想的状态是当事人各自分别按照合同规定之内容完成应履行之义务，直至合同圆满终止。但是，在现实生活中，出于各种各样的原因，既有合同当事人主观的原因，也有情势变迁方面的客观原因，使得合同在签订之后的履行过程中并不是一帆风顺的，总会出现各种各样的，或大或小的纠纷。没有发生任何纠纷，合同即履行完毕的情况是不多见的，尤其是在大型合同及涉外合同之中。对于合同纠纷，有些当事人会通过协商加以解决，有些却协商不了，可能会使一方当事人诉诸仲裁或诉讼，一旦纠纷得不到解决，就会影响合同的正常履行，甚至给合同当事人带来重大经济损失。因此，合同纠纷能够避免则尽量予以避免。

第二节　合同纠纷的处理原则与处理方案

一、合同纠纷的处理原则

合同在履行过程中，如与对方当事人发生纠纷，应按《民法典》等有关法律法规和企业内部《合同管理制度》《法律纠纷处理制度》《诉讼案件处理制度》等规定妥善处理。一般而言，处理合同纠纷的原则是：

第一，坚持以事实为依据、以法律为准绳，优先按照合同约定、法律强制性规定，如果合同没有约定、法律没有规定的，可以参考相关国家政策、行业规范、司法裁判案例友好协商。

第二，以双方协商解决为基本办法。纠纷发生后，应及时与对方当事人友好协商，在既维护本企业合法权益，又不侵犯对方合法权益的基础上，互谅互让，达成协议，解决纠纷。

第三，因对方责任引起的纠纷，应坚持原则，保障本企业合法权益不受侵犯；因本企业责任引起的纠纷，应尊重对方的合法权益，主动承担责任，并尽量采取补救措施，减少本企业损失；因双方责任引起的纠纷，应实事求是，分清主次，合情合理解决。

第四，在处理纠纷时，相关企业或者部门应加强联系，及时通气，积极主动地做好应做的工作，不互相推诿、指责、埋怨，统一意见，统一行动，一致对外。

第五，鉴于纠纷和争议开始后，可能会发生诸多影响双方权利和义务的法律事实，这些情形都需要专业法律人士及时提供意见。因此，法务人员介入合同纠纷解决的时间最好不要等到诉讼或仲裁开始之后，而是应该提前到纠纷或争议刚发生之时，甚至是可能发生之时。

二、合同纠纷的处理方案

（一）组建合同纠纷处理小组或者指定合同纠纷处理负责人

合同纠纷发生后，首先应当根据企业内部合同管理制度及法律纠纷管理制度等规定的程序将基本情况上报有关部门和企业负责人，并根据纠纷的性质划分合同纠纷的风险级别，视具体情况组建相应的纠纷处理小组，或者指定具体的纠纷处理负责人。

一般而言，对于无风险或者低风险的合同纠纷，可以由企业法务部门人员和合同所涉及的业务部门人员共同组成纠纷处理小组，或者指定一名法务人员负责牵头进行纠纷的处理。对于有较高风险或者高风险的合同纠纷，则应当根据实际情况，由企业高层管理人员、法务部门和合同所涉及的业务部门负责人加入纠纷处理小组，有时财务部门负责人也要加入纠纷处理小组，必要时可聘请外部专职律师作为纠纷处理顾问全程参与。

（二）收集梳理相关信息

处理合同纠纷中一个十分重要的环节是合同所涉及的业务部门或者合同的执行人员应当向纠纷处理小组成员提供完整的、真实的、详细的情况说明，并且提供相关事实和理由的证据材料。在实践中，这一环节需要在纠纷处理小组的指导或者主导下按照诉讼材料准备的要求来完成。

（三）提出纠纷处理建议

在全面深入了解纠纷基本情况后，纠纷处理小组成员应当结合相关证据材料进行法律分析，查明纠纷的焦点、性质和原因，分析各方的优势和劣势，比较各种可能的处理方案和相应的后果，并在此基础上提出防御性措施建议。需要说明的是，为了使纠纷处理建议严谨并具有可行性，往往需要通过召开纠纷处理分析会、讨论会等形式集思广益，可以会议纪要形式确定纠纷处理建议内容，必要时也可出具书面法律意见书。

第三节　合同纠纷的解决途径

通常来说，解决合同纠纷共有四种方式：一是用协商的方式，自行解决，这是最好的方式；二是用调解的方式，由有关部门帮助解决；三是用仲裁的方式由仲裁机关解决；四是用诉讼的方式，即向人民法院提起诉讼以寻求纠纷的解决。

一、自行协商解决合同纠纷

当事人自行协商解决合同纠纷，是指合同纠纷的当事人在自愿互谅的基础上，按照国家有关法律、政策和合同的约定，通过摆事实、讲道理，以达成和解协议，自行解决合同纠纷的一种方式。

合同签订之后，在履行过程中，由于各种因素的影响容易产生纠纷，有了纠纷怎么办？首先应当考虑从有利于维护合作、有利于合同履行的角度出发，本着互让、互谅的态度，争取在较短的时间内，通过协商求得纠纷的解决。对于合同纠纷，尽管可以用仲裁、诉讼等方法解决，但由于这样解决不仅费时、费力、费钱财，而且也不利于团结，不利于以后的合作与往来。用协商的方式解决，程序简便、及时迅速，有利于减轻仲裁和审判机关的压力，节省仲裁、诉讼费用，有效地防止经济损失的进一步扩大。同时，也有利于增强纠纷当事人之间的友谊，有利于巩固和加强双方的协作关系，扩大往来，推动经济的发展。由于这种处理方法很好，所以在涉外经济合同纠纷的处理中，也相当盛行。

（一）协商应当遵循的原则

合同双方当事人之间自行协商解决纠纷，应当遵守以下原则：

1. 平等自愿原则

即双方当事人应在双方地位平等、意愿自由的基础上友好协商，不得以欺诈、胁迫等手段使对方当事人违背真实意愿同意相关纠纷解决方案。否则，受欺诈或胁迫的当事人有权请求人民法院或仲裁机构予以撤销。

2. 相对公平原则

即双方当事人的纠纷解决方案应相对公平，一方不得利用对方处于危困状态、缺乏判断能力等情形，致使相关纠纷解决方案在作出时显失公平。否则，受损害方有权请求人民法院或仲裁机构予以撤销。

3. 合法原则

即双方达成的和解协议，其内容不得违反法律、行政法规的强制性规定，不得违背公序良俗，不得恶意串通、损害他人合法权益。否则，当事人之间为解决纠纷达成的协议无效。

（二）协商解决纠纷的注意事项

发生合同纠纷的双方当事人在自行协商解决纠纷的过程中，应当注意以下问题：

1. 确认事实，分清责任是非

协商解决纠纷的基础是双方对于事实及责任无重大分歧，当事人双方不能一味地歪曲事实、推卸责任，否则不利于纠纷的解决。因为如果双方都以为自己有理，责任在对方，则难以做到互相谅解和达成协议。

2. 态度端正，坚持原则

在协商过程中，双方当事人既要互相谅解，以诚相待、勇于承担各自的责任，又不能一味地迁就对方，进行无原则的和解。尤其是对在纠纷中发现的投机倒把、行贿受贿，以及对其他损害国家利益和社会公共利益的违法行为，要进行揭发。对于违约责任的处理，只要合同中约定的违约责任条款是合法合理的，就应当追究违约责任，过错方应主动承担违约责任，受害方也应当积极向过错方追究违约责任，决不能以协作为名，假公济私，慷国家或企业之慨而中饱私囊。

3. 及时解决

如果当事人双方在协商过程中出现僵局，争议迟迟得不到解决，不应一味继续坚持协商解决的办法，否则会使损失进一步扩大，特别是一方当事人有故意的不法侵害行为时，更应当及时采取其他方法解决。

二、合同纠纷的调解

合同纠纷的调解，是指双方当事人自愿在第三者（调解的人）的主持下，在查明事实、分清是非的基础上，由第三者对纠纷双方当事人进行说明劝导，促使他们互谅互让，达成调解协议，从而解决纠纷的活动。

（一）调解的特征

调解有以下四个特征：

- 调解是在第三方的主持下进行的，这与双方自行和解有着明显的不同。
- 主持调解的第三方在调解中只是说服劝导双方当事人互相谅解，达成调解协议而不是作出裁判，这表明调解和仲裁、诉讼不同。
- 调解是依据事实和法律、政策，进行合法调解，而不是不分是非，不顾法律与政策地“和稀泥”。
- 经司法确认的调解协议具有强制执行力。当事人双方达成非司法调解协议的，可根据《最高人民法院关于人民调解协议司法确认程序的若干规定》等相关规定，向人民法院申请确认调解协议，申请司法确认应提交司法确认申请书、调解协议和身份证明、资格证明，以及与调解协议相关的财产权利证明等证明材料，并提供双方当事人的送达地址、电话号码等联系方式。人民法院依法作出确认决定后，一方当事人拒绝履行或者未全部履行调解协议的，对方当事人可以向作出确认决定的人民法院申请强制执行。

（二）调解解决纠纷应当遵循的原则

发生合同纠纷的双方当事人在通过第三方主持调解解决纠纷时，应当遵守以下原则：

1. 自愿原则

自愿有两方面的含义：一是纠纷发生后是否采用调解的方式解决，完全依靠当事人的自愿。调解不同于审判，如果纠纷当事人双方根本不愿用调解方式解决纠纷，那么就不能进行调解。二是指调解协议必须由双方当事人自愿达成。调解人在调解过程中要耐心听取双方当事人的意见，在查明事实、分清是非的基础上，对双方当事人进行说服教育，耐心劝导，晓之以理，动之以情，促使双方当事人互相谅解，达成协议。调解人既不能代替当事人达成协议，也不能把自己的意志强加给当事人。如果当事人对调解方案有意见，则调解协议不能成立，调解无效。

2. 合法原则

根据合法原则的要求，双方当事人达成调解协议的内容不得同法律和政策相违背，凡是有法律法规、强制性规定的，按法律、法规的规定办；法律、法规没有明文强制性规定，应根据党和国家的方针、政策，参照合同约定，交易习惯及当事人的意愿进行调解。

（三）调解的类型

通常合同纠纷的调解，主要有以下三种类型：

1. 非司法调解

行政调解、行业调解、人民调解可被通俗地称为非司法调解，是指根据一方或双方当事人的申请，当事人双方在其上级业务主管部门、行业协议、调解中心等非司法机构主持下，通过居中协调，促成当事人自愿达成协议，从而解决纠纷的一种方式。对企业单位来说，有关行政领导部门、业务主管部门、行业协会一般比较熟悉本系统各企业的生产经营和技术业务等情况，更容易说服当事人互相谅解，达成协议。如果当事人属于同一业务主管部门，则解决纠纷是该业务主管部门的一项职责，在这种情况下，当事人双方也容易达成协议。如果当事人双方分属不同的企业主管部门，则可由双方的业务主管部门共同出面进行调解。人民调解的调解员通常由当地有威望、相关社会经验丰富的人员担任，也较易促成调解。常见的调解组织机构有：价格认证中心、交警大队、工商业联合会、金融调解委员会、消费纠纷人民调解委员会、保险调委会，社会矛盾纠纷联调中心、村民委员会、居民委员会的人民调解委员会、乡镇街道调解委员会或者区人民调解中心等。

2. **仲裁调解**

仲裁调解，是指合同当事人在发生纠纷时，依照合同中的仲裁条款或者事先达成的仲裁协议，向仲裁机构提出申请，在仲裁机构的主持下，根据自愿协商，互谅互让的原则，达成解决合同纠纷的协议。根据我国《仲裁法》的有关规定，由仲裁机构主持调解形成的调解协议书与仲裁机构所作的仲裁裁决书具有同等的法律效力。生效后具有法律效力，一方当事人如果不执行，另一方可以向人民法院提出申请，要求对方执行，对方拒不执行的，人民法院可以依法依照生效的调解协议书强制其执行。

3. **法院调解**

广义的法院调解包括诉前调解和诉讼调解。诉前调解即指在案件进入诉讼程序之前，对相对简单的案件征得当事人同意后，由人民调解组织调解或由人民法院委托社会人士，以调解的形式化解矛盾纠纷的一种形式。诉讼调解是指在人民法院审判人员的主持下，双方当事人就民事权益争议自愿、平等地进行协商，以达成协议，解决纠纷的活动。诉讼调解既是人民法院在审理民事案件过程中，贯彻调解原则所进行的一项诉讼活动，又是人民法院行使审判权，解决民商事纠纷，结束诉讼程序的一种方式，狭义的法院调解通常指诉讼调解。合同纠纷起诉到人民法院之后，在审理中，法院首先要进行调解。用调解的方式解决合同纠纷，是人民法院处理合同纠纷的重要方法。在人民法院主持下达成调解协议，人民法院据此制作的调解书，与判决书具有同等效力。调解书只要送达双方当事人，便产生法律效力，双方都必须执行，如不执行，另一方当事人可以向人民法院提出申请，要求人民法院强制执行。根据《民事诉讼法》的规定，人民法院进行调解也必须坚持自愿、合法的原则，调解达不成协议或调解无效的，应当及时判决，不应久调不决。

三、按照合同约定的争议解决方式进行仲裁

如果合同中有争议解决条款的约定，并且明确合同项下争议在协商不成的情况下提交确定的某个仲裁机构裁决，则应当按照合同约定的争议解决方式申请仲裁。

（一）仲裁的含义

仲裁也称公断。合同仲裁，即由双方当事人选定的仲裁机构依据双方当事

人在合同中订立的仲裁条款或自愿达成的仲裁协议，按照法律规定对合同争议事项进行居中裁断，以解决合同纠纷的一种方式。仲裁是现代世界各国普遍设立的解决争议的一种法律制度，合同争议的仲裁是各国商贸活动中通行的惯例。

根据我国《仲裁法》的规定，通过仲裁解决的争议事项，一般仅限于在经济、贸易、海事、运输和劳动中产生的纠纷。如果是因人身关系和与人身关系相联系的财产关系而产生的纠纷，则不能通过仲裁解决。除此之外，依法应当由行政机关处理的行政争议，也不能通过仲裁解决。

（二）仲裁的类型

就一国范围内的经济贸易仲裁来说，大致有以下三种类型：

1. 民间仲裁

即按照法律规定，经双方当事人约定，在发生经济纠纷地，由双方选择约定的仲裁人或数人进行仲裁。仲裁人的仲裁决定，对当事人来说，同法院的判决有同等的效力。裁决作出后，当事人就同一纠纷再申请仲裁或者向人民法院起诉的，仲裁委员会或者人民法院将不予受理。如果一方当事人不履行仲裁决定，对方当事人有权向法院申请强制执行。

2. 社会团体仲裁

即当事人的双方约定，对于现在或者将来发生的一定经济纠纷，由社会团体内所设立的仲裁机构进行仲裁。这种仲裁裁决，同样具有法律效力，广义上的民间仲裁包括这种仲裁。

3. 国家行政机关仲裁

即对国家经济组织之间的经济纠纷，由国家行政机关设置一定的仲裁机构进行仲裁，而不由司法机关进行审判。

（三）合同仲裁的特点

合同仲裁有以下几个特点：

第一，合同仲裁是合同双方当事人自愿选择的一种方法，体现了仲裁的“意思自治”的性质，即合同纠纷发生后，是否通过仲裁解决，完全要根据双方当事人的意愿决定，不得实行强制。如果一方当事人要求仲裁，而另一方当事人不同意，双方又没有达成仲裁协议，则不能进行仲裁。另外，仲裁地点、仲裁机构以及需要仲裁的事项，也都根据双方当事人的意志在仲裁协议中自主选择决定。

第二，合同纠纷仲裁中，第三者的裁断具有约束力，能够最终解决争议。虽然合同纠纷的仲裁是由双方当事人自主约定提交的，但是仲裁裁决一经作出，法律即以国家强制力来保证其实施。合同纠纷经仲裁作出裁决后，即发生法律效力，双方当事人都必须执行，如果一方当事人不执行裁决，对方当事人则有权请求法院予以强制执行。

第三，合同纠纷的仲裁具有快捷、灵活、经济、保密的特点。我国合同仲裁实行一裁终局制，仲裁可以简化诉讼活动的一系列复杂程序和阶段，仲裁中的诸多具体程序都是由当事人协商确定与选择的；合同纠纷仲裁的收费也比较低；仲裁以不公开审理为原则，有关的仲裁法律和仲裁规则也同时规定了仲裁员及仲裁秘书人员的保密义务，因此当事人的商业秘密和贸易活动不会因仲裁活动而泄露。

（四）仲裁解决纠纷应当遵循的原则

合同纠纷当事人通过仲裁解决纠纷时，应当遵守一定的原则。根据我国的仲裁实践以及我国《仲裁法》和涉外常设仲裁机构的有关规定，规范仲裁程序的基本原则主要有：

1. 当事人自愿原则

《仲裁法》（2017 年修正）第四条规定："当事人采用仲裁方式解决纠纷，应当双方自愿，达成仲裁协议。没有仲裁协议，一方申请仲裁的，仲裁委员会不予受理。"具体来说，该原则主要表现在以下几个方面：

第一，选择仲裁方式解决纠纷是以当事人自愿协议（表现为仲裁协议/合同中的仲裁条款）为前提的。当事人一旦自愿达成选择以仲裁方式解决纠纷的协议，该协议不但对协议当事人，而且对人民法院也具有程序上的约束力，即当事人自愿达成的仲裁协议可以排斥法院的法定管辖权。

第二，当事人要以自愿协议选择仲裁机构和仲裁地点。《仲裁法》第六条规定："仲裁委员会应当由当事人协议选定。仲裁不实行级别管辖和地域管辖。"这也是仲裁在某种意义上优越于诉讼之处，而且仲裁委员会的设立不按行政区域设立，有利于消除当前解决合同纠纷过程中不良的地方保护主义倾向。

第三，当事人有权自愿选择审理案件的仲裁员。《仲裁法》第三十一条规定："当事人约定由三名仲裁员组成仲裁庭的，应当各自选定或者各自委托仲裁委员会主任指定一名仲裁员，第三名仲裁员由当事人共同选定或者共同委托仲裁委员会主任指定。第三名仲裁员是首席仲裁员。当事人约定由一名仲裁员成立仲裁庭的，应当由当事人共同选定或者共同委托仲裁委员会主任指定仲裁员。"被选定的仲裁员行使的仲裁权并非来源于国家的司法权力或行政权力，而是来自当事人的自愿委托。因此，便于更好地解决合同纠纷。

第四，当事人有权约定仲裁事项。对于合同纠纷来说，就是双方当事人认为最需要解决的那部分争议。当然，这种需要必须双方认识一致，才能在仲裁协议中约定出仲裁事项。

2. 仲裁的独立性原则

《仲裁法》第八条规定："仲裁依法独立进行，不受行政机关、社会团体和个人的干涉。”从整个《仲裁法》的精神来看，该原则主要表现为仲裁机构的独立性和仲裁员办案的独立性这两个方面。

3. 仲裁一裁终局的原则

《仲裁法》第九条第一款规定：“仲裁实行一裁终局的制度。裁决作出后，当事人就同一纠纷再申请仲裁或者向人民法院起诉的，仲裁委员会或者人民法院不予受理。”这主要是从仲裁裁决的法律约束力来说的。

第一，对合同双方当事人来说，仲裁裁决具有既判力。从形式上看，当事人不得对同一合同纠纷基于同一的事实和理由再次申请仲裁或者向法院起诉。从实质上看，当事人对争议的合同事实与法律问题不得再次争执，即合同争执已依据仲裁程序法定地给予消除。

第二，对仲裁庭来说，仲裁裁决不得擅自变更，一裁即终局。

第三，对人民法院来说，对仲裁庭所裁决的合同关系无司法管辖权。

四、通过诉讼解决合同纠纷

（一）诉讼与合同纠纷诉讼

合同在履行过程中发生纠纷后，解决争议的方式有四种：当事人自行协商解决、调解、仲裁和诉讼。其中，仲裁方法由于比较灵活、简便，解决纠纷比较快，费用又比较低，所以很受当事人欢迎。但是，如果当事人一方不愿仲裁，则不能采用仲裁的方式，而只能采用诉讼的方式来解决双方当事人之间的争议。所以，诉讼是解决合同纠纷的最终形式。

所谓合同纠纷诉讼，是指人民法院根据合同当事人的请求，在诉讼参与人的参加下，审理和解决合同争议的活动，以及由此而产生的一系列法律关系的总和。它是民事诉讼的重要组成部分，是解决合同纠纷的一种重要方式。与其他解决合同纠纷的方式相比，诉讼是最有效的一种方式，之所以如此，一方面，是因为诉讼由国家审判机关依法进行审理裁判，最具有权威性。另一方面，是因为裁判发生法律效力后，是以国家的强制力保证裁判的执行。

（二）诉讼的特点

合同纠纷诉讼和其他解决合同纠纷的方式相比，具有以下几个特点：

第一，诉讼是人民法院基于一方当事人的请求而开始的，当事人不提出要求，人民法院不能依职权主动进行诉讼。当事人不向人民法院提出诉讼请求，而向其他国家机关提出要求保护其合法权益的，不是诉讼，不能适用民事诉讼程序予以保护。

第二，法院是国家的审判机关，它是通过国家赋予的审判权来解决当事人双方之间的争议的。审判人员是国家权力机关任命的，当事人没有选择审判人员的权利，但是享有申请审判人员回避的权利。

第三，人民法院对合同纠纷案件具有法定的管辖权，只要一方当事人向有管辖权的法院起诉，法院就有权依法受理。

第四，诉讼的程序比较严格、完整。例如，《民事诉讼法》规定审判程序包括第一审程序、第二审程序、审判监督程序等。第一审程序包括普通程序和简易程序，简易程序还包括了一审终审的小额诉讼程序。另外，还规定了撤诉、上诉、反诉等制度，这些都是其他方式所不具备的。

第五，人民法院依法对案件进行审理作出的裁判生效后，不仅对当事人具有约束力，而且对社会具有普遍的约束力。当事人不得就该判决中确认的权利义务关系再行起诉，人民法院也不再对同一案件进行审理。负有义务的一方当事人拒绝履行义务时，权利人有权申请人民法院强制执行，任何公民、法人包括其他组织都要维护人民法院的判决，有义务协助执行的单位或个人应积极负责地协助人民法院执行判决，如果拒不协助执行或者阻碍人民法院判决的执行，行为人将承担相应的法律后果。以国家强制力作后盾来保证裁判的实现，也是诉讼形式区别于其他解决纠纷形式的一个显著特点。

（三）合同纠纷诉讼的特点

合同纠纷诉讼虽然属于民事诉讼，但它与其他民事诉讼相比，又有其自己的特征。

首先，合同纠纷诉讼的产生是合同当事人在履行合同的过程中，就权利义务关系发生了纠纷和争议，如果不是因合同的权利义务关系而发生纠纷和争议，就不是合同纠纷诉讼。

其次，合同纠纷诉讼具有广泛性、专业性和技术性。一方面，合同纠纷诉讼涉及面广，在社会主义市场经济体制下，社会生产经营活动过程中所发生的绝大部分经济活动都要靠合同来规范和调整，由此而产生的纠纷都可以纳入合同纠纷诉讼的轨道。另一方面，大量的合同纠纷所涉及的问题具有很强的专业性和技术性，如技术合同纠纷、保险合同纠纷等，在处理这些纠纷过程中必然涉及很多的专业知识和技术知识。

最后，合同纠纷诉讼具有较大的社会效益性，随着我国经济建设的迅猛发展，生产建设的规模、市场交易的数量越来越大，与此相应地，合同纠纷诉讼的标的也越来越大。及时解决这些纠纷，特别是重大的合同纠纷，对于维护社会经济秩序，保证经济生活的正常运转，促进社会主义市场经济的建设和完善，促进经济的发展具有十分重要的作用。

第四节　合同纠纷有关管理工作及注意事项

一、注意合同诉讼时效

合同纠纷发生后，应当注意诉讼时效期间，并在法律规定的时效内（根据《民法典》规定，除法律另有规定的，诉讼时效期间为三年）处理纠纷，同时，还须考虑在协商、调解不成功的情况下，应当有足够的时间申请仲裁或者提起诉讼。

此外，企业应当充分利用诉讼时效中断制度，在诉讼时效期内采用书面形式向债务人明确提出履行义务的要求，或者与债务人达成债务偿还协议，从而使得诉讼时效中断，令诉讼时效期间重新开始计算，进而为企业进一步采取纠纷解决措施争取更充足的时间，维护本企业的正当权益。

二、关注合同相对方的关联主体，积极行使权利

在发生纠纷后，如果合同的相对方已经资不抵债或者存在丧失全部或部分债务偿还能力的其他情况，则应当尽可能抓住合同相对方的关联人或其他有牵连的主体。例如，债务人无偿债能力，如有保证人，应及时将保证人列为被追诉方，如果没有保证人，可以协商签订债务偿还协议，并以可接受的条件获得第三人对债务的担保，从而保障债权的实现。此外，还应当关注合同相对方是否享有对第三人的债权或者存在转移财产等损害债权的行为，如果存在这些情形，则应当注意及时行使代位权和撤销权，以尽可能保全债权，避免或减少损失。

三、注意合同纠纷处理的相关证据保留

第一，企业对于合同纠纷经双方协商达成一致意见的，应签订书面协议，由双方代表签字并加盖双方单位公章或合同专用章，并保留协议文本。

第二，凡需纠纷处理小组处理的合同纠纷，有关部门或人员必须主动提供下列证据材料：

- 合同的文本（包括变更、解除合同的协议），以及与合同有关的附件、文书、传真、图表、往来函文等。
- 送货、提货、托运、验收、发票等有关凭证。
- 货款的承付、托收凭证，有关财务账目。
- 产品的质量标准、封样、样品或鉴定报告。
- 有关方违约的证据材料。
- 其他与处理纠纷有关的材料。

四、跟踪合同纠纷处理进度，保证落实情况

第一，企业对双方已经签署的解决合同纠纷的和解协议书、调解协议、仲裁裁决书、判决书，在正式生效后，应复印若干份，分别送与对该纠纷处理及与履行有关的部门收执，各部门应由专人负责该文书的执行与跟踪。

第二，对于对方当事人在规定的期限届满时没有执行上述文书中有关规定的，承办人应及时向主管领导汇报。企业结合实际情况作出进一步处理决定，以便及时和对方当事人达成新的合同纠纷解决协议或者在没有协商余地的情况下通过法律途径解决纠纷。

第三，对方当事人逾期不履行已经发生法律效力的调解书、仲裁裁决书或判决书的，企业可以自行或者委托律师向人民法院申请执行。

第四，在向人民法院提交申请执行书之前，有关部门应认真检查对方的执行情况，防止差错。执行中若达成和解协议的，应制作协议书并按协议书规定办理。

第五，合同纠纷处理或执行完毕的，应及时通知有关单位，并将有关资料汇总、归档，以备核查。